J'aime **Paris**

J'aime **Paris**

Ses habitants, ses monuments, ses quartiers

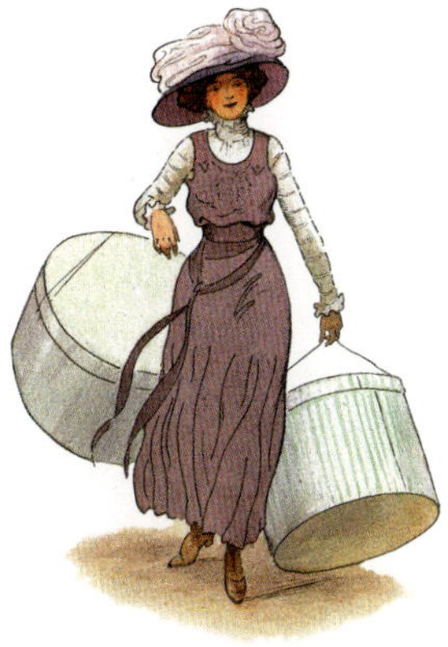

Préface de **Max Gallo**

Textes de **Marianne Jaeglé**

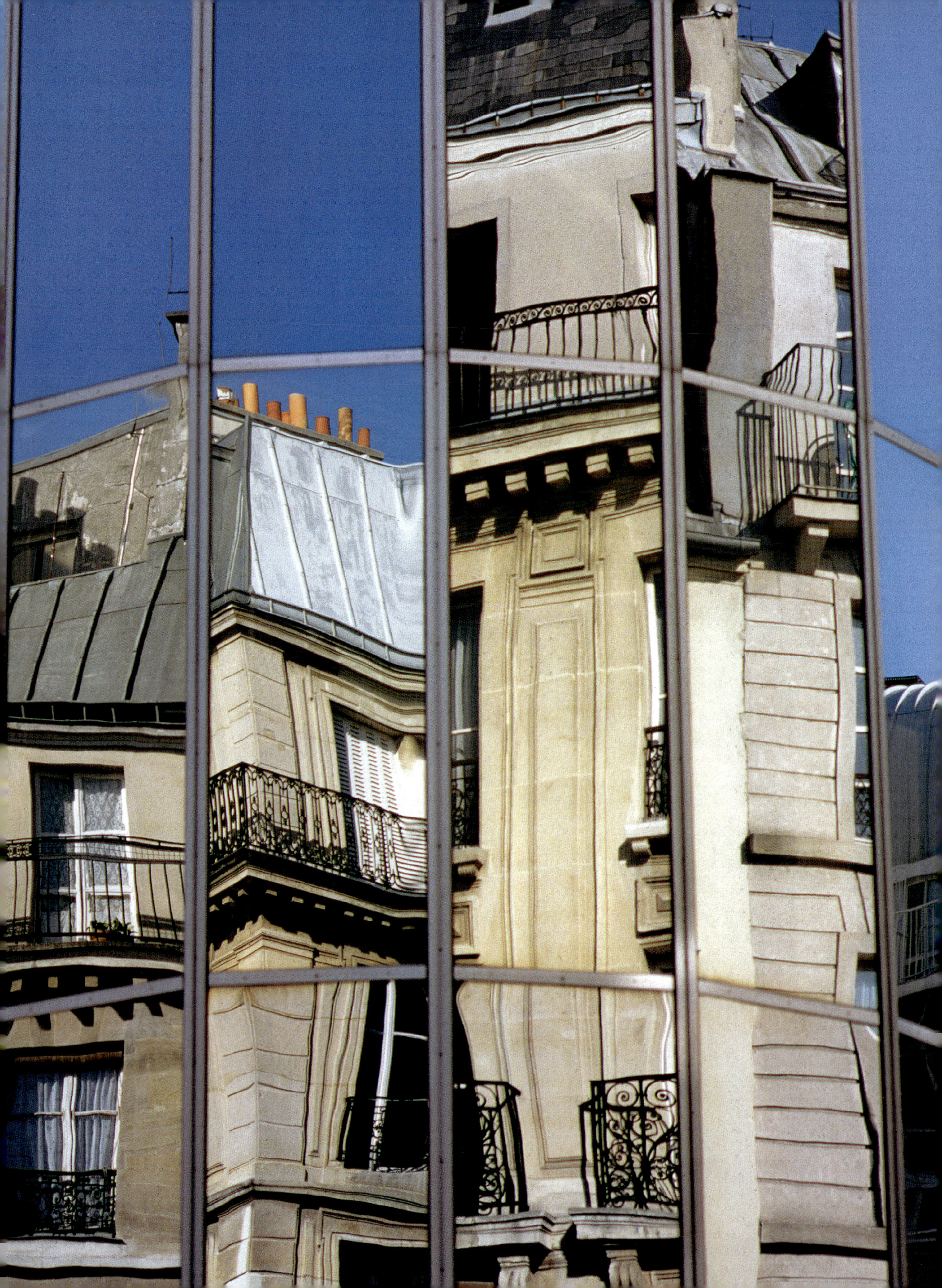

J'aime Paris **sommaire**

Préface de **Max Gallo**

Textes de Marianne Jaeglé

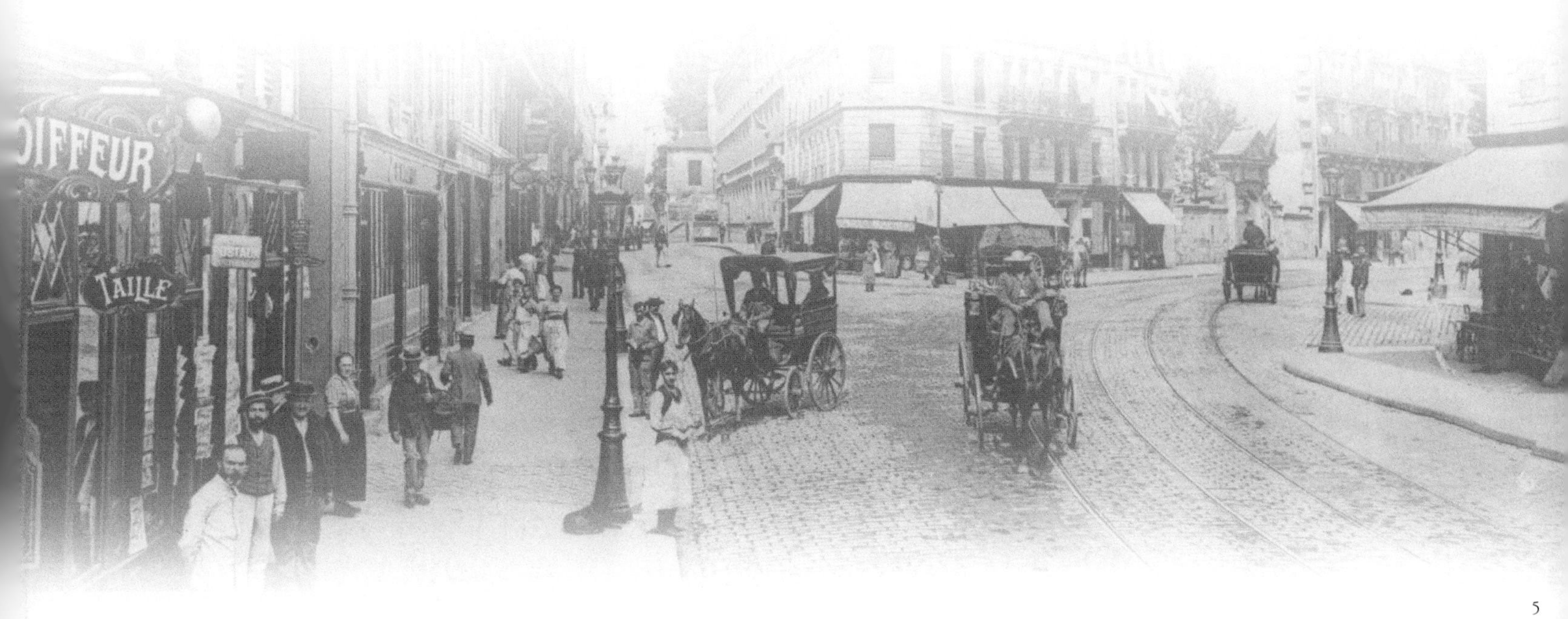

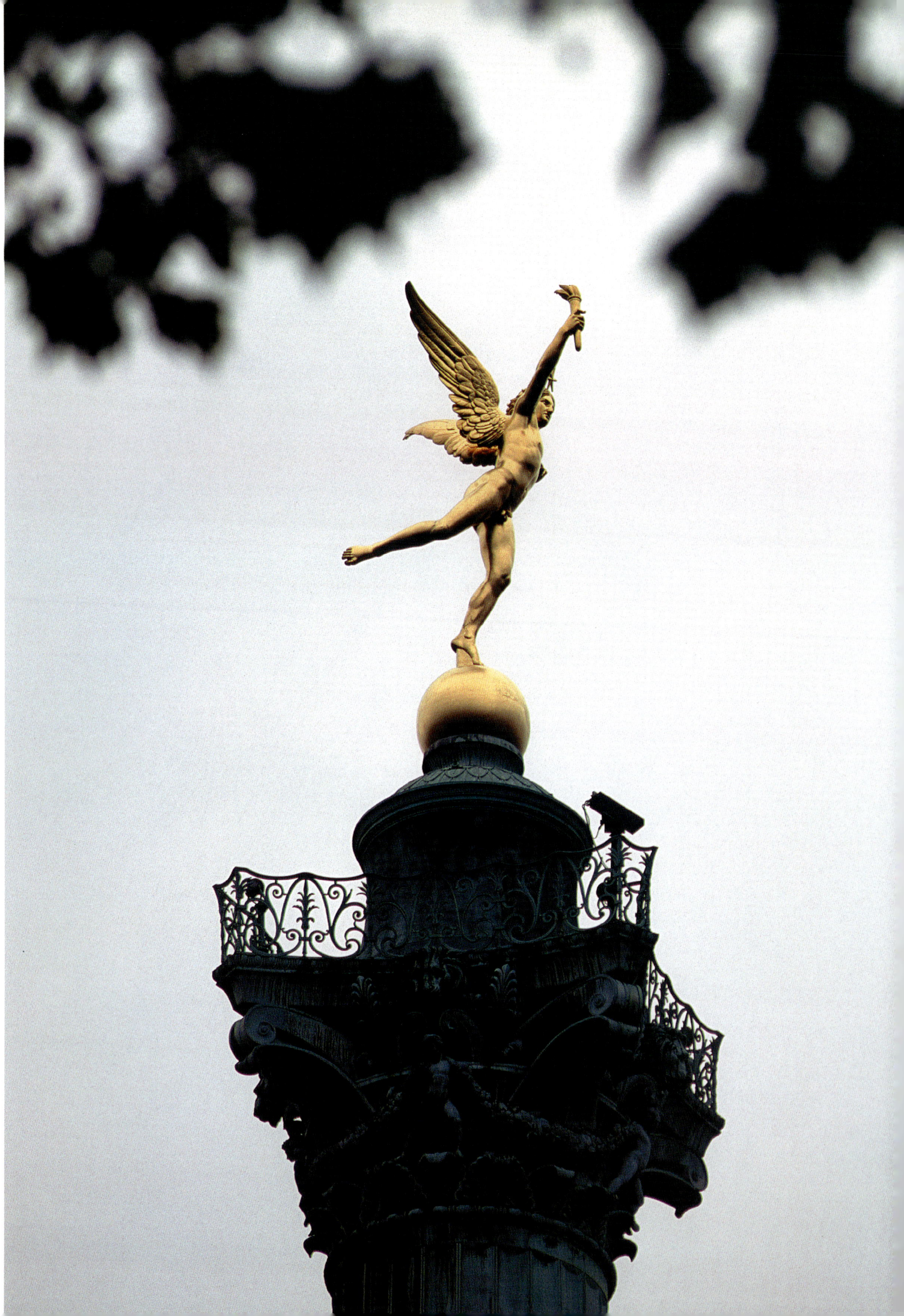

J'aime **Paris**

Préface de **Max Gallo**

Paris ? Est-ce seulement le nom de notre capitale ou bien le mot de passe, la formule magique qui, depuis des siècles, ouvre la porte d'un royaume fabuleux ?

Il suffit en effet de prononcer ces deux syllabes, Paris, pour que des millions d'hommes et de femmes – et ce, dès le lointain Moyen Âge et en tous les lieux du monde – mêlent la réalité d'une ville au mythe d'une cité qui, par le génie des artistes qu'elle a inspirés, de ces alchimistes que sont les peintres, les poètes, les compositeurs, transmute la plus humble de ses rues, le plus gris de ses bâtiments, le plomb de sa vie quotidienne en or flamboyant.

Ici, ce n'était qu'un coin de rue, quelques boutiques, un café à Montmartre et cela devient par le talent d'un cinéaste le monde enchanté d'*Amélie Poulain* et les touristes envahissent le café. Hier, dans les faubourgs, un autre cinéaste, d'un « garni » solide, faisait surgir le fascinant *Hôtel du Nord*. Et chacun de nous a dans la tête le refrain d'une chanson populaire qu'il fredonne « dans la rue des Blancs-Manteaux où le bourreau s'est levé tôt », sur « les grands boulevards » ou sur « les escaliers de la Butte si durs aux miséreux ». « Et en levant la tête il voit le génie de la Bastille qui, en hiver, en été, fume une gitane bleue. »

Pas une ville au monde n'est à ce point enveloppée, pénétrée par sa légende, si chantée, si représentée, qu'il devient impossible de séparer le mythe du réel.

Regarder la tour Eiffel, ce n'est pas uniquement voir un chef-d'œuvre d'architecture métallique construit par l'ingénieur Eiffel, c'est communier avec la représentation quasi sacrée d'une ville. Et il en est ainsi de presque tous les monuments de Notre-Dame à l'Arc de triomphe, et de nombreux lieux de Paris – Montparnasse, les Champs-Élysées. Et leurs noms, même les moins symboliques, quand un poète s'en empare, contribuent à leur tour à renforcer le mythe, à magnifier la légende de cette ville « plus belle que les larmes » (Aragon) :

« Paris de nos malheurs Paris du Cours-la-Reine
Paris des Blancs-Manteaux Paris de février
Du faubourg Saint-Antoine aux coteaux de Suresnes
Paris plus déchirant qu'un cri de vitrier. »

On entend la voix du colporteur qui, les vitres sur son dos, tête levée, module son cri, aigu et bouleversant comme un appel à l'aide.
Car le mythe pour naître a besoin de malheurs et de déchirures. Et Paris n'a manqué ni de violences, ni d'émeutes, ni de guerres civiles et de révolutions et de terreurs.

Le sang a coulé et n'a jamais tout à fait séché sur ses pavés qui servirent tant de fois au fil des siècles à élever des barricades. Sang de la Saint-Barthélémy – et ce 24 août 1572 on noya dans la Seine des centaines d'hérétiques. Sang de la guillotine, dressée dès 1793 au centre de cette place devenue plus tard place de la Concorde après avoir été celle de la Révolution. Massacres de septembre 1792 et massacres de la Commune, quand en 1871, on ouvrit des fosses pour les fusillés au pied de la tour Saint-Jacques. Et barricades d'août 1944 puis de mai 1968.

Cette succession, durant près d'un millénaire, d'événements souvent tragiques fait qu'on parcourt la ville comme on tourne les pages d'un grand album : photos maculées, déchirées, scènes cruelles, secrets de famille qu'on voudrait oublier, ces autobus où l'on entasse les Juifs, en juillet 1942, afin de les conduire au Vélodrome d'hiver puis à Drancy.

« Qui regarde au fond de Paris a le vertige » écrit Victor Hugo. Mais éprouve en même temps un sentiment de fierté. Cette histoire fait Paris unique. « Paris est la ville pivot sur laquelle, à un jour donné, l'histoire a tourné », écrit encore Hugo. Il est, lui, l'un des grands célébrant du mythe qu'il fait proliférer : il a transformé Notre-Dame de Paris en un vaisseau fantastique qui a fait rêver, trembler, et aujourd'hui chanter, des millions de lecteurs et de spectateurs dans le monde entier.

L'extraordinaire, c'est que du Moyen Âge jusqu'à nos jours, Paris a conservé ces lieux vivants. Cette Cour des Miracles, par exemple, où danse la Esmeralda, elle se reconstitue à Beaubourg, autour de la fontaine des Innocents, dans le quartier des Halles.

Autrement dit, presque de manière inexplicable – comme si un Dieu bienveillant protégeait la Ville –, Paris a survécu aux guerres et aux révolutions. Même quand la folie désespérée des communards incendie l'Hôtel de Ville et les Tuileries. Paris n'a donc pas été détruit – pensons à Berlin, à Varsovie. Les ordres de Hitler de faire sauter tous les ponts de Paris n'ont pas été respectés par von Choltitz. Pas seulement parce que l'insurrection avait embrasé la capitale ou bien parce que les troupes alliées approchaient et qu'il faudrait un jour rendre des comptes des destructions, mais parce que dynamiter Paris, eût été aussi, pour von Choltitz, un acte sacrilège.

Le mythe de Paris, sa légende sauvent ainsi Paris, cette « Jérusalem humaine » dont parle Victor Hugo dans *les Misérables*. Derrière l'emphase discutable, une voix qui vient des origines même de Paris se fait entendre. « Rien ne peut se comparer à Paris », dit au XIVe siècle le poète Eustache Deschamps. « Finalement, c'est le Paradis terrestre », ajoute deux siècles plus tard un autre poète (Pierre Grognet). Et quand De Gaulle, le 25 août 1944, monte sur une fenêtre de l'Hôtel de Ville, ce sont ces voix qu'il entend quand il s'écrie : « Paris ! Paris outragé ! Paris brisé ! Paris martyrisé ! Mais Paris libéré, libéré par lui-même, libéré par son peuple… »

Car il y a une vérité mythique de Paris. Ceux qui rappellent que sans les divisions alliées avançant vers Paris, sans le déferlement des Russes à l'Est, Paris n'aurait jamais pu se libérer lui-même ont, bien sûr, raison. Mais la légende enfante la légende. Et Paris forge tout au long de son histoire des rêves qui s'incarnent. Ainsi la Bastille n'était pas cette forteresse-prison menaçant Paris. Elle n'était que le symbole de l'autorité. Mais sa conquête – un véritable combat – enfante un mythe générateur d'autres actions à leur tour créatrices de légendes. « Athènes a bâti le Parthénon, écrit Hugo, mais Paris a démoli la Bastille. » Et pour le poète il y a équivalence légendaire. 1789 ouvre une nouvelle ère, crée un nouveau mythe. « Paris est un flambeau allumé », dit-il encore. C'est la Ville-Lumière. « La fonction de Paris, c'est la dispersion de l'idée », conclut Hugo. Et déjà Balzac avait écrit qu'à Paris « les idées sont dans l'air, elles vous sourient au coin d'une rue, elles s'élancent sous une roue de cabriolet, avec un jet de boue » (in *la Muse du département*).

En fait, c'est dès le Moyen Âge que Paris est creuset et jaillissement de pensées. Et le fil, là encore, ne s'est jamais rompu. Le Quartier latin, du XIIe siècle à 1968, est le lieu du bouillonnement intellectuel autour du collège créé par Robert de Sorbon. Dans le quartier des Écoles – là où se trouve aujourd'hui le Collège de France – se rencontrent des étudiants venus de toute l'Europe, regroupés dans leurs « collèges nationaux », hollandais, italien, anglais, allemand. Là se déroulent les grandes controverses, d'Abélard à Michelet, d'Aron à Sartre. Le tournoi des idées se livre entre la rue d'Ulm et la place Maubert, puis rayonne dans toute l'Europe, où l'on pense qu'il n'y a « bon bec que de Paris ».

« Paris ! Principe et fin ! Paris ombre et flambeau !
Je ne sais si c'est mal tout cela ; mais c'est beau !
Mais c'est grand ! Mais on sent jusqu'au fond de son âme
Qu'un monde tout nouveau se forge à cette flamme. », dit Alfred de Vigny (*Éloa*).

Cela n'est possible que parce que Paris n'est pas que ce grand album. Paris est plutôt un étrange palimpseste. L'écriture passée ne s'efface pas du parchemin. Il suffit d'un peu d'attention pour retrouver la trace précédente. Et c'est cet entassement qui crée la magie du lieu. Lorsqu'on parcourt lentement n'importe quel quartier on voit surgir à un coin de rue, sur une place, des silhouettes familières. Là, Rastignac, le héros balzacien, contemple Paris depuis le cimetière du Père-Lachaise. Il voit Paris « tortueusement couché le long des deux rives de la Seine ». Il prononce ces mots grandioses : « À nous deux maintenant ». Il incarne ces ambitieux venus de province pour « réussir » dans cette ville de toutes les richesses et de toutes les noirceurs. Vautrin et Rastignac y côtoient Jean Valjean et le comte de Monte-Cristo. Verlaine, Baudelaire, Rimbaud, s'y perdent : *Spleen de Paris* (Baudelaire), *Orgie parisienne* (Rimbaud).

On traverse la place des Vosges et l'on découvre la demeure de Hugo. Près de la rue Mouffetard, une plaque rappelle que Diderot travailla là, dans ce premier étage, à *l'Encyclopédie*. Attardons-nous dans ce quartier de la Montagne Sainte-Geneviève que couronne le Panthéon. C'est ici que l'on mesure que Paris « cette ville sans pair est abrégée de France » – selon les mots d'un poète du XVIe siècle, J. Bertaut. Les rues se nomment Clovis, Clotaire, Clotilde. L'église Saint-Étienne-du-Mont contient la châsse de sainte Geneviève, qui défendit Paris, en 451, contre les barbares d'Attila. Et ainsi Clovis fit de Lutèce, Paris, la capitale de son royaume Franc : ces noms, Paris, Franc, fécondent des lieux où convergent les fleuves, donc les hommes.

Et cela bien avant Clovis ! Descendons « sa » rue : voici un pan de mur de grosses pierres polies par le temps, c'est l'enceinte de Philippe Auguste (1180-1223). Quelques pas encore et nous entrons dans les arènes de Lutèce, et sur l'autre versant de la Montagne, la rue Saint-Jacques suit le tracé de la voie romaine et longe les Thermes.

Ainsi le Panthéon « républicain », hommage de la Patrie à ses grands hommes, est-il bâti au centre d'un quadrilatère où se concentrent et se

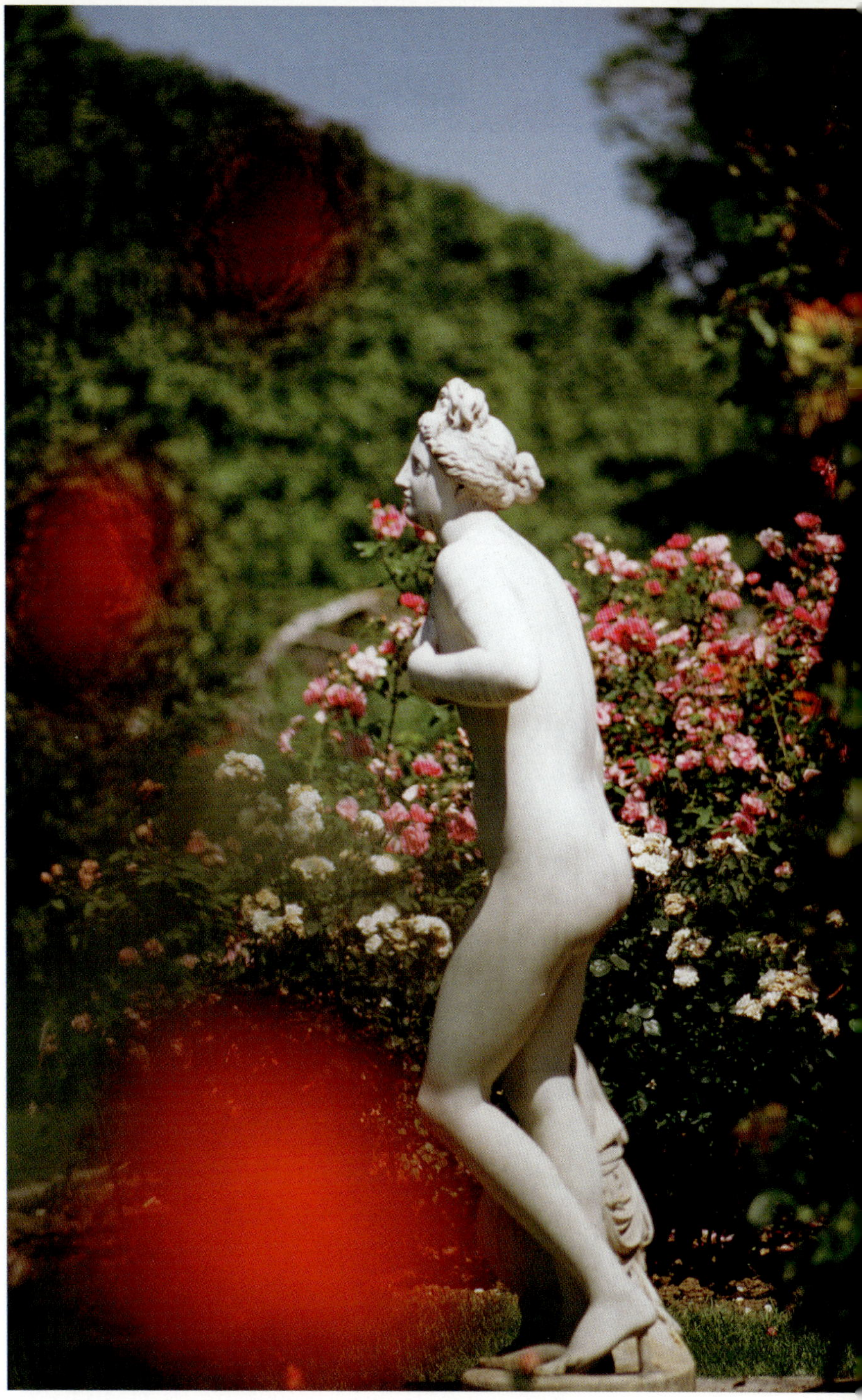

superposent histoire de Paris et histoire de France. Et Notre-Dame est en contrebas, grande nef amarrée au flanc de la Montagne. Et l'on a découvert des embarcations gauloises en fouillant les berges de la Seine, et des huttes préhistoriques dans cette Montagne Sainte-Geneviève creusée, à l'image de tout Paris, comme une termitière.

C'est parce que Paris est ce parchemin sans cesse enrichi, ce palimpseste jamais effacé, que la ville donne le sentiment d'une épaisseur, d'une variété inexprimables. La densité de la mémoire, le rayonnement des pierres, ne peuvent naître que de la longueur de l'aventure humaine. Or ici, le long du fleuve majeur, entre les collines, se sont succédé actes de libération et actes d'oppression. Et parce que « Paris vaut bien une messe », le compromis s'est imposé à un camp puis à l'autre. Et l'histoire a fait son œuvre. « Paris druidique. Paris romain. Paris carolingien. Paris féodal. Paris monarchique. Paris philosophe. Paris révolutionnaire. Quelle ascension lente mais quelle sublime sortie des ténèbres », écrit Victor Hugo (Préface au *Paris Guide*, 1867).

On peut contester Hugo, sa vision messianique, sa révolution présentée comme une « révélation » qui fait de Paris la « Jérusalem humaine ». Il reste que de la place de la Bastille à celle de la Nation, la dimension politique de Paris fait partie de son mythe.

Mais Paris n'arbore pas une couleur unique. Le bleu, le blanc et le rouge y sont réunis. C'est cette association des couleurs partisanes qui donne à Paris sa grandeur nationale. Les symboles antagonistes y coexistent. Le Louvre, les Tuileries de Napoléon Ier et l'Élysée de Napoléon III, les arcs de triomphe martiaux et impériaux, s'y conjuguent avec le mur des Fédérés – souvenir des communards fusillés au Père-Lachaise en mai 1871. Ainsi Paris est l'image de la nation réconciliée avec son histoire. Chacun a ses quartiers en fonction de ses penchants. Il n'y a pas souvent de cortèges rue du Faubourg-Saint-Honoré ou avenue de l'Opéra. Mais on marche, pour la fierté homosexuelle ou les défilés syndicaux, de la Bastille à la Nation ou à la République.

Quand, le 29 mai 1958, certains veulent protester contre le retour de de Gaulle au pouvoir, c'est place de la République qu'ils se rassemblent. Et quand, dix ans plus tard, des centaines de milliers de Parisiens manifestent leur soutien à de Gaulle, ils remontent les Champs-Élysées.

Il y a bien une géographie politique de la ville, mais Paris transcende ces oppositions, ces divisions. À Paris chacun trouve sa part, son symbole d'élection, le monument consacré à sa foi, et Paris les fédère autour de la Seine, cette artère qui ne sépare pas une rive droite et une rive gauche, puisque les îles Saint-Louis et de la Cité, le cœur premier de Paris – Préfecture et Notre-Dame – font le lien, que les ponts séculaires articulent entre les deux profils de la capitale.

Et cela n'est pas le fruit récent d'une histoire apaisée, ou pire, d'une ville qu'auraient désertée les passions et qui deviendrait sage parce qu'endormie. Montaigne écrivait déjà dans ses *Essais* : « J'aime tendrement Paris jusqu'à ses verrues et ses taches. Je ne suis Français que par cette grande Cité, grande en peuple, grande en félicité de son assiette (sa situation favorable). Paris est la gloire de la France et l'un des plus nobles ornements du monde. »

Elle le reste quatre siècles plus tard. Parce qu'elle a cette mémoire millénaire dont on ne peut épuiser la richesse. Et parce que ce « terroir » historique exceptionnel féconde une population singulière. On n'en finit jamais de connaître les Parisiens. Ils vivent dans leur quartier comme dans un village limité à quelques rues mais ouvert sur tout Paris, donc sur le monde. Ils sont discrets mais organisent entre eux des fêtes locales. On dresse des tables dans une cour d'immeuble au printemps. On barre une rue, on y danse, on y banquette. On est voisin du mur de Philippe Auguste, du Panthéon, et des arènes de Lutèce. Et ce passé présent donne de l'élan vers l'avenir.

Mais si l'on s'éloigne de quelques pas de sa rue, de son quartier, on découvre un autre village, avenant, mais différent, « Paris est un véritable océan, écrit Balzac dans *le Père Goriot*. Jetez-y la sonde : vous n'en connaîtrez jamais la profondeur. Parcourez-le, décrivez-le ! Quelque soin que vous mettiez à le parcourir, à le décrire, quelques nombreux et intéressés que soient les explorateurs de cette mer, il s'y rencontrera toujours un lieu vierge, un antre inconnu, des fleurs, des perles, des monstres, quelque chose d'inouï, oublié par les plongeurs littéraires ».

Paris est ainsi, toujours, une ville surprenante, libre comme l'océan parce que vivante. Et pour comprendre un être qui vit, il faut l'aimer. J'aime Paris.

MAX GALLO

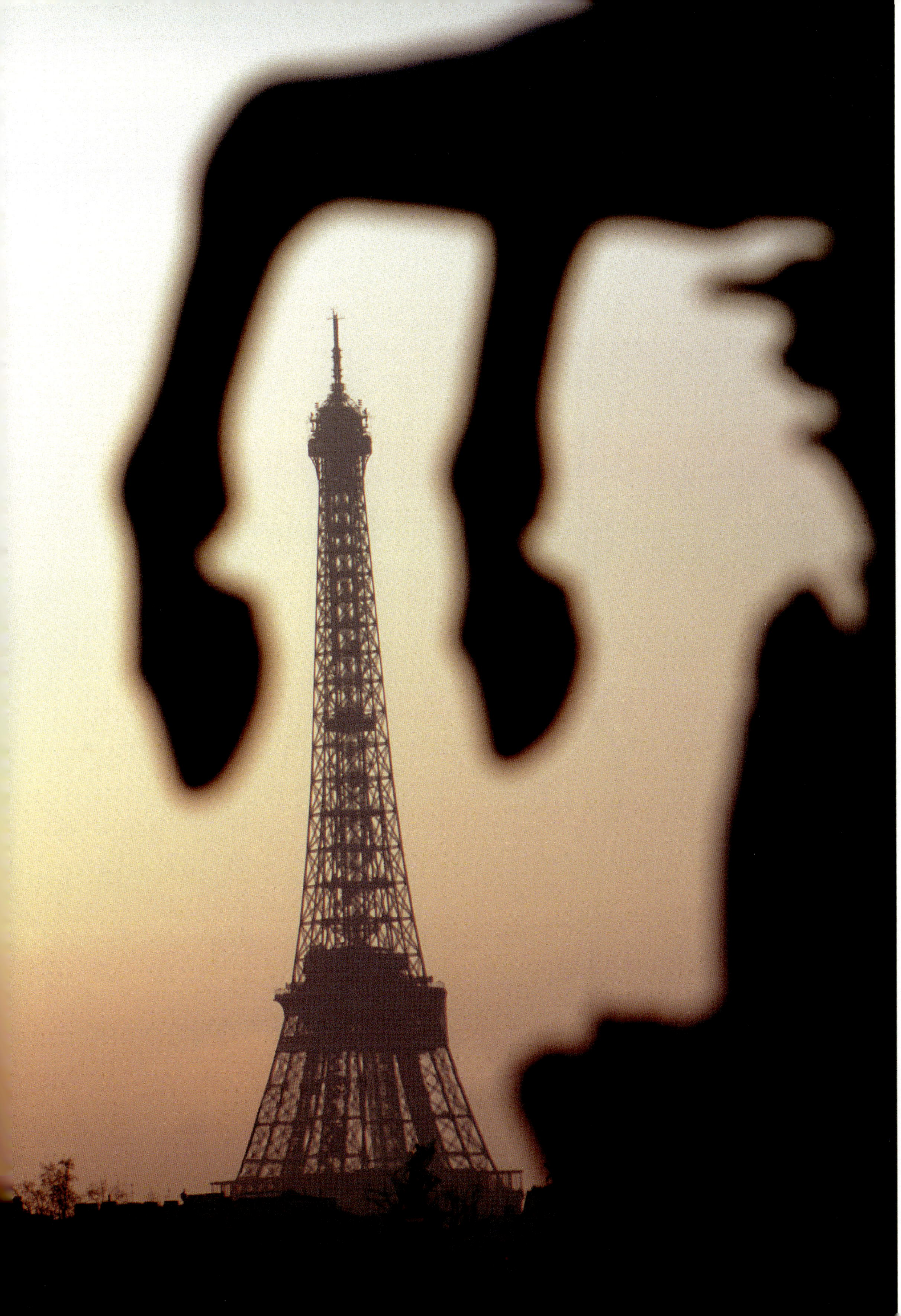

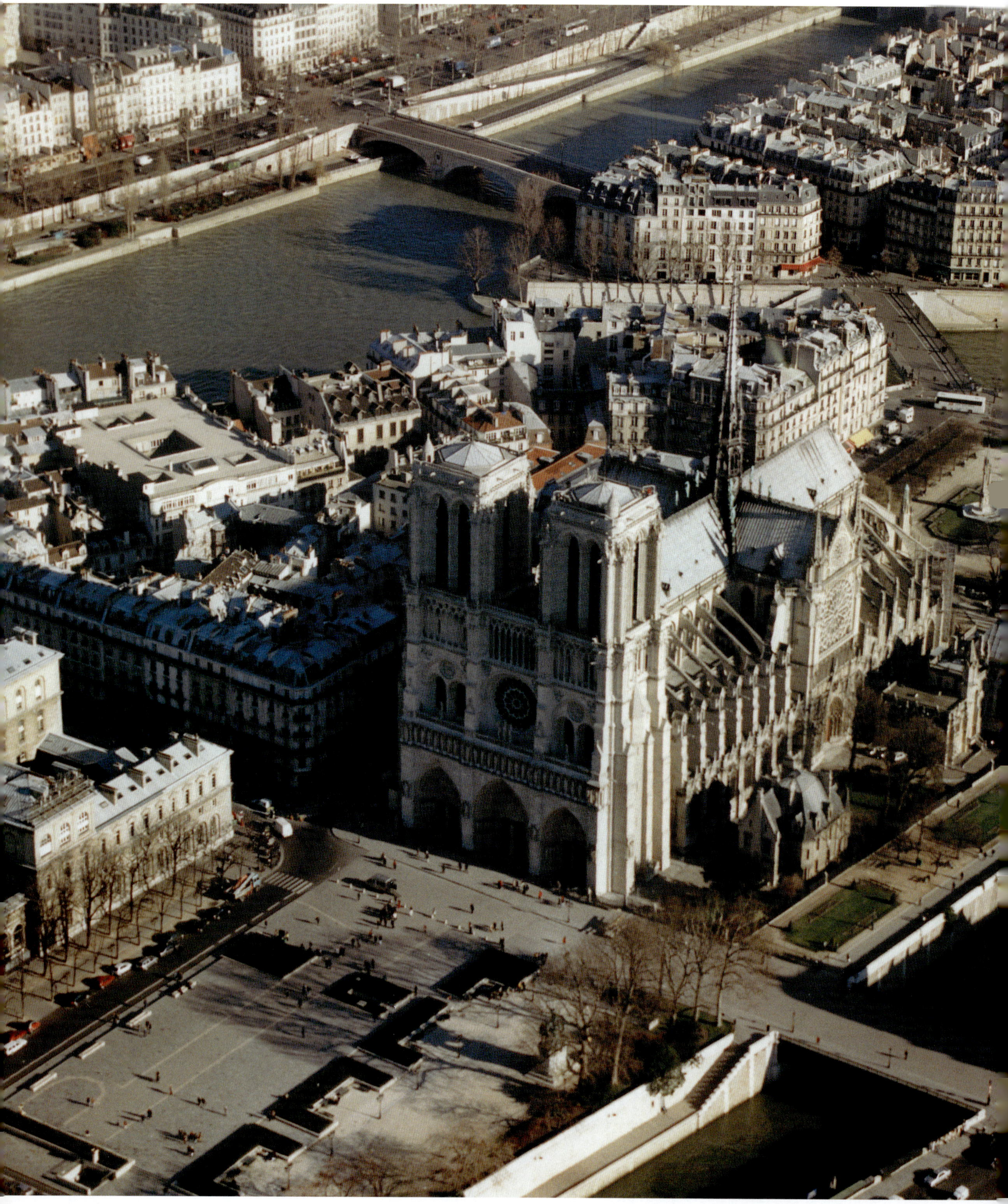

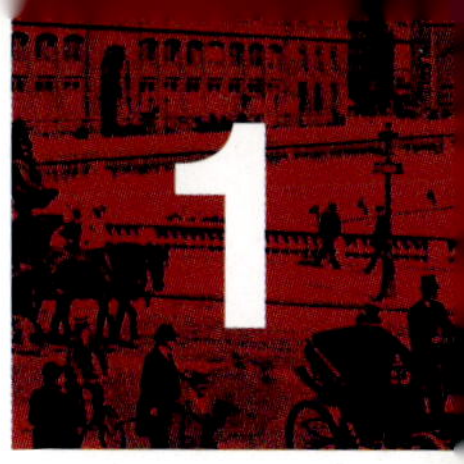

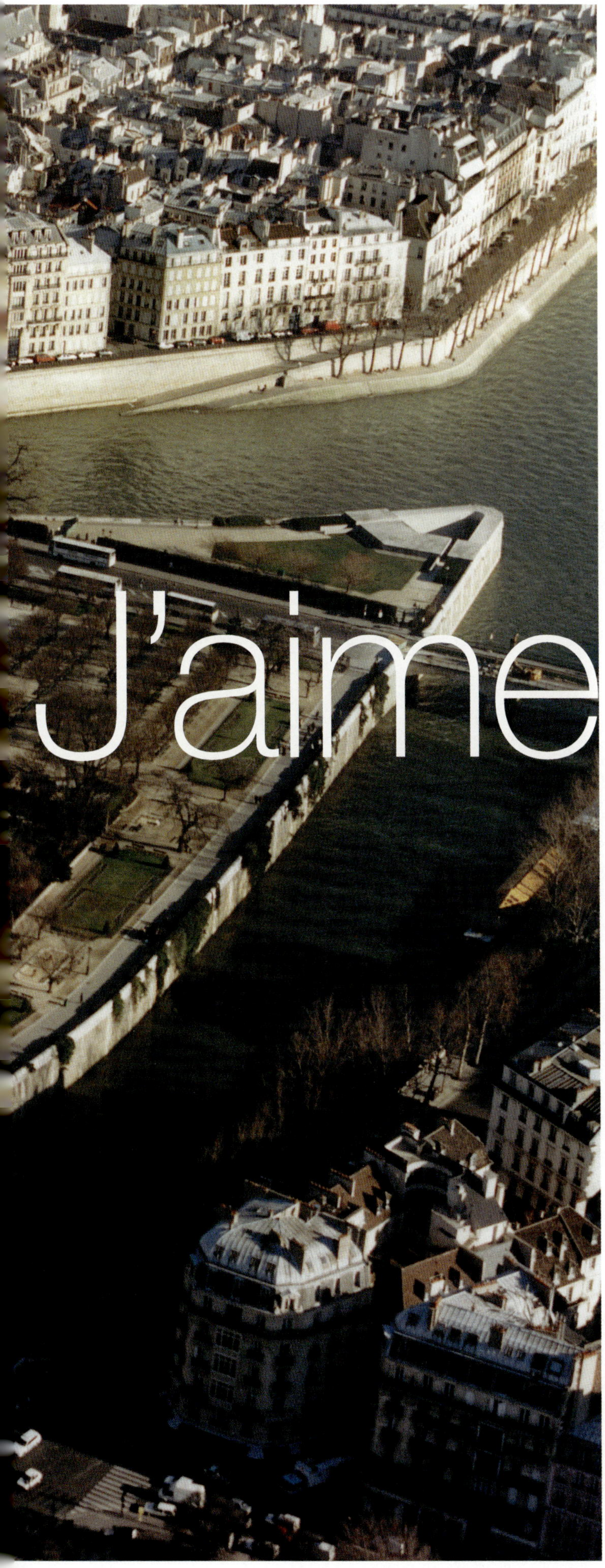

CHAPITRE 1

J'aime Paris

Ses îles et ses ponts…

Protectrice, nourricière et accueillante, la Seine a façonné le paysage et l'histoire de Paris. Elle a parfois eu de redoutables colères, et ses grandes crues dévastatrices sont restées dans les annales de la cité. Mais le fleuve et ses îles sont aujourd'hui l'un des attraits majeurs de la ville la plus visitée au monde…

Surélevées au XIXe siècle afin d'éviter tout débordement et bordées de quais de pierre, les berges composent aujourd'hui le parcours obligé d'une promenade parisienne. D'une longueur de 14 kilomètres, la portion du fleuve qui traverse la capitale décrit une courbe sensuelle et offre un panorama unique sur certains des plus beaux édifices. Inscrits au patrimoine mondial de l'Unesco, les quais de la Seine et les nombreux ponts qui l'enjambent figurent sans nul doute parmi les plus incontournables monuments de Paris.

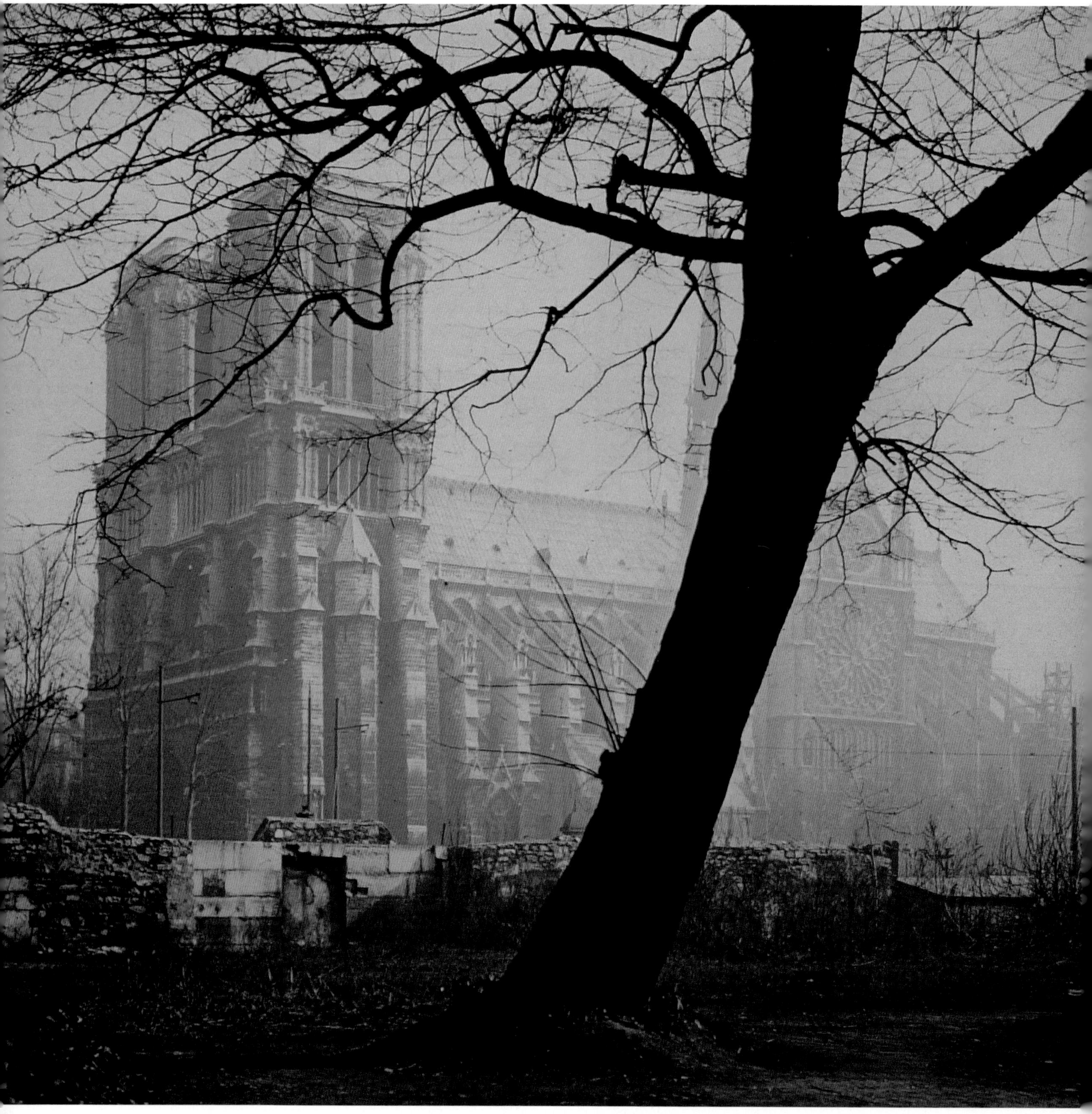

L'île de la Cité et Notre-Dame de Paris

PAGE DE GAUCHE :
Notre-Dame début xxe siècle, photographie de la Société d'excursion des amateurs de photographie.

CI-DESSOUS :
Parvis de Notre-Dame de Paris, 1640, Van Merlen.

CI-CONTRE :
La brocante du quai de la Tournelle.

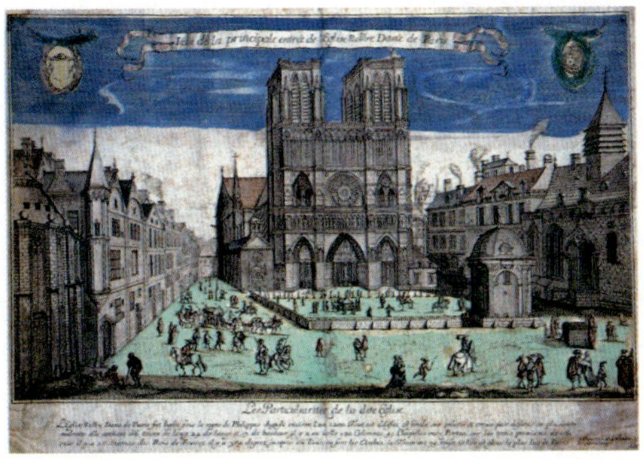

À la pointe sud-est de l'île de la Cité, Notre-Dame élève sa haute et vaste silhouette de cathédrale gothique. Par l'harmonie de ses contours, l'équilibre de ses proportions, elle suscite l'émerveillement du promeneur. Quelle que soit l'heure du jour et de la nuit, dans les brumes vespérales ou sous le soleil de midi, le parvis accueille nombre de touristes et de flâneurs, désireux de contempler ses deux tours jumelles, d'admirer l'élégante rosace qui orne son frontispice, de se reposer à l'ombre du chef-d'œuvre de l'architecture médiévale. Les plus courageux entreprennent la visite des tours de la cathédrale ; la montée des 387 marches s'effectue par la tour sud, de laquelle on accède ensuite à la galerie des Chimères, puis au sommet de la tour nord. De là, parmi les gargouilles pensives ou grimaçantes, le promeneur se laisse aller à la contemplation du fleuve, et à la rêverie nostalgique. Car ce grand vaisseau de pierre amarré depuis des siècles au milieu de la Seine invite avant tout à un voyage dans le temps.

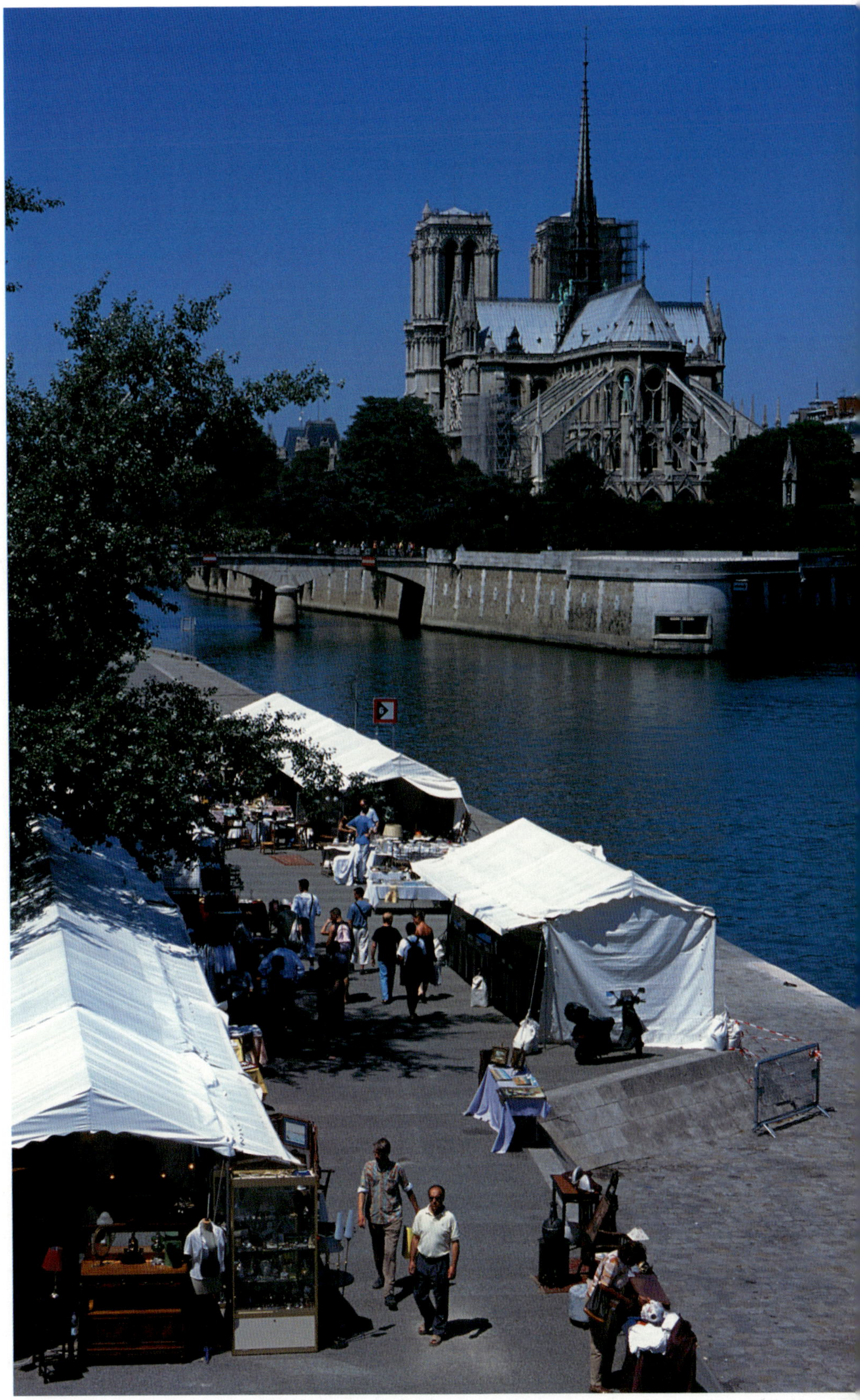

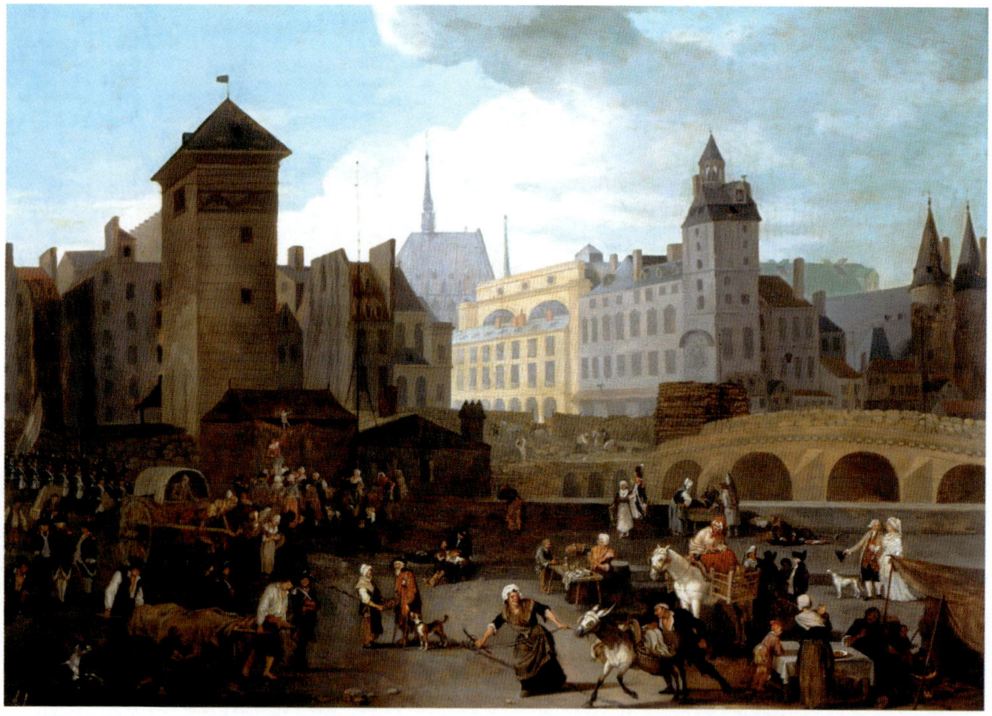

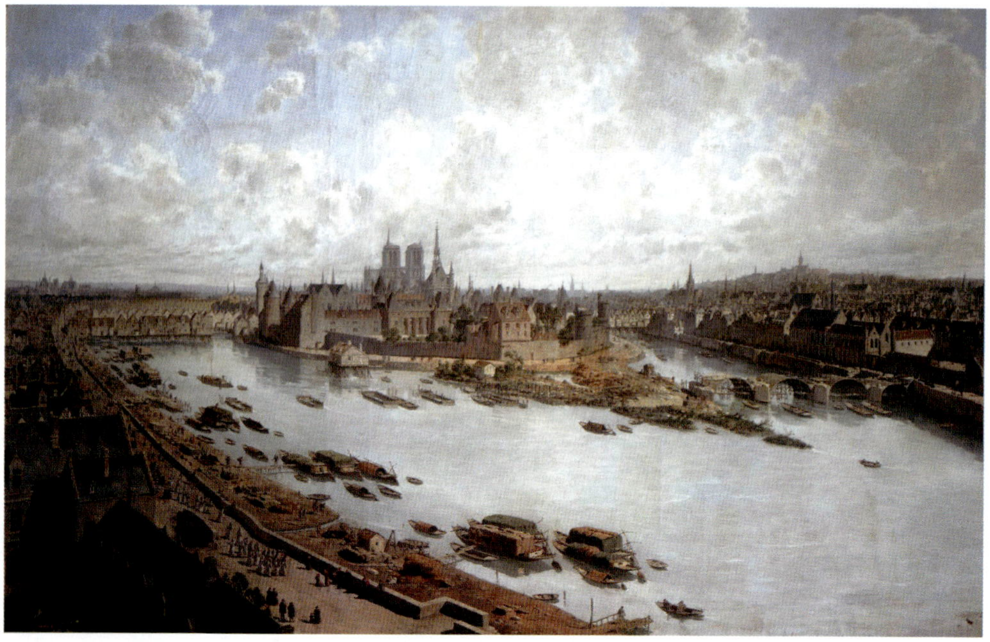

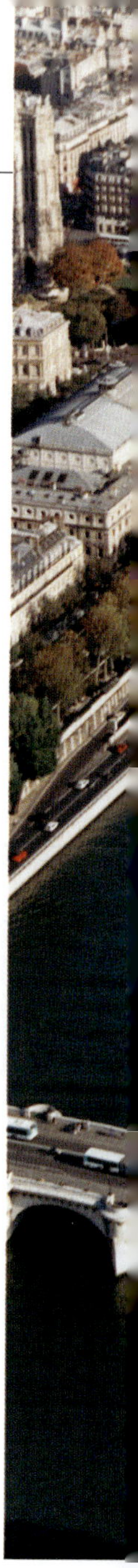

Berceau de Paris, l'île de la Cité est l'endroit où des Gaulois de la peuplade des Parisii plantent leurs premières huttes. Fertile, riche en gibiers et en poissons, permettant d'accéder aisément aux deux rives du fleuve, l'île constitue également un site facile à défendre. En raison de toutes ces commodités, elle se transforme rapidement en village, puis en ville.

En 506, Clovis fait de Paris sa capitale. C'est à cette époque que l'on donne à l'île, sur laquelle est concentré l'essentiel de la ville, le nom de Cité. Sur les quelques milliers de mètres carrés qu'elle occupe se trouvent alors rassemblés le pouvoir royal et les symboles du pouvoir spirituel. Saint Louis, de retour de croisade, ordonne la construction de la Sainte-Chapelle dans le premier palais des rois de France. Non loin de là, Notre-Dame sort peu à peu de terre...

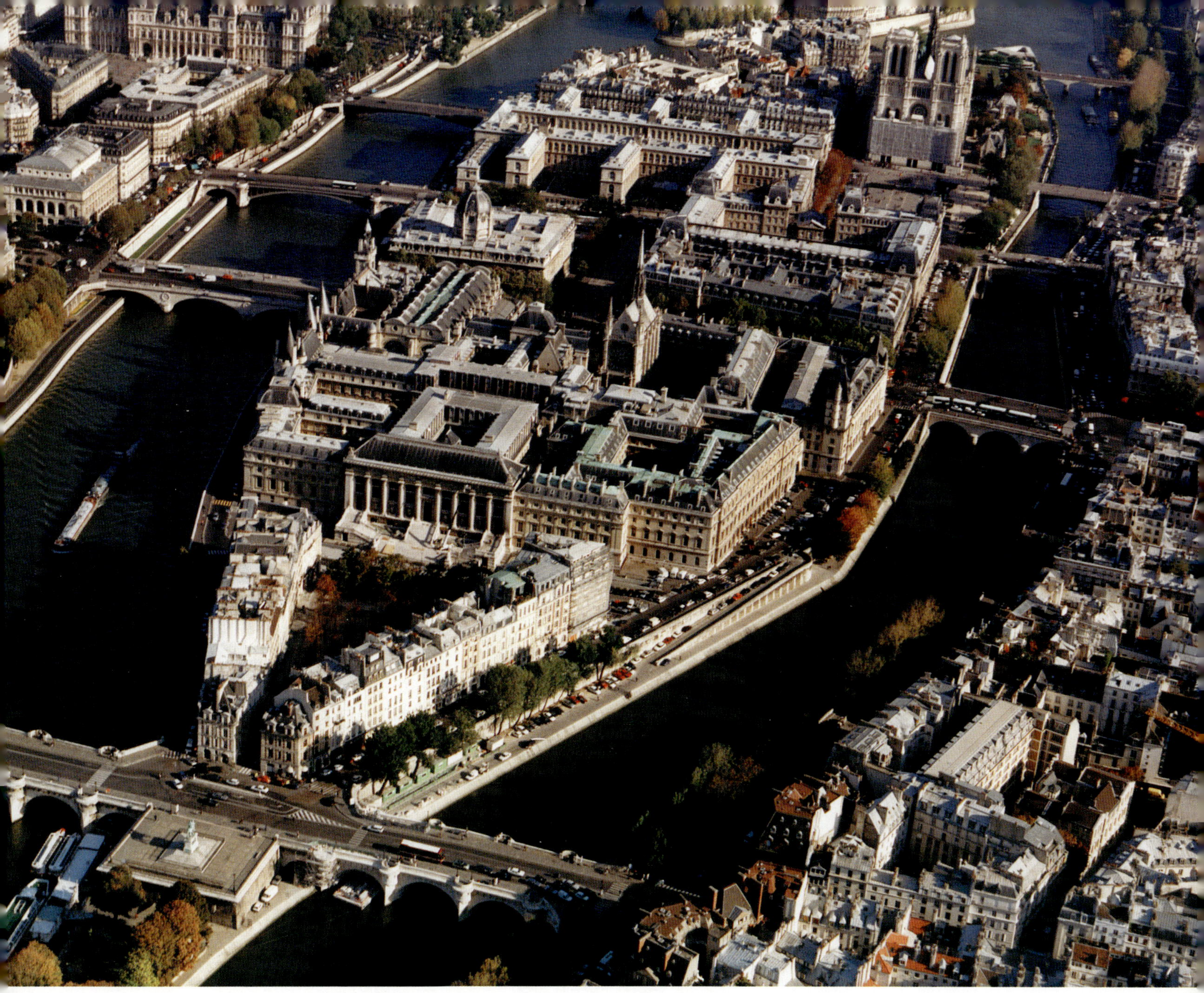

L'île de la Cité

PAGE DE GAUCHE, DE HAUT EN BAS :
Le Palais de la Pompe et Notre-Dame vers 1790, Jacques Albert Senave.
Vue panoramique de Paris en 1588 depuis les toits du Louvre avec le pont Neuf en construction, Théodore-Joseph-Hubert Hoffbauer.

CI-DESSUS :
Vue aérienne de l'île de la Cité.

CI-CONTRE, DE GAUCHE À DROITE :
Aviron sur la Seine.
La Sainte-Chapelle.

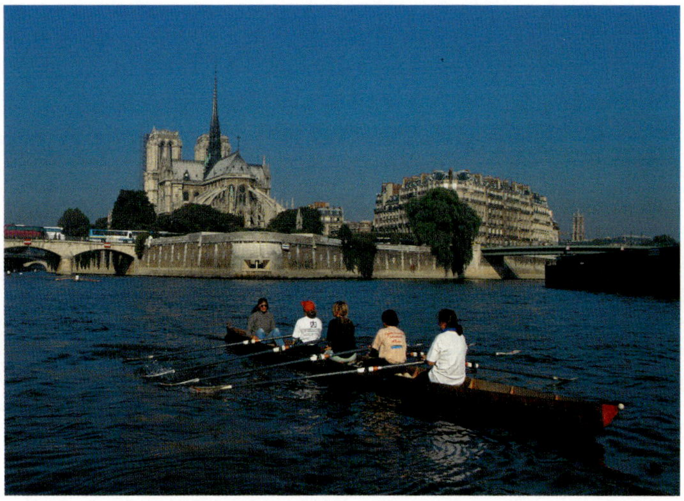

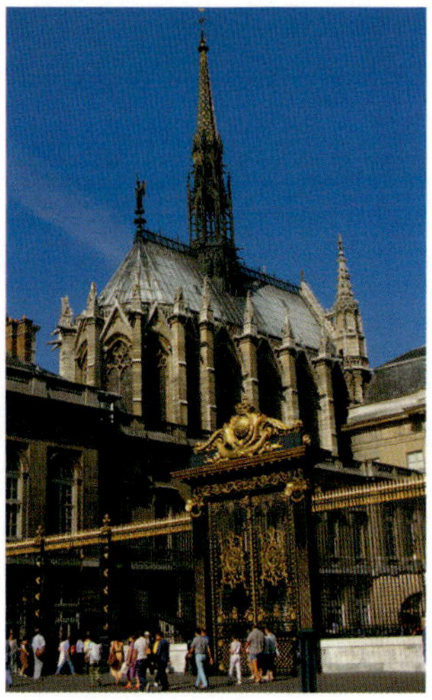

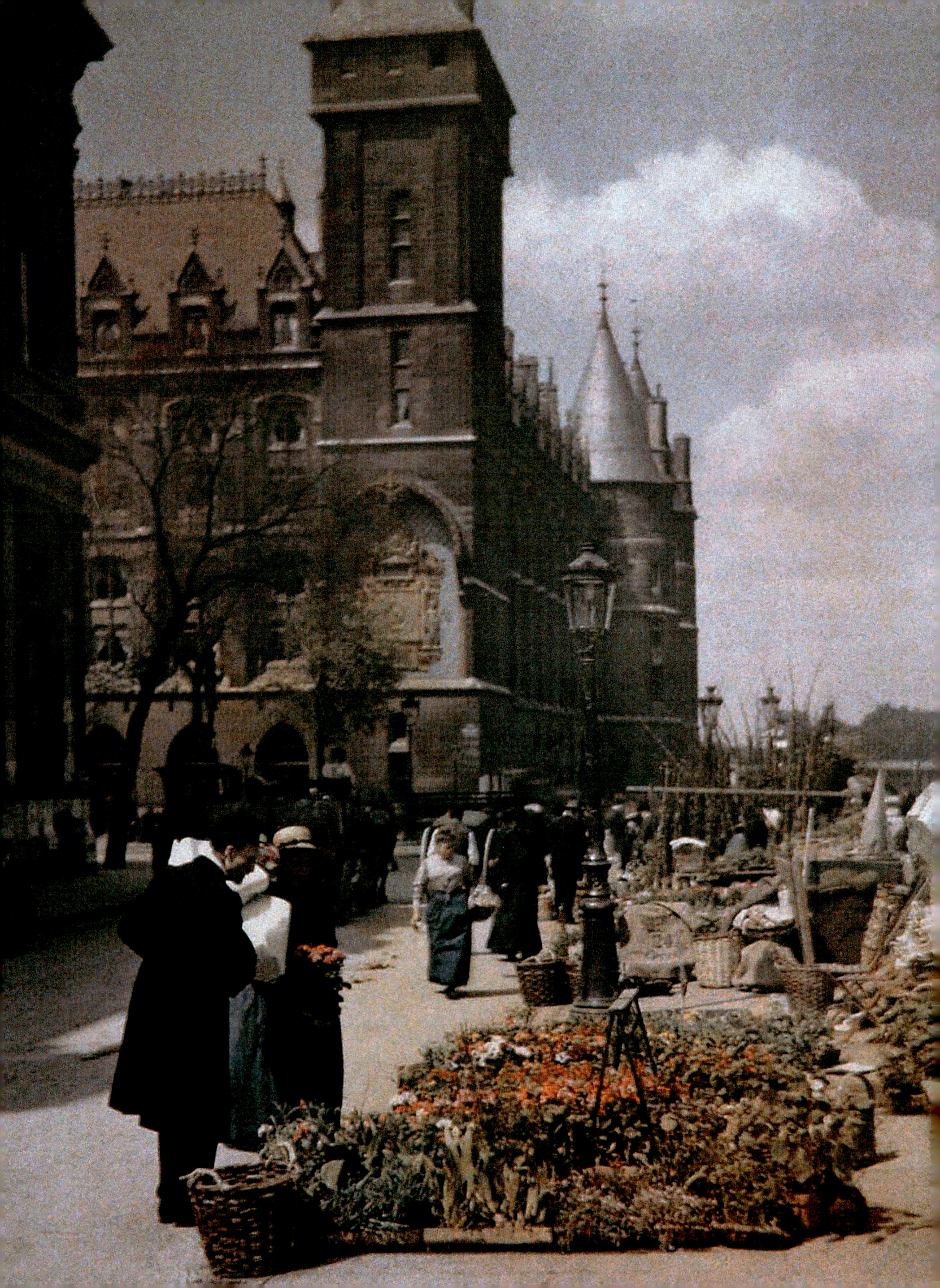

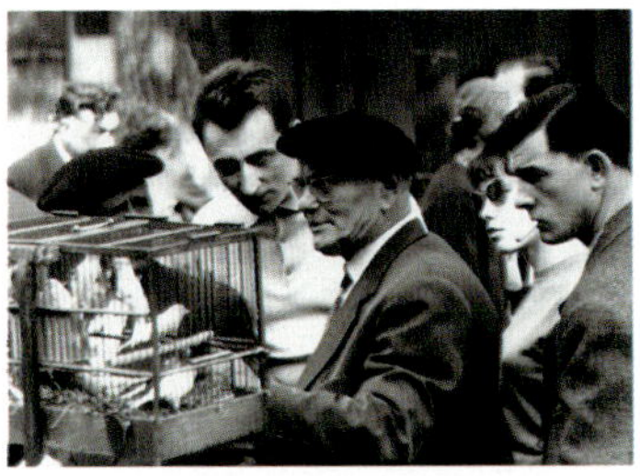

Le marché aux fleurs

PAGE DE GAUCHE :
Le marché aux fleurs au début du XXe siècle

CI-DESSUS :
Le marché aux oiseaux.

CI-CONTRE :
Le marché aux fleurs, la tour de l'Horloge, le pont au Change et le pont Neuf, 1832, Giuseppe Canella.

CI-DESSOUS :
Le joueur d'orgue de barbarie du pont des Arts.

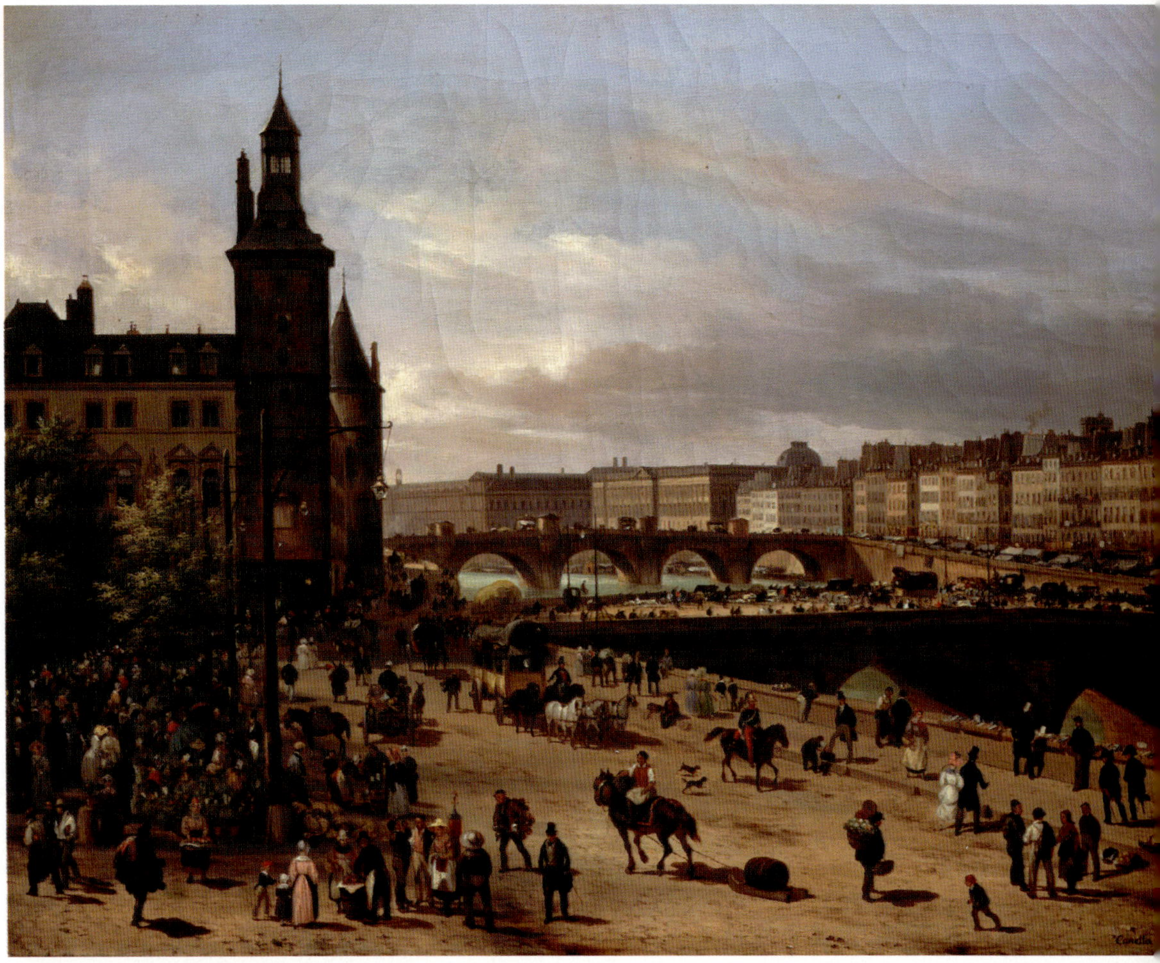

Place Louis-Lépine, où se tient depuis 1808 le marché aux fleurs, l'air se charge d'effluves multiples, boisés ou fleuris, communs ou rarissimes, européens ou en provenance d'îles lointaines. Le dimanche, ces senteurs cèdent la place aux trilles et aux pépiements, car le marché aux oiseaux se substitue momentanément aux fleurs. La promenade au long de la Seine prend alors les allures d'un concert improvisé en plein air.

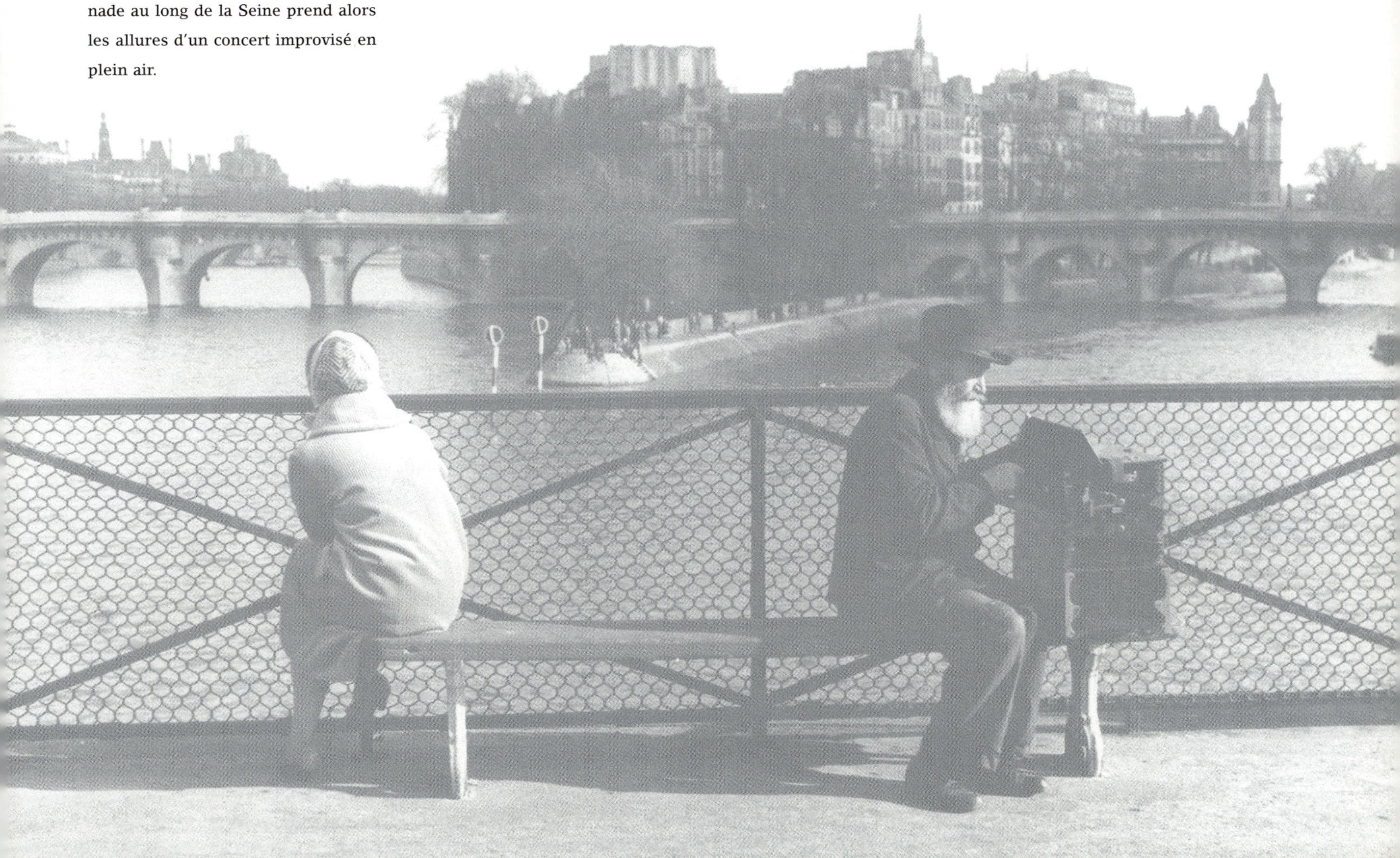

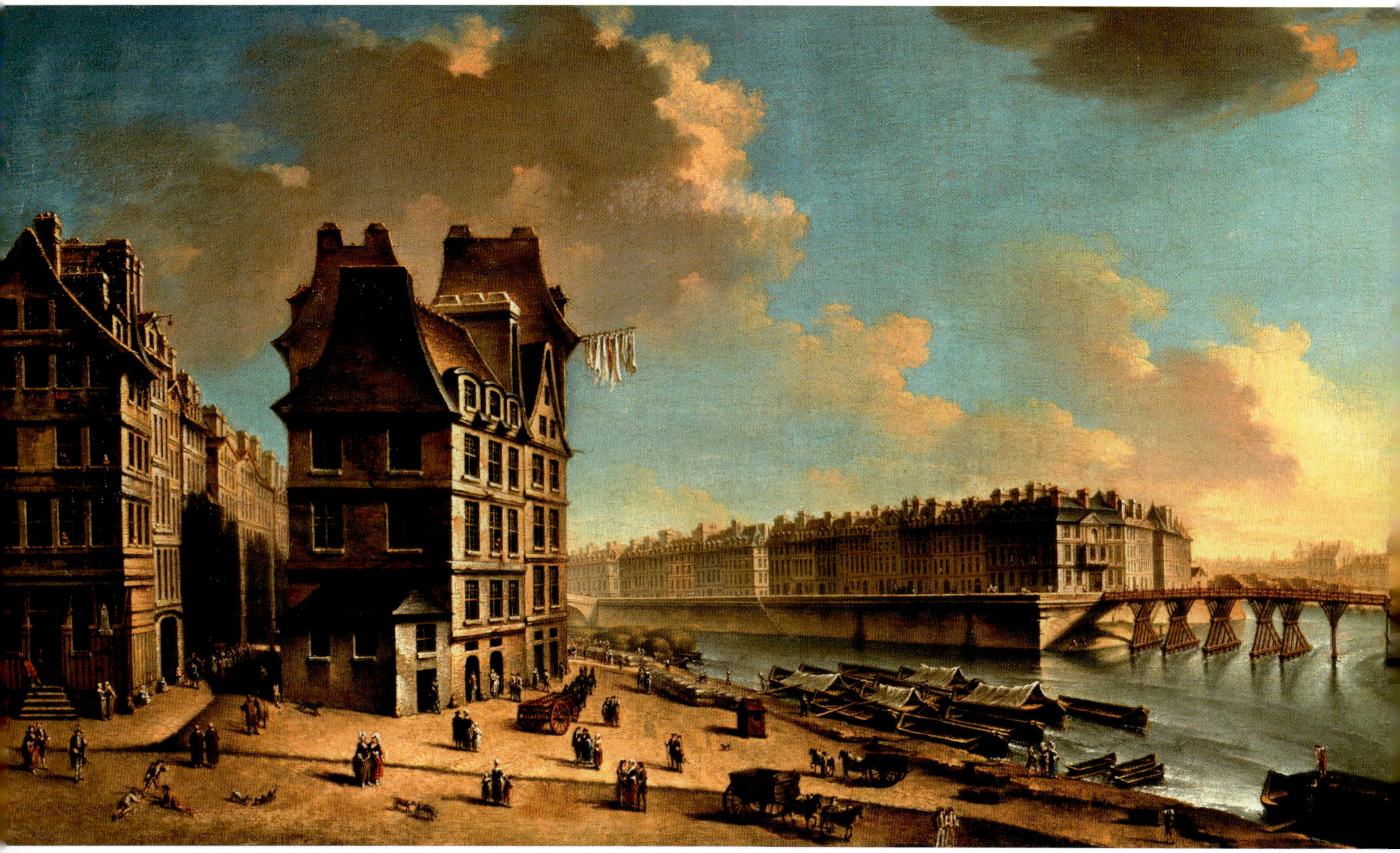

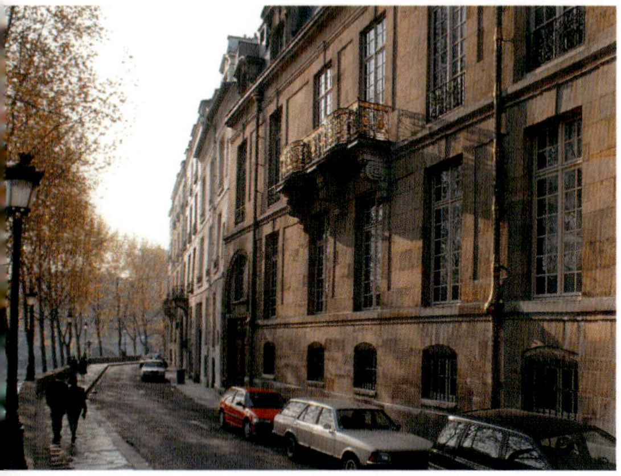

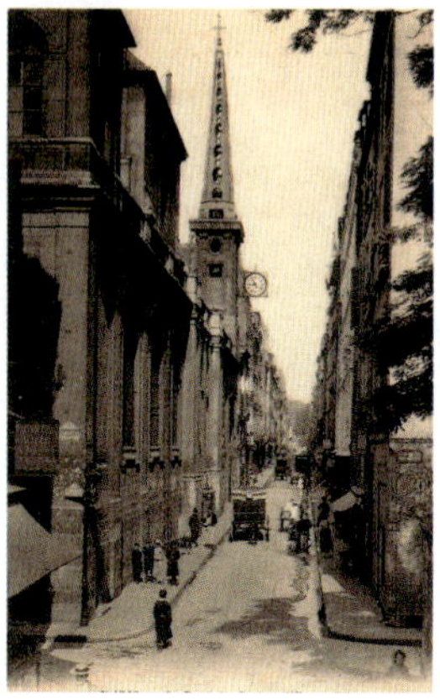

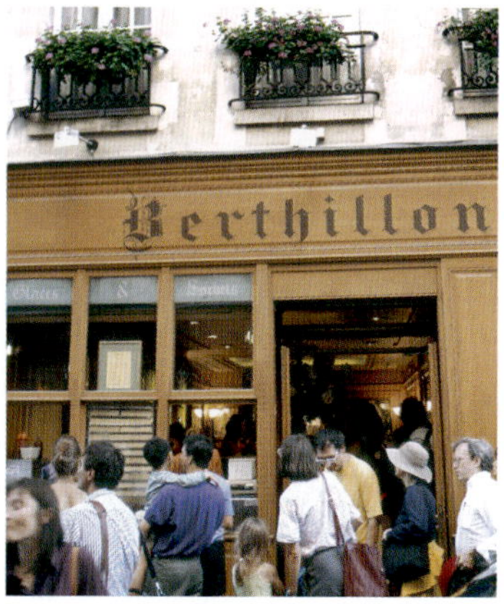

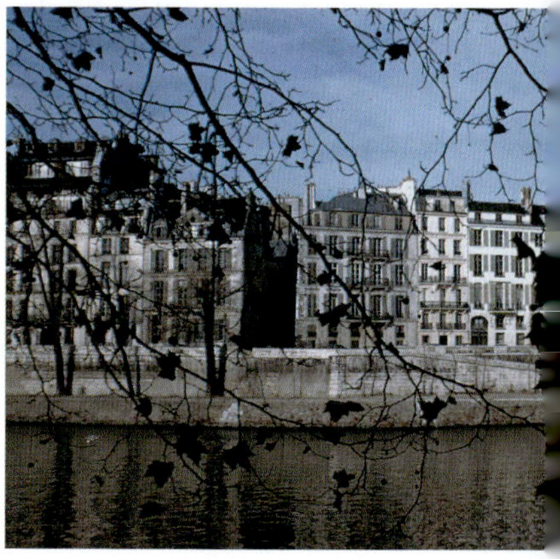

L'île Saint-Louis

EN HAUT :
Le quai de la Grève, l'île Saint-Louis et le pont Rouge vus de la place de la Grève,
XVIIIe siècle, Nicolas Jean-Baptiste Raguenet.

CI-DESSUS, DE GAUCHE À DROITE :
L'hôtel de Lauzun.
La rue Saint-Louis-en-l'île.
Le glacier Berthillon de la rue Saint-Louis-en-l'île.
L'île Saint-Louis.

PAGE DE DROITE :
Vue aérienne de l'île Saint-Louis.

A l'arrière de Notre-Dame, après avoir emprunté la passerelle reliant les deux îles, le promeneur découvre une contrée privilégiée où le temps semble s'être arrêté. Partagée en deux par la longue rue Saint-Louis-en-l'île, bordée des quais de Bourbon, d'Orléans, de Béthune et d'Anjou, ombragée de grands arbres, l'île Saint-Louis offre son ambiance romantique aux amoureux, qui affectionnent ses bancs tranquilles et les brumes vaporeuses dans lesquelles le fleuve l'enveloppe. Les prestigieux hôtels particuliers du XVIIe qui surplombent ses quais, les petits commerces accueillants, les cafés et les restaurants de qualité, les célèbres sorbets de la maison Berthillon confèrent à ce petit périmètre le charme unique et à l'ancienne d'une douillette vie de province, miraculeusement préservée en plein cœur de la capitale.

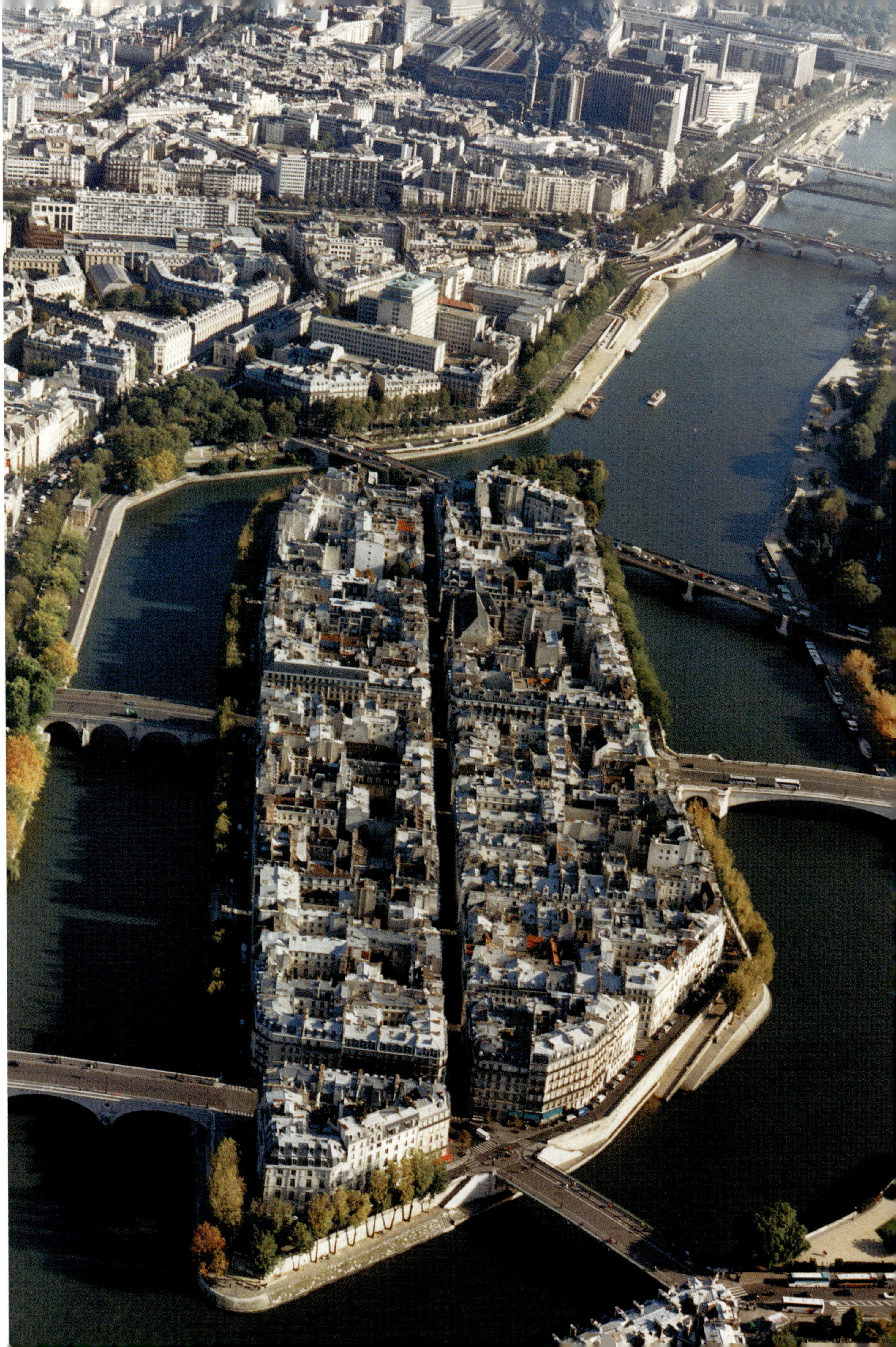
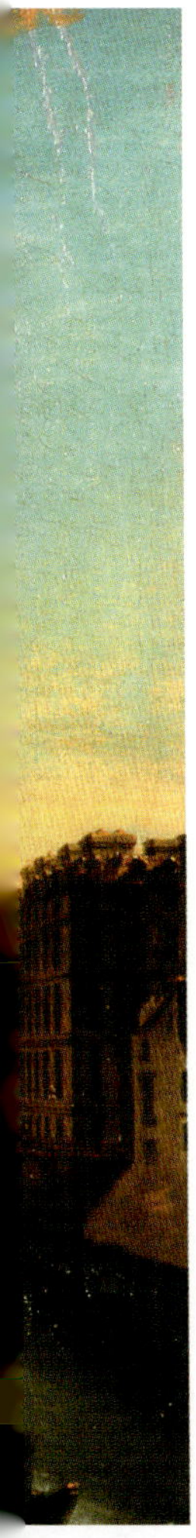
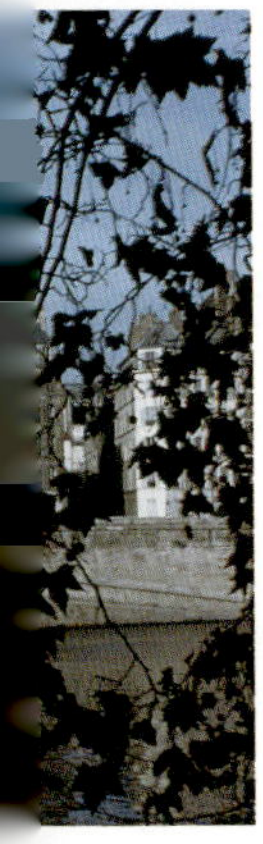

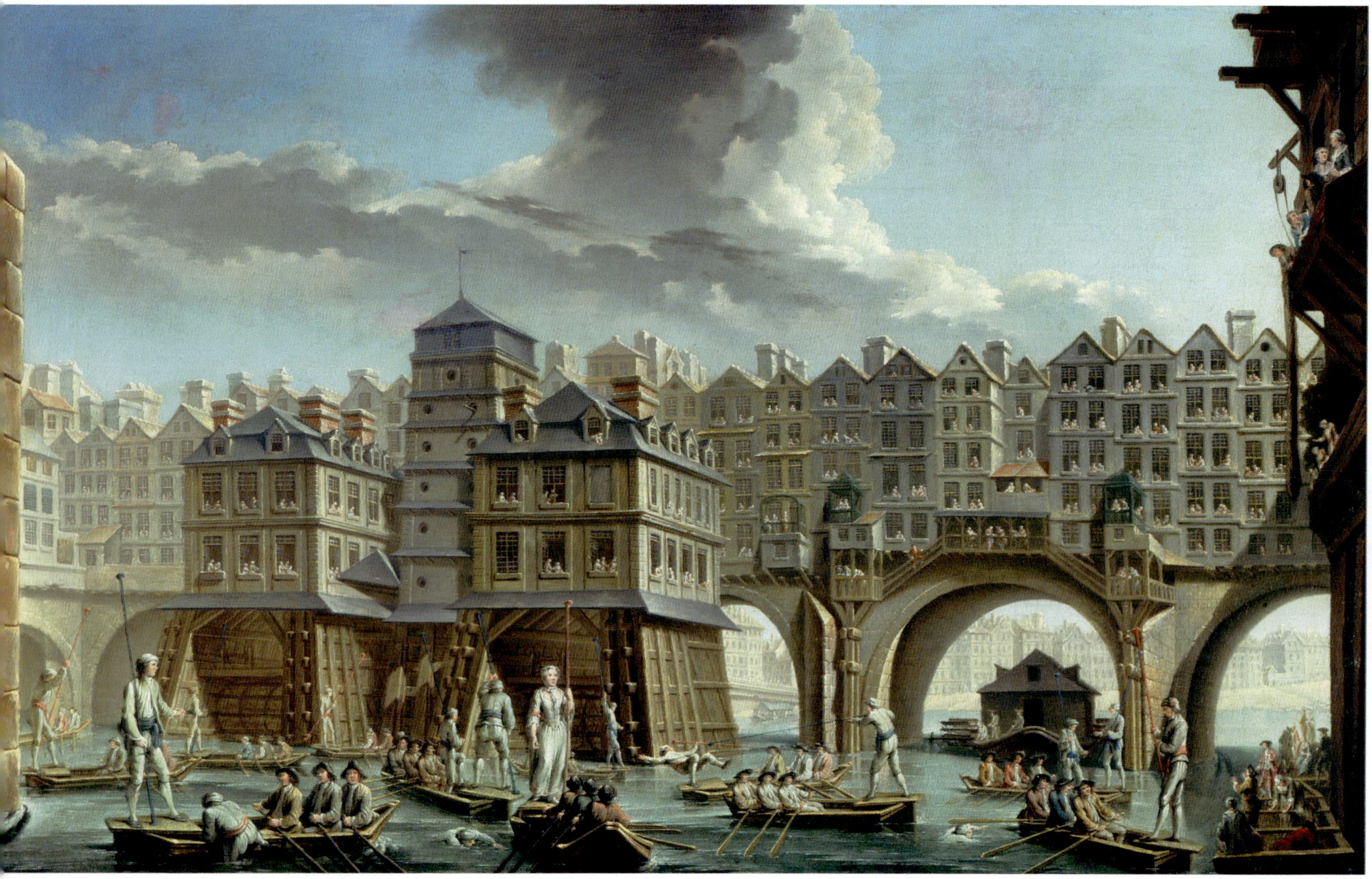

L'histoire de la ville est intimement liée à la Seine. Au Moyen Âge, les « marchands de l'eau » (des commerçants utilisant le fleuve comme moyen de transport) sont si puissants que l'administration de la municipalité est entre leurs mains. Le symbole de leur corporation, une nef voguant sur les flots, devient d'ailleurs l'emblème de la ville de Paris. À cette époque, de nombreux ponts sont construits pour relier les deux rives de la Seine. Mais ces ponts construits en bois, surchargés de boutiques et de maisons, sont peu solides. À maintes reprises, les incendies, les glaces ou les crues du fleuve ont raison d'eux.

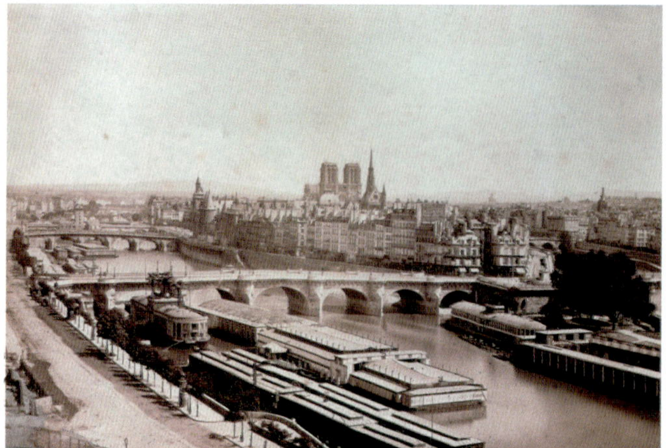

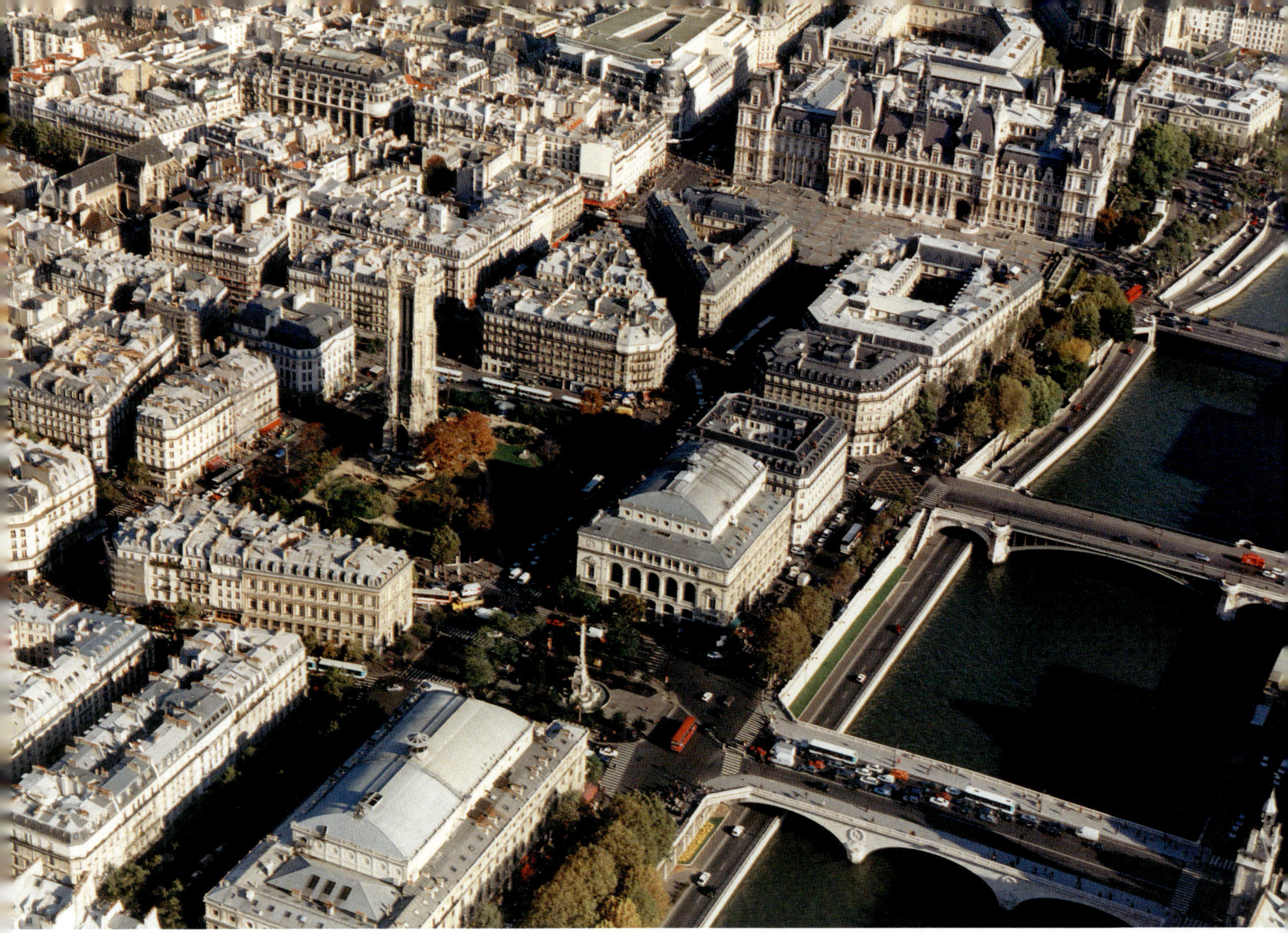

Les grands ponts de Paris

PAGE DE GAUCHE, DE HAUT EN BAS :

La joute des mariniers entre le pont Notre-Dame et le pont au Change, 1756, Nicolas Jean-Baptiste Raguenet.
Vue générale prise du pont des Arts.

CI-DESSUS :

Vue aérienne : l'Hôtel de Ville et le pont d'Arcole, le pont Notre-Dame, la place du Châtelet et le pont au Change.

CI-DESSOUS, DE GAUCHE À DROITE :

Le pont Saint-Michel.
Le pont des Arts devant l'Institut.
Le quai de Grenelle et ses péniches.

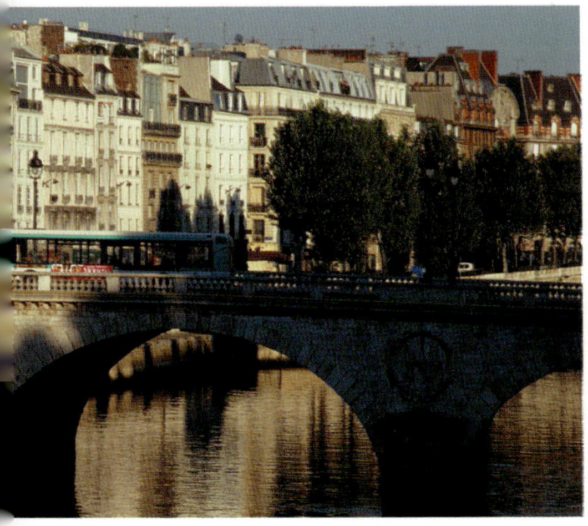

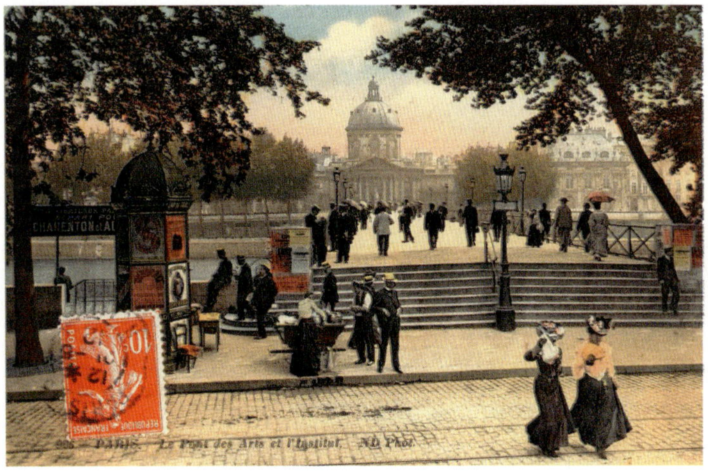

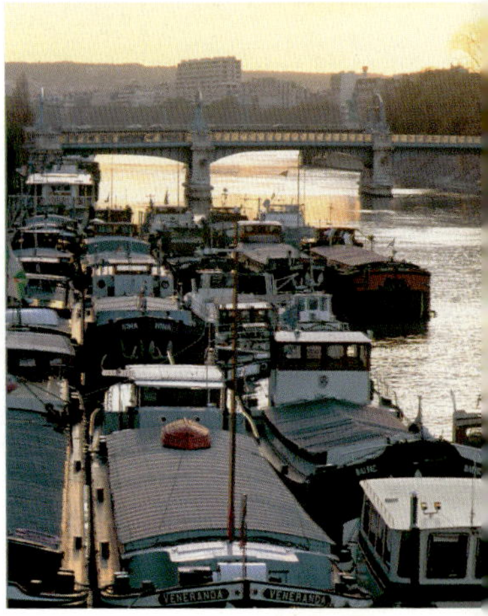

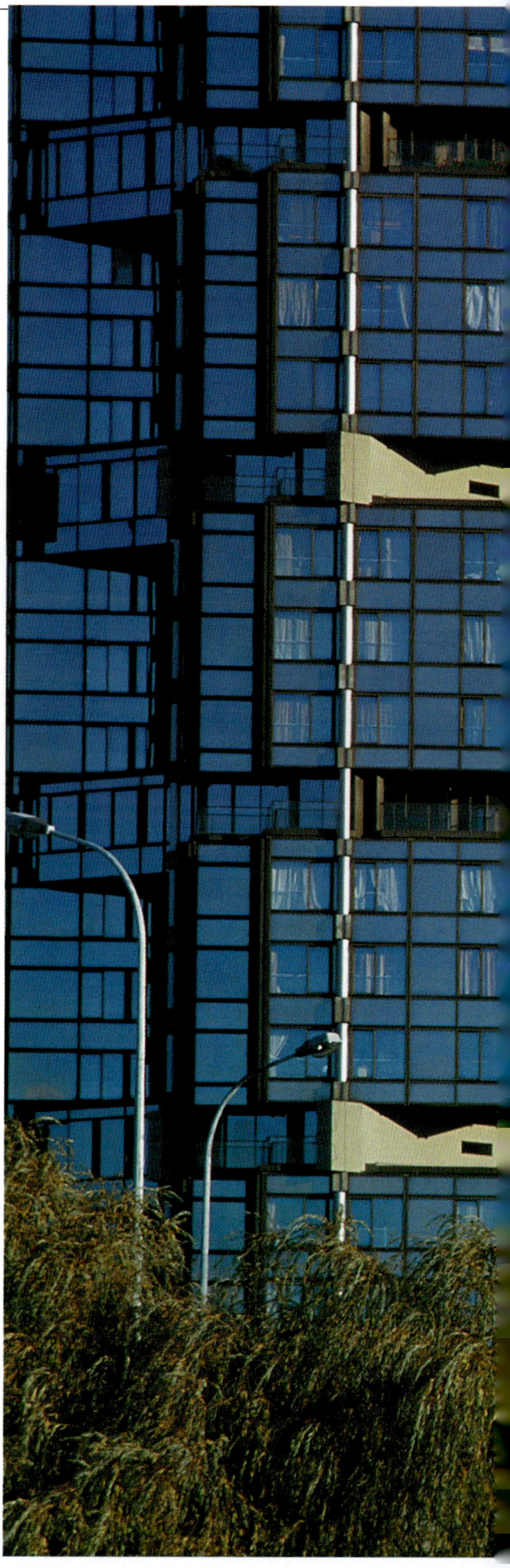

Les grands ponts de Paris

CI-DESSOUS :
Le pont Charles de Gaulle.

PAGE DE DROITE :
Réplique de la statue de la Liberté offerte à la ville de Paris par la colonie américaine en 1885 et dressée à l'occasion de l'exposition universelle sur le pont de Grenelle.

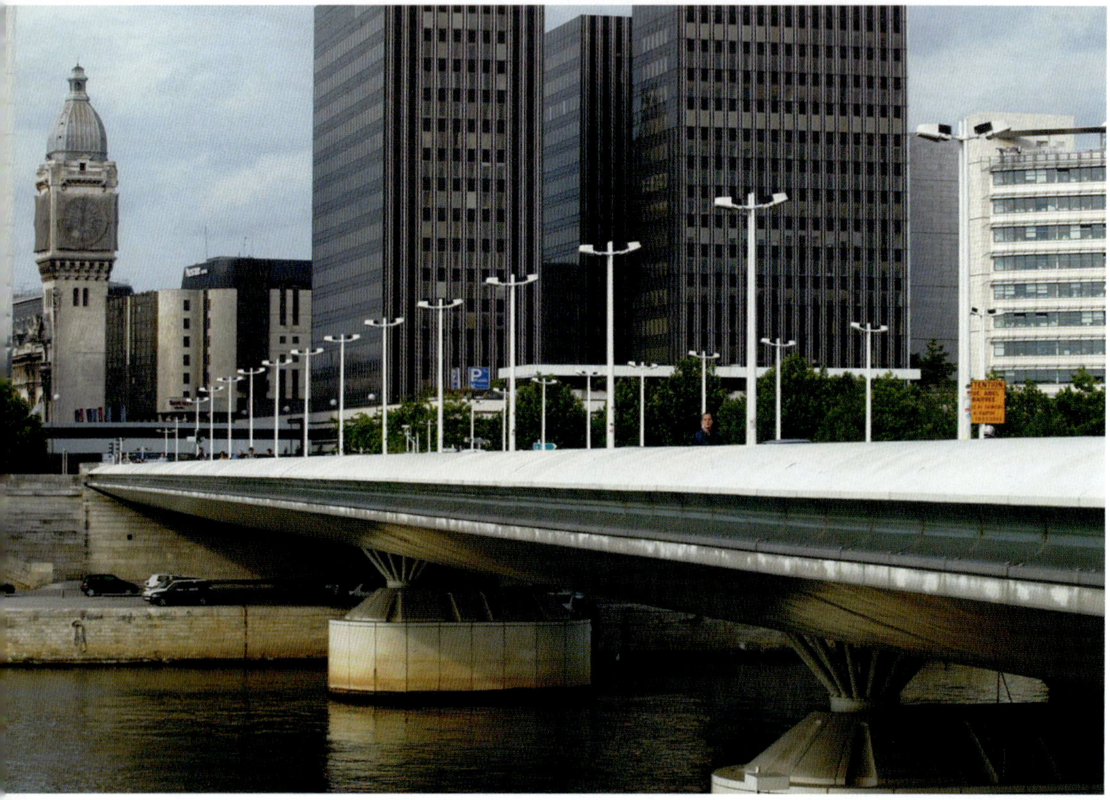

Aujourd'hui, il ne reste aucun des ponts construits au Moyen Âge. Le pont Neuf qui, en dépit de son nom, est le plus ancien pont de Paris, date de 1606. Nombre d'édifices plus récents valent cependant bien un détour. Du pont National au pont Mirabeau en passant par les ponts Sully, Louis-Philippe, Saint-Louis, le pont au Double, la passerelle des Arts, le pont du Carrousel, le pont de Solférino, le pont de la Concorde, le pont Alexandre III, le pont des Invalides, le pont de l'Alma et le pont de Grenelle… Les trente-cinq ouvrages qui enjambent la Seine ont tous leur architecture singulière et leur histoire, qui se confond avec celle de la ville. Mais chacun d'entre eux incite le promeneur à un parcours suspendu entre ciel, eau et terre.

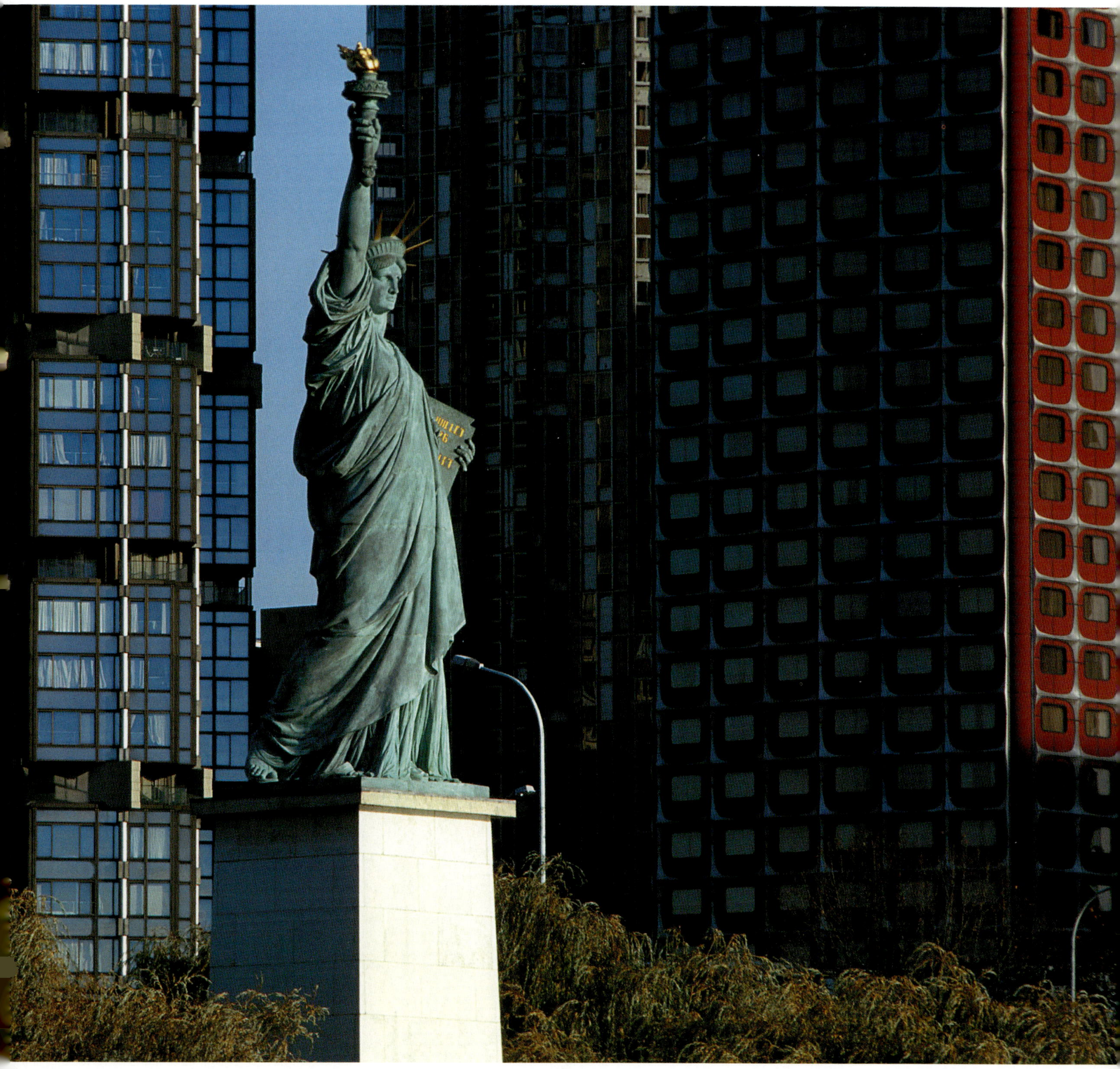

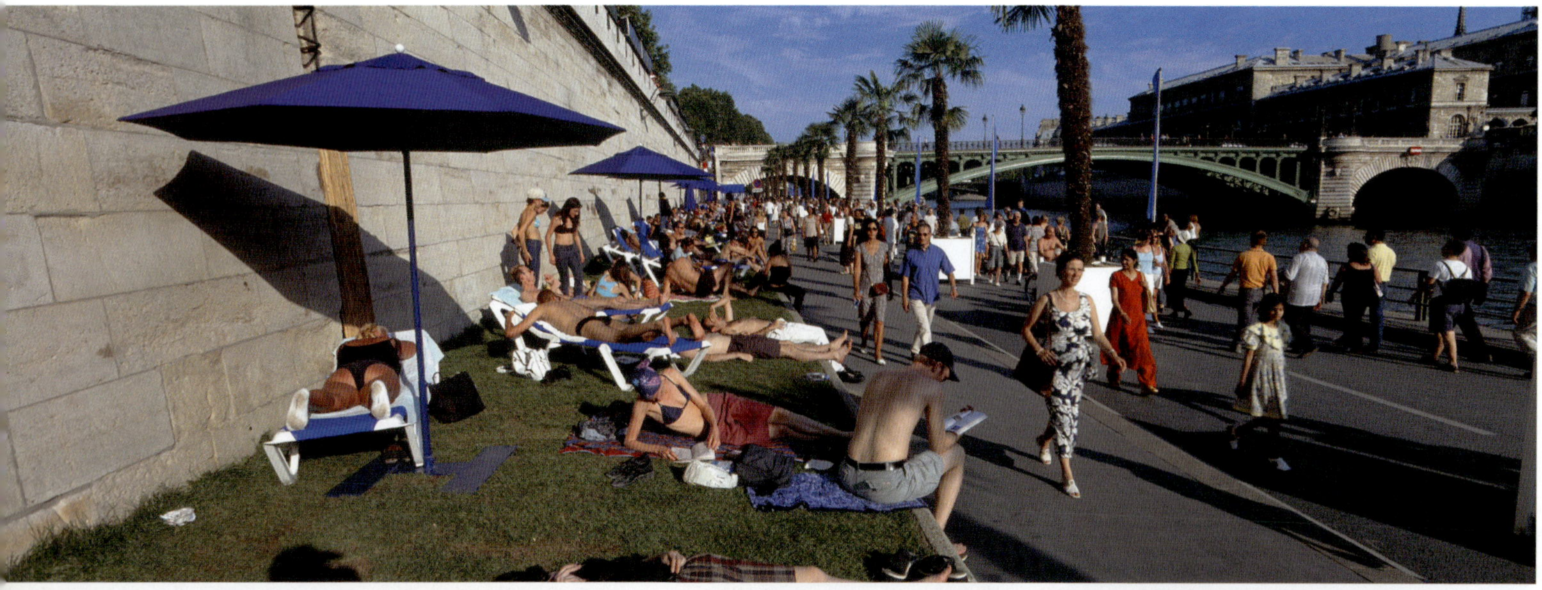

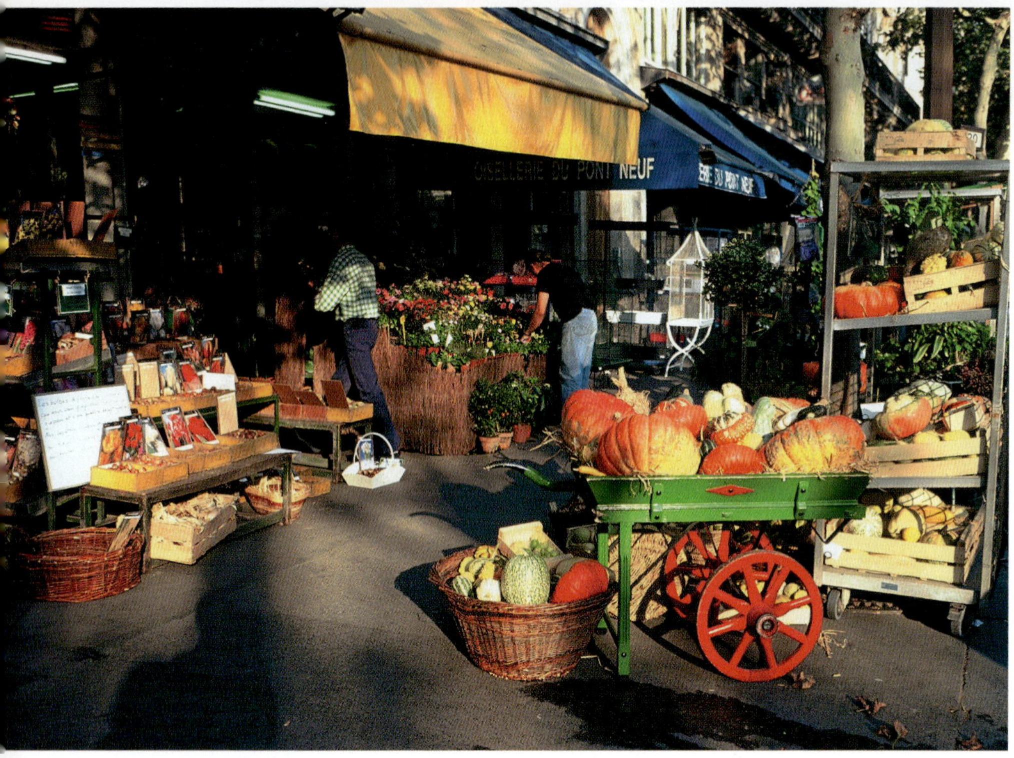

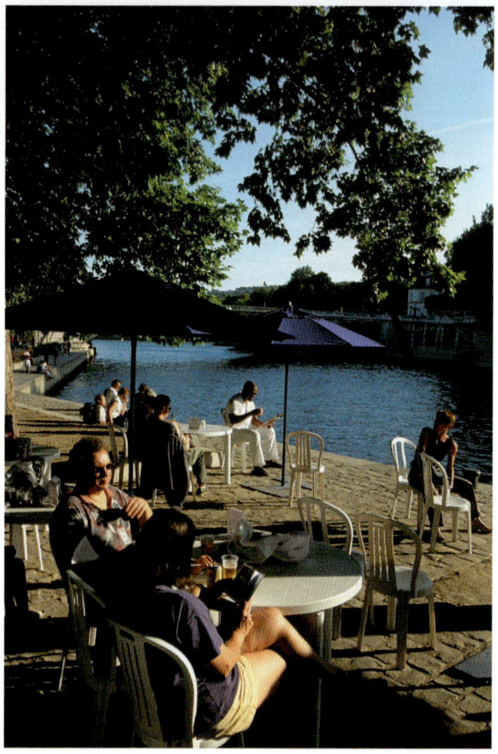

Depuis quelques années, durant les week-ends et les jours fériés, les voies sur berges oublient la circulation automobile pour s'offrir à la déambulation paisible des promeneurs. Transformés en plages au plus fort de l'été, les abords de la Seine offrent aux citadins un espace de détente. Accotés aux quais, les bouquinistes proposent, avec leurs collections d'œuvres d'occasion, de cartes postales et d'estampes, maintes occasions de divertissement.

C'est au XVIIe siècle que les premiers d'entre eux s'installent sur le pont Neuf. À l'époque, un livre coûte cher : les lecteurs recourent donc souvent aux livres d'occasion. Ce métier s'est perpétué jusqu'à nos jours, pour le plus grand bonheur des amateurs de promenade culturelle… On compte aujourd'hui près de 250 bouquinistes, qui bordent la Seine sur 3 kilomètres. Gravures anciennes, œuvres rares, revues d'antan, leurs inépuisables boîtes vertes recèlent des merveilles pour qui prend la peine de s'en approcher. Avec un total d'environ 300 000 ouvrages proposés, ils constituent la plus grande librairie à ciel ouvert du monde.

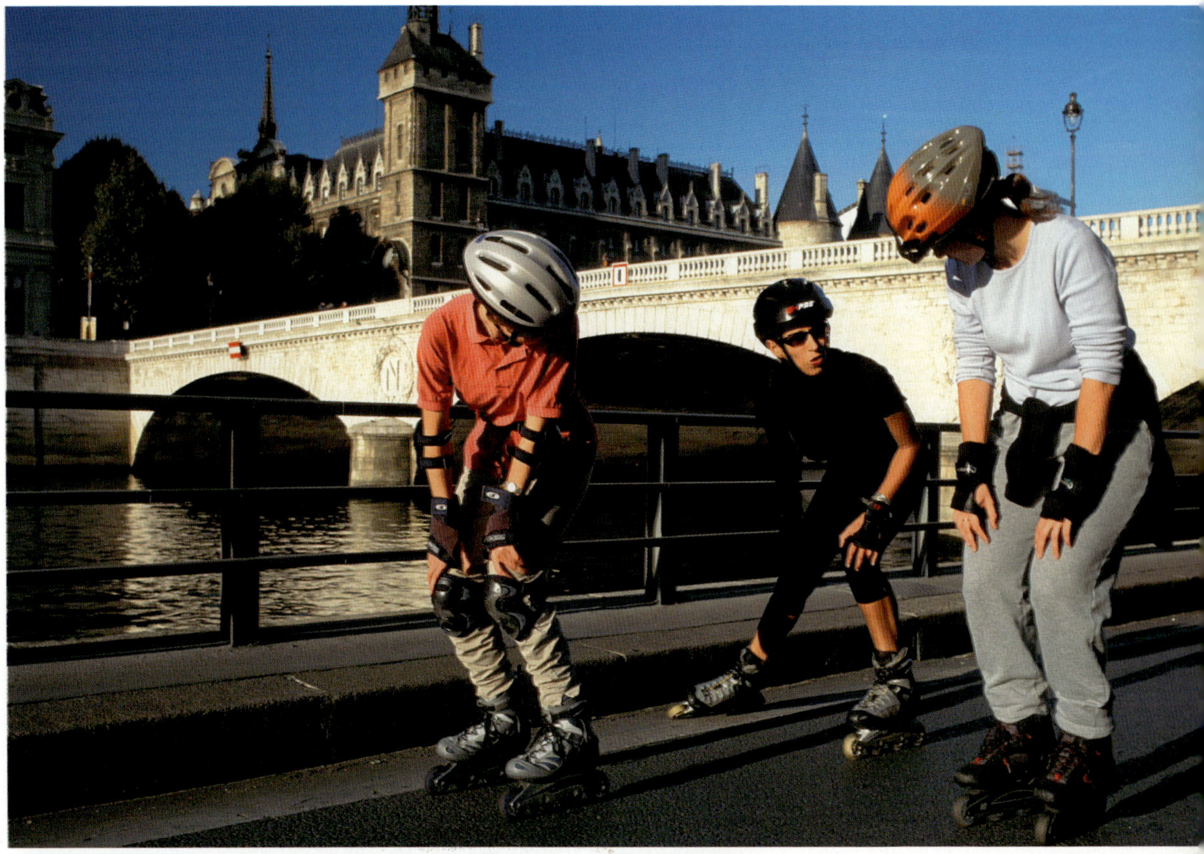

Les quais de la Seine

PAGE DE GAUCHE, DE HAUT EN BAS ET DE GAUCHE À DROITE :
Opération « Paris Plage » sur les quais de la Seine.
Commerces sur le quai de la Mégisserie.
Buvette installée sur les quais pendant l'opération « Paris Plage ».

CI-DESSUS :
Roller près du pont au Change.

CI-CONTRE :
Le Batofar dans le XIIIe arrondissement.

CI-DESSOUS :
Bouquinistes sur le quai de la Mégisserie.

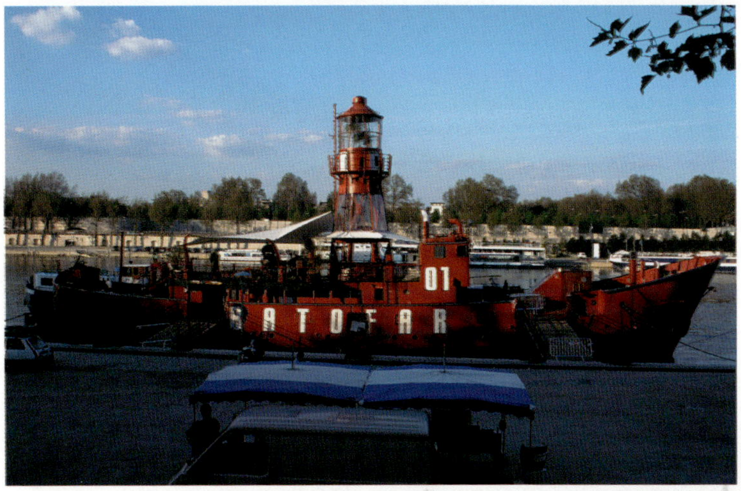

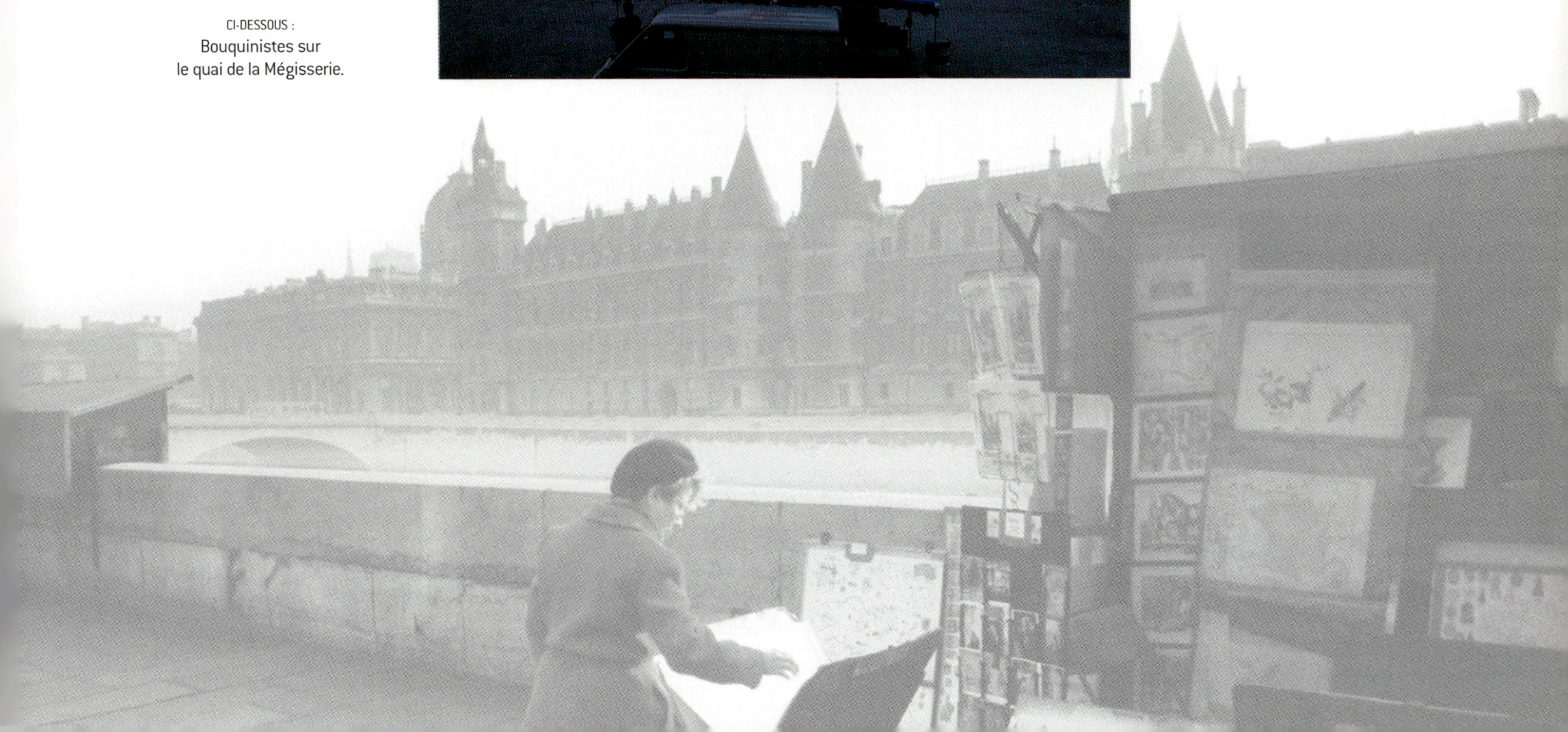

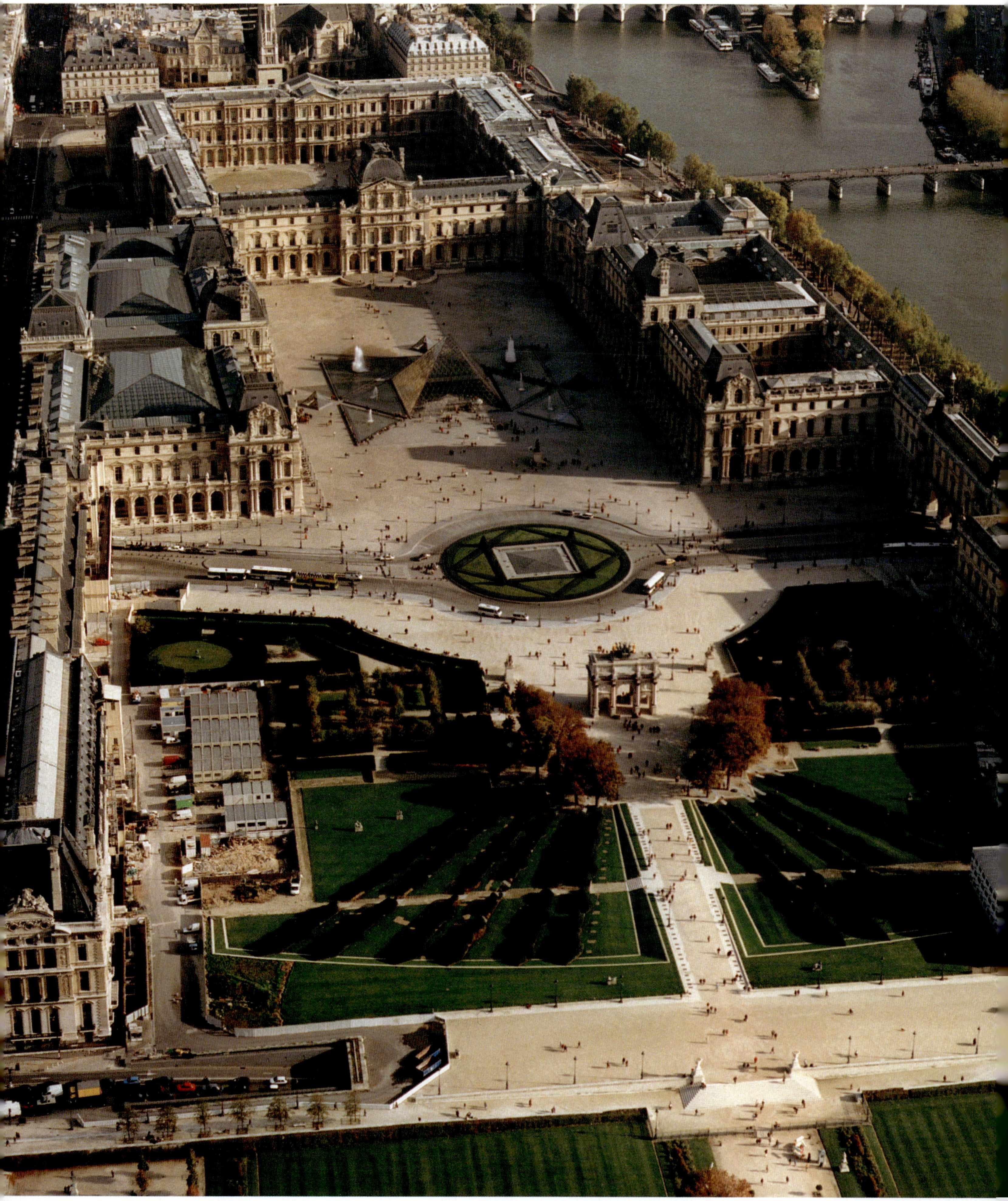

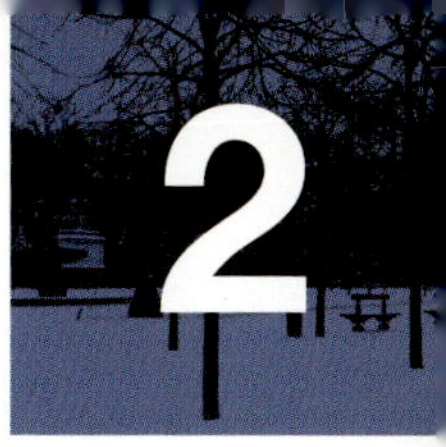

CHAPITRE 2

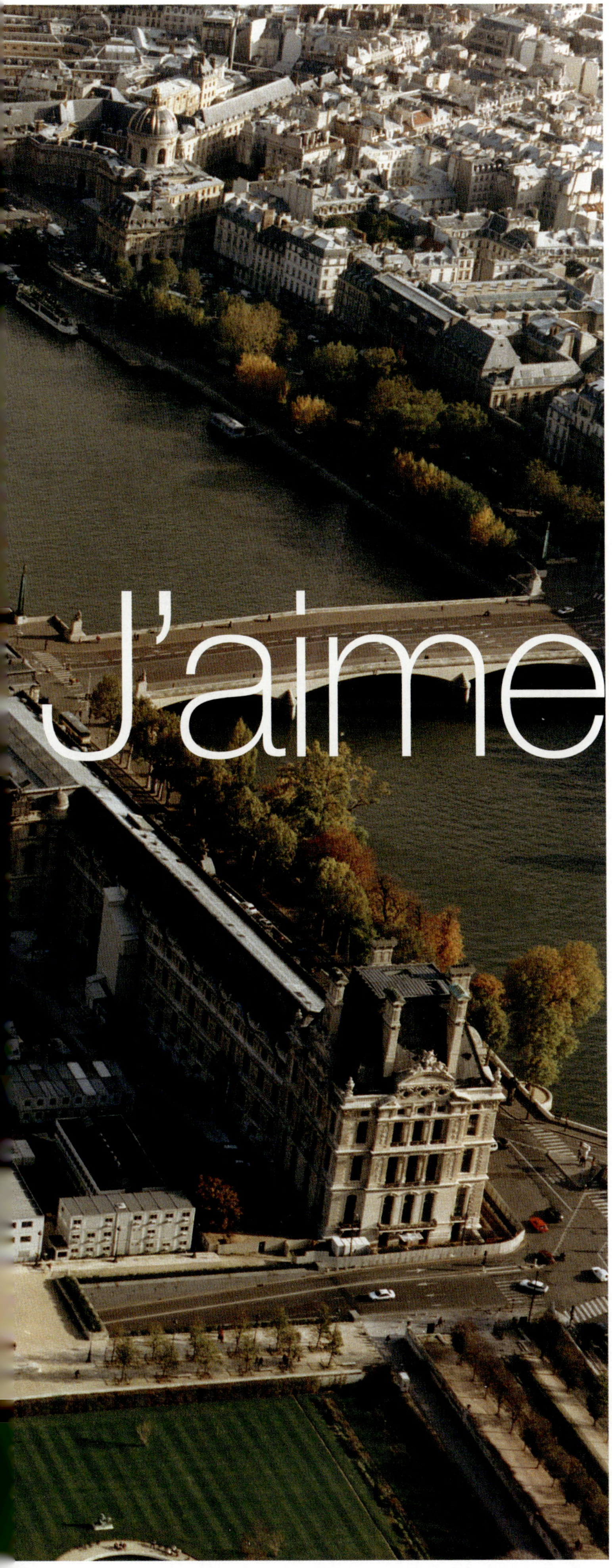

J'aime Paris

Son centre historique…

L'Histoire ne se laisse pas facilement oublier à Paris. Sans doute même y est-elle plus présente qu'ailleurs. Ses monuments incomparables, son architecture, la configuration même de la ville retracent continuellement les événements du passé au visiteur attentif. Mais aujourd'hui le Louvre se traverse en voiture, et non plus en carrosse ou à cheval ; on fait du footing et du roller dans les allées symétriques du jardin des Tuileries.

La beauté de Paris tient d'ailleurs sans doute à la manière dont, au cœur même de la ville, les œuvres d'autrefois se mêlent aux réalisations les plus actuelles. Dans une éblouissante perspective, le palais des rois de France, la pyramide de verre et l'arc de triomphe édifié par Napoléon défient le temps. Au sein d'un même lieu, différentes époques se superposent… Comme une invitation de plus à profiter du présent.

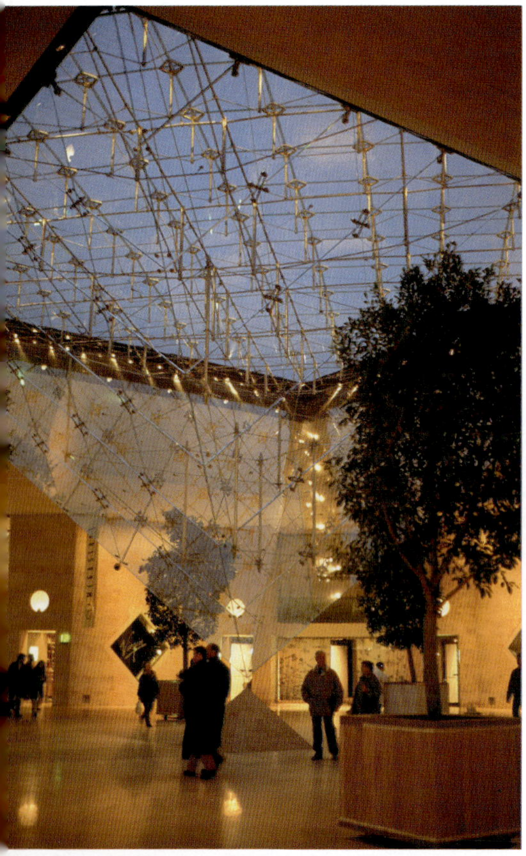

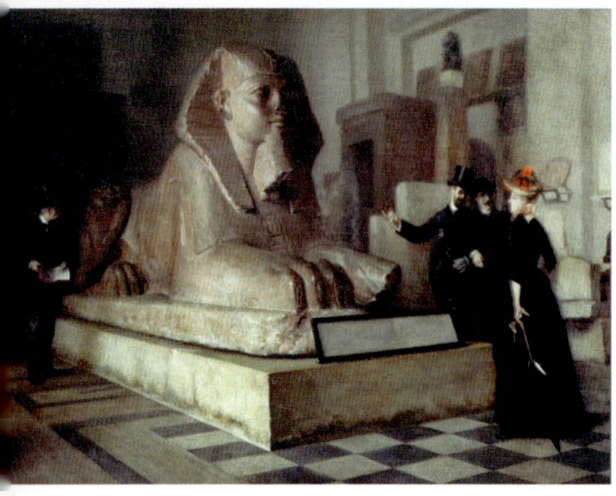

Le Louvre et les Tuileries

CI-DESSUS :
Pyramide inversée du Louvre.

CI-CONTRE :
Salle égyptienne du Louvre : le grand sphinx, 1930, Guillaume Larrue.

PAGE DE DROITE :
Musée Napoléon III, salle des terres cuites au Louvre, dit aussi La galerie Campana, 1886, Charles Giraud.

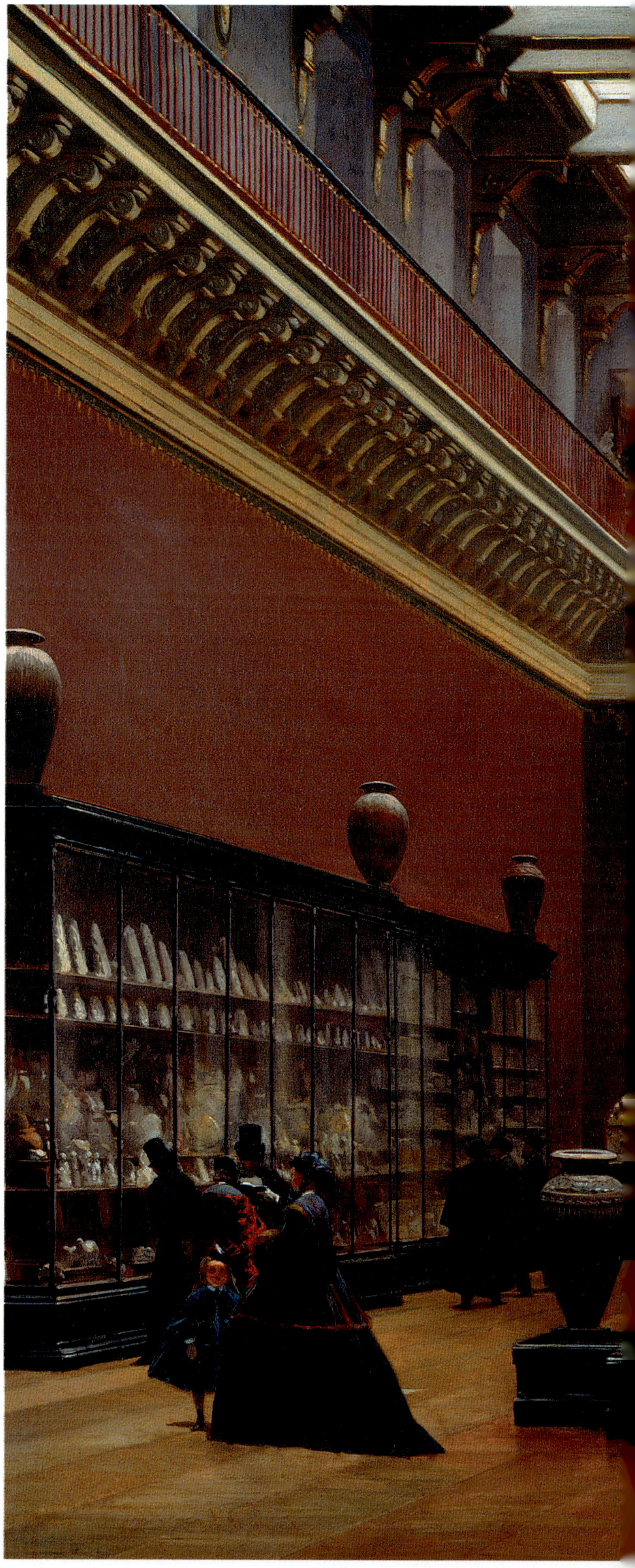

Édifiée vers 1200 par Philippe Auguste pour résister aux attaques des Anglais, la forteresse installée au lieu-dit Louvre accueille, huit siècles durant, nombre de rois de France. Peu à peu aménagée en palais royal, la citadelle médiévale est transformée au fil des siècles en une résidence fastueuse, orgueilleusement tournée vers le fleuve.

La restructuration de l'ancien palais et sa transformation en un musée moderne ouvert au public ont requis des années de travaux et des modifications colossales… Mais la réussite est à la mesure de l'entreprise : le Louvre compte aujourd'hui parmi les monuments les plus visités de France. Cinq à six millions de visiteurs se pressent chaque année pour admirer les bâtiments, le jardin des Tuileries, la régularité de la perspective, et bien sûr, les exceptionnelles collections que renferment les galeries… Mais à elles seules, les pyramides de Pei susciteraient déjà l'enthousiasme : prodigieux alliages de transparence et de géométrie, érigées en plein cœur de la cour Napoléon, elles incarnent avec grâce l'entrée du Louvre dans la modernité.

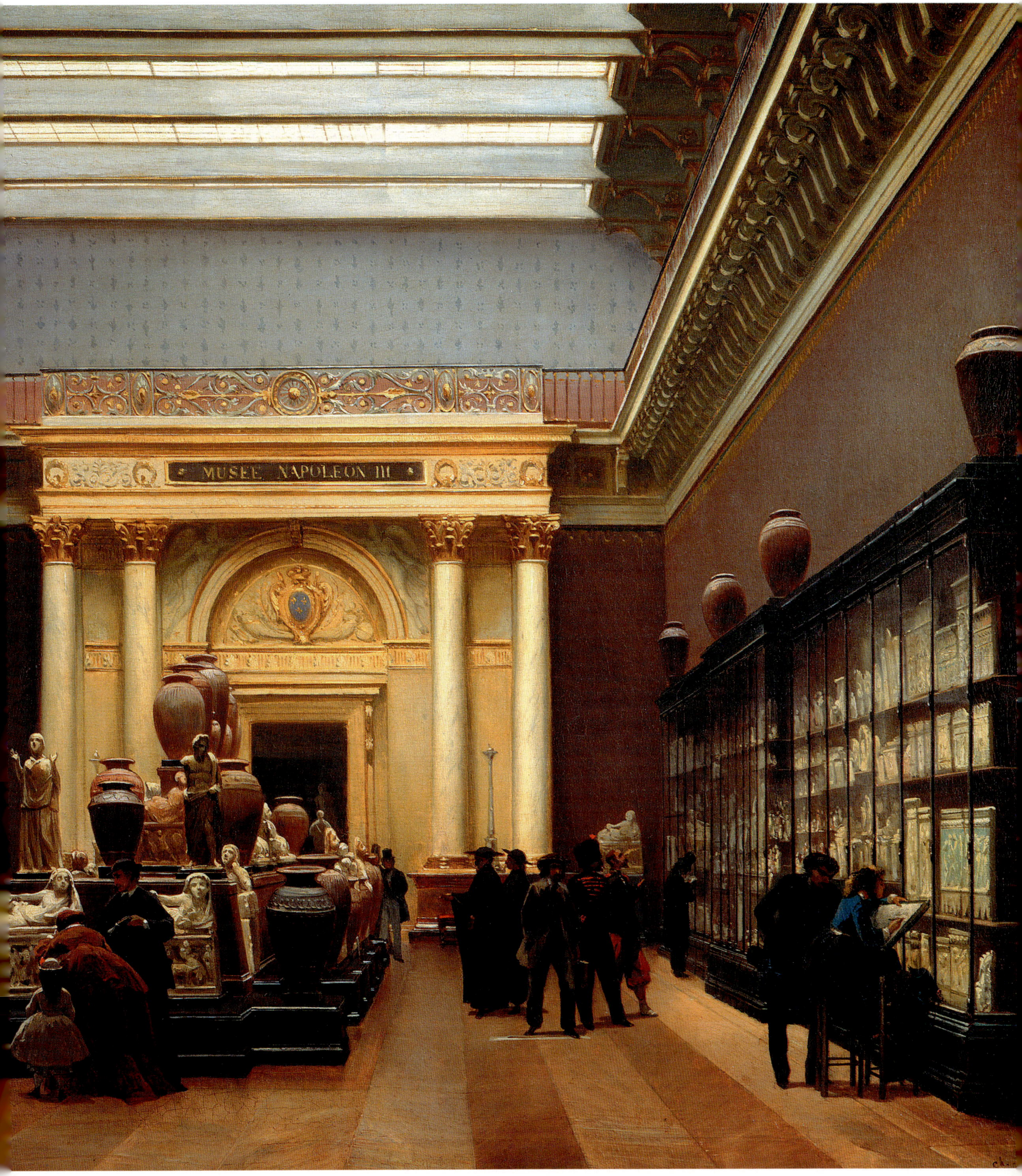
MUSÉE NAPOLÉON III

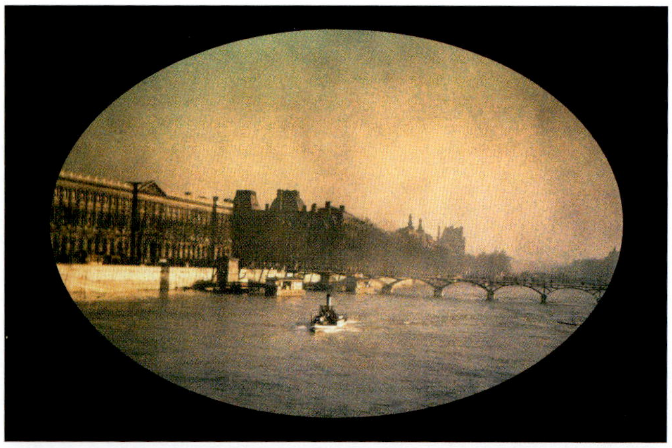

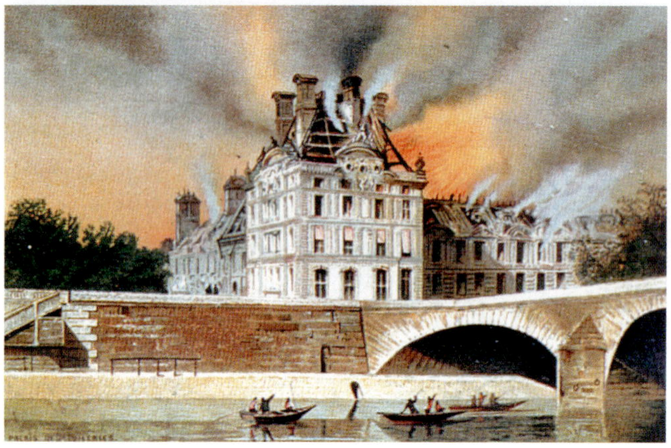

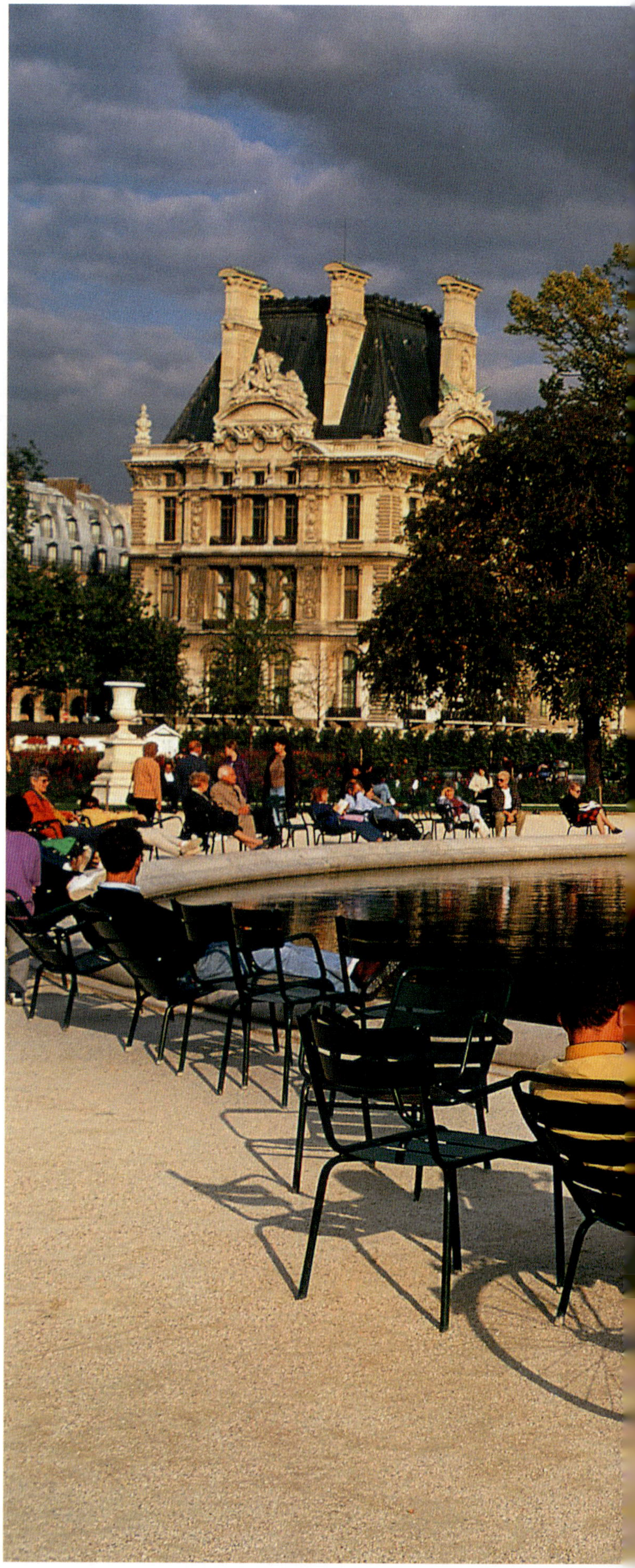

Le Louvre et le jardin des Tuileries

EN HAUT :
Le Louvre et la Seine, 1910.

CI-DESSUS :
Incendie des monuments publics pendant
la Semaine sanglante du 21 au 28 mai 1871, mettant fin à la Commune.
Palais des Tuileries. Détail.

PAGE DE DROITE :
Le jardin des Tuileries.

Sur un terrain en bord de Seine, jusqu'alors dédié à la fabrication des tuiles, Catherine de Médicis fait entreprendre en 1564 la construction d'un palais qu'on nommera les Tuileries. En raison de son origine italienne, l'épouse de Henri II accorde une importance toute particulière aux jardins ; elle dessine elle-même les plans de l'espace entourant le palais. Fontaines, grottes, bassins, labyrinthe, végétation luxuriante... Dans l'enceinte conçue par la reine, le parc se caractérise par une magnificence toute florentine.
Un siècle plus tard, cette exubérance n'est plus au goût du jour. Sur la demande de Louis XIV, l'architecte paysagiste André Le Nôtre restructure entièrement le jardin. Le caractère rectiligne des allées, la taille régulière des bosquets, l'ordonnancement symétrique des parterres confèrent aujourd'hui aux jardins une allure classique dans laquelle on peut voir une image du style qui triomphe à Versailles.
Irrémédiablement endommagé lors d'un incendie en 1871, le palais des Tuileries est finalement démoli en 1882.

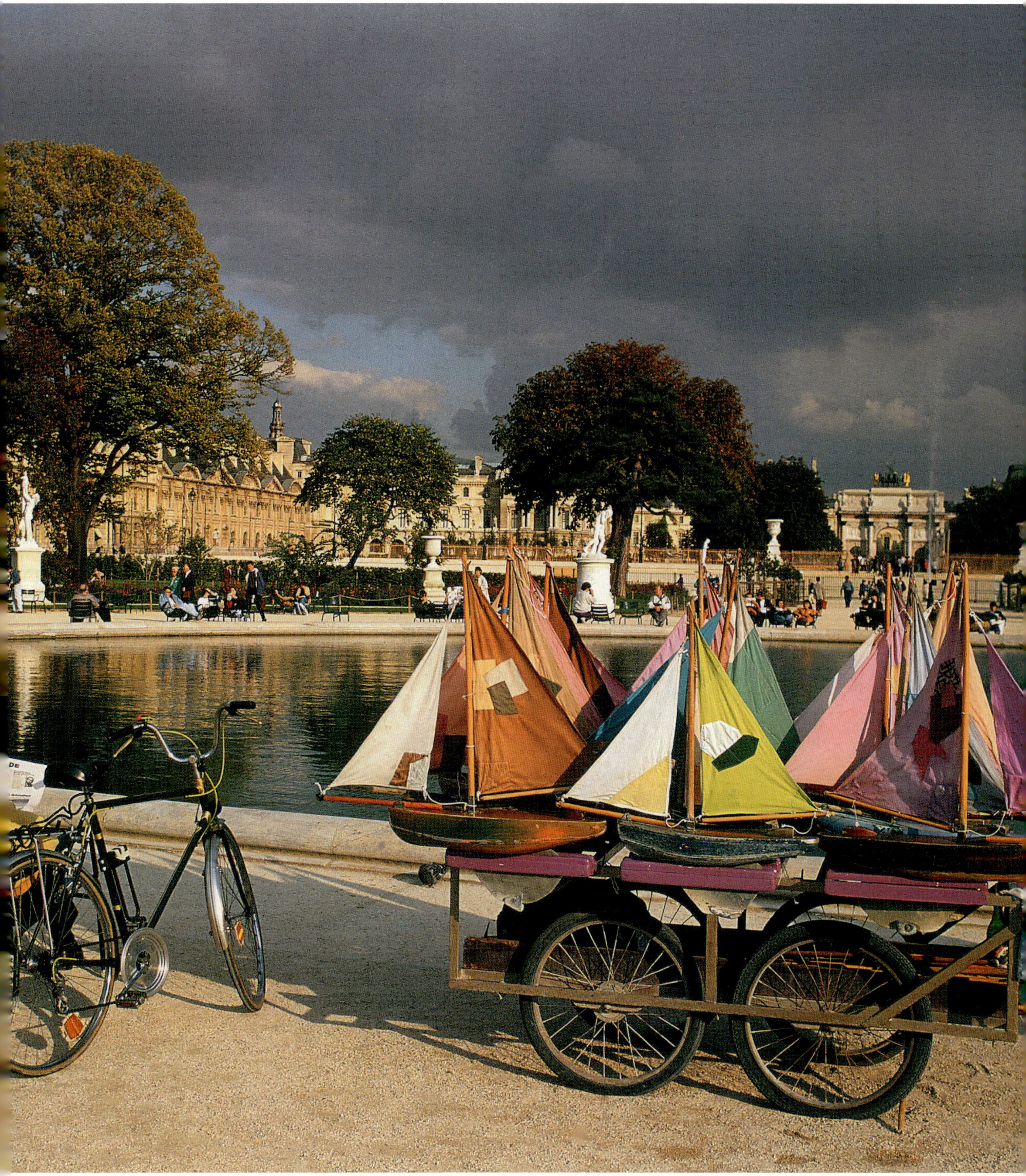

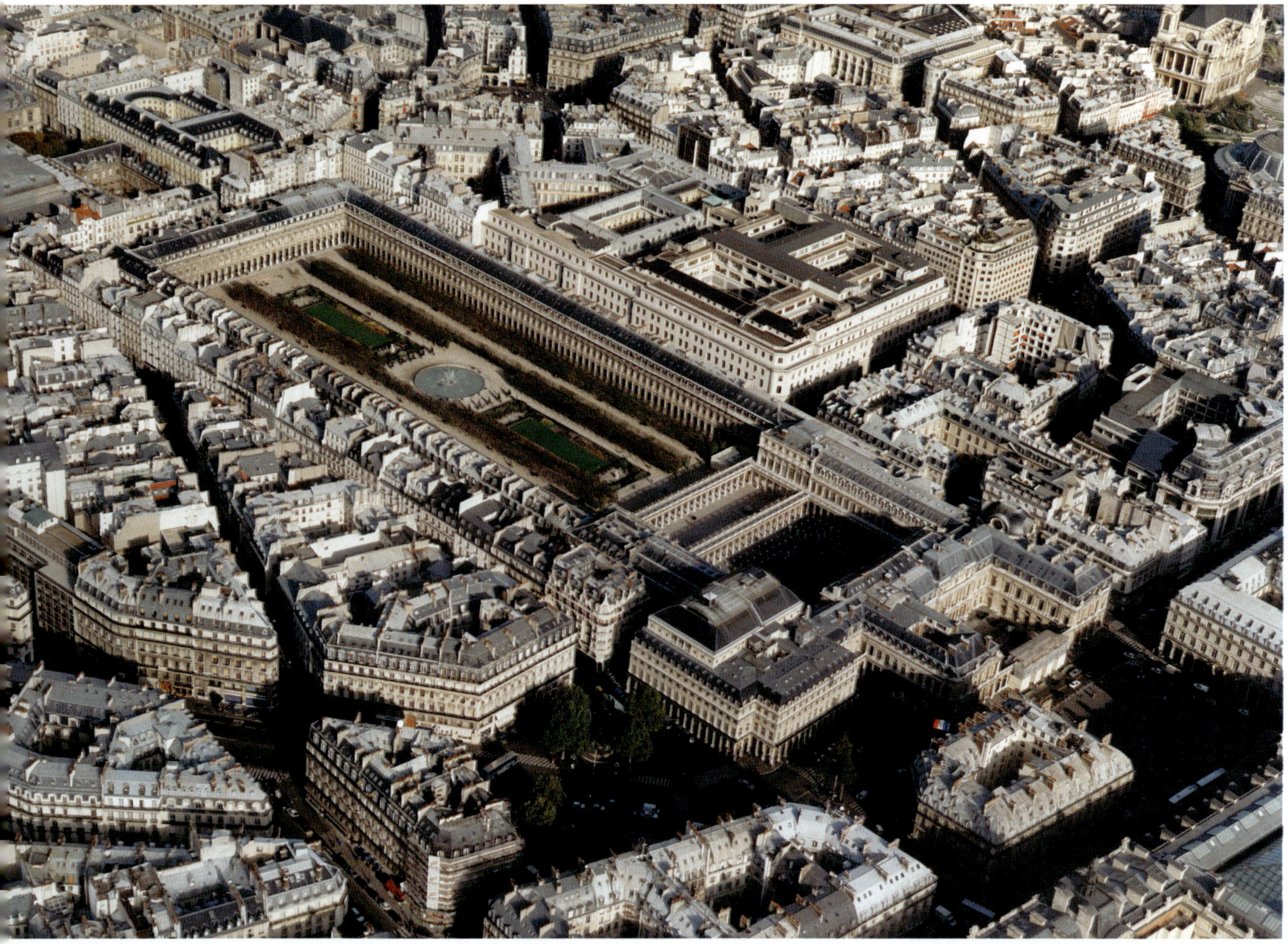

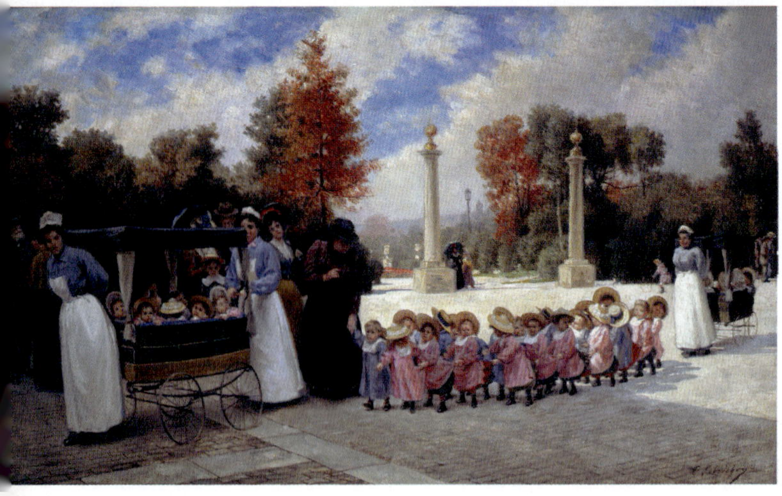

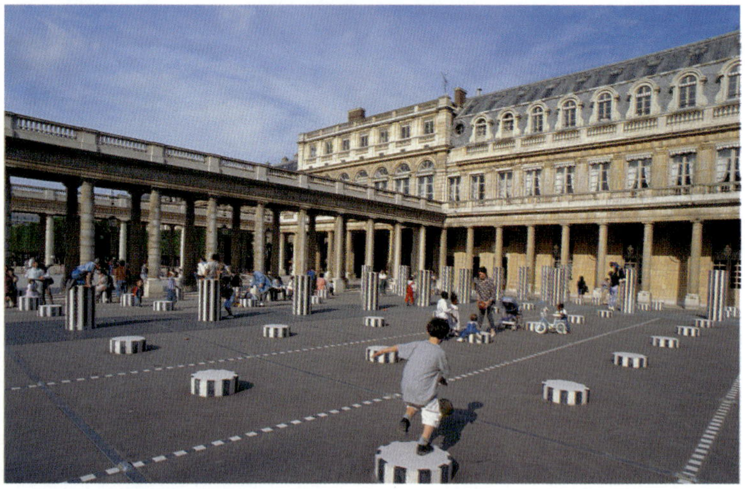

Le Palais-Royal et les Tuileries

EN HAUT :
Vue aérienne du Palais Royal.

CI-DESSUS, DE GAUCHE À DROITE :
Promenade de la crèche aux Tuileries, XIXe siècle, Timoléon Lobrichon.
Les colonnes de Buren du Palais-Royal.

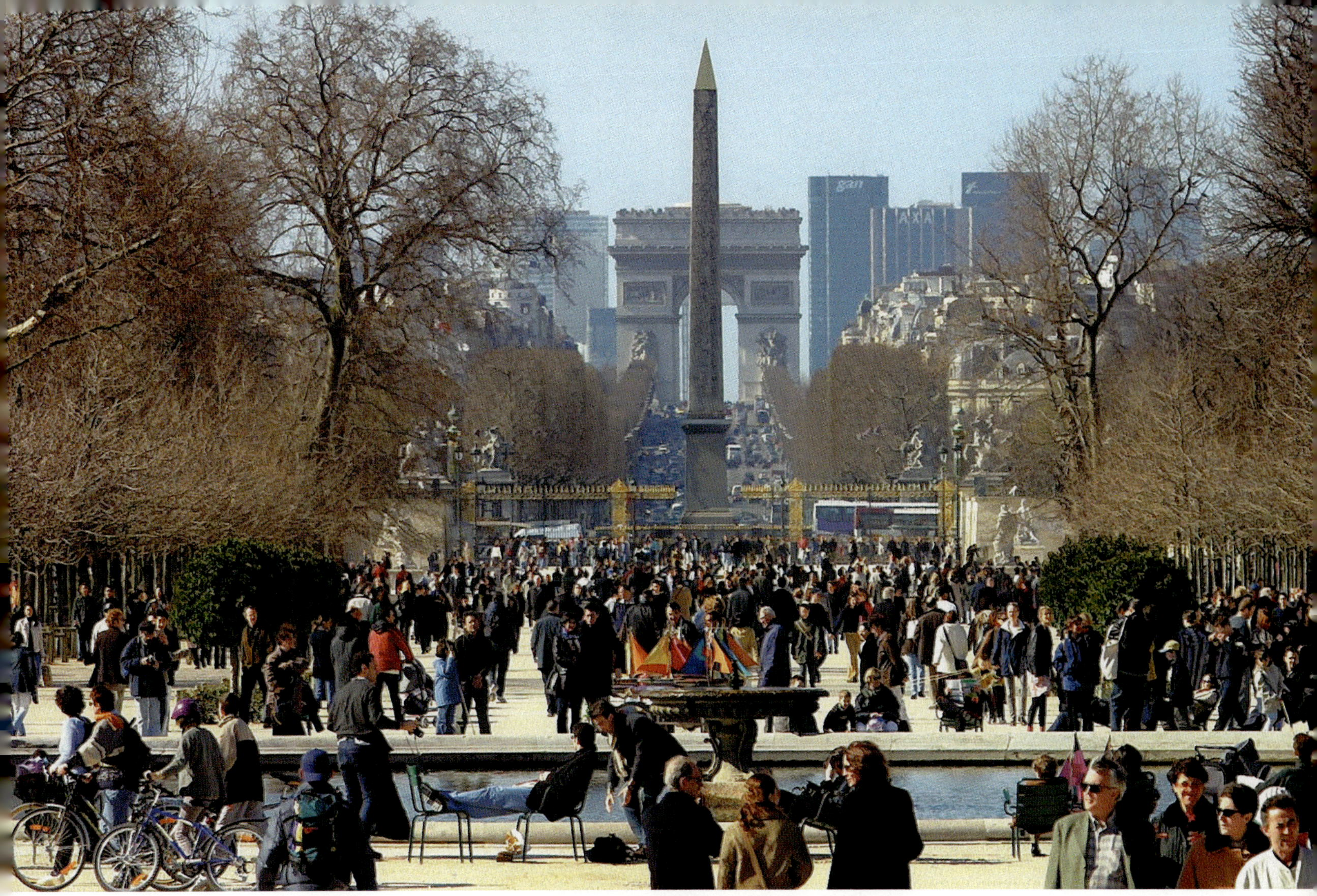

Le jardin des Tuileries

CI-DESSUS :
Le jardin des Tuileries, l'obélisque de la Concorde et l'Arc de triomphe.

CI-DESSOUS :
Vue aérienne de la place de la Concorde.

En 1661, la naissance du Dauphin est l'occasion de grandioses festivités ordonnées par Louis XIV. Parmi celles-ci, une parade équestre donnée dans la cour des Tuileries, qui prend dès lors le nom de cour du Carrousel.
Après la destruction des ruines du château, le Carrousel et les jardins des Tuileries sont réunis en un espace unique s'étendant sur plus de quarante hectares. Donnant d'un côté sur le Louvre, ouverte de l'autre en direction de la place de la Concorde et des Champs-Élysées, cette magnifique esplanade dédiée à la flânerie suscite l'admiration des étrangers comme des Parisiens…

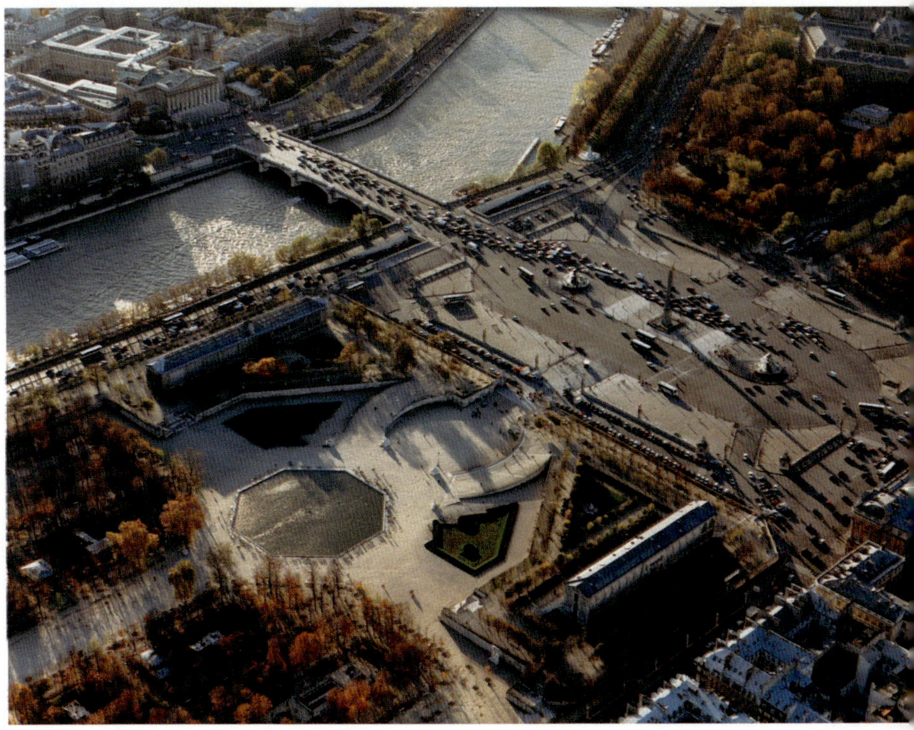

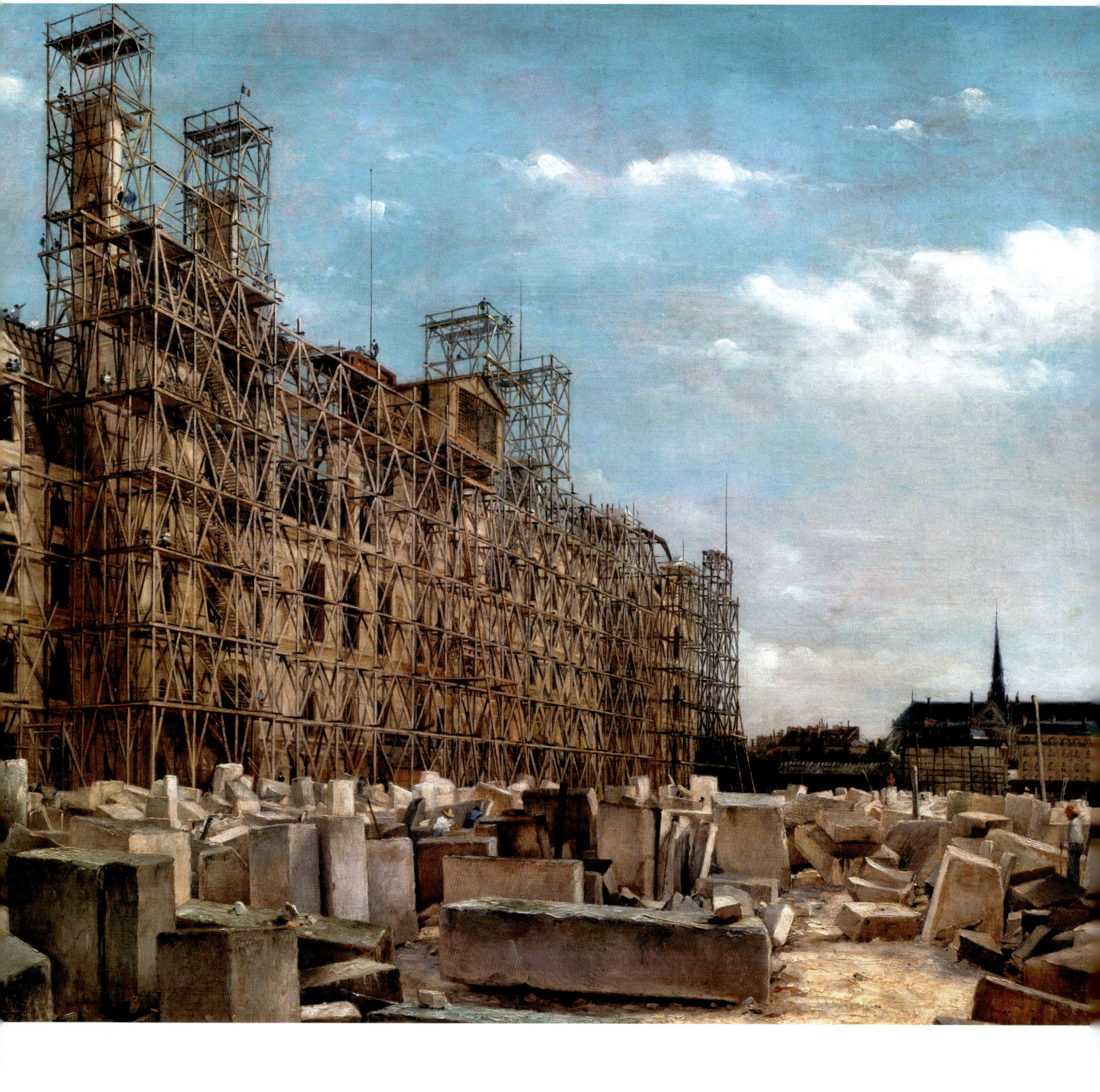

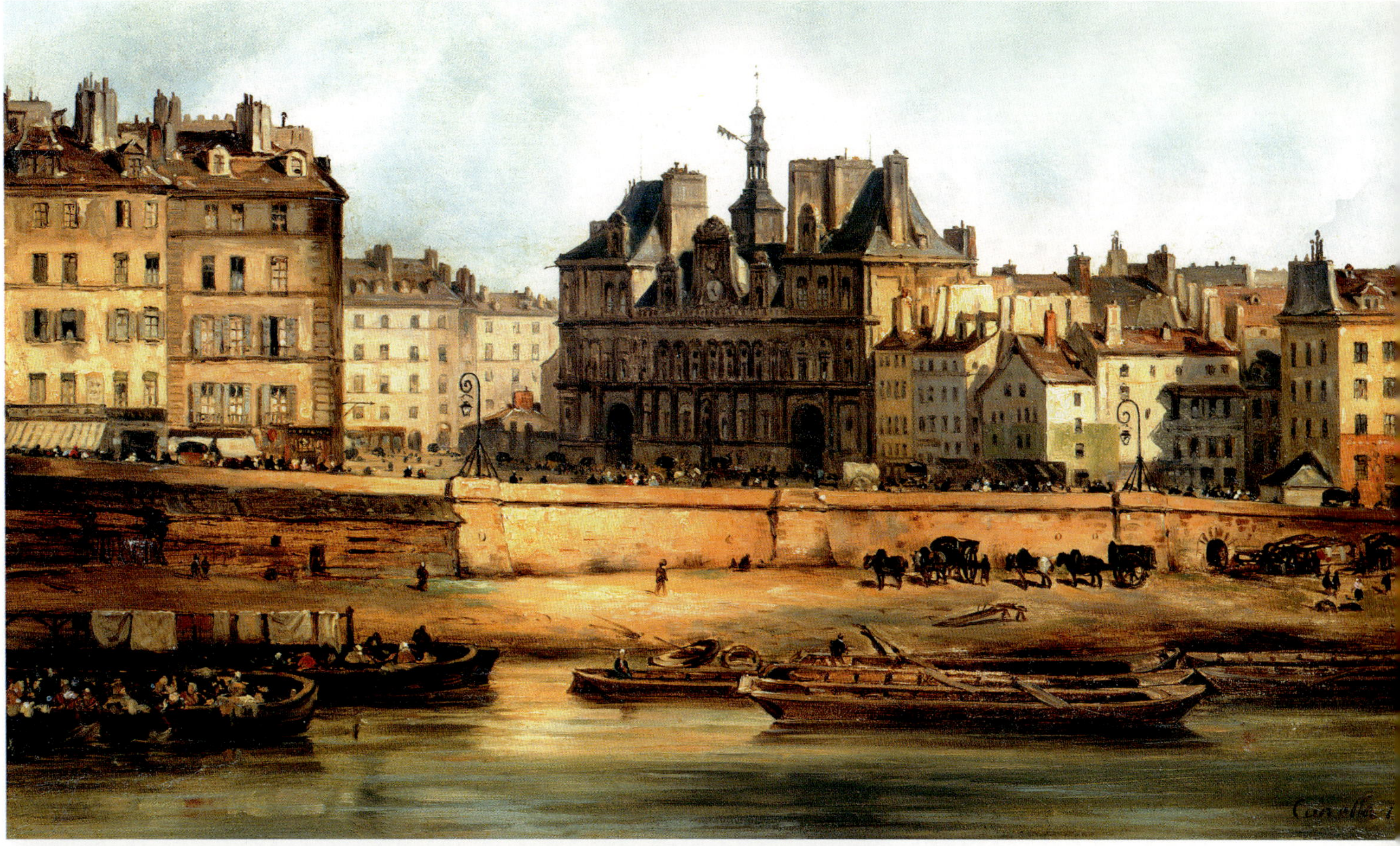

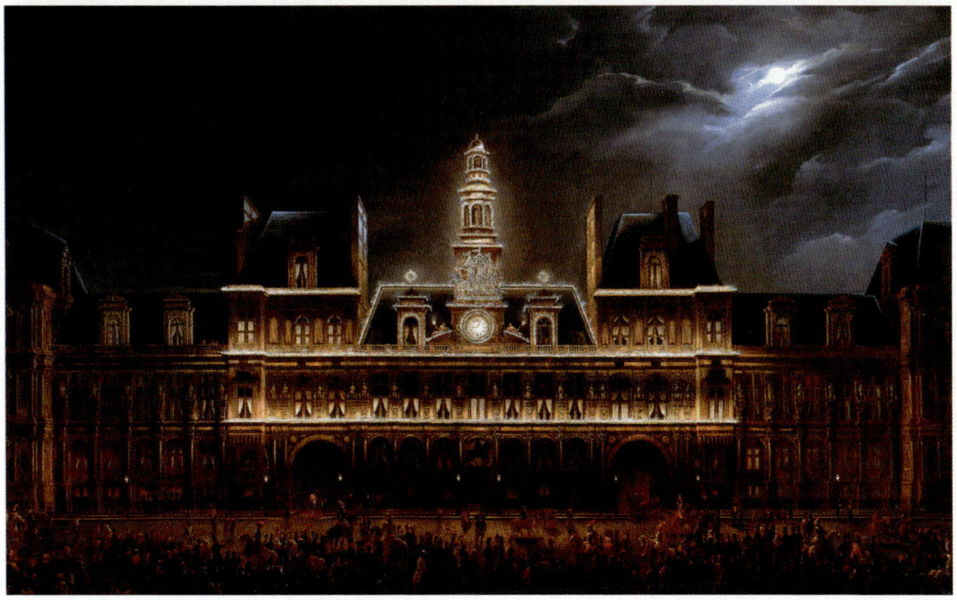

L'Hôtel de Ville

PAGE DE GAUCHE :
L'Hôtel de Ville en reconstruction, Victor Dargaud.

CI-DESSUS :
L'Hôtel de Ville et la place de la Grève vus de l'île de la Cité, 1828, Giuseppe Canella.

CI-CONTRE :
Illumination de l'Hôtel de Ville pour la fête du roi, 1er mai 1847, Auguste Jean Simon Roux.

CI-DESSOUS :
L'Hôtel de Ville.

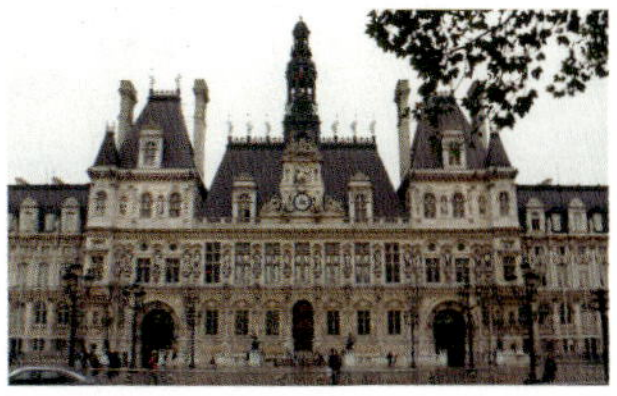

Incendié lors des troubles de la Commune, l'Hôtel de Ville, conçu par Dominique de Cortone et Pierre Chambige pour François Ier, est reconstruit à l'identique en 1882. L'édifice, haut, large, lumineux et raffiné, dans l'esprit de la Renaissance, peut donc aujourd'hui encore être admiré. Quant à la décoration intérieure, elle témoigne du souci pédagogique du XIXe siècle : le rayonnement des Arts, des Sciences et des Lettres fait l'objet de nombreux tableaux allégoriques réalisés par Puvis de Chavannes, Morot ou Gervex. L'Hôtel de Ville de Paris allie donc aujourd'hui le charme d'une façade de style Renaissance aux dorures et à l'art académique de la IIIe République.

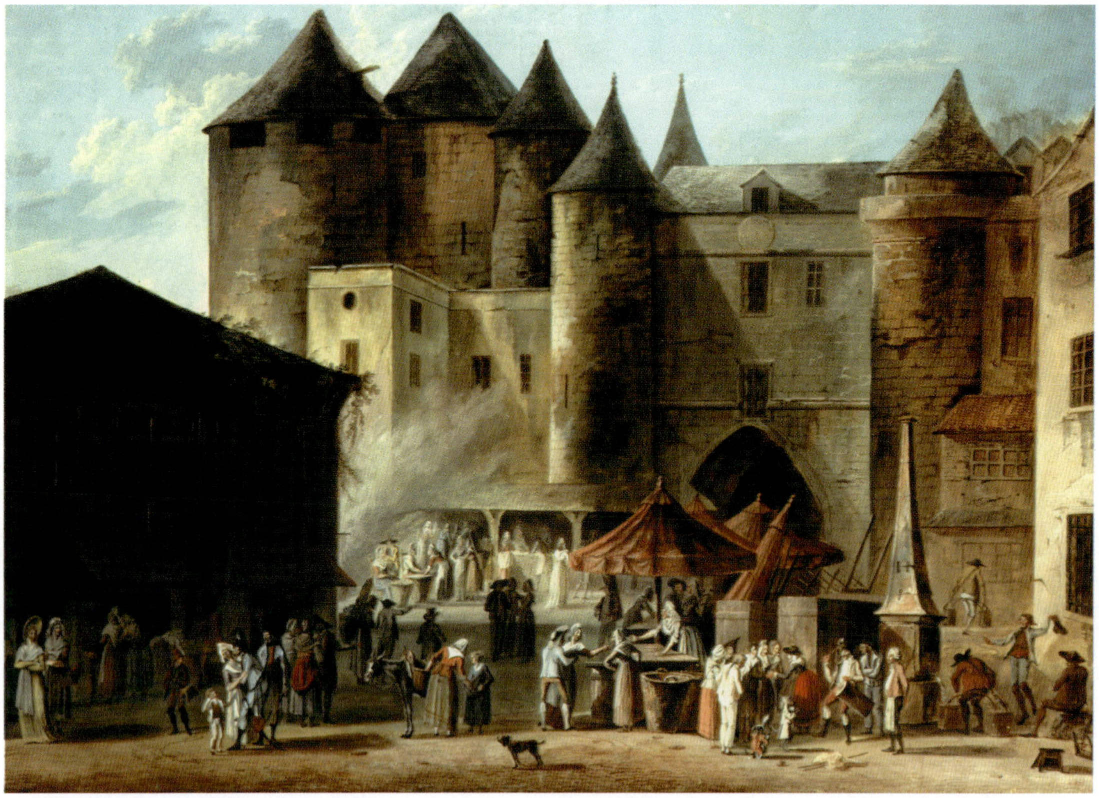

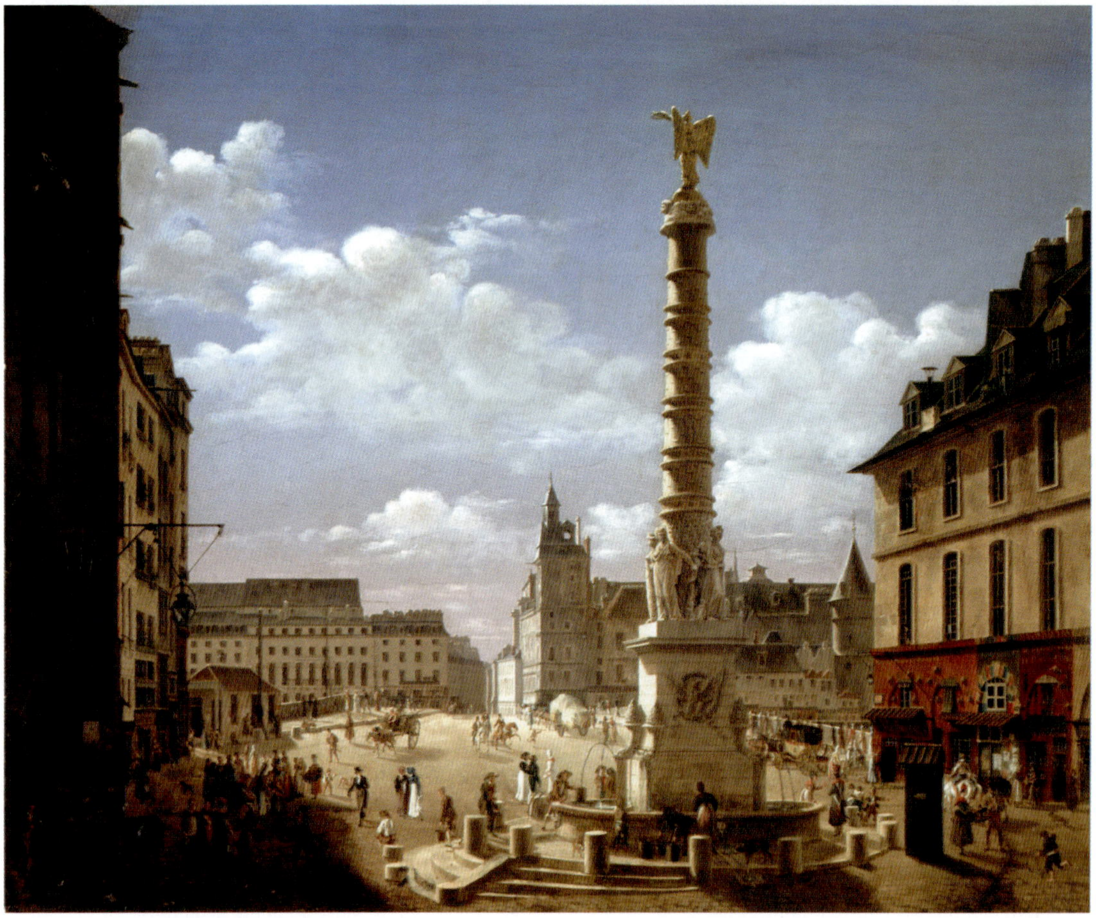

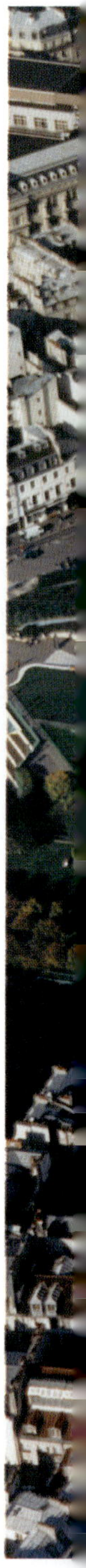

La place du Châtelet et les Halles

CI-DESSUS :
Place de l'Apport devant le Grand Châtelet, XVIIIe siècle, Thomas Naudet.

CI-CONTRE :
La place et la fontaine du Châtelet, 1810, Étienne Bouhot.

PAGE DE DROITE :
Vue aérienne du quartier des Halles.

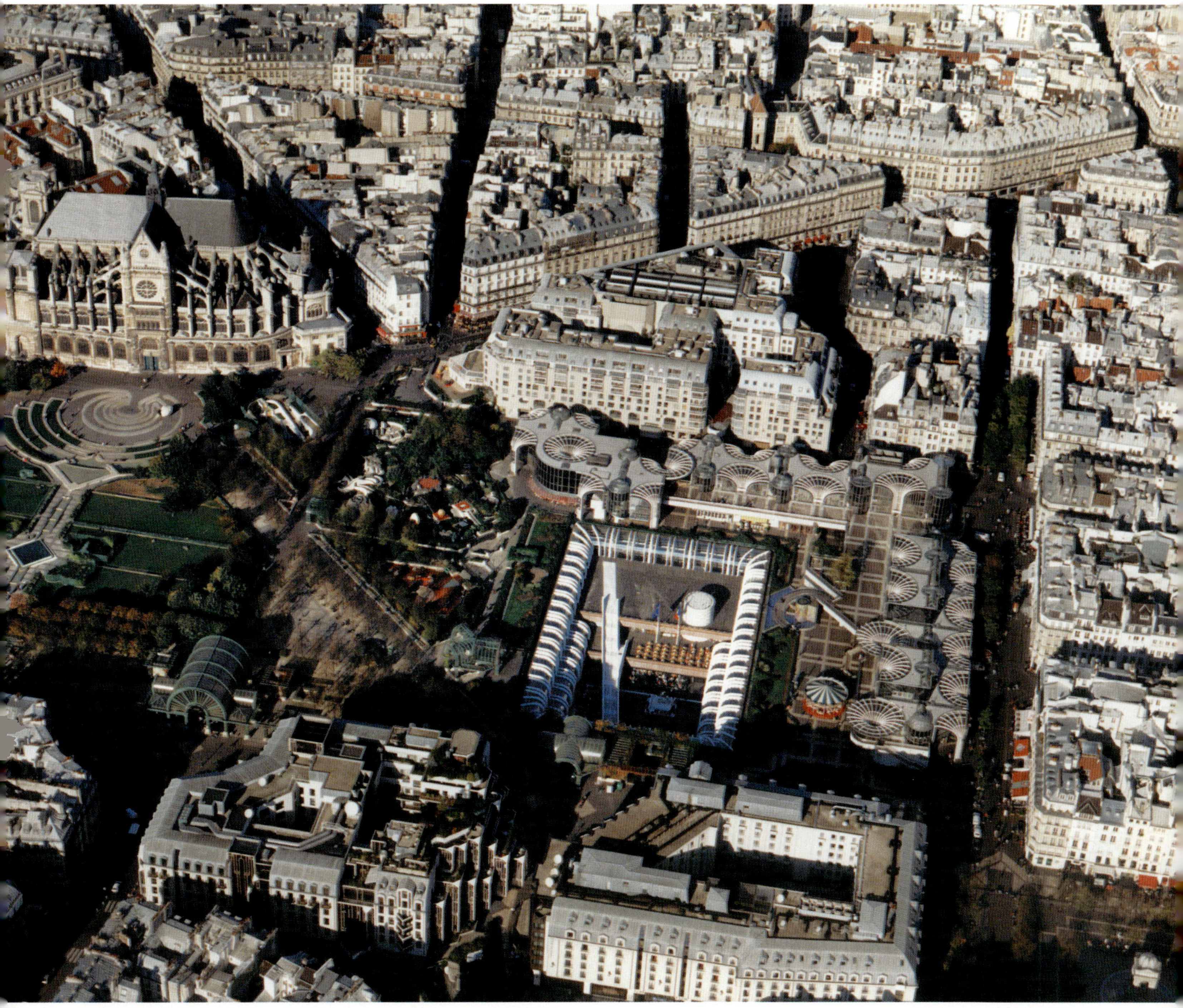

La place du Châtelet doit son nom au Grand Châtelet. Louis VI fait rebâtir en pierre, en 1130, cette forteresse de bois défendant – avec le Petit Châtelet, situé sur la rive gauche – l'accès à la Cité par la Seine. De citadelle, le Grand Châtelet devient en 1190 le siège de la prévôté de Paris, de ses juridictions et, à partir du XVIIe siècle, d'une prison de sinistre réputation. Démoli de 1802 à 1810 afin de faciliter la circulation d'une rive à l'autre de la Seine, il est remplacé par deux théâtres identiques, symétriquement disposés de part et d'autre de la fontaine de la Victoire. Le théâtre du Châtelet et l'ancien théâtre Sarah Bernhardt (rebaptisé par la suite Théâtre de la Ville) sont dédiés l'un à la musique, l'autre à la comédie. La place et ses alentours deviennent alors progressivement ce lieu de divertissement, de sortie et de vie nocturne qu'ils sont toujours à l'heure actuelle.

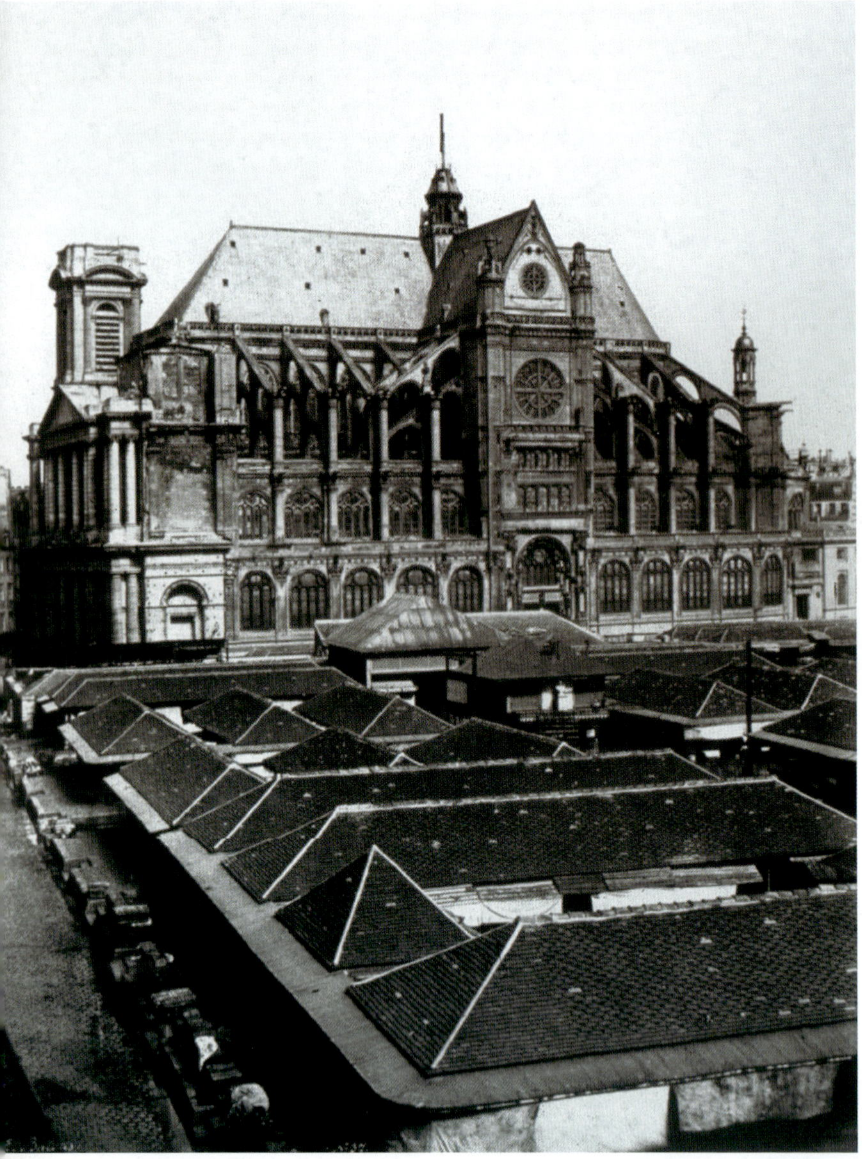

Le plus ancien marché de Paris se tenait autrefois près du port de la Grève. Les marchandises, sitôt déchargées des navires qui montaient et descendaient continuellement le fleuve, étaient alors vendues sur place. Mais à partir de 1181, sont édifiés en retrait de la Seine deux vastes abris que les Parisiens désignèrent du nom de Halles. C'est ainsi que prend naissance l'un des quartiers les plus vivants et les plus pittoresques de Paris. L'espace destiné à la vente est par la suite abrité par les célèbres pavillons de l'architecte Victor Baltard, et immortalisé en 1873 par Emile Zola sous le nom de « Ventre de Paris ».

Au fil du temps, les Halles ne cessent de s'étendre : on y trouve ainsi au XIXe siècle, tout au long de la façade méridionale de l'église Saint-Eustache, le marché aux draps, la halle aux fromages, la halle aux cuirs, celle des fruits, celle des fleurs, celle au beurre... Lieu d'une incessante activité diurne et nocturne, ce marché fournit alors toute la capitale, ce qui occasionne maintes difficultés de circulation et d'approvisionnement. Pour ces raisons, il est transféré à Rungis en 1969.

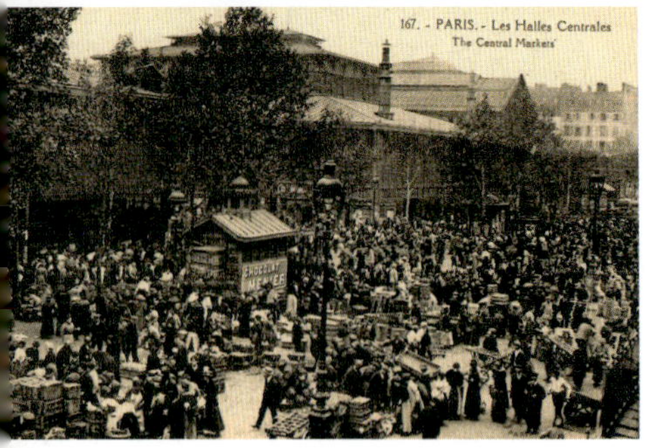

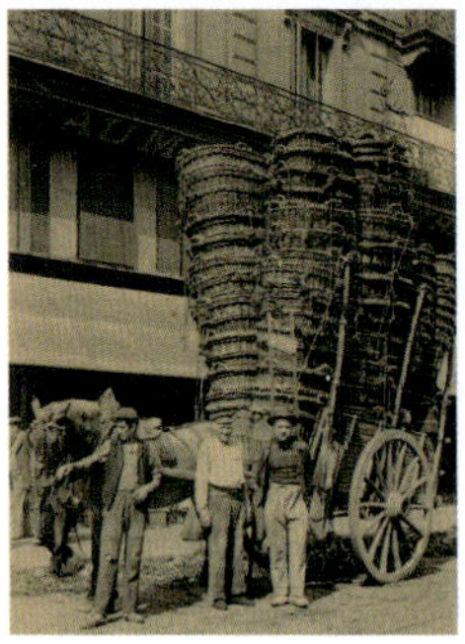

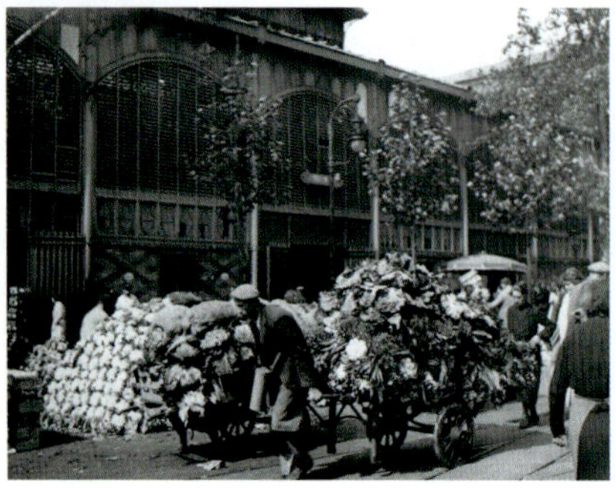

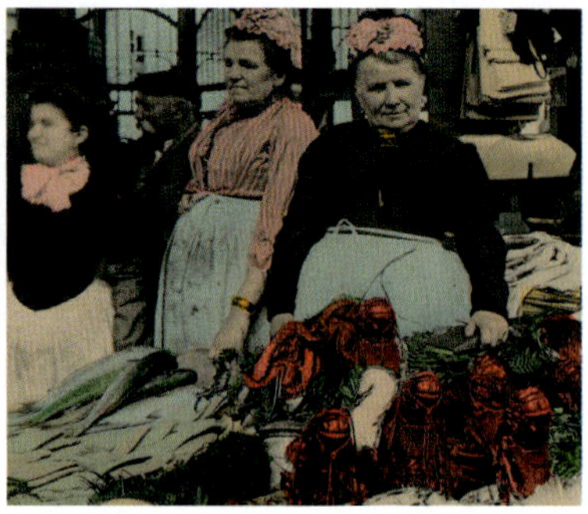

Le quartier des Halles

EN HAUT :
L'église Saint-Eustache et ses halles, 1855.

CI-DESSUS, DE GAUCHE À DROITE :
Les Halles centrales.
Aux Halles : le ramassage des paniers vides.
Les Halles de Paris, 1939.
Les Halles centrales, pavillon de la marée.

PAGE DE DROITE :
Le manège des Halles.

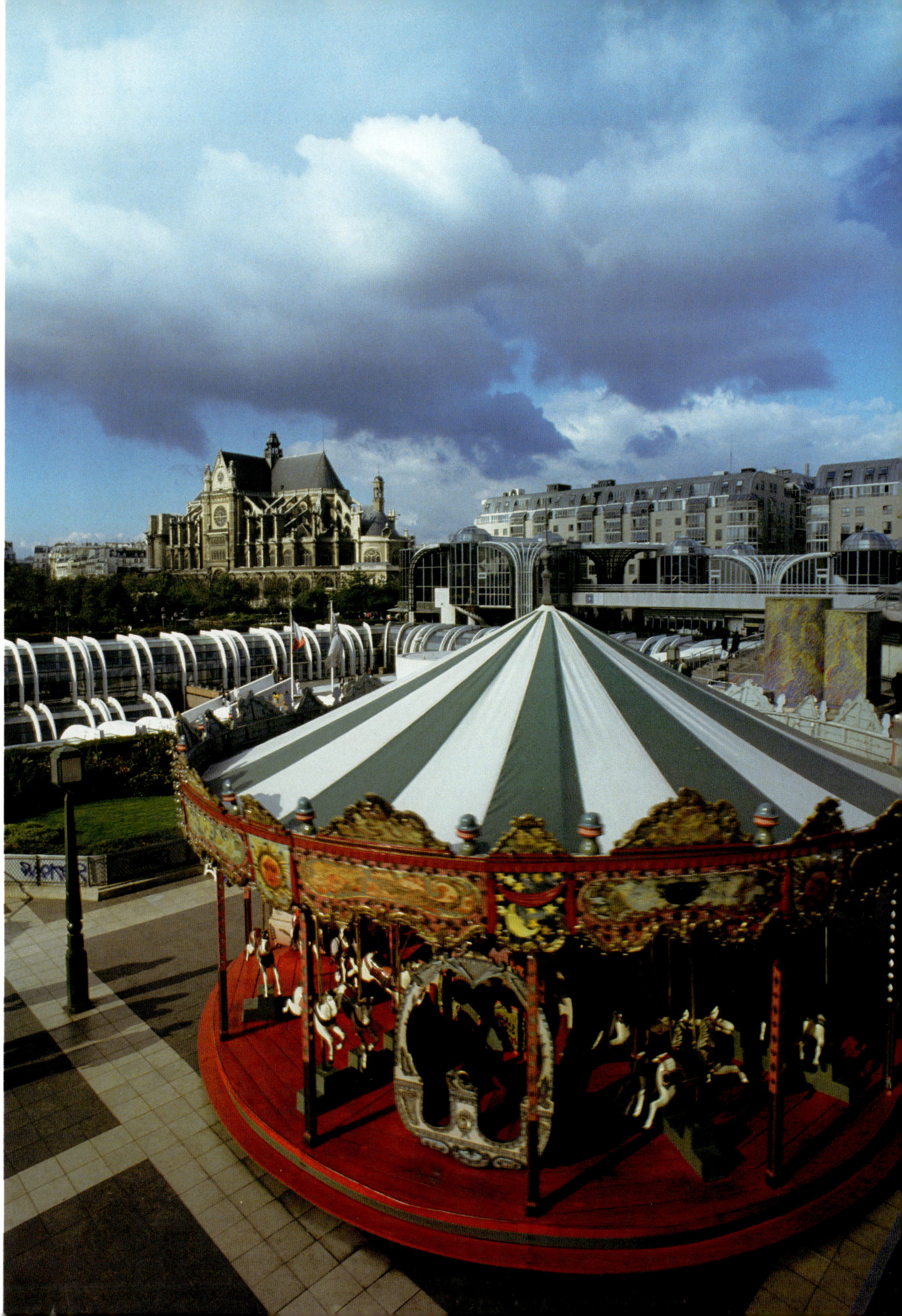

Le quartier des Halles et le Forum

CI-DESSOUS :
La terrasse du Père Tranquille.

CI-CONTRE :
Le Forum des Halles.

PAGE DE DROITE :
Entrée du Forum des Halles, porte Pont-Neuf.

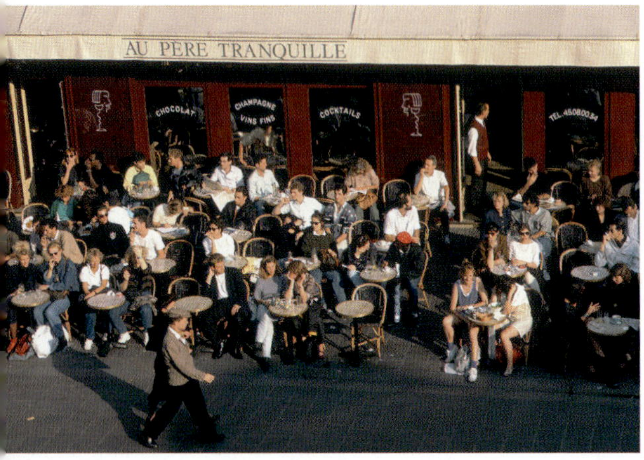

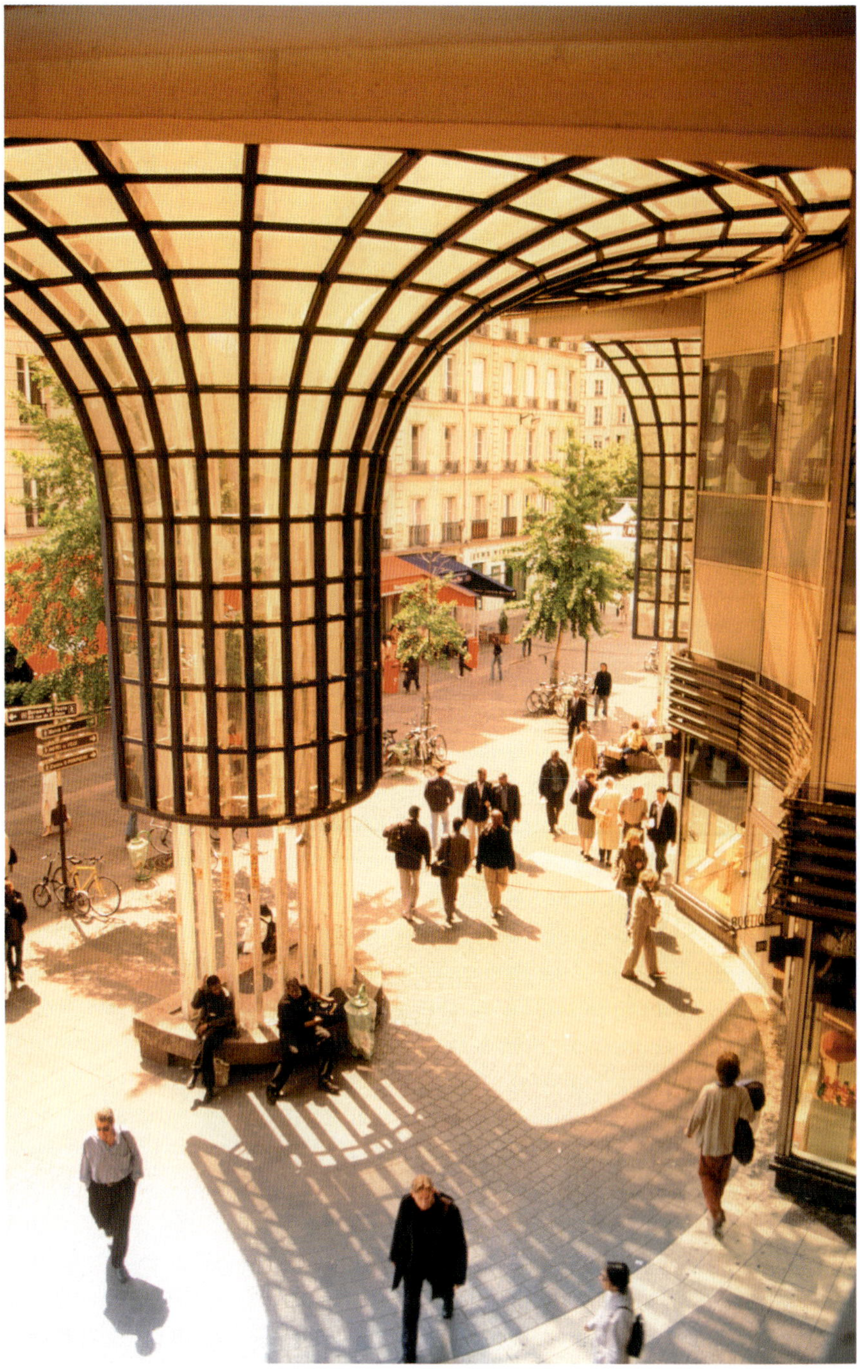

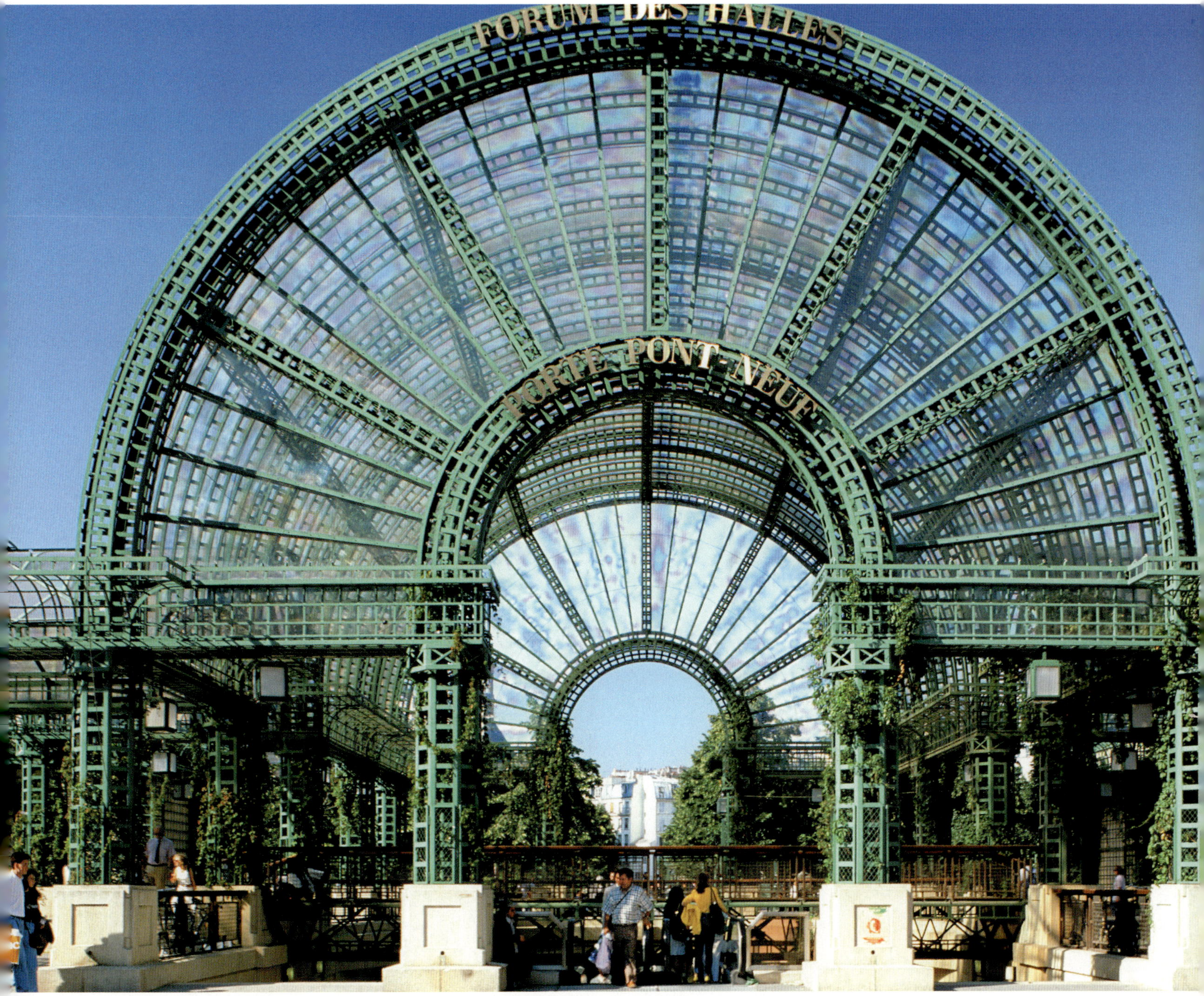

Le déplacement du marché et la démolition des pavillons de Baltard, loin de mettre un terme à l'activité marchande du quartier, donnent naissance à un complexe culturel, commercial et sportif : le Carreau des Halles.
Construit au-dessus de la station de RER Châtelet-Les Halles avec laquelle il communique, le centre commercial du Forum se compose de quatre étages de galeries entourant une place découverte. En surface, des bâtiments de verre et d'acier aux formes en corolle bordent le jardin des Halles qui s'étend entre les rues Berger et Rambuteau, à l'emplacement des anciens pavillons. Sous le jardin, la place Carrée donne accès à un complexe sportif et culturel comprenant notamment une piscine, une salle de spectacle et la vidéothèque de la Ville de Paris. Enfin, l'espace Pierre-Lescot abrite un conservatoire, la Maison de la Poésie et le Pavillon des Arts.
Continuellement animé, riche de ses multiples activités commerçantes et des possibilités culturelles qu'il offre, le quartier des Halles occupe toujours une place de choix dans les sorties parisiennes.

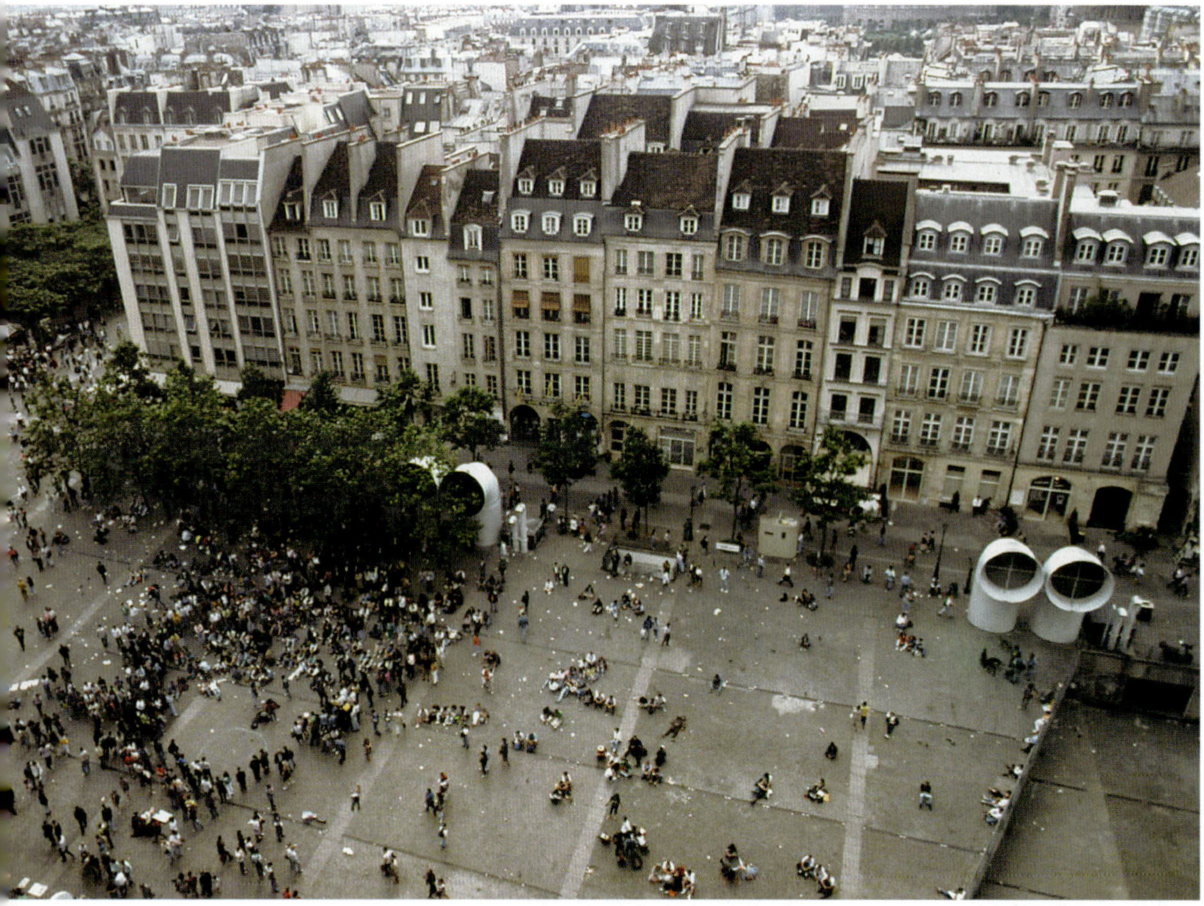

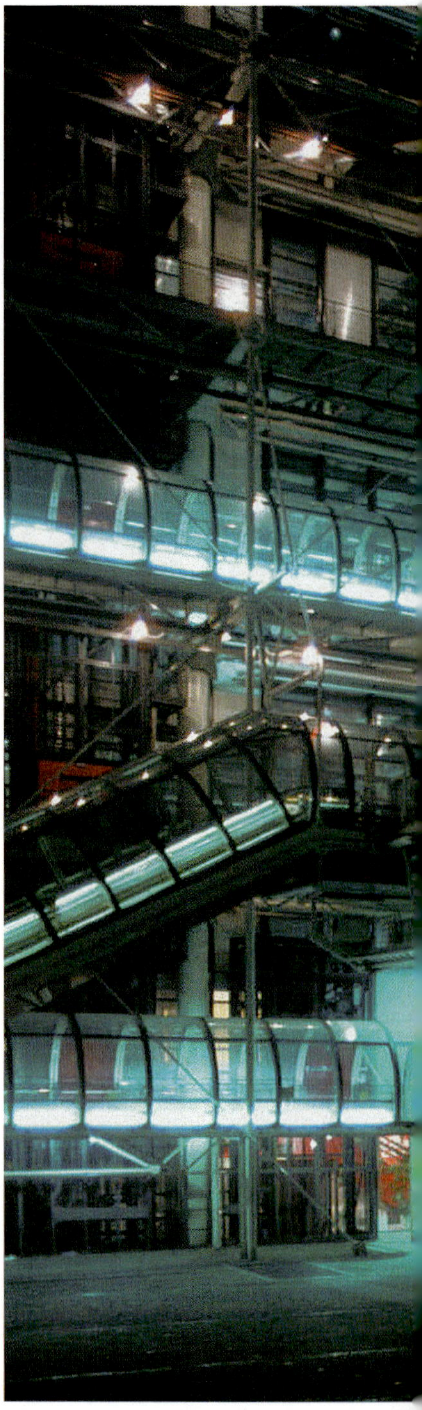

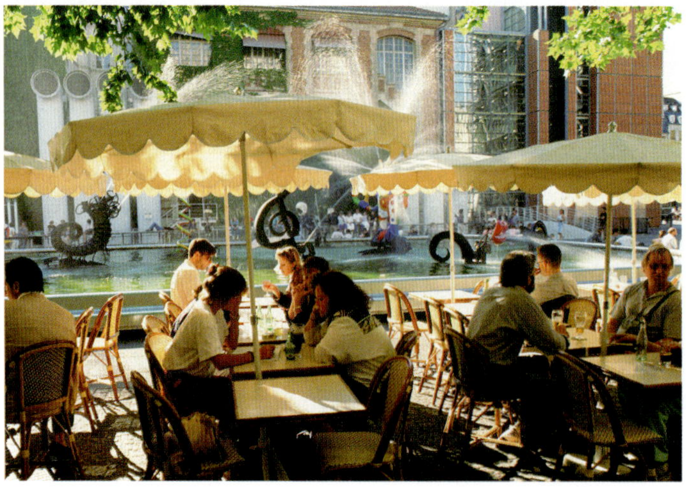

Beaubourg et le centre Georges-Pompidou

CI-DESSUS :
La place Beaubourg.

CI-CONTRE :
Terrasse de café place Stravinsky.

PAGE DE DROITE :
Le centre Georges-Pompidou.

Conçu en 1970 par les architectes Renzo Piano et Richard Rogers pour répondre à la demande d'un centre culturel innovant, le centre Georges-Pompidou, grand cube de verre orné d'énormes tubes colorés, a suscité toutes les critiques imaginables. Élaboré de manière à valoriser la transparence, mais aussi à exhiber ce qui d'ordinaire restait caché – tuyaux verts pour l'eau, bleus pour l'air, jaunes pour l'électricité, escalator extérieur lumineux –, le bâtiment témoigne d'une révolution architecturale. Malgré les réticences suscitées par son esthétique singulière, le bâtiment a très vite conquis son public. Abritant, outre le musée d'Art moderne, une bibliothèque, un institut de recherche acoustique et un restaurant, le centre, conçu à l'origine pour recevoir 5 000 visiteurs par jour, en accueille aujourd'hui près de cinq fois plus.

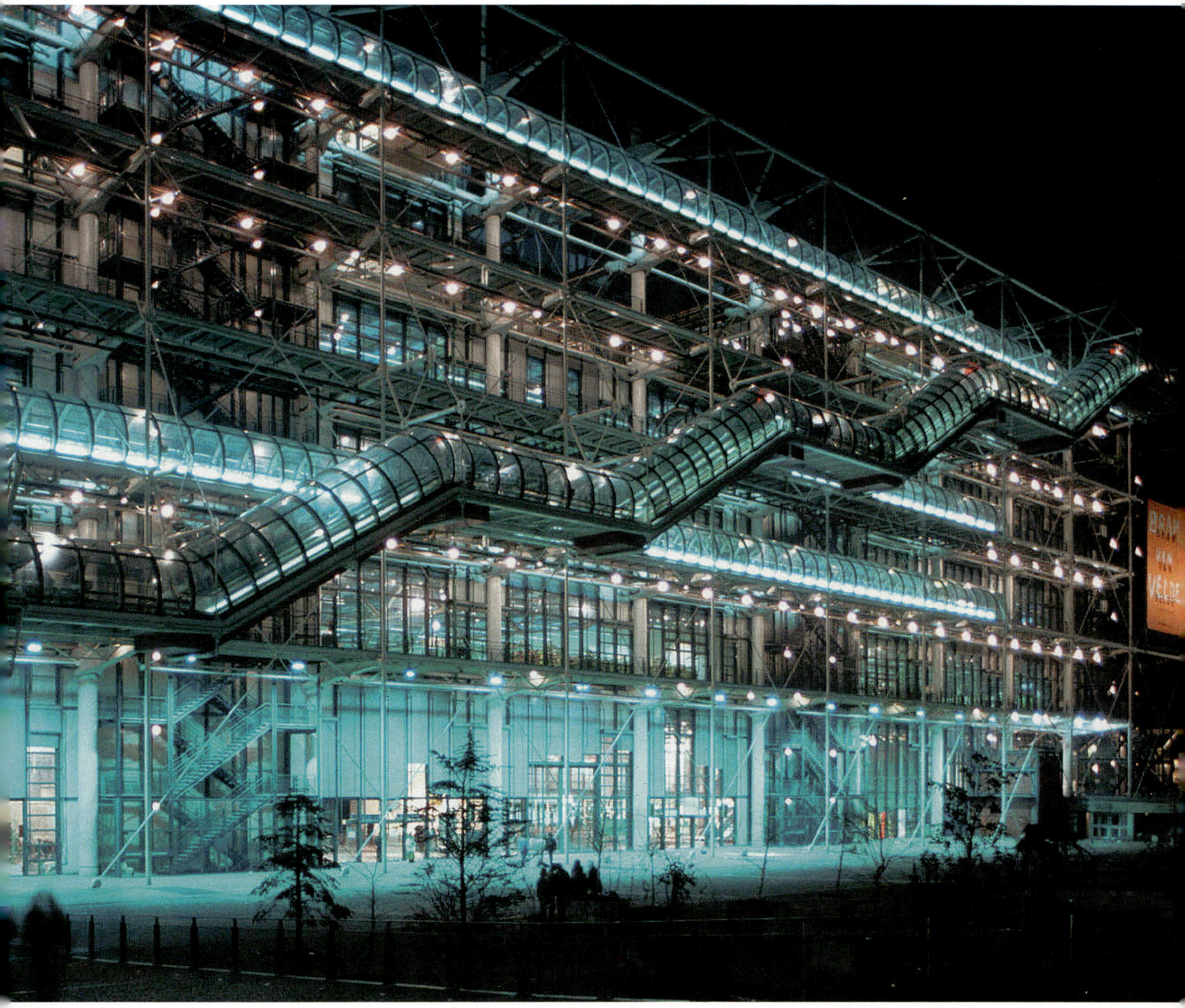

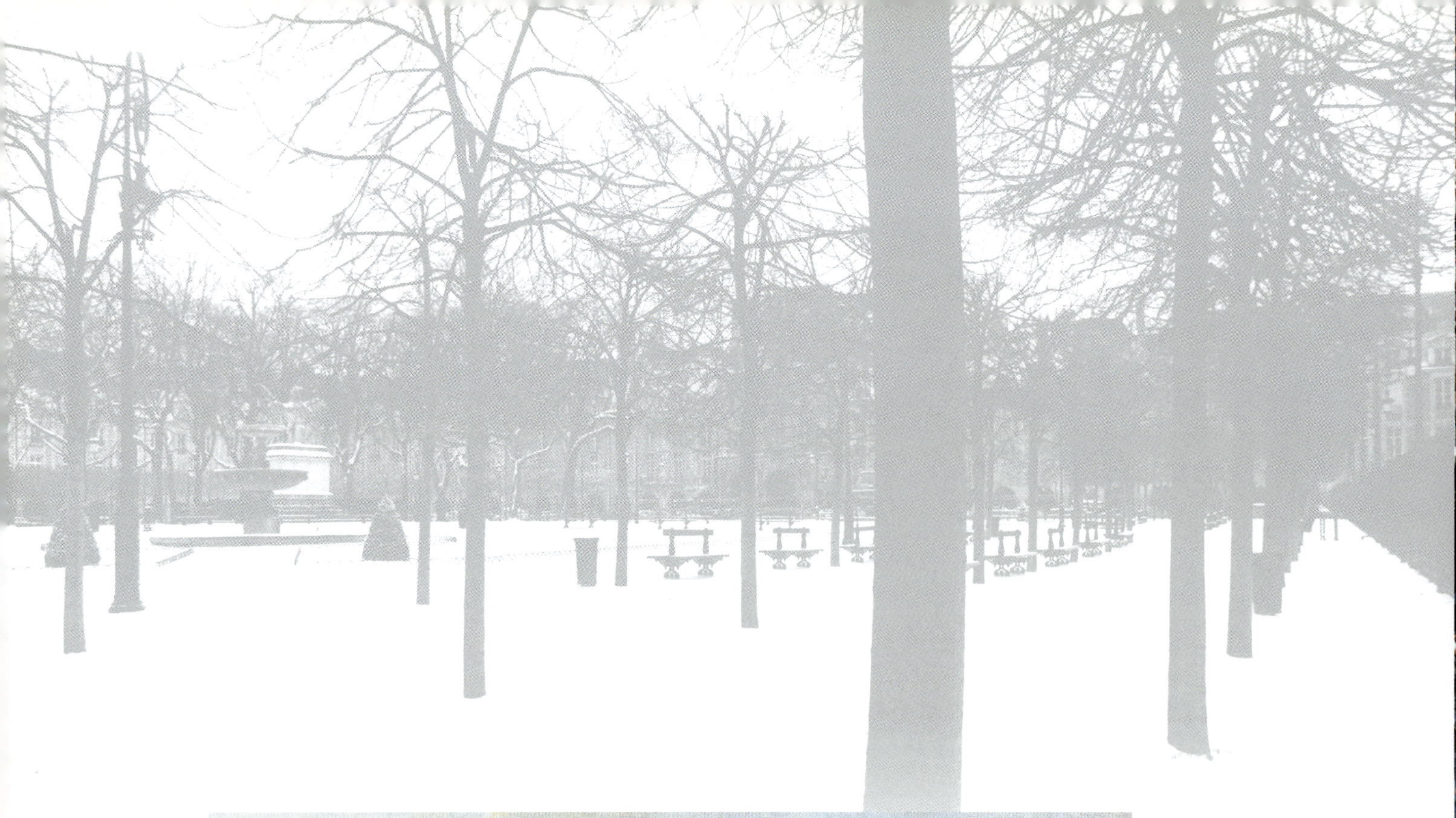

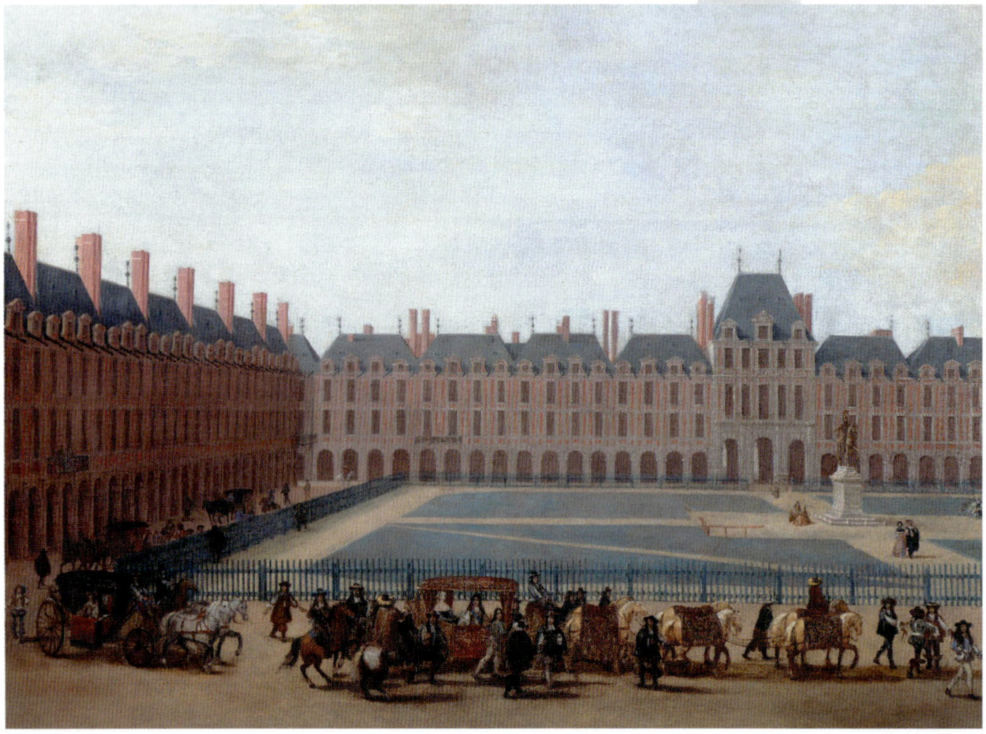

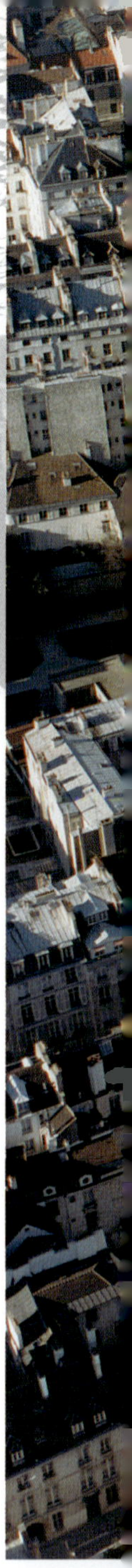

La place des Vosges

CI-DESSUS :
La place des Vosges en hiver.

CI-CONTRE :
La place Royale, passage du carrosse du roi, 1665, anonyme.

PAGE DE DROITE, DE HAUT EN BAS ET DE GAUCHE À DROITE :
Vue aérienne de la place des Vosges.
Arcades de la place des Vosges.
Un pavillon en briques rouges.
Intérieur de la maison de Victor Hugo.

Elle dessine un vaste quadrilatère bordé de trente-six hôtels particuliers aux façades identiques, édifiés au-dessus d'élégantes arcades. La brique colore les frontons ; les arcades, les encadrements des fenêtres sont en pierre ; les toits pentus en ardoise couronnent la place de bleu-gris. Des boutiques proposent leur marchandise raffinée sous la galerie voûtée : antiquaires, libraires, salons de thé l'animent aujourd'hui encore. À l'arrière des hôtels se dissimulent des cours et des jardins.

Fondée par Henri IV, elle est la première esplanade de Paris à être conçue de manière ordonnancée et cohérente. Géométrique et ornée d'une statue équestre en son centre, elle constitue dès lors un modèle largement imité. Baptisée place Royale, elle devient rapidement le centre de la vie élégante du XVIIe siècle, lieu de commerce, de promenades et de loisirs.

Celle que les Parisiens considèrent comme la plus belle place de Paris est rebaptisée place des Vosges en 1800 par Napoléon Ier, en hommage au premier département à avoir payé ses impôts.

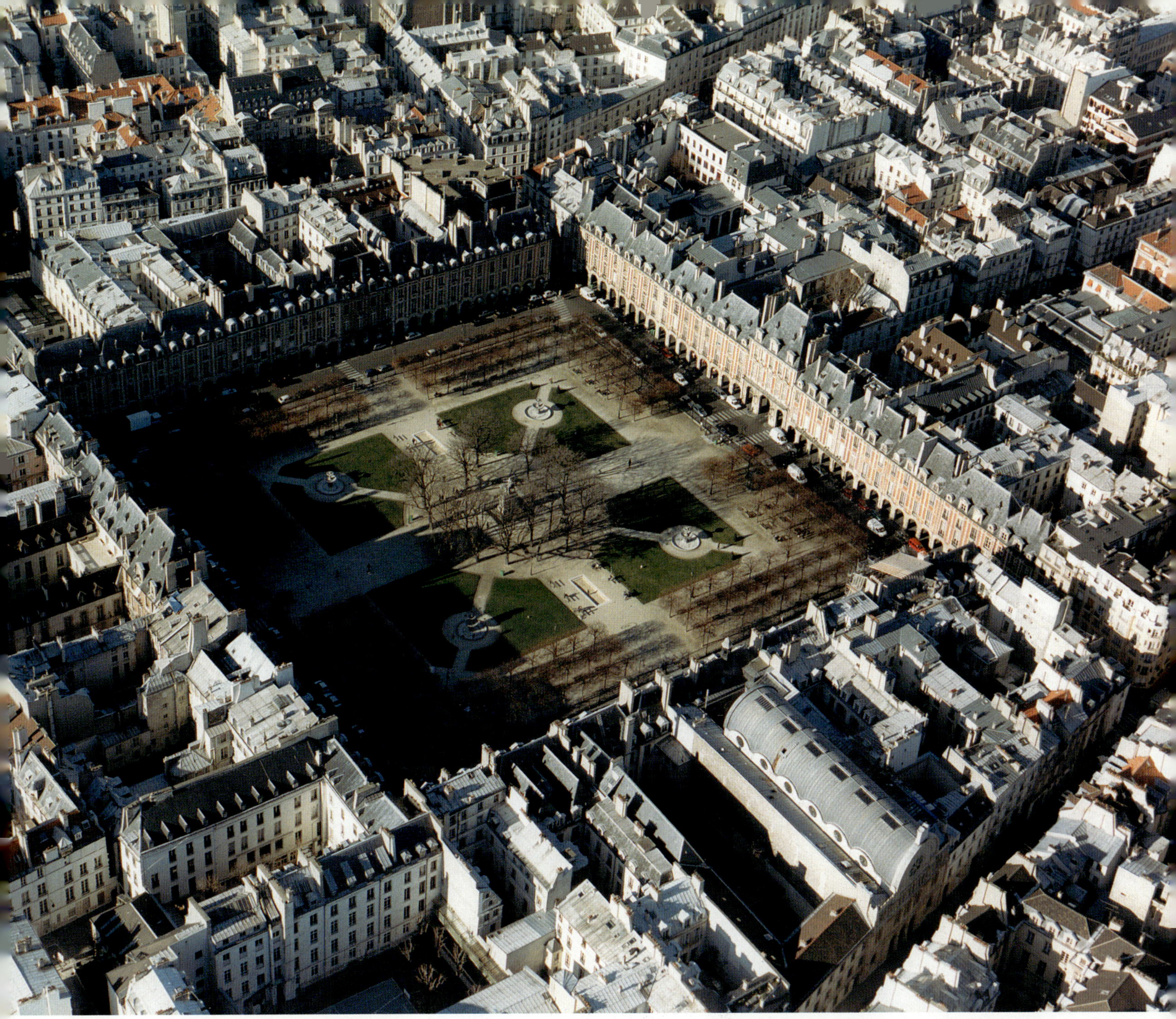

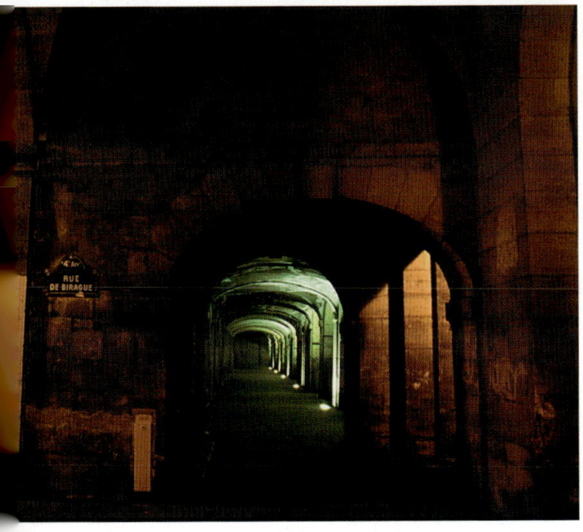
RUE
DE BIRAGUE

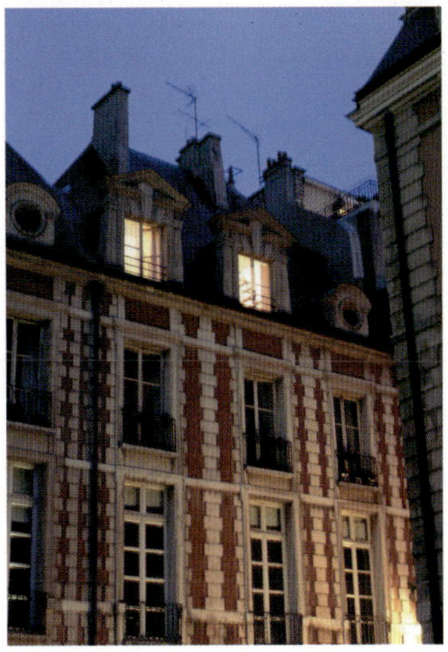

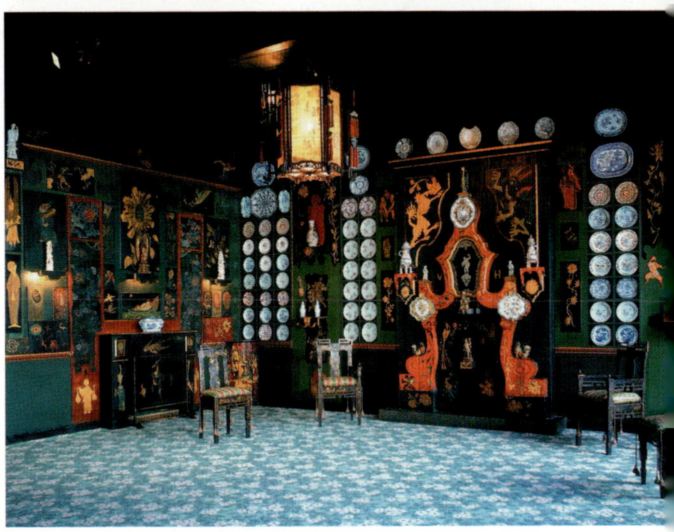

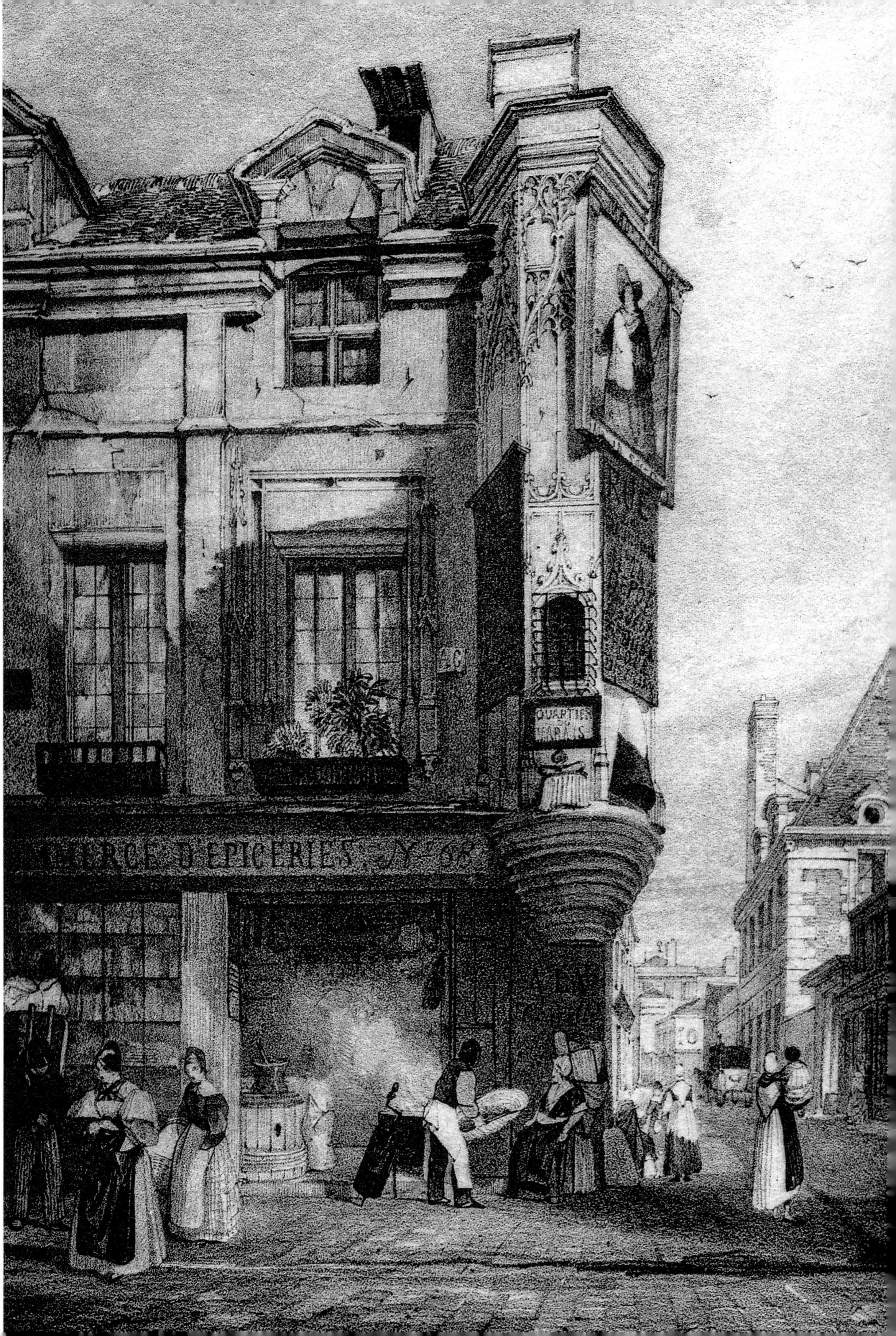
D'EPICERIES

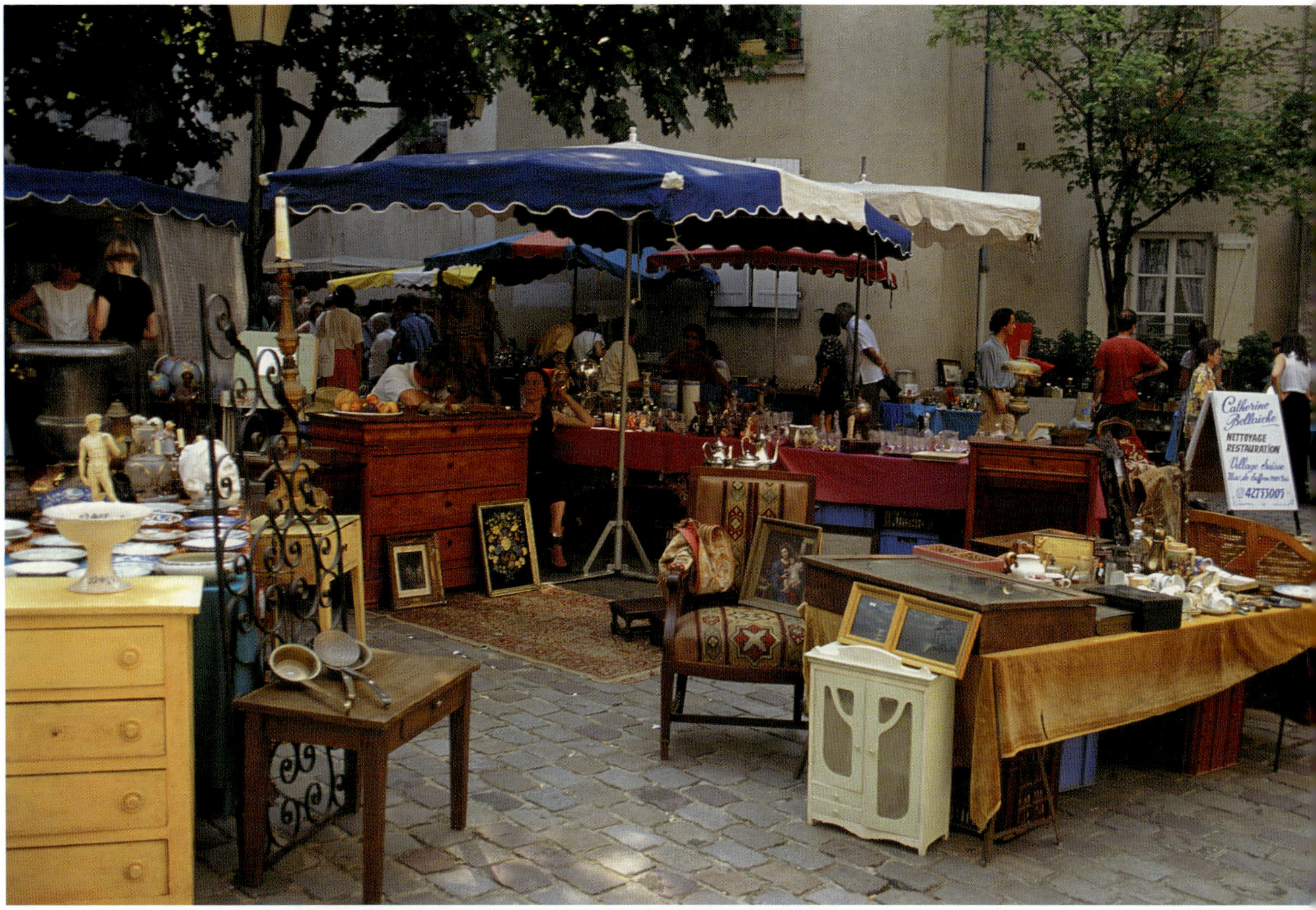

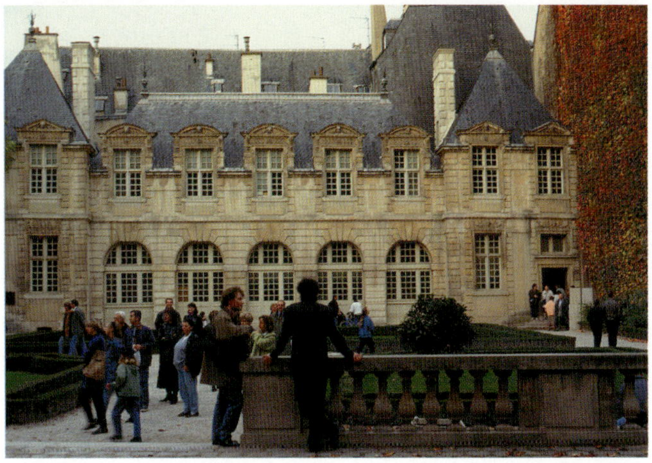

Le quartier Saint-Paul et le Marais

PAGE DE GAUCHE :
Maison du XVIe siècle, rue Vieille-du-Temple, vers 1840.

CI-DESSUS :
Brocante au marché Saint-Paul.

CI-CONTRE :
L'hôtel de Sully.

Avec la création de la place Royale, le Marais devient au XVIIe siècle un quartier aristocratique fort prisé et reste à la mode jusqu'à la Révolution. En quelques dizaines d'années, plus de quarante splendides hôtels particuliers sortent de terre pour abriter dignement la fine fleur de la société française. Du fait de la présence des hôtels de Lamoignon, Carnavalet, de Rohan, de Sully, Guénégaud, Albret..., ce quartier constitue aujourd'hui un véritable musée en plein air de l'architecture française.

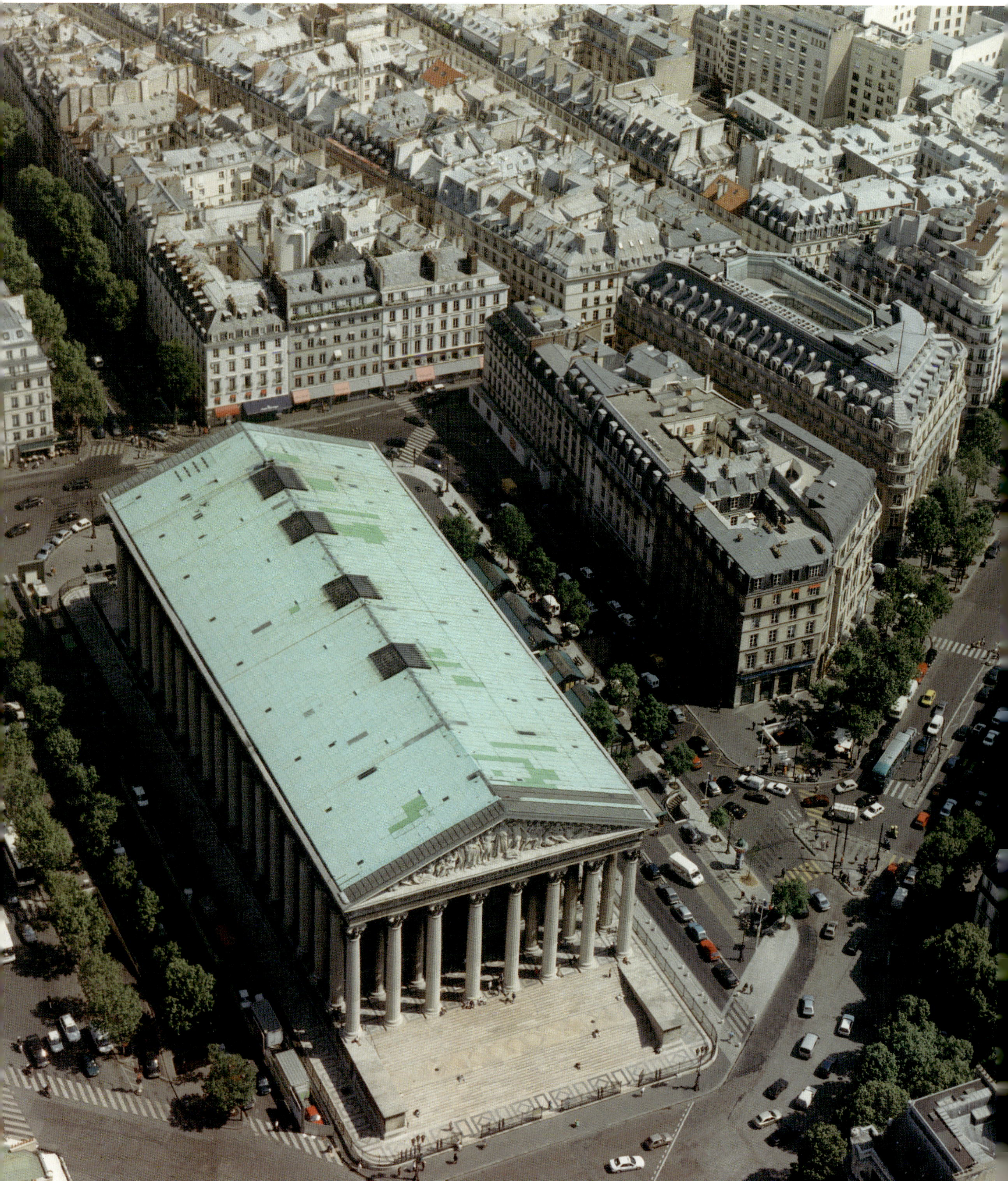

CHAPITRE 3

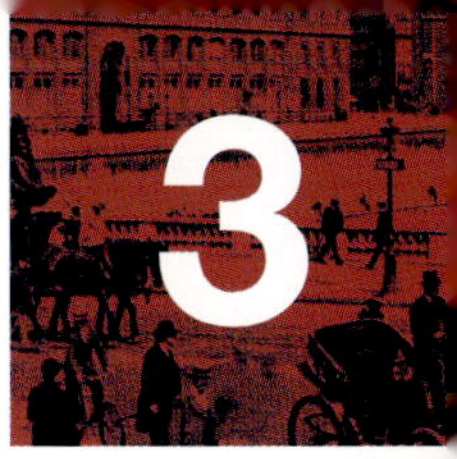

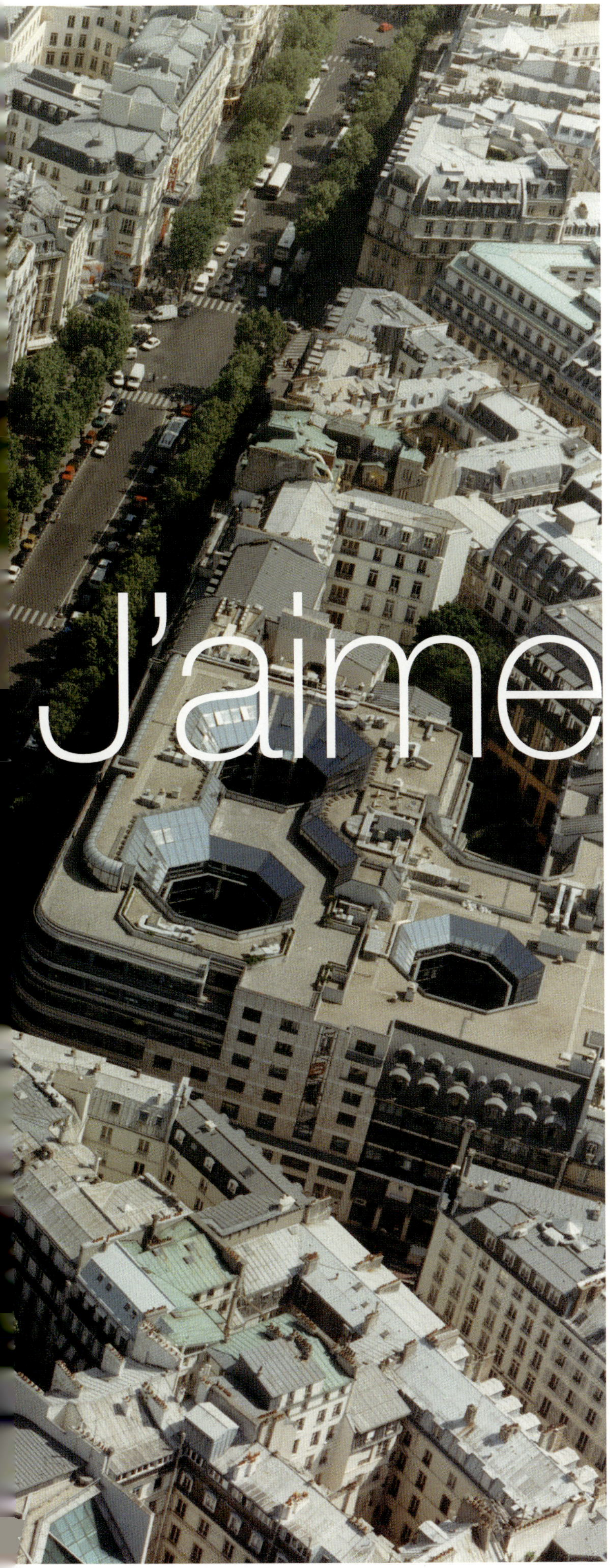

J'aime Paris

Le Paris de Haussmann…

Préfet de la Seine sous le Second Empire, le baron Georges Eugène Haussmann élabore et dirige un programme de restructuration de la capitale française. En effet, Napoléon III entend faire de Paris une cité moderne. La capitale dont rêve l'empereur est un symbole d'ordre et de progrès ; elle se caractérise en outre par l'intensité de la vie intellectuelle et artistique qui l'anime… De 1853 à 1870, Haussmann s'emploie sans relâche à réaliser ce rêve. D'immenses travaux sont entrepris : des quartiers entiers sont rasés, d'autres sortent de terre. Véritable précurseur dans un domaine jusqu'alors inexistant, la politique urbaine, Haussmann aménage la ville dans sa totalité : sécurité, hygiène, transports, loisirs, esthétique, approvisionnement… Dans tous ces domaines, Paris porte aujourd'hui encore la marque du préfet de la Seine. Ces bouleversements ne vont certes pas sans résistances. Responsable de la destruction d'une partie du Paris médiéval au bénéfice d'une cité plus fonctionnelle, le baron fait l'objet de nombreuses critiques. Quoi qu'il en soit, aucun remaniement significatif n'a, depuis lors, remis en cause la structure urbaine implantée par le préfet. Le Paris conçu par Haussmann constitue une métropole enviée pour sa commodité, sa beauté rationnelle et l'élégance de ses perspectives.

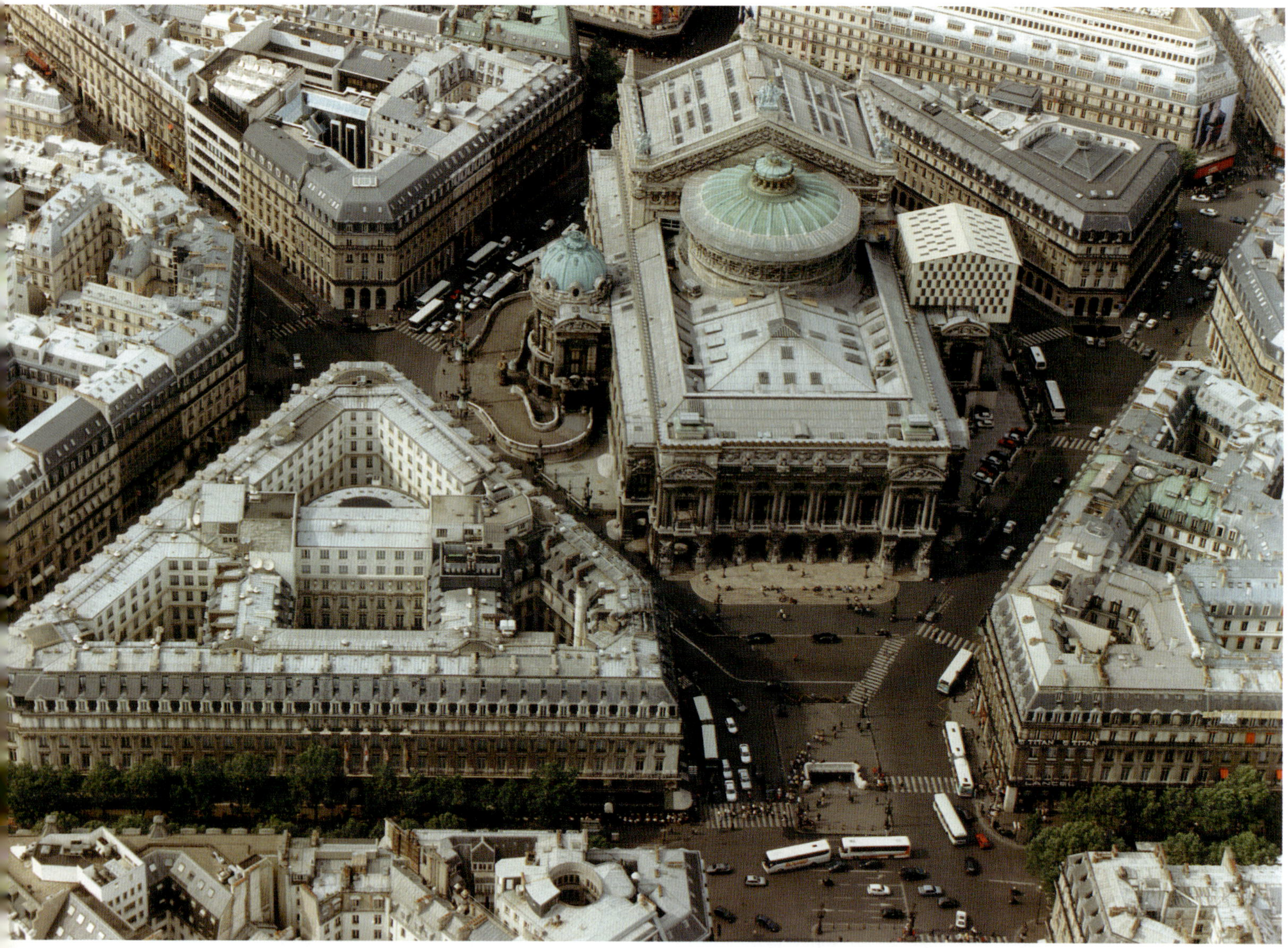

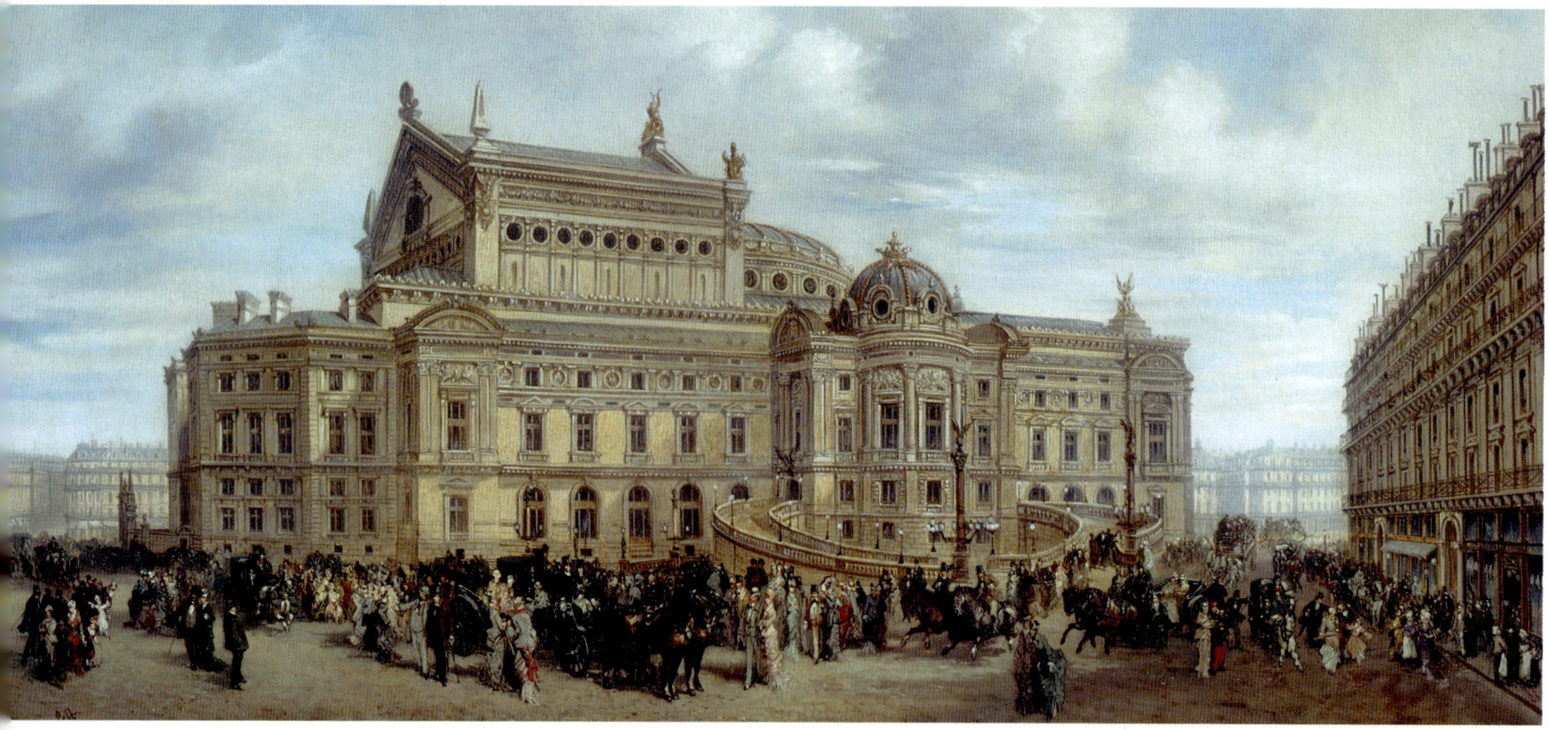

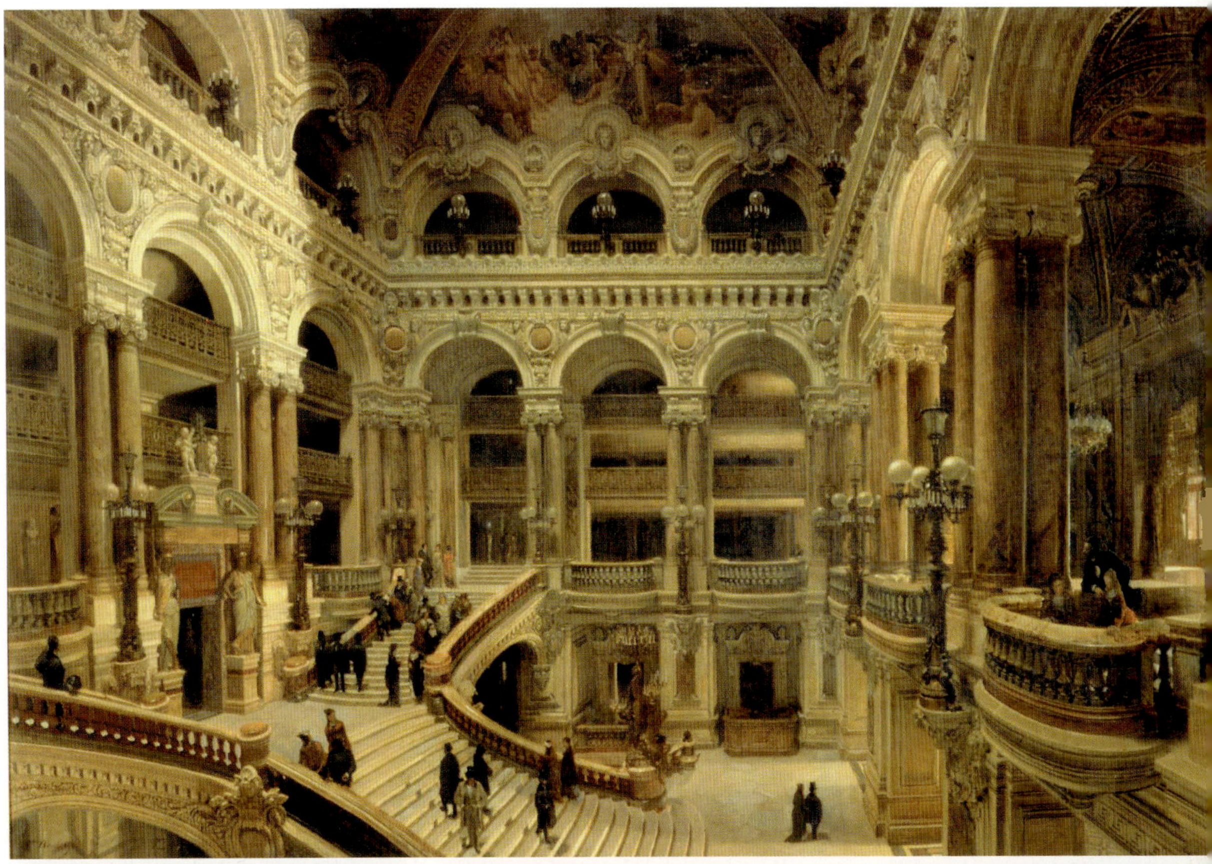

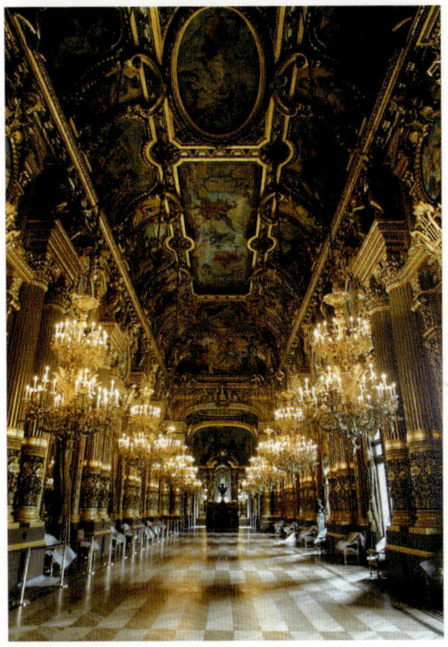

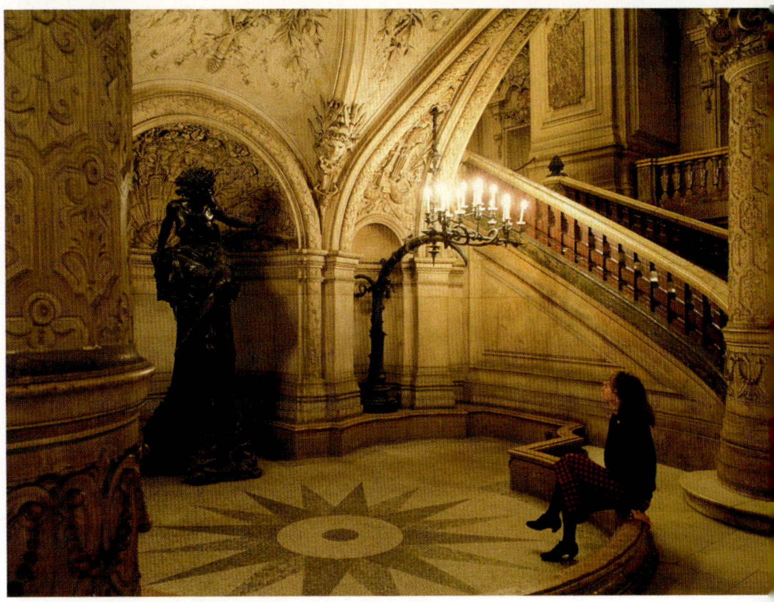

L'opéra Garnier

PAGE DE GAUCHE, DE HAUT EN BAS :
Vue aérienne de l'opéra Garnier.
L'Opéra vu de la rue Auber vers 1880, Léonard Saurfelt.

CI-DESSUS :
Escalier à l'Opéra, 1880, Victor Navlet.

CI-CONTRE :
Décoration intérieure du palais Garnier.

Lorsque Napoléon III déclare d'utilité publique la construction d'une nouvelle salle dédiée à la musique, le baron Haussmann a déjà tracé des projets de voies monumentales, en particulier une large avenue assurant la desserte des Tuileries. Le projet du jeune architecte Charles Garnier, Prix de Rome en 1848, est retenu à l'unanimité.
Le bâtiment imposant qu'il conçoit est d'un faste baroque et exubérant. La profusion des marbres, des stucs, des fresques est la marque d'une société fière de sa prospérité matérielle. L'opéra Garnier incarne le luxe et les plaisirs parisiens.

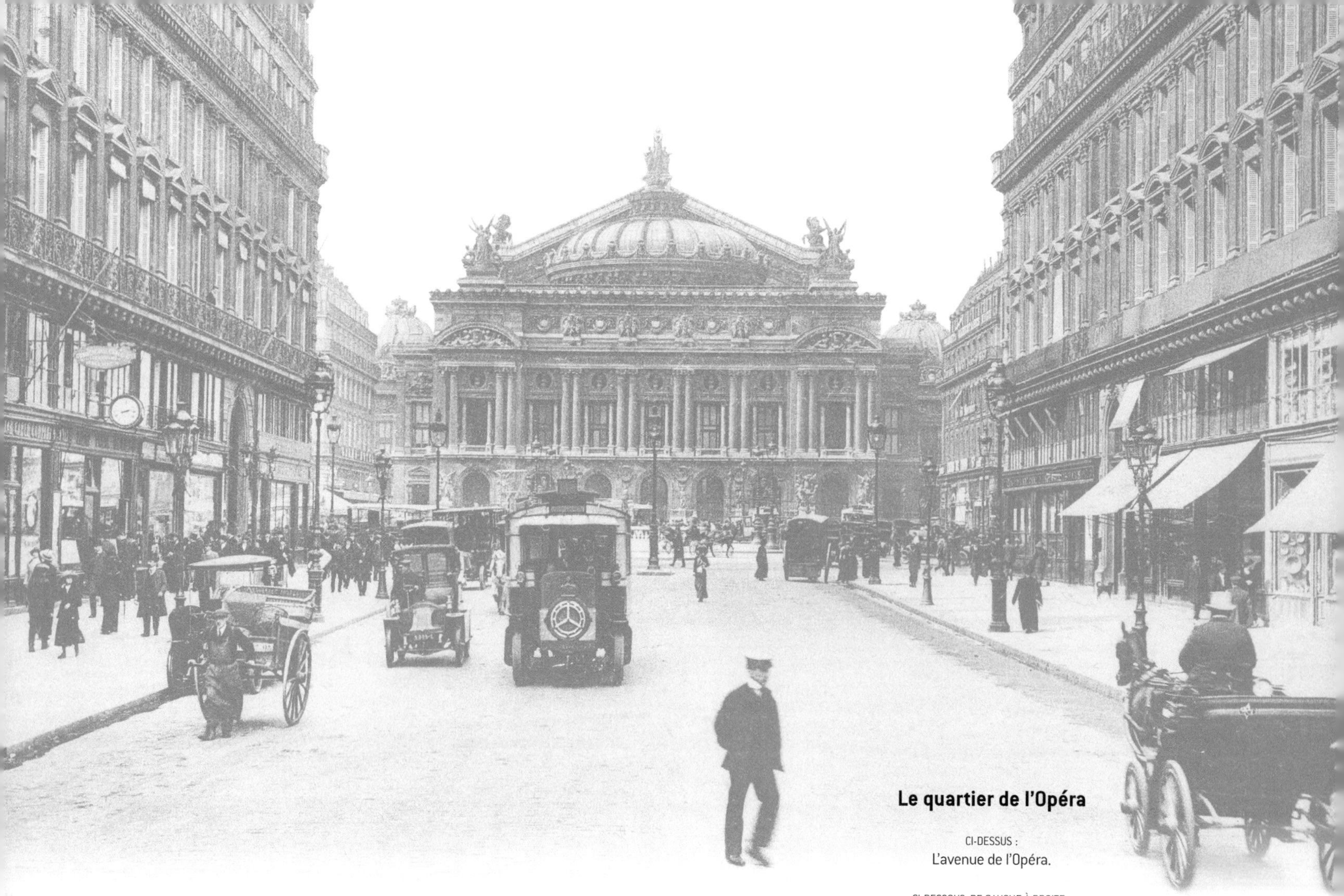

Le quartier de l'Opéra

CI-DESSUS :
L'avenue de l'Opéra.

CI-DESSOUS, DE GAUCHE À DROITE :
Place de l'Opéra, parachutistes américains perchés sur un lampadaire, dans la liesse générale suivant l'annonce de la victoire et de la fin de la guerre en Europe, 8 mai 1945.
Réverbère et corbeille à papiers en 1907.
En sortant de l'école avenue de l'Opéra, septembre 1961.

Comme en témoigne le quartier de l'Opéra, entièrement reconstruit sur ordre du préfet de la Seine, Haussmann est partisan d'un style classique. Après avoir examiné les travaux de nombreux architectes, il opte pour un modèle unique d'édifices. Les immeubles cossus qui bordent les voies les plus importantes sont en pierre de taille. Les larges façades présentent des dimensions identiques, des balcons en fonte ornée. Ce modèle se décline à l'infini, en fonction des dimensions des rues et des logements. La décoration des fenêtres, des balcons, des portes, des corniches, évite la monotonie. L'avenue haussmannienne est large et droite, agrémentée de trottoirs ; elle aboutit à un monument visible en perspective.

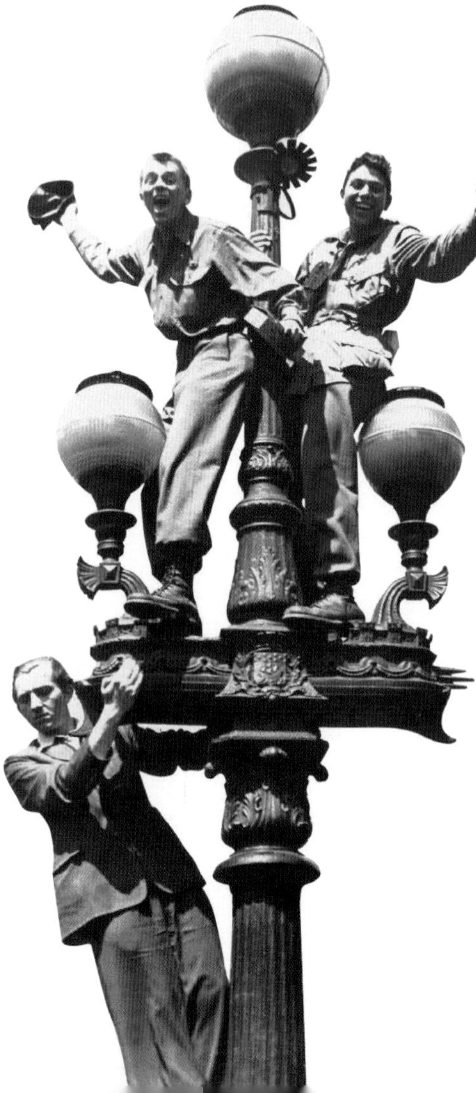

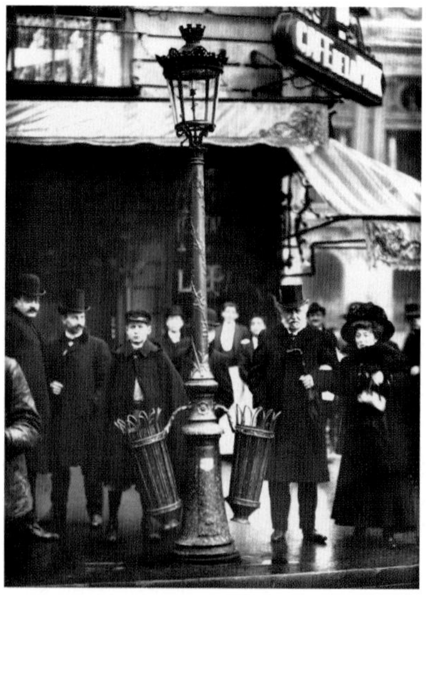

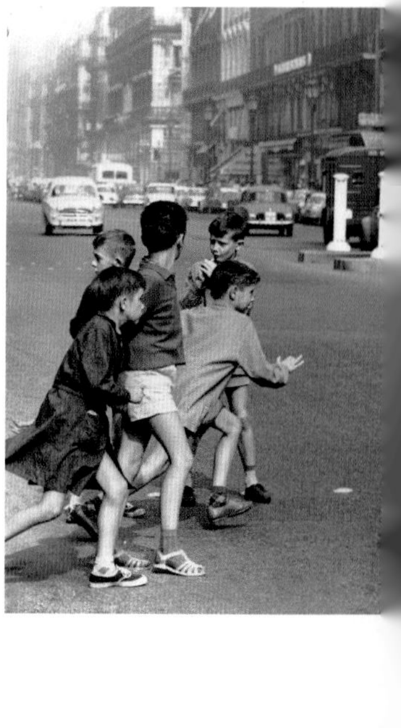

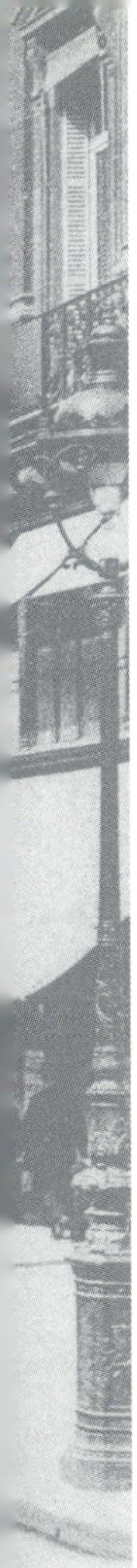

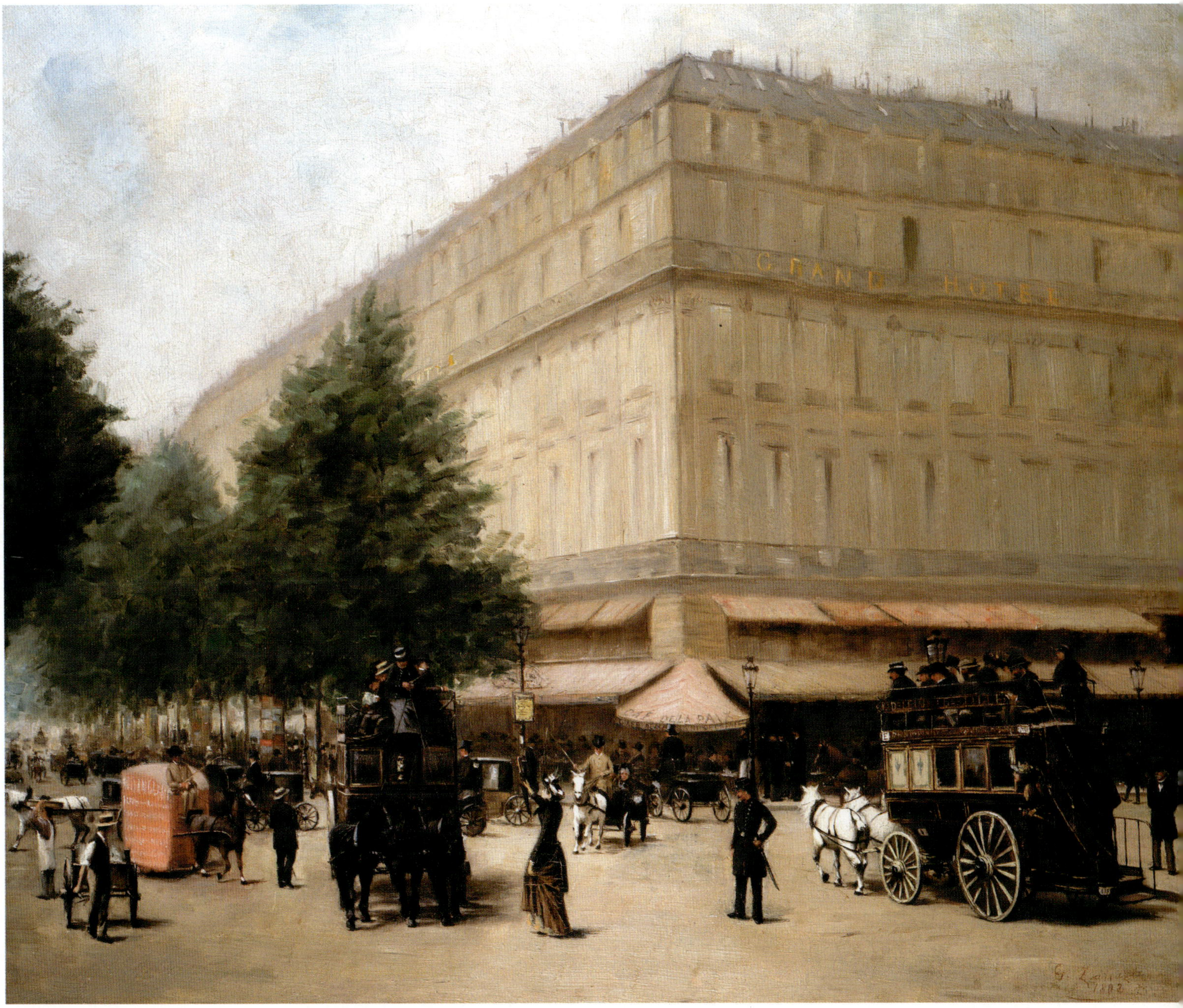

CI-DESSUS : L'omnibus Madeleine-Bastille devant le Café de la Paix, 1892, G. Farrazin.

CI-DESSOUS, DE GAUCHE À DROITE :
La Brasserie des Capucines.
Marchande de muguet, boulevard des Italiens, le 1er mai 1925.

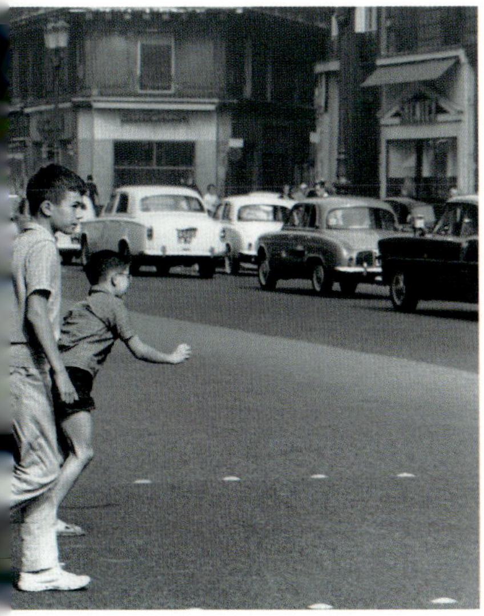

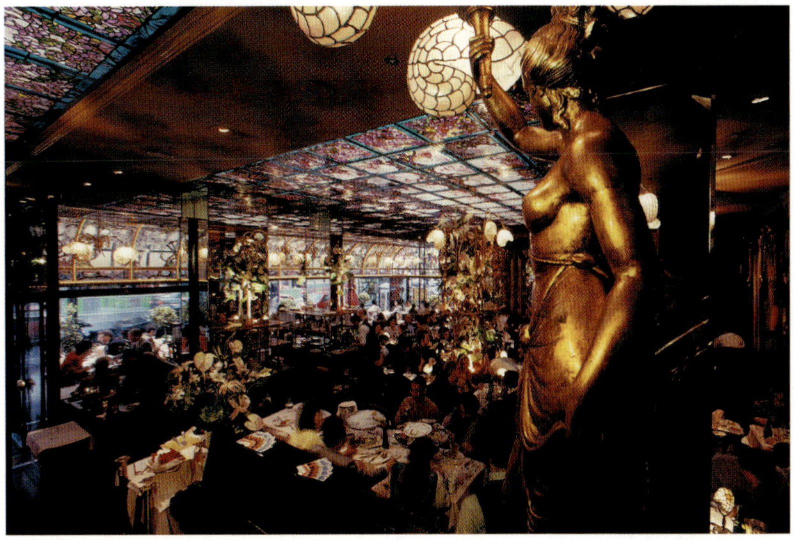

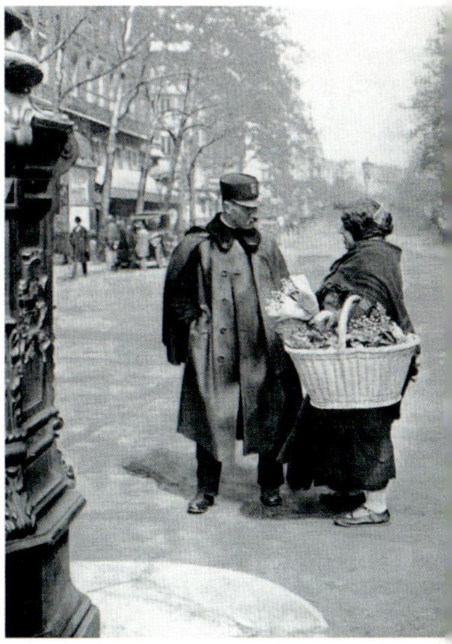

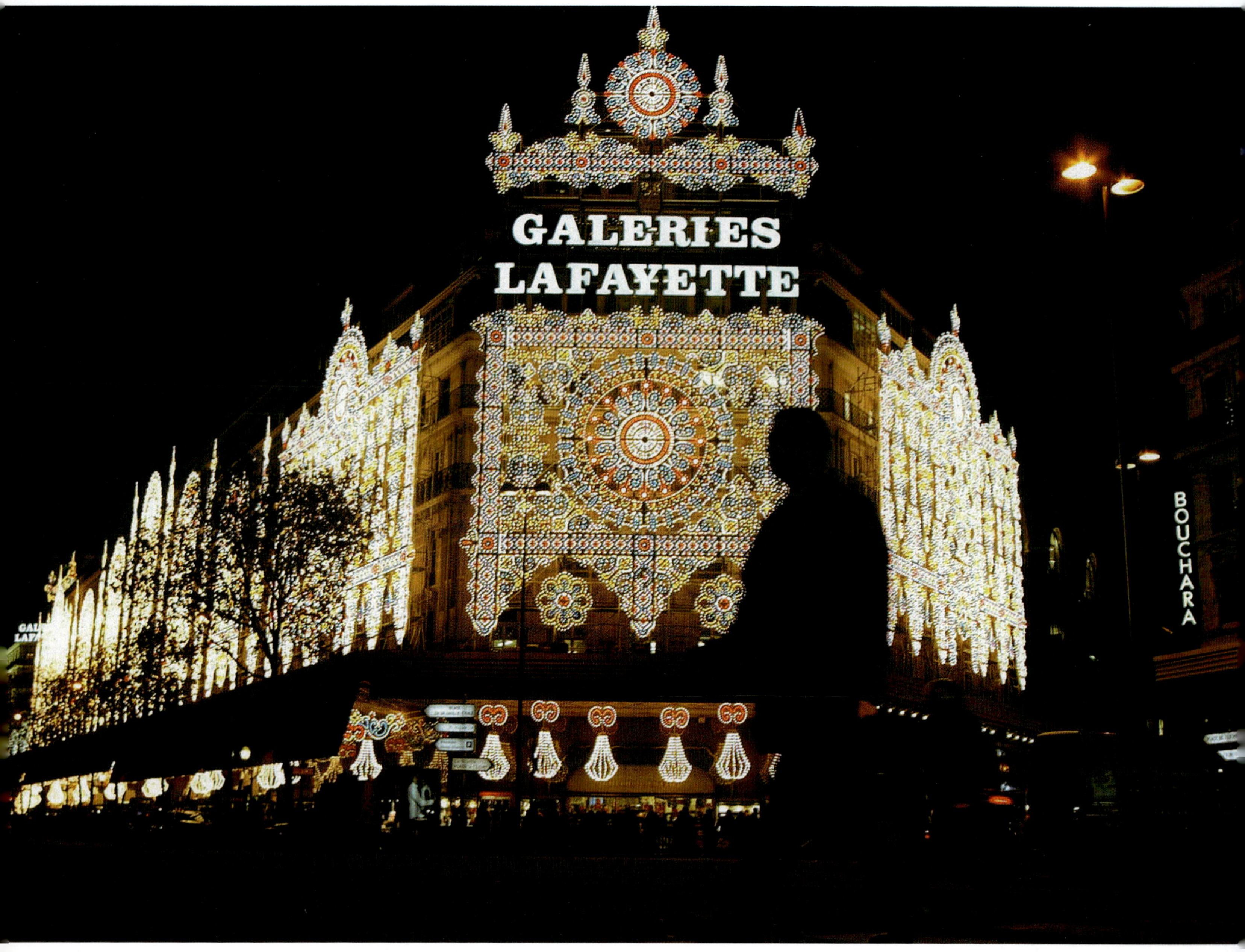
GALERIES
LAFAYETTE
BOUCHARA

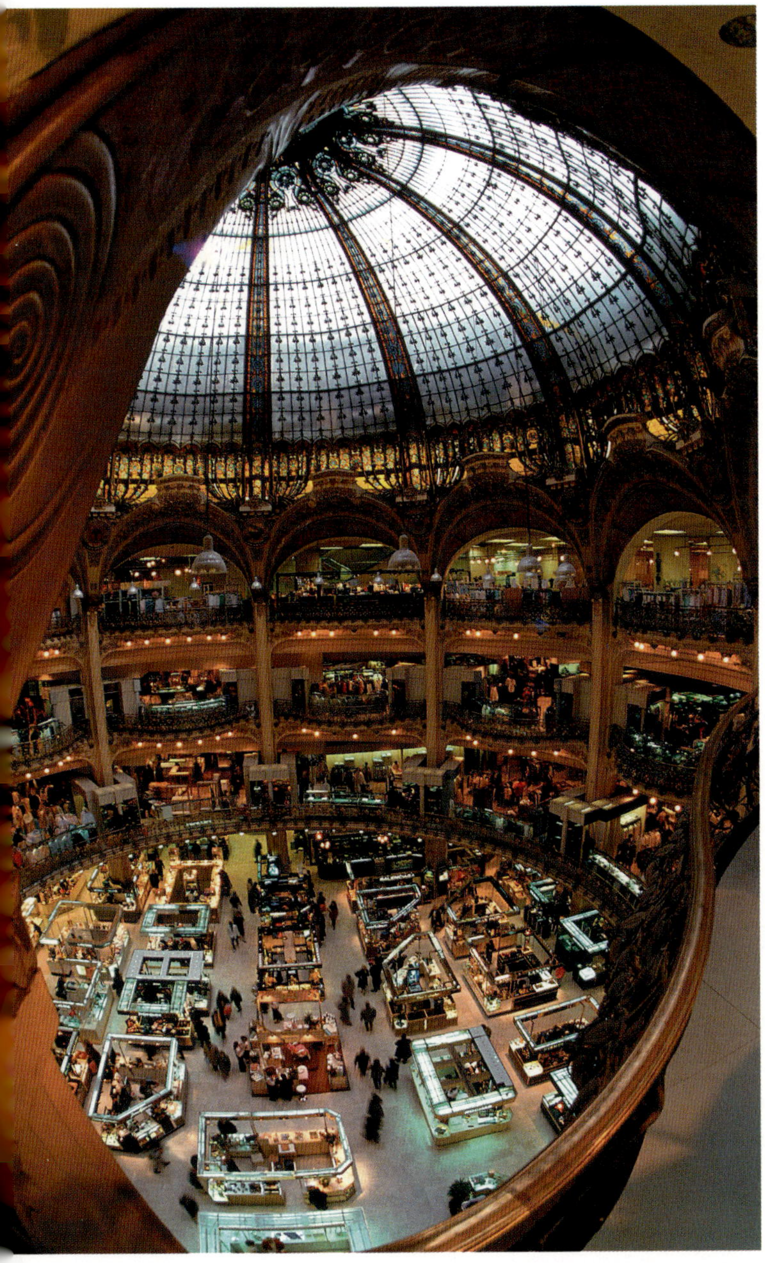

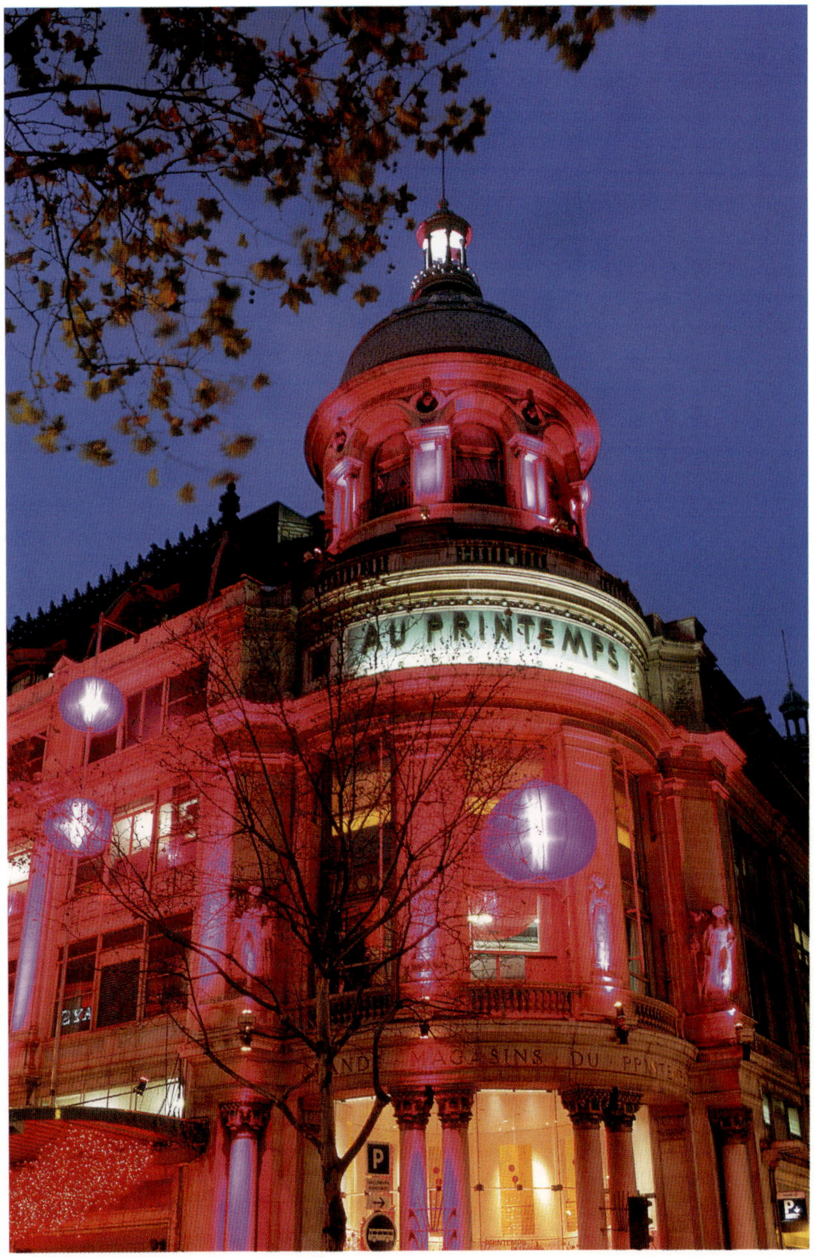

Conséquence de la révolution industrielle, qui modifie profondément les données du commerce, les grands magasins voient le jour. Offrant sous un même toit, au sein d'une architecture innovante, la marchandise la plus variée qui soit, ils deviennent rapidement les temples d'une nouvelle divinité : la Mode. Les audaces architecturales dont ils font preuve, les illuminations de fin d'année et leurs célèbres vitrines de Noël sont un élément déterminant de leur charme et de leur politique : l'offre commerciale y est mise en scène de manière élaborée et luxueuse afin de faire rêver les clients.
Les grands magasins constituent également une étape déterminante dans la consommation. Désormais les classes moyennes peuvent accéder à un bien-être jusque-là hors de leur portée. Grâce au large choix d'articles proposé par ces magasins, les bourgeoises n'ont plus le privilège de l'élégance. Sur le boulevard qui porte le nom du préfet de la Seine, les somptueuses façades des deux plus grands magasins parisiens consacrent Paris « capitale de la mode ».

Les grands magasins

PAGE DE GAUCHE :
Vitrines et illuminations de Noël aux Galeries Lafayette.

CI-DESSUS, DE GAUCHE À DROITE :
Coupole à vitraux des Galeries Lafayette.
Au Printemps, illuminations de Noël sur le boulevard Haussmann.

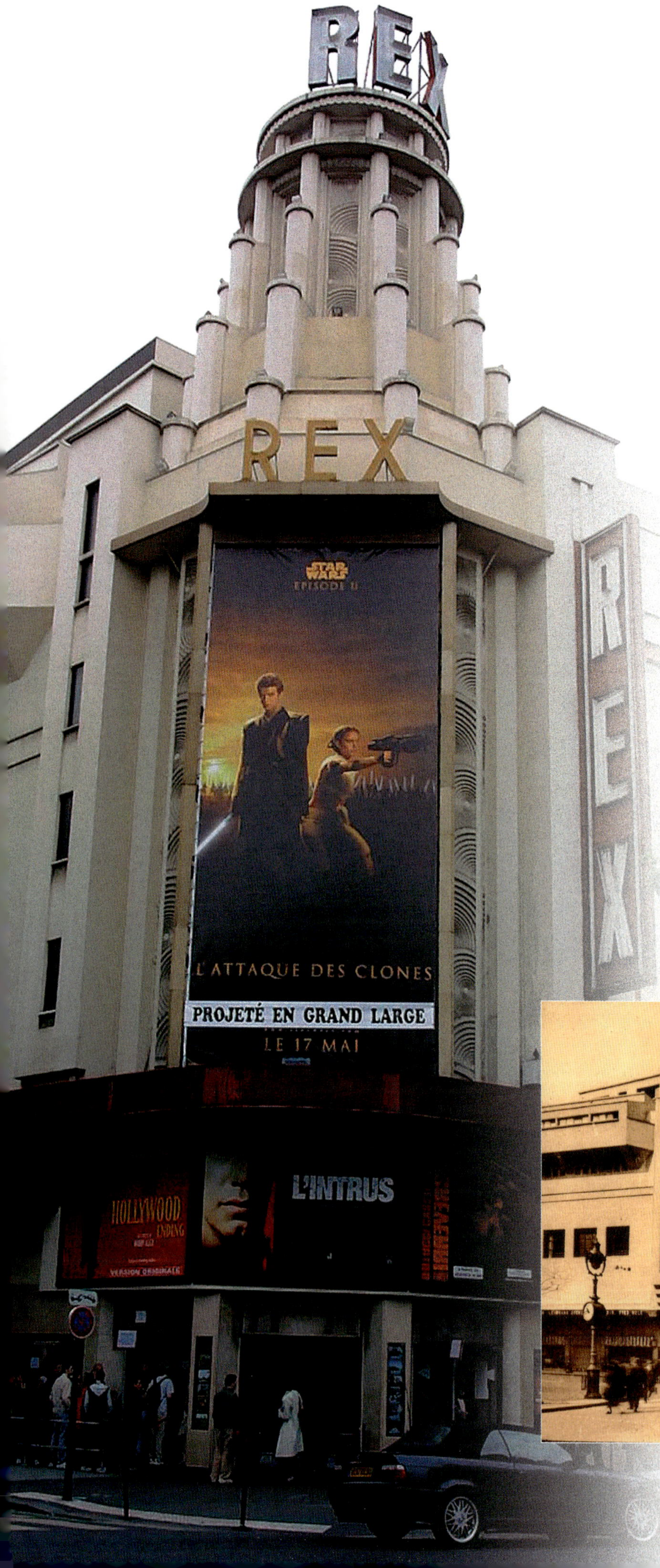

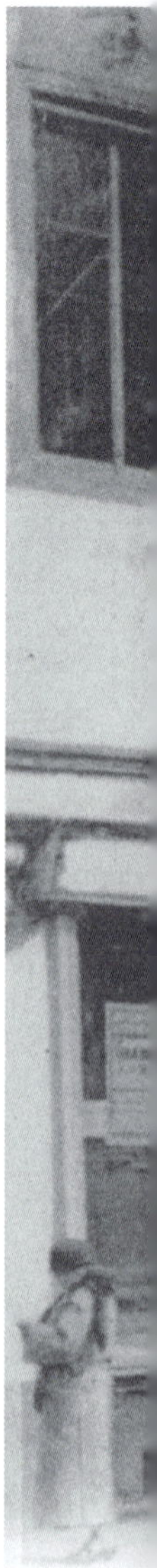

Situés à l'emplacement des anciennes fortifications nord et est de la ville de Paris, les grands boulevards sont à l'origine un espace bordé d'arbres et dédié à la promenade. Au cours du XVIIIe siècle, cette promenade se transforme peu à peu en espace urbanisé. Lorsque Haussmann devient préfet de la Seine, il impose de nombreuses modifications. Il prescrit l'alignement des nouveaux immeubles, transforme la chaussée en véritable voie de circulation, aménage les trottoirs, les agrémente d'arbres, les dote de lampadaires, de kiosques et de fontaines. Il confie à l'architecte Davioud le soin de dessiner et de réaliser ce mobilier urbain aux motifs végétaux, si caractéristique de Paris. La rigidité néo-classique des édifices se voit contrebalancée, conférant ainsi à la ville son équilibre esthétique.

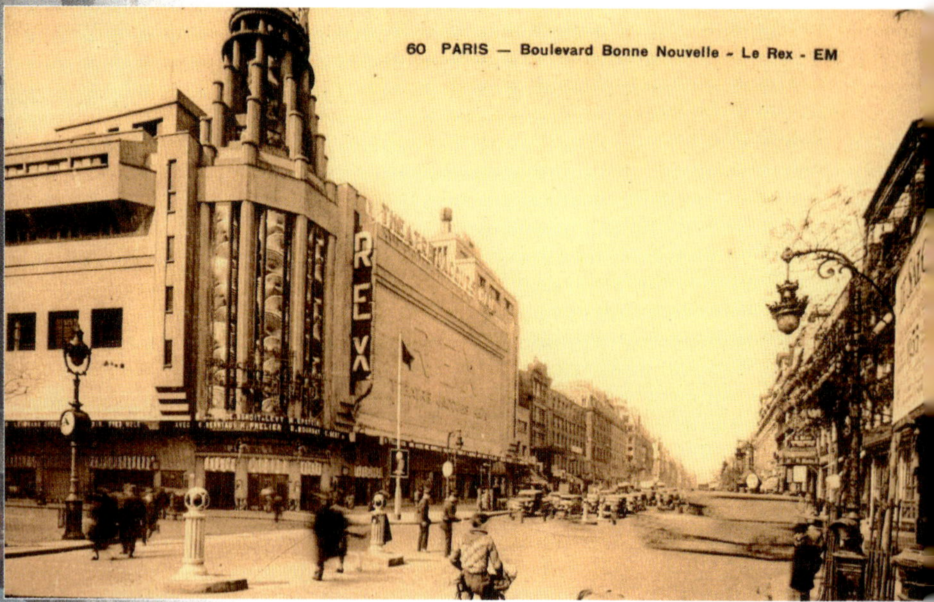

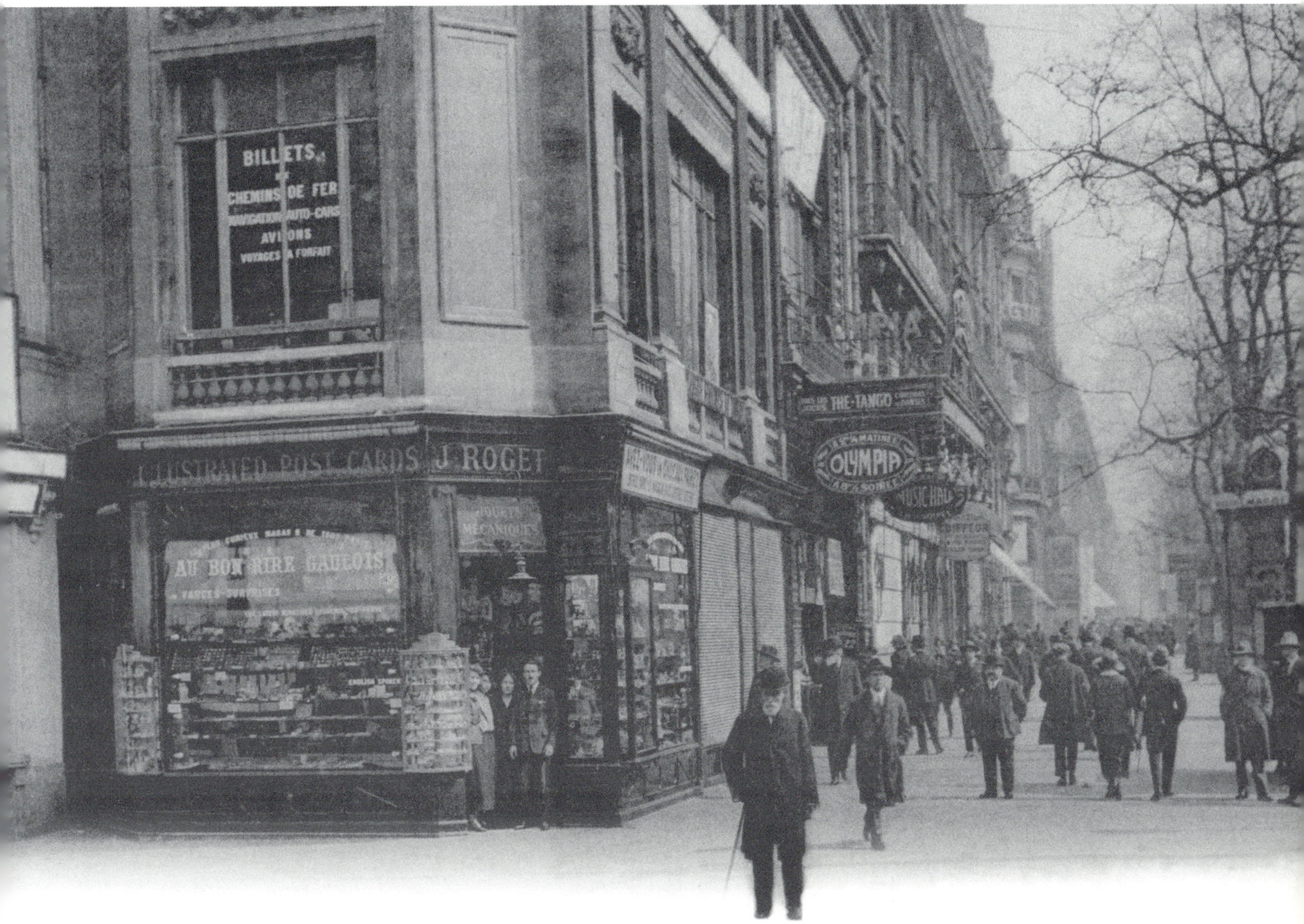

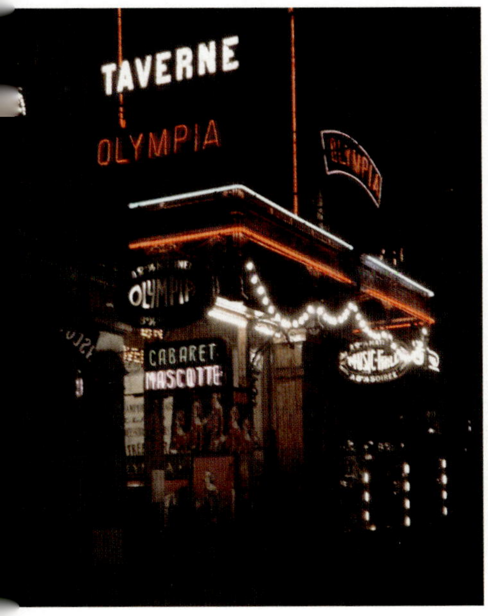

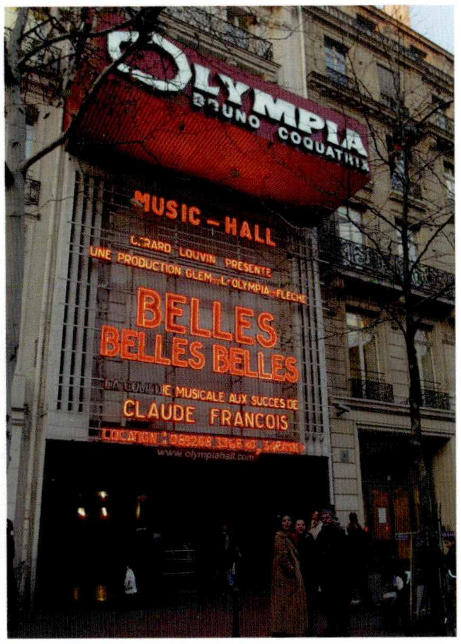

Les grands boulevards

PAGE DE GAUCHE, DE GAUCHE À DROITE :
Le Grand Rex, boulevard Poissonnière.
Le Grand Rex dans les années 1940.

CI-DESSUS :
L'angle du boulevard des Capucines et de la rue Caumartin.

À GAUCHE :
Enseigne lumineuse de l'Olympia, 1925.

CI-CONTRE :
L'Olympia aujourd'hui.

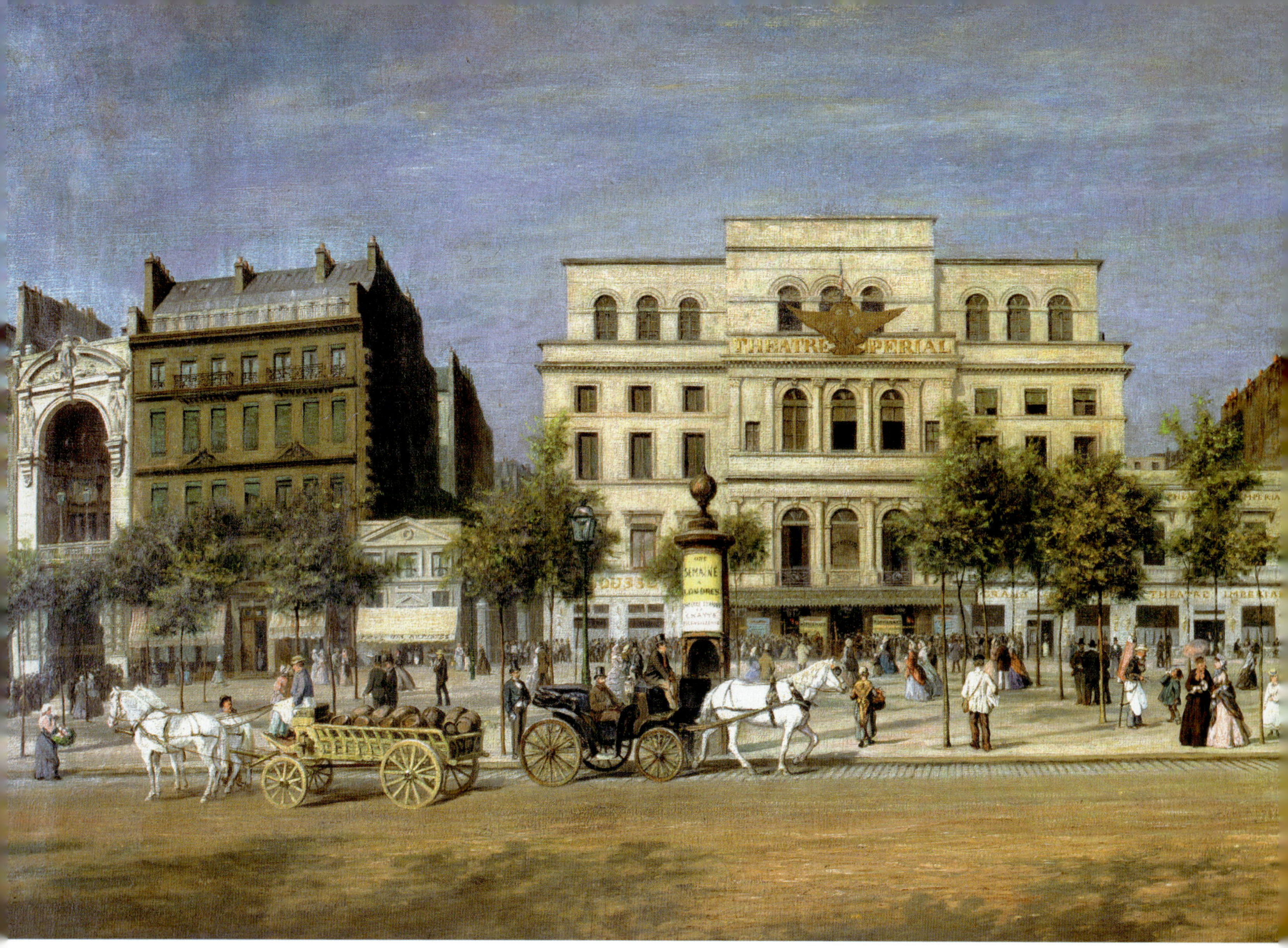
THEATRE
PERIAL
SEMAINE
LONDRES

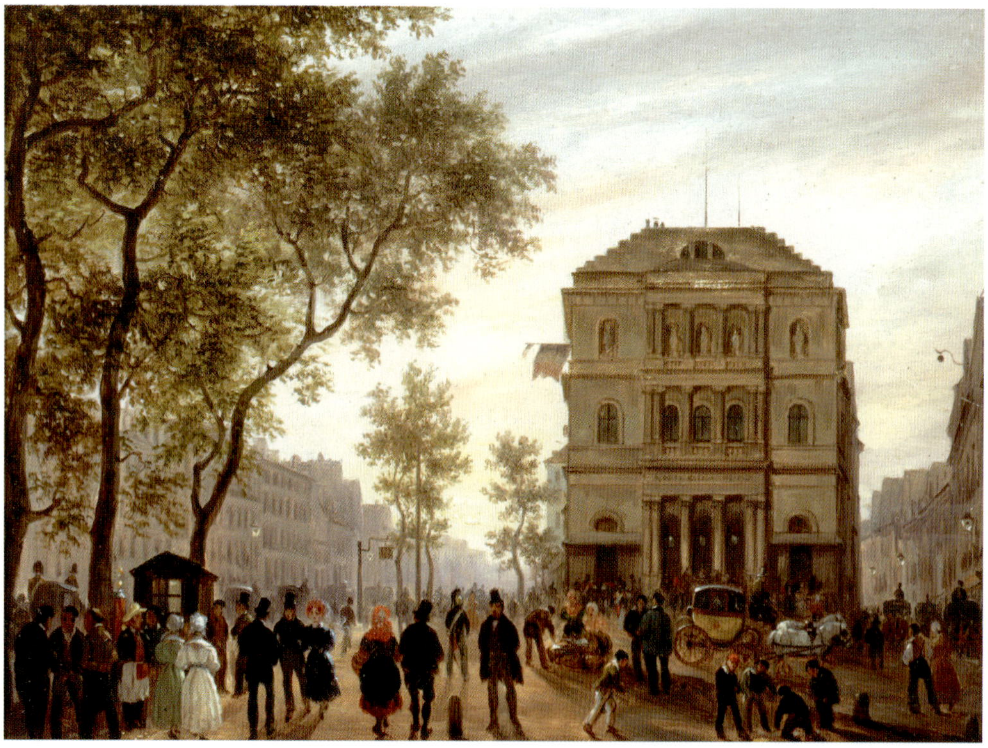

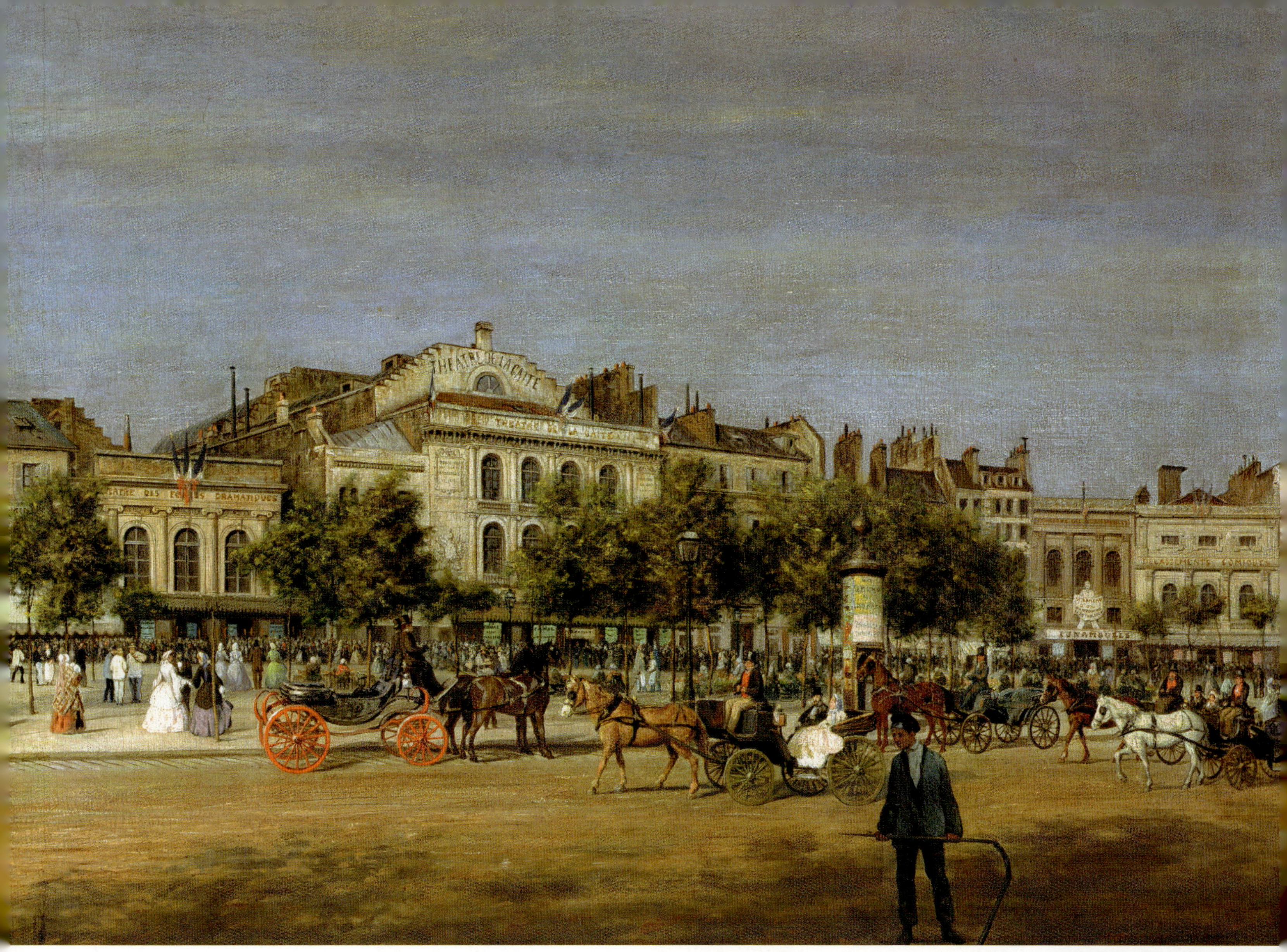

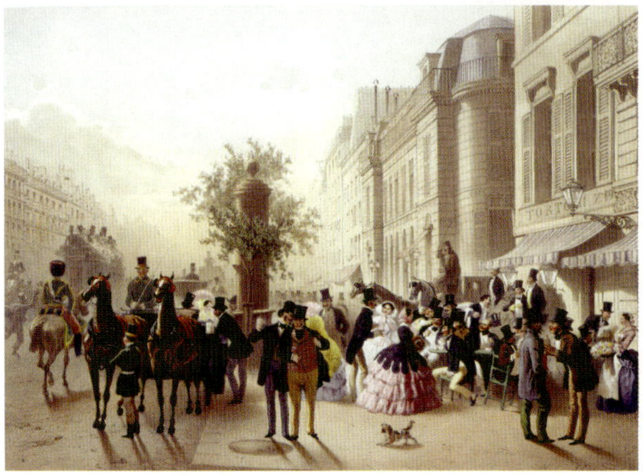

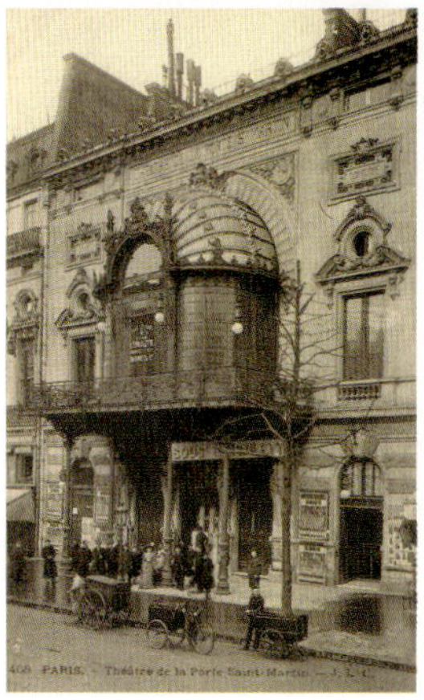

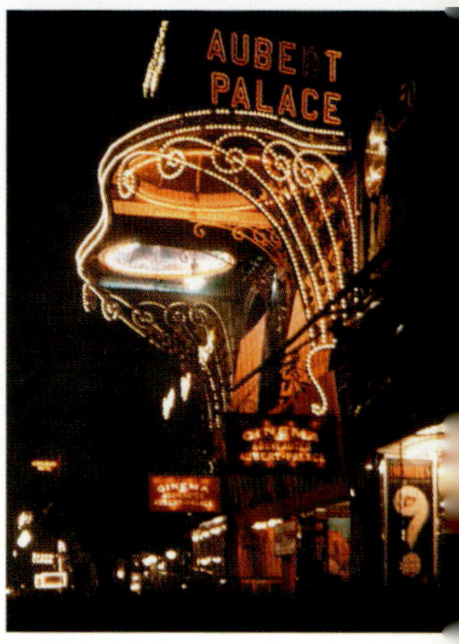

Les théâtres

CI-DESSUS :
Vue générale des théâtres du boulevard du Temple avant le percement du boulevard du Prince-Eugène (actuel boulevard Voltaire), 1862, Adolphe Potemont.

PAGE DE GAUCHE :
Le théâtre de l'Ambigu-Comique et le boulevard Saint-Martin, 1830, Giuseppe Canella.

CI-CONTRE, DE GAUCHE À DROITE :
Le boulevard des Italiens et le café Tortoni, XIXe siècle, Eugène Guérard.
Entrée du théâtre de la Porte Saint-Martin.
Enseigne lumineuse du cinéma Aubert Palace, boulevard des Italiens, 1922.

Les boulevards des Italiens, des Capucines, Montmartre et Bonne-Nouvelle sont bientôt investis par les théâtres et les opéras. Suivent les restaurants et les cafés, lieux d'une intense vie mondaine. L'ensemble forme désormais l'endroit à la mode.

En ces lieux récents apparaissent de nouveaux répertoires, où s'illustrent des artistes destinés à la renommée. L'opérette, l'opéra bouffe et la danse y ont droit de cité. Après le drame romantique, représenté pour la première fois en 1830, un autre genre caractéristique apparaît sur les scènes : frivole, comique, destiné au pur divertissement et centré sur un univers bourgeois, il sera appelé « théâtre de boulevard ».

Certaines salles comme l'Olympia, le Théâtre de la Porte-Saint-Martin, du Gymnase ou celui des Variétés, toujours fameuses à l'heure actuelle, font rêver aux gloires d'hier comme à celles d'aujourd'hui.

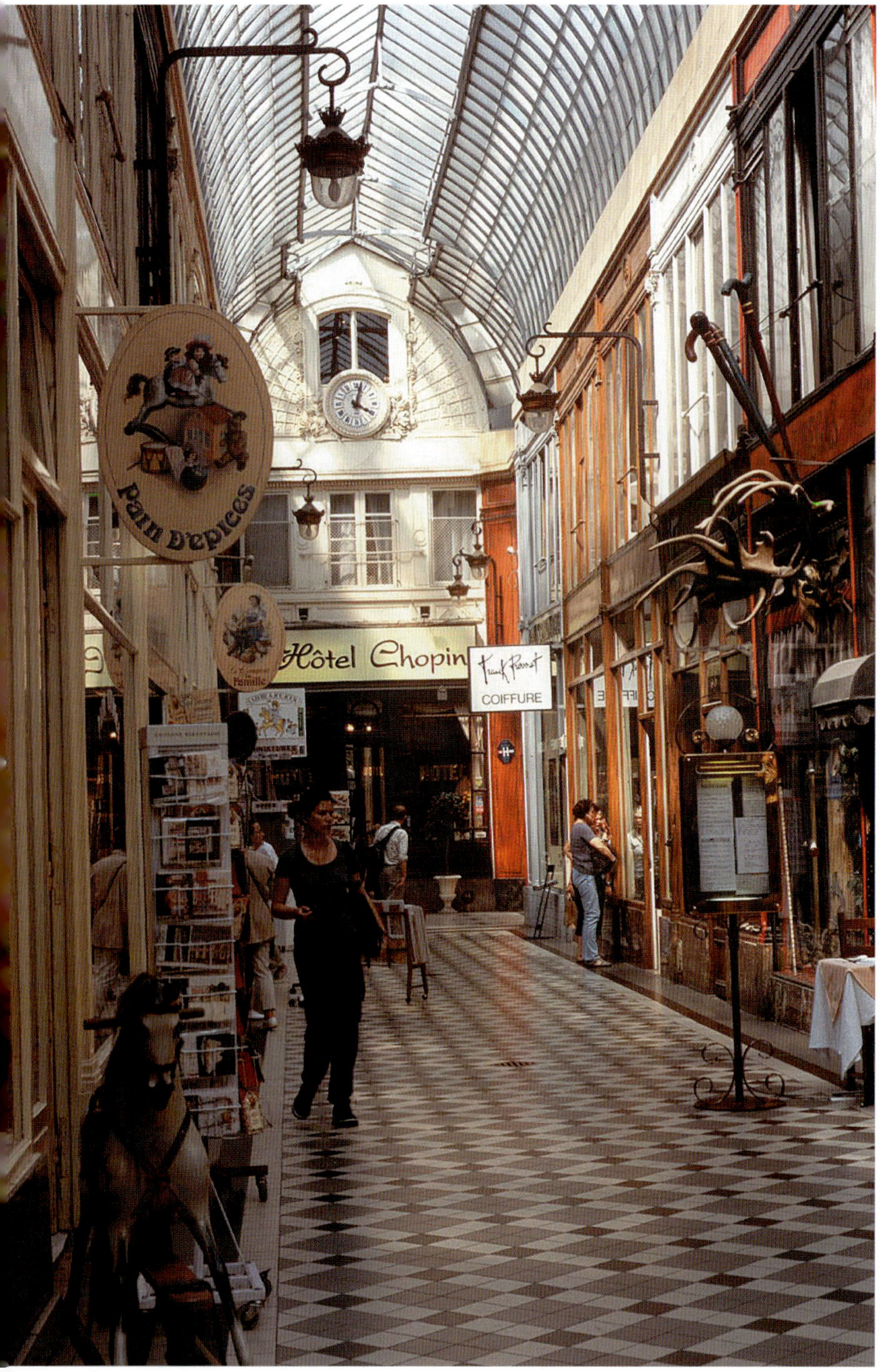

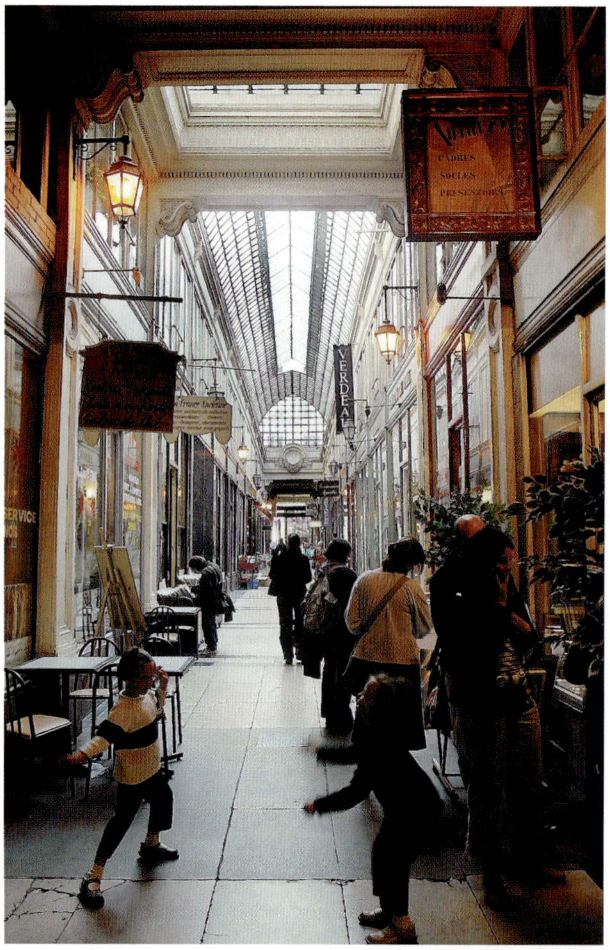

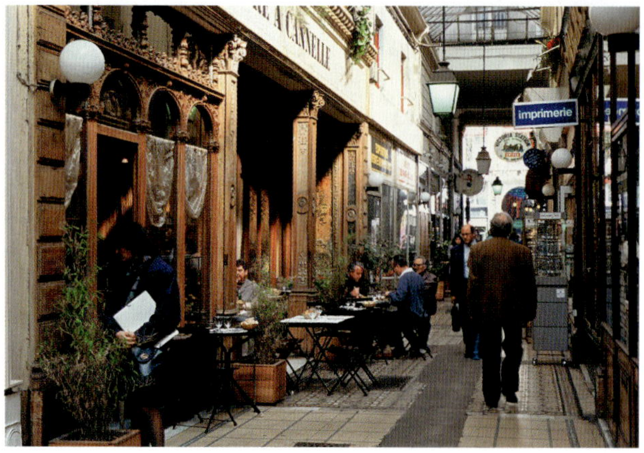

Lieu de prédilection d'une société riche et oisive, les grands boulevards favorisent également les commerces des alentours. Dans leurs environs se développent donc nombre de passages couverts abritant des galeries marchandes. Ils témoignent des nouveautés architecturales de l'époque : l'utilisation de verrières garantit une luminosité naturelle, tandis que les charpentes de métal allient solidité et légèreté. Lieux protégés, chauffés et éclairés, les passages abritent des magasins destinés à une clientèle aisée. Dans leurs allées, les promeneurs peuvent flâner par tous les temps, s'attarder sans craindre la bousculade ni l'accident.

Passages et galeries marchandes

À GAUCHE :
Le passage Jouffroy.

EN HAUT :
Le passage Verdeau.

CI-DESSUS :
Le passage des Panoramas.

PAGE DE DROITE :
Intérieur de l'église Saint-Eugène.

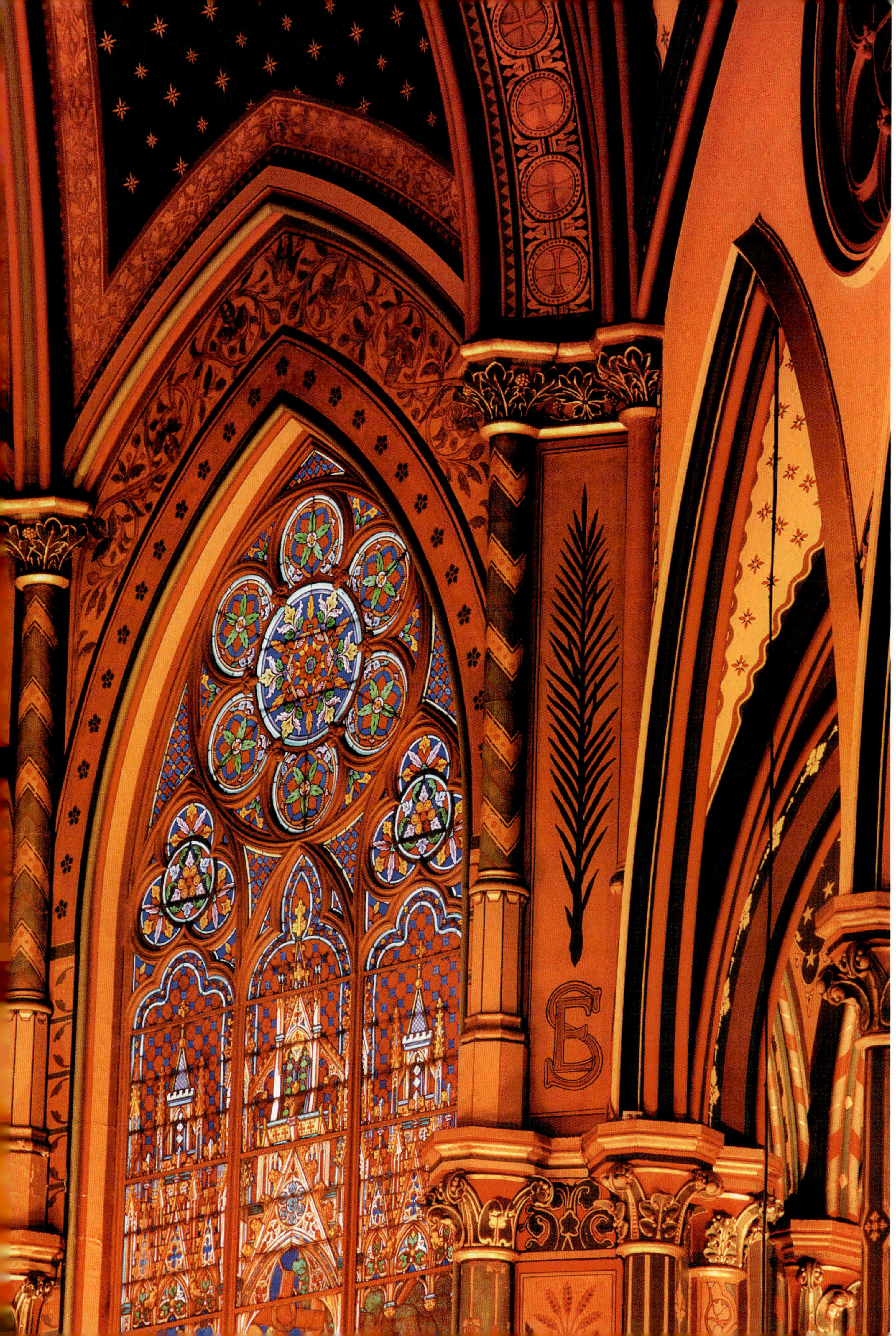

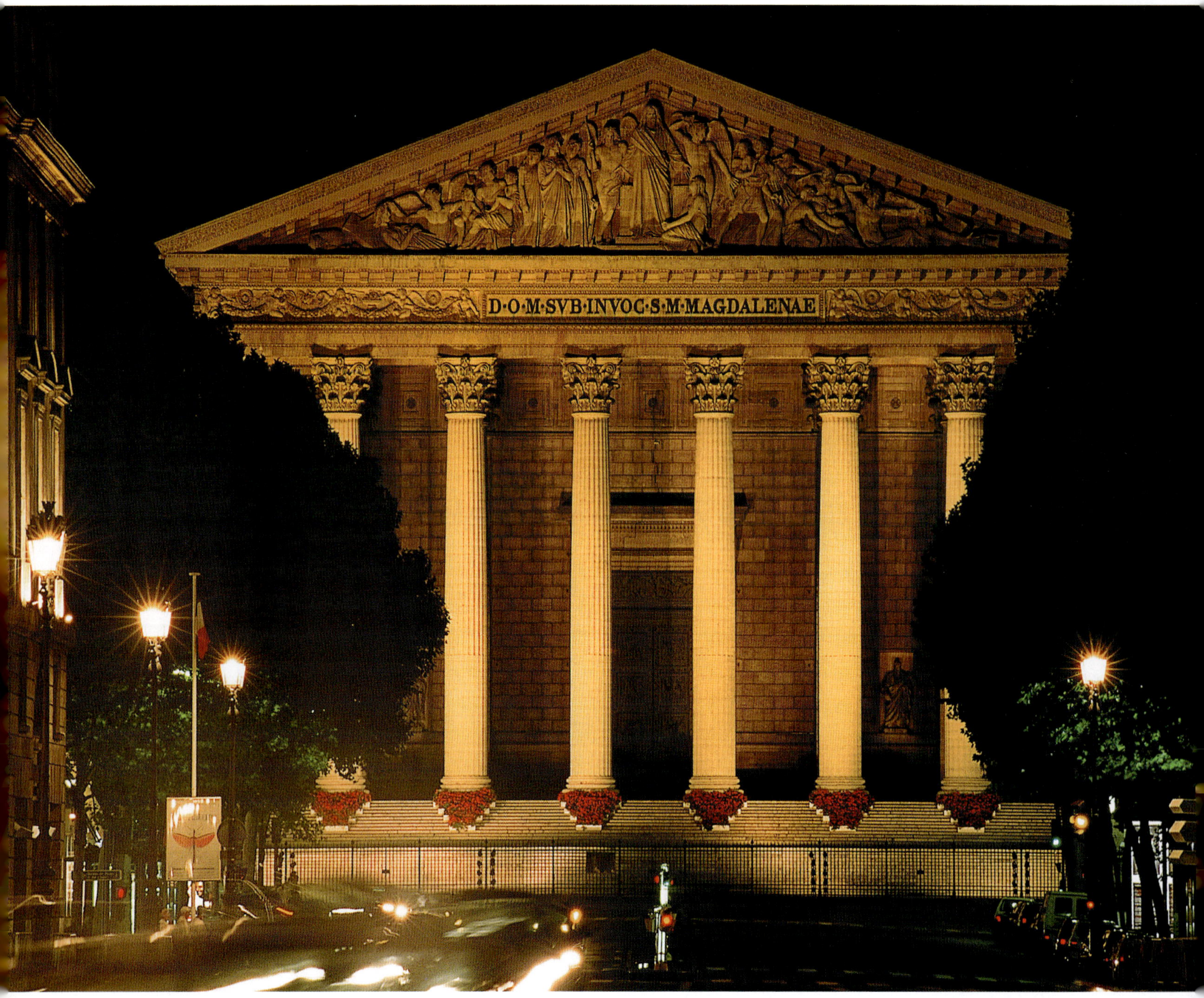

Au XVIIIe siècle, la mode du retour à l'antique prévaut dans toute l'Europe. L'architecture religieuse adopte le style néo-classique. L'église de la Madeleine en témoigne, qui présente la forme d'un temple au péristyle rectangulaire, aux colonnes corinthiennes. Son histoire est liée à celle de la place de la Concorde, dont elle parfait la perspective. Restée inachevée de 1790 à 1806, elle est transformée sur ordre de Napoléon en temple grec dédié à la gloire de la Grande Armée. Elle redevient un édifice religieux à partir de 1813.

Aujourd'hui, le quartier entourant l'église dédiée à la pécheresse Marie-Madeleine accumule les tentations : Hédiard, Fauchon ou Ladurée y voisinent avec les magasins d'arts de la table, les parfumeurs et les grands couturiers. À deux pas des grands boulevards et des grands magasins où se presse la foule, le quartier de la Madeleine, consacré à l'opulence, forme un havre voué au luxe, au calme et à leurs voluptés.

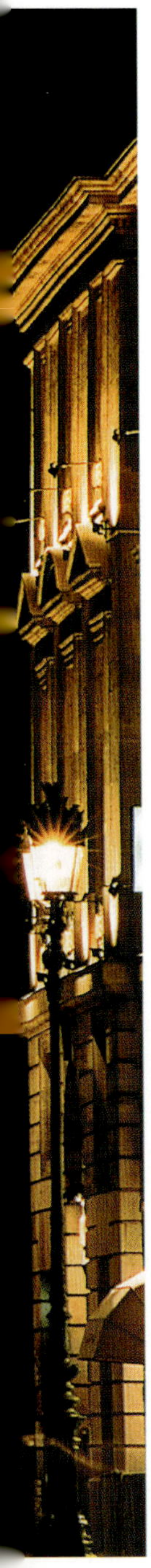

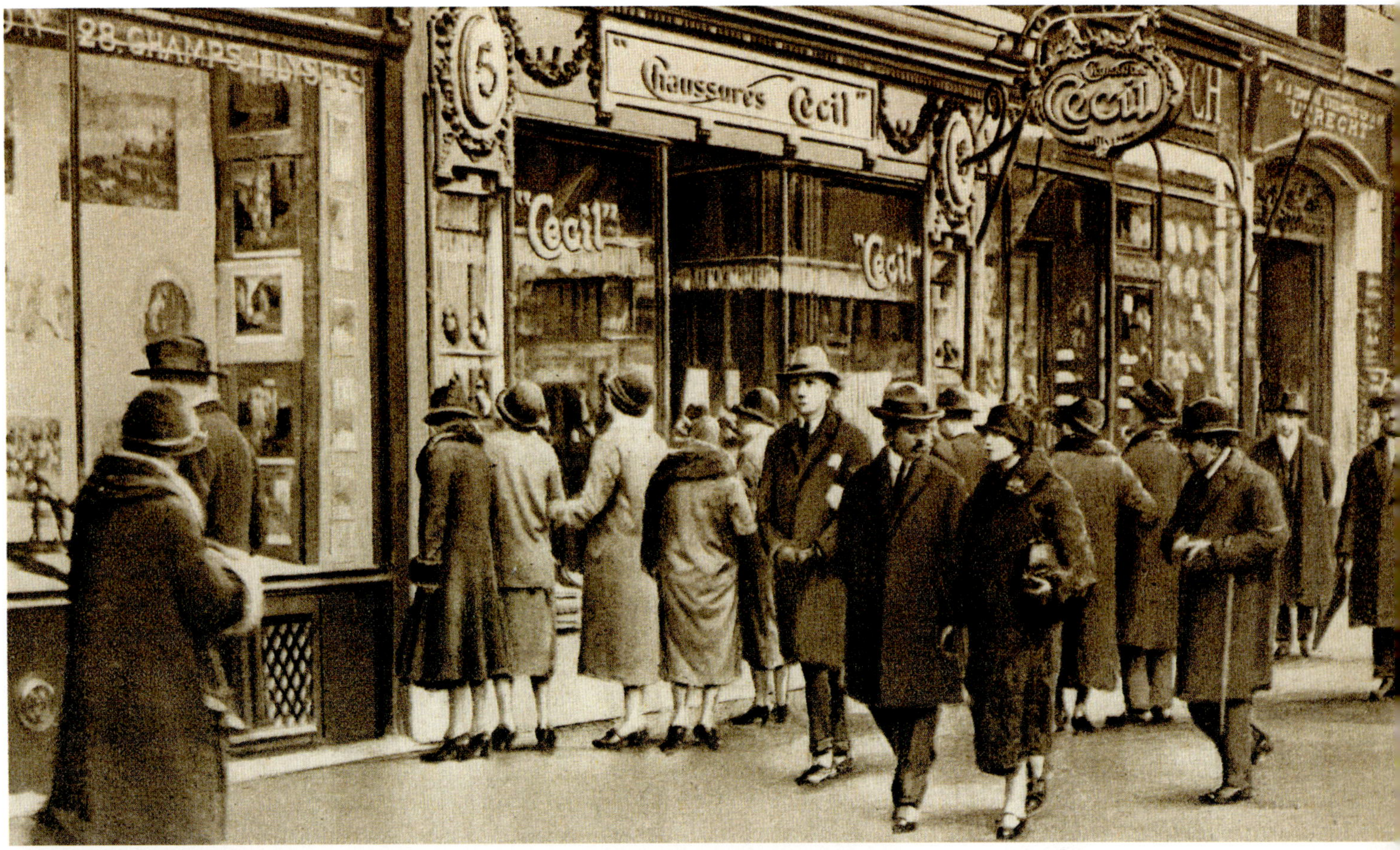

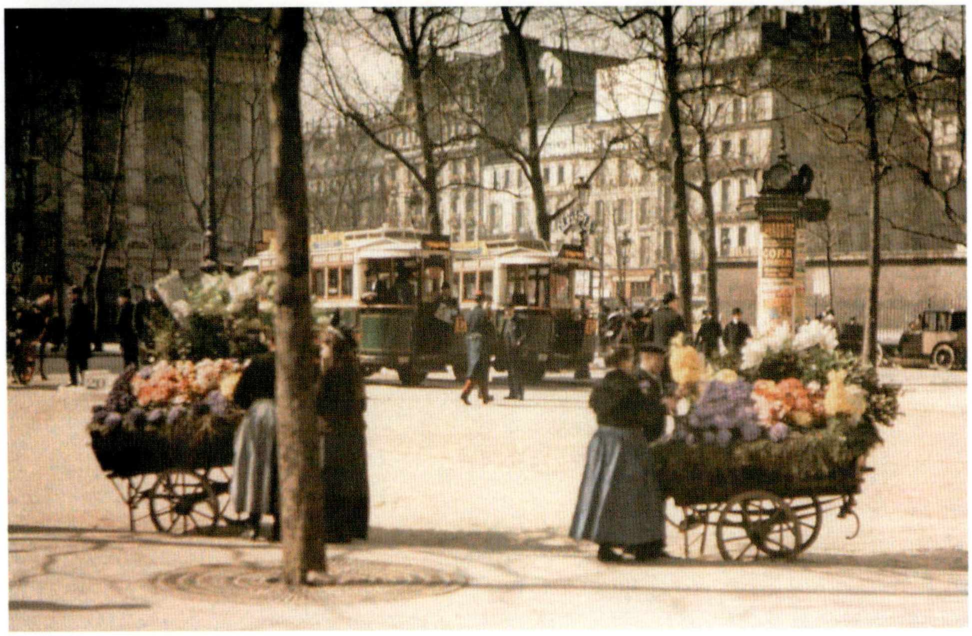

La Madeleine

À GAUCHE :
L'église de la Madeleine illuminée.

CI-DESSUS :
Le magasin de chaussures Cecil, boulevard de la Madeleine.

CI-CONTRE :
Un dimanche matin, place de la Madeleine, 1914.

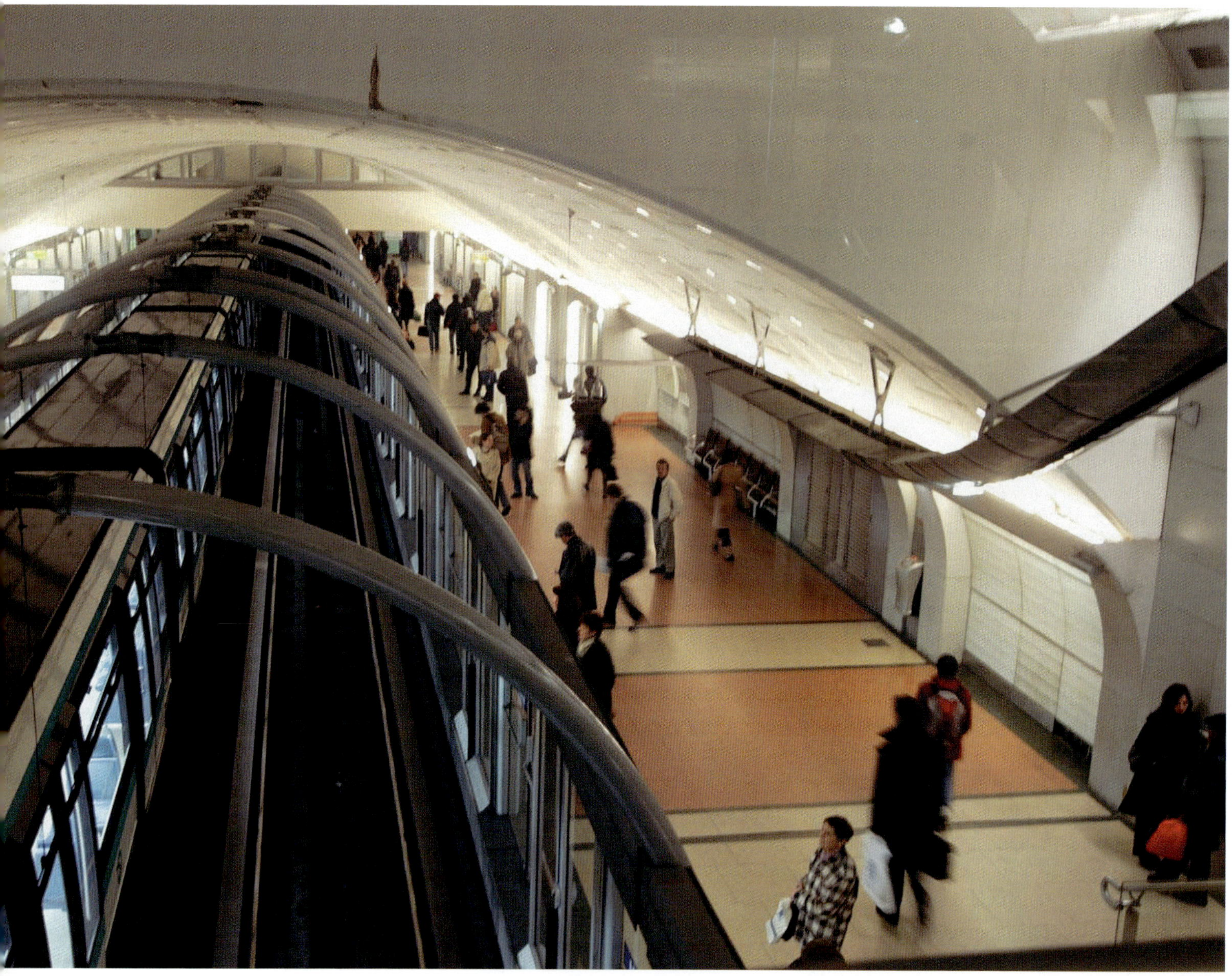

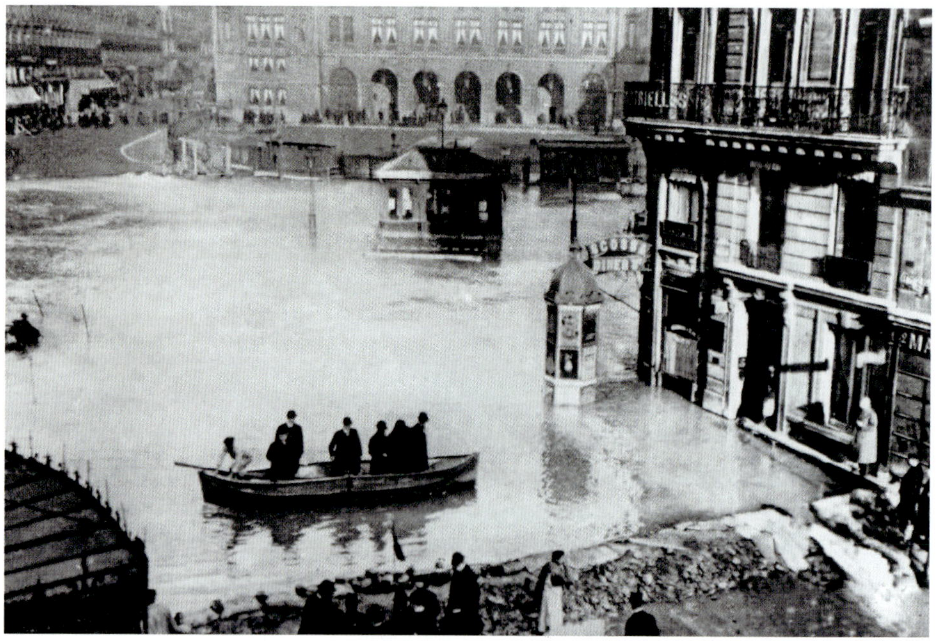

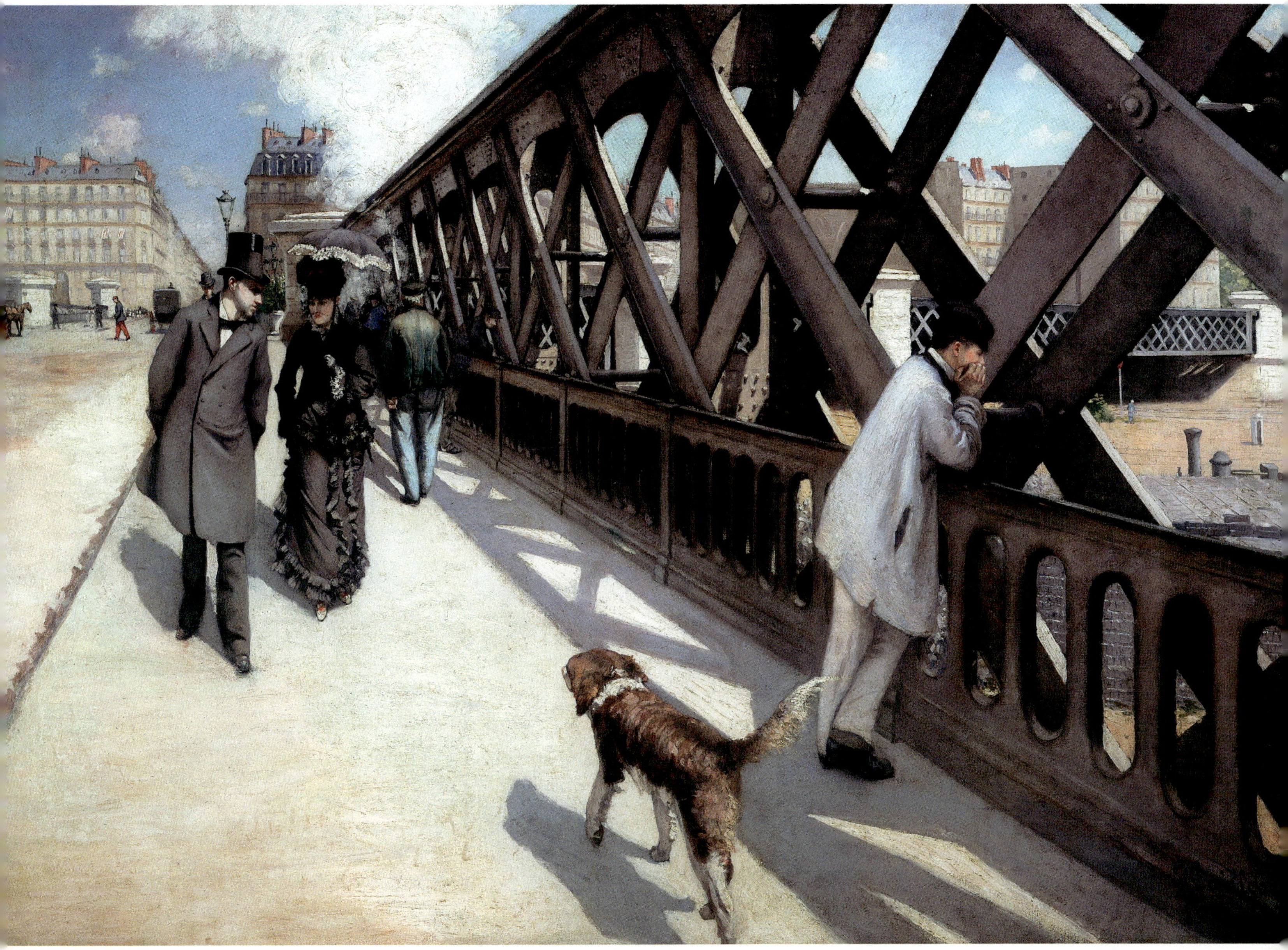

Avec l'avènement du chemin de fer, à partir de 1837, apparaissent les gares, symboles de modernité et enjeu urbain non négligeable. L'histoire de la gare Saint-Lazare, qui dessert la banlieue ouest et la Normandie, suit l'évolution de la région parisienne. À cause de l'afflux toujours croissant de voyageurs, un nouvel édifice est construit en remplacement de l'embarcadère de la ligne Paris-Saint-Germain. À cette occasion sont tracés les rues du Havre et de Rome, ainsi qu'un tunnel sous la place de l'Europe. De la cour de Rome à la cour du Havre, la large façade à l'architecture classique est empruntée au style du XVIIe siècle. Avec ses halles métalliques, le va-et-vient des voitures observable depuis le pont de l'Europe, la gare Saint-Lazare devient à partir des années 1870 un sujet d'inspiration privilégié pour les impressionnistes. Une révolution esthétique survient alors : la beauté peut désormais être industrielle.

La gare Saint-Lazare et le pont de l'Europe

PAGE DE GAUCHE, DE HAUT EN BAS :
La ligne de métro Météor, station Saint-Lazare.
Inondation devant la gare Saint-Lazare, 1910.

CI-DESSUS :
Le Pont de l'Europe, 1876, Gustave Caillebotte.

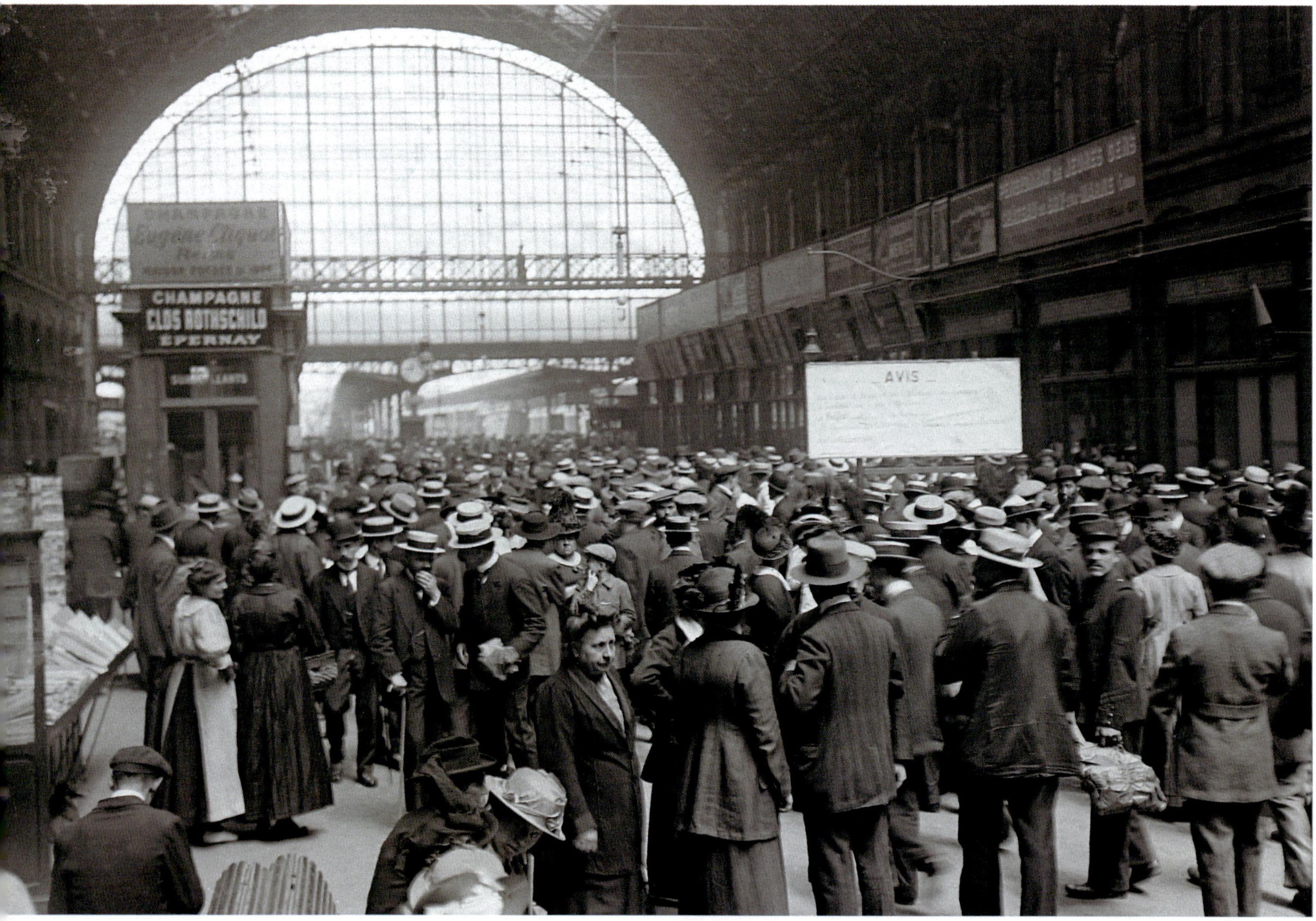
CHAMPAGNE
CLOS ROTHSCHILD
EPERNAY
AVIS

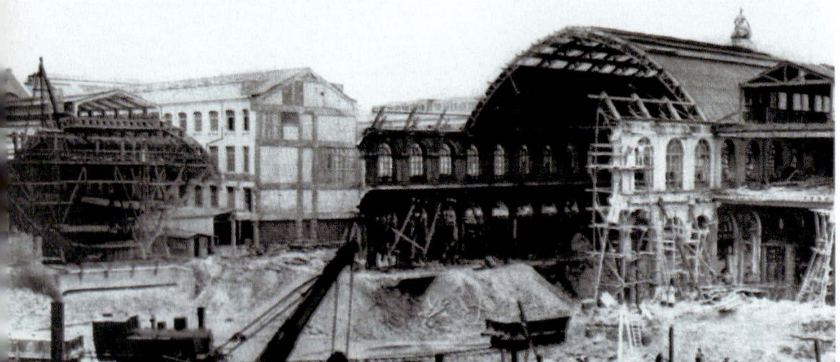

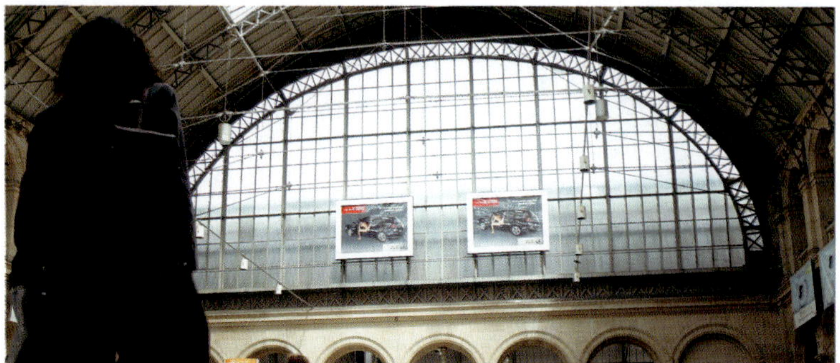

Les gares de l'Est et du Nord

PAGE DE GAUCHE, DE HAUT EN BAS :
Foule dans la gare de l'Est, 1er août 1914.
Transformation de la gare de l'Est : démolition de l'ancien grand hall, 1930.
La gare de l'Est aujourd'hui.

CI-DESSOUS :
La gare du Nord.

Concevoir de grands axes de circulation devient une priorité au XIXe siècle. Il s'agit en effet de favoriser la circulation dans la capitale, de décongestionner le centre surpeuplé et de faciliter les liaisons avec l'ensemble du pays. Haussmann prend la décision de créer deux voies principales, selon les axes est-ouest et nord-sud : ce sera la « grande croisée ». Le percement du boulevard de Strasbourg offre un accès commode aux gares de l'Est et du Nord.

De conceptions semblables, ces gares sont largement ouvertes sur les voies ferrées. Les grandes verrières à ossature métallique, une nouveauté à l'époque, triomphent, tout comme la charpente de fer et de fonte. Décorés de statues symbolisant les grandes villes de France et d'Europe – Lille, Bruxelles, Amsterdam pour la gare du Nord, Strasbourg et Verdun pour la gare de l'Est –, ces édifices jumeaux, destinés à accueillir chaque jour des foules de voyageurs, sont les cathédrales que le XIXe siècle élève à la gloire de l'industrie, du transport et des masses laborieuses.

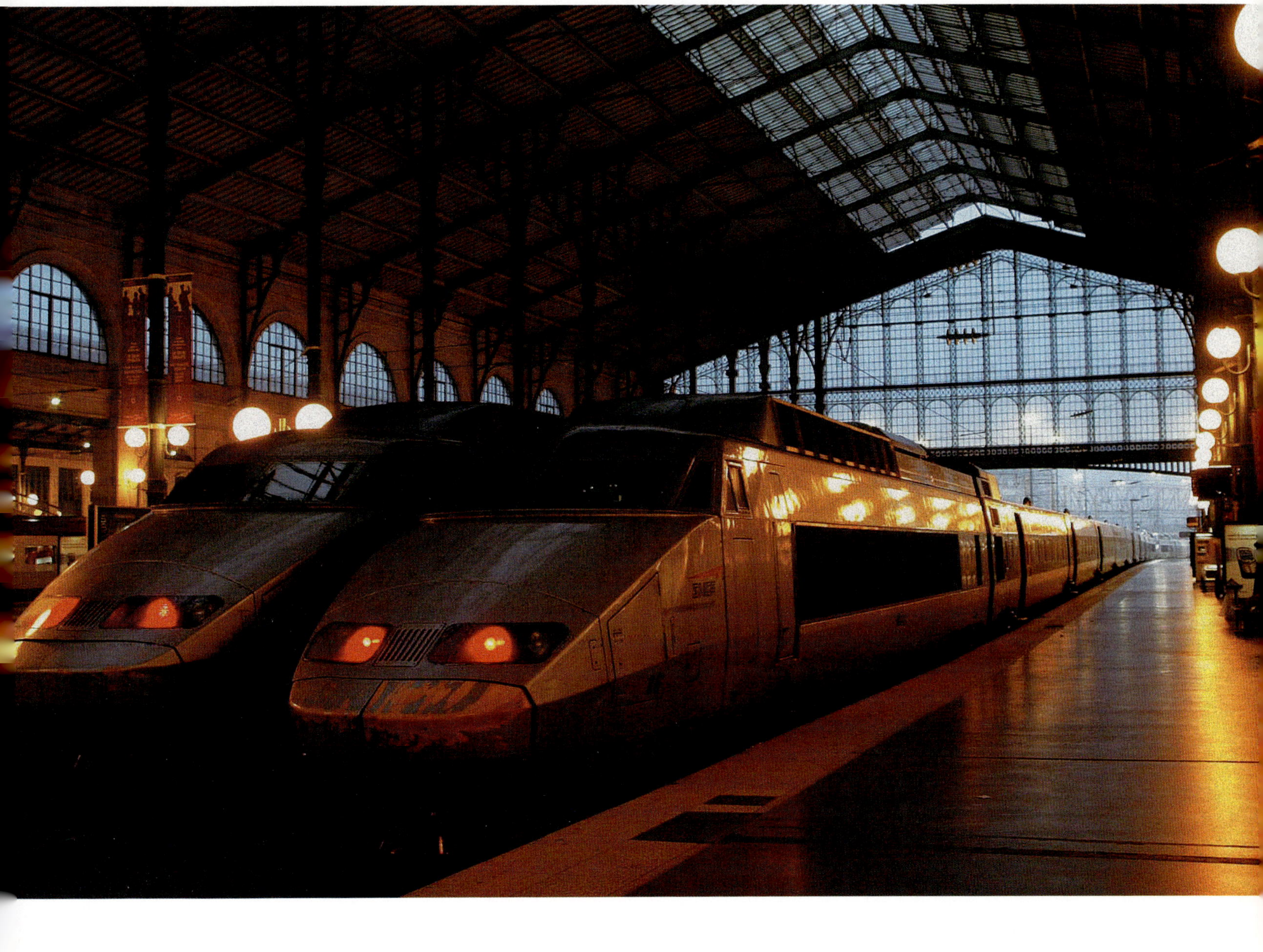

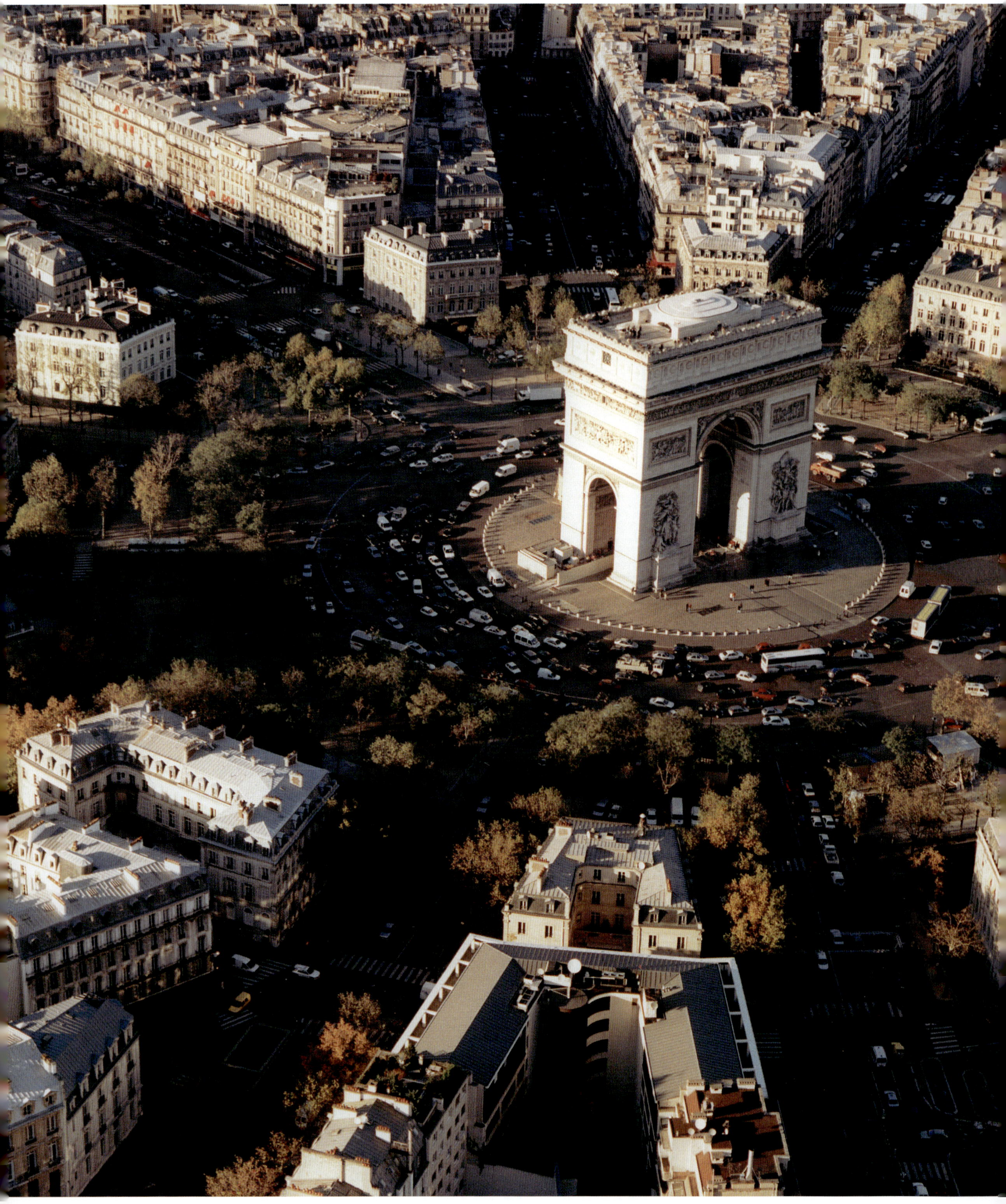

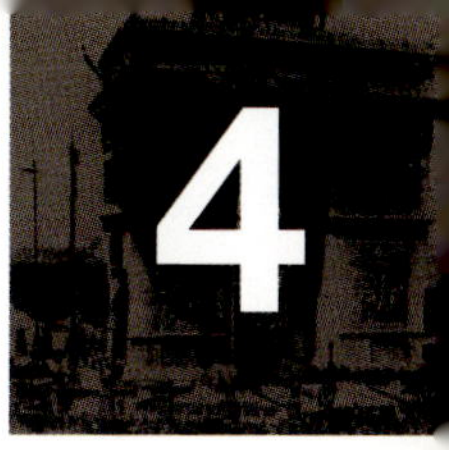

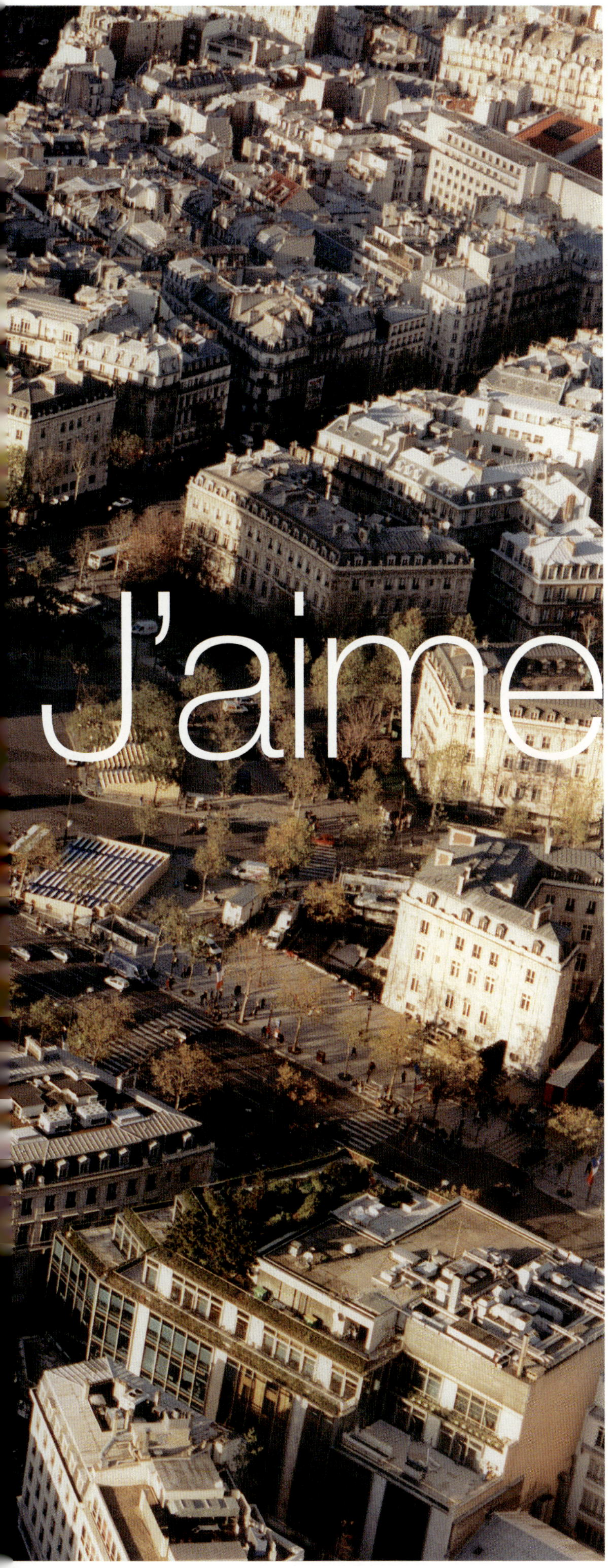

CHAPITRE 4

J'aime Paris

La Concorde, l'Arc de triomphe et les Champs-Élysées…

Avec la place de la Concorde, les Champs-Élysées et l'ancienne place de l'Étoile (aujourd'hui place Charles-de-Gaulle) constituent les hauts lieux de la nation française. Dédié aujourd'hui aux cérémonies du 14 juillet, aux événements sportifs d'ampleur, comme l'arrivée du Tour de France, ou aux grandes manifestations de liesse populaire, l'Arc de triomphe concentre nombre de moments-clés de l'histoire de France. Sa construction est décidée au lendemain d'Austerlitz à l'initiative de Napoléon Bonaparte ; l'Arc de triomphe est en effet un hommage de l'Empereur à sa Grande Armée victorieuse.

Quatre bas-reliefs monumentaux ornent sa base, et rappellent de grands faits militaires. Celui de droite, en remontant les Champs-Élysées, représente le départ des volontaires de 1792. Cette œuvre de François Rude est également connue sous le nom de *la Marseillaise*. Le triomphe de 1810, la résistance de 1814 et la paix de 1815, ainsi que les noms de 664 officiers français gravés dans la pierre, exaltent le sentiment national.

Napoléon Bonaparte n'a pas vu l'Arc de triomphe achevé. Cependant, le chariot transportant la dépouille de l'Empereur est passé sous l'arche en 1840. Depuis 1920, le monument abrite la dépouille du Soldat inconnu de la Première Guerre mondiale. La flamme du souvenir est ranimée tous les jours à 18 h 30.

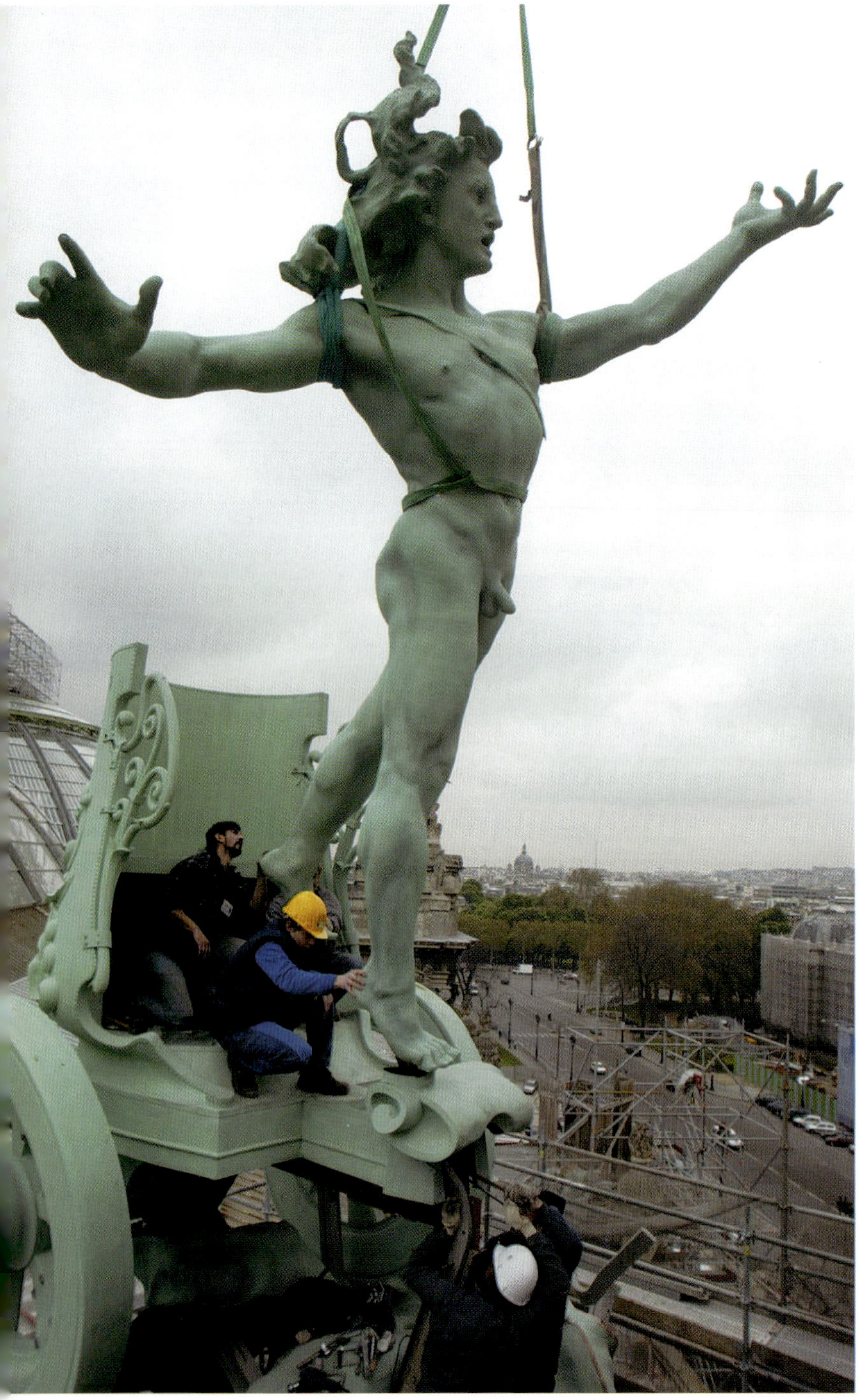

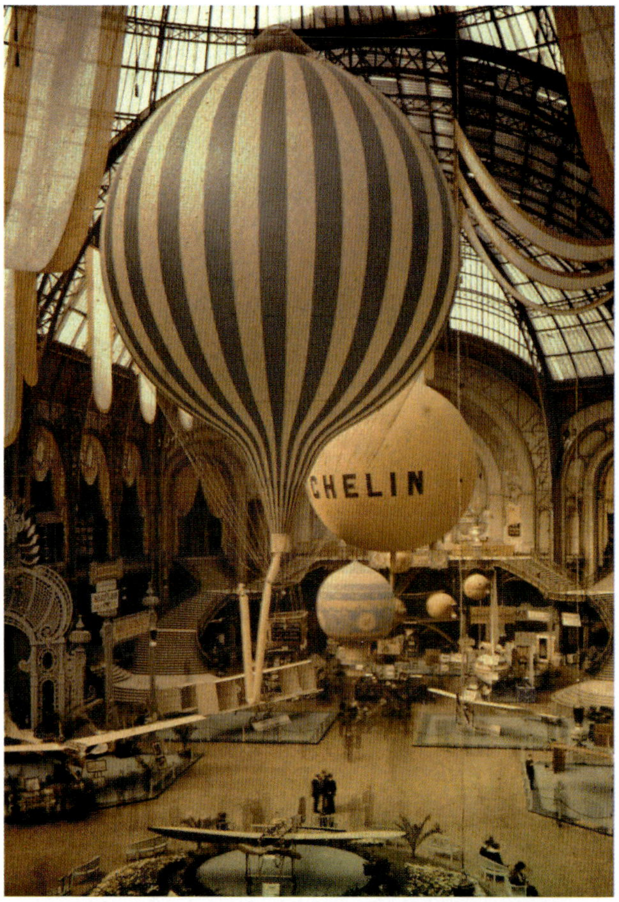

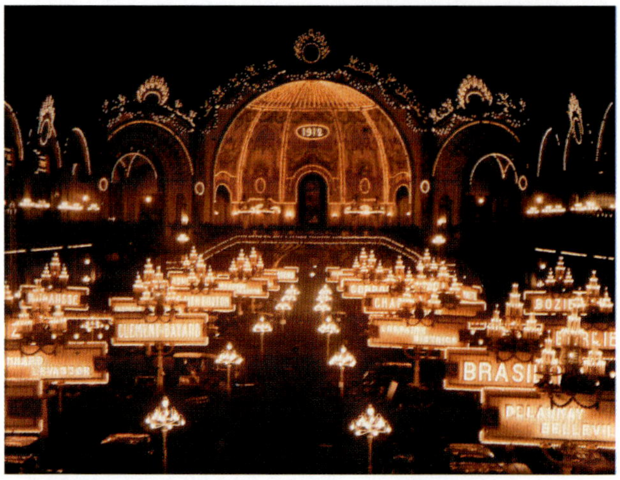

Le Grand Palais

DE GAUCHE À DROITE ET DE HAUT EN BAS :
Travaux au Grand Palais : remise en place après restauration
d'une statue côté Cours-la-Reine.
Montgolfières à la première exposition internationale de navigation aérienne
au Grand Palais, 1909.
Le salon de l'Automobile au Grand Palais, 1912.
Hommes araignées au Grand Palais.

PAGE DE DROITE :
Vue aérienne du Petit et du Grand Palais.

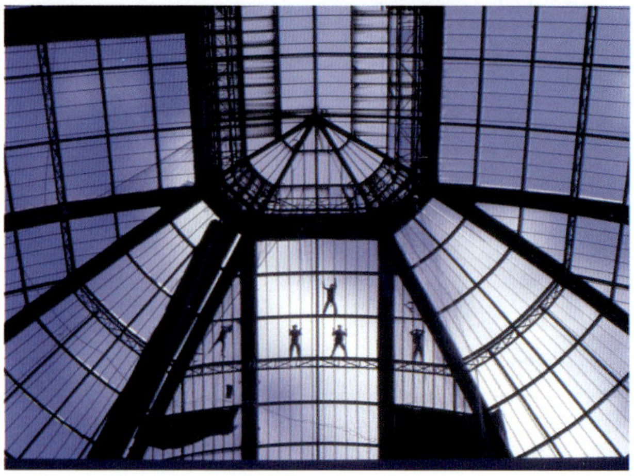

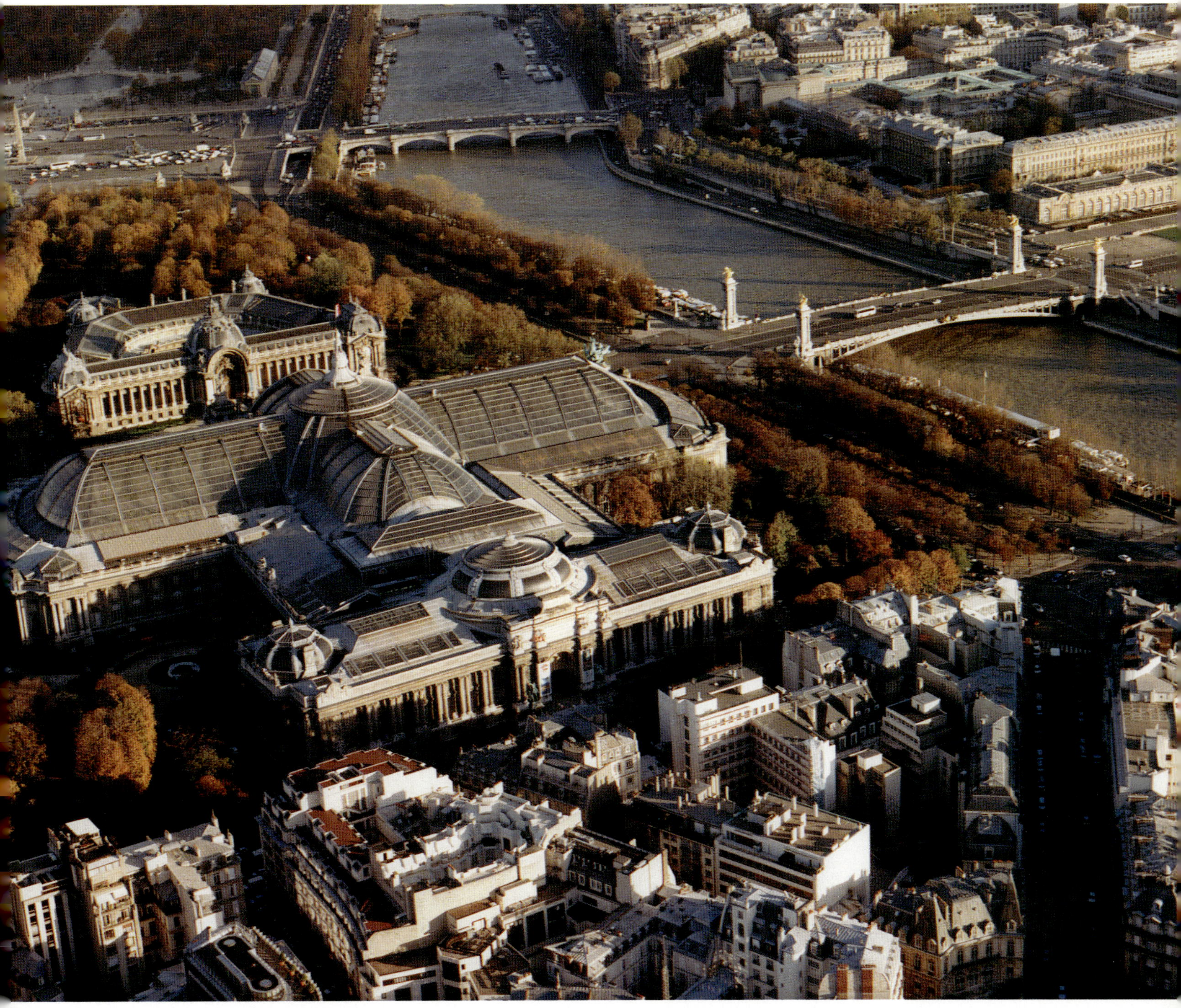

Avec le Petit Palais et le pont Alexandre III, le Grand Palais fait partie d'un ensemble conçu pour l'exposition universelle de 1900. Les travaux commencent en 1897 sur les plans des architectes Deglane, Louvet et Thomas. Mesurant 240 mètres de long pour 40 mètres de haut, l'édifice devait être capable d'abriter les fêtes, les concours hippiques, les salons de l'Industrie...

L'ensemble forme un mariage réussi de matériaux tels que le fer, la pierre et le verre. La coupole centrale en verre laisse entrer la lumière, tout en offrant une vue splendide de l'extérieur lorsque les lumières du soir s'y reflètent. La façade donnant sur l'avenue Winston-Churchill, ornée de colonnes ioniques et d'un porche monumental, expose des statues allégoriques des divinités auxquelles le monument est dédié : l'Art et la Paix.

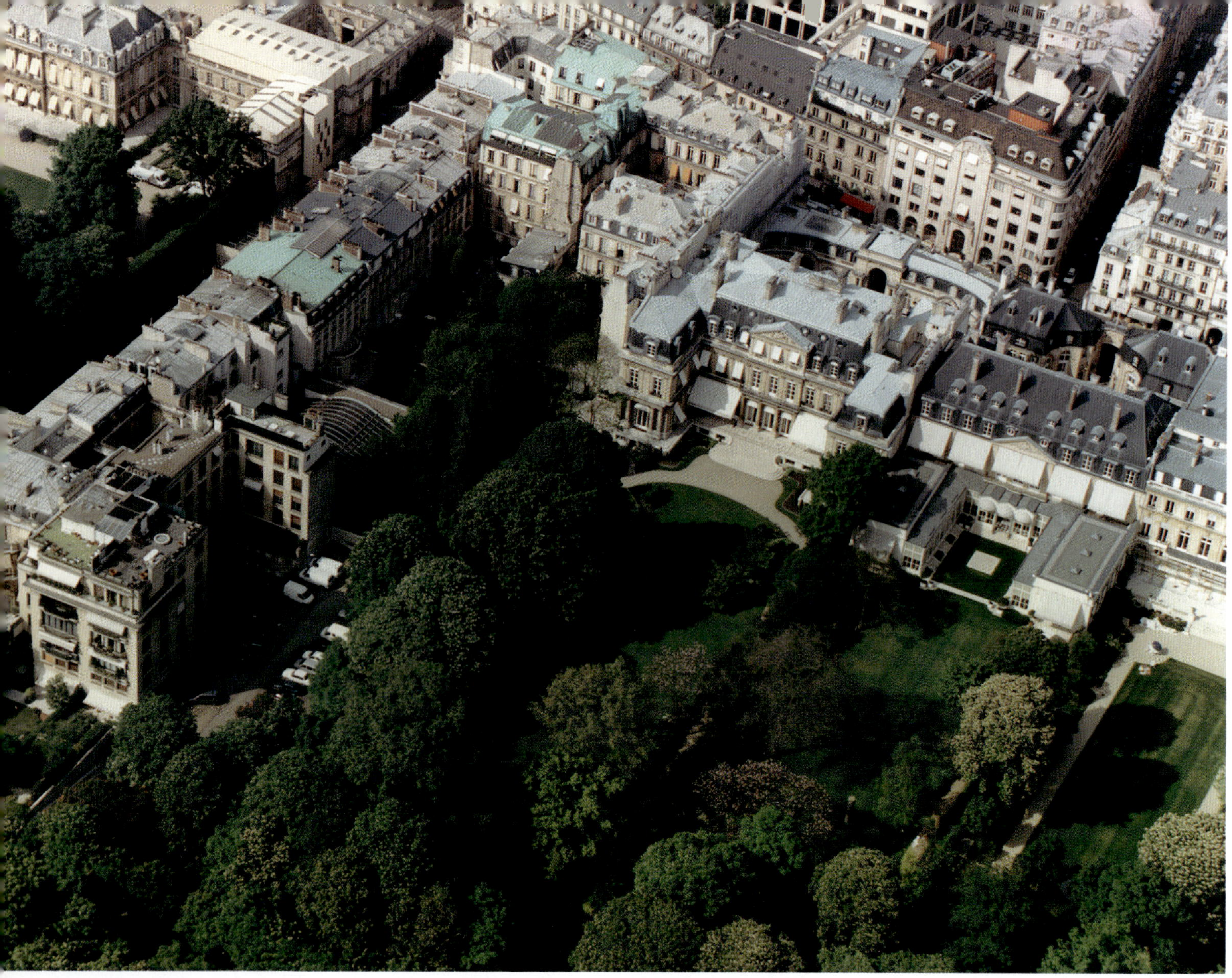

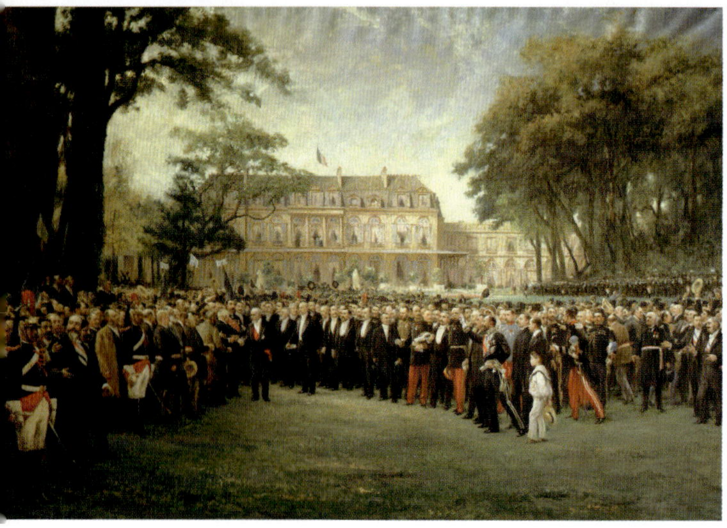

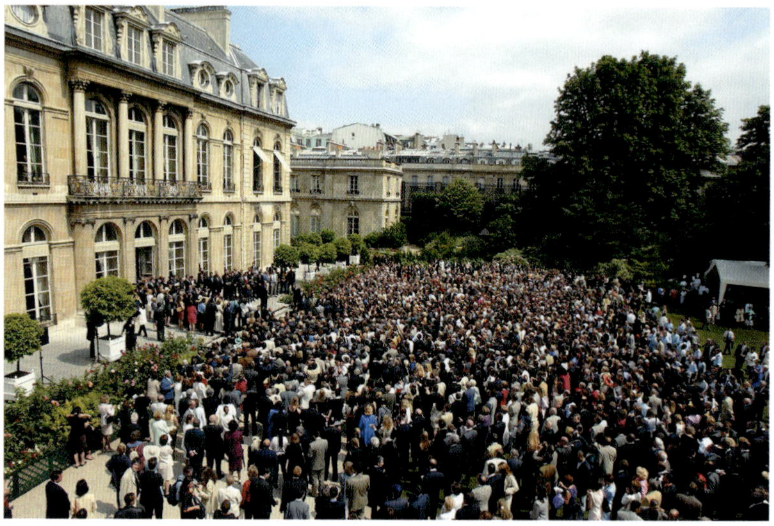

Le palais construit en 1718 pour le comte d'Evreux constitue le point de départ du faubourg Saint-Honoré, jusqu'alors occupé par les pâturages. Divers propriétaires, parmi lesquels la marquise de Pompadour, le comte de Vigny, Joachim Murat et Napoléon se succèdent dans ce somptueux édifice jusqu'en 1848, date à laquelle il devient résidence du président de la République. Aujourd'hui le jardin du palais, ses parterres de fleurs et ses allées de marronniers bordées de charmilles accueillent une fois par an la très sélecte garden-party de l'Élysée.

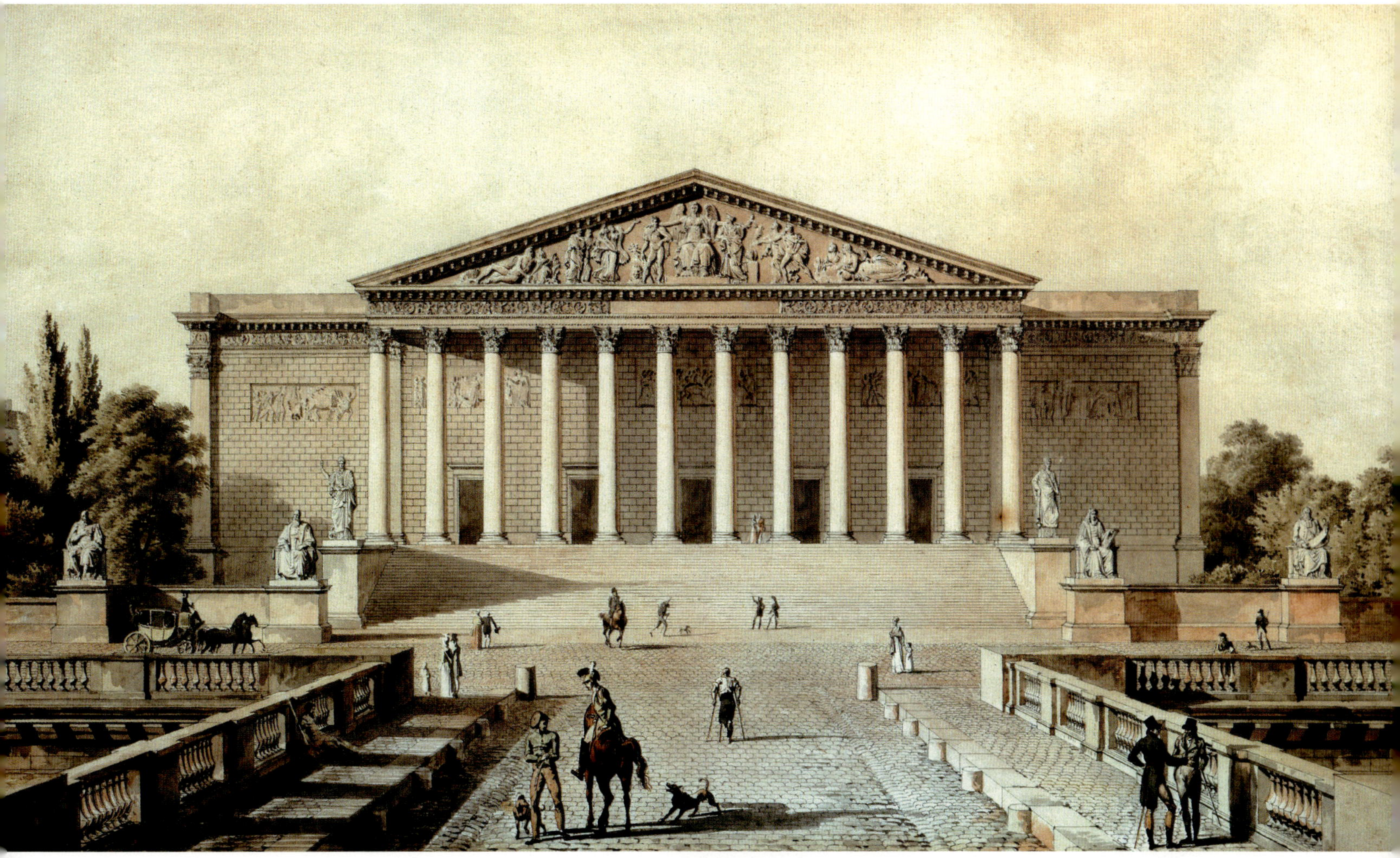

L'Élysée et le Palais-Bourbon

PAGE DE GAUCHE, DE HAUT EN BAS ET DE GAUCHE À DROITE :
Vue aérienne du quartier de l'Élysée.
Réception des maires de France à l'Élysée, 22 septembre 1900.
Garden-party du 14 juillet à l'Élysée.

CI-DESSUS :
Projet pour l'Assemblée nationale, palais du Corps législatif, Alexandre Evariste Fragonard.

CI-CONTRE :
La place Louis-XV (place de la Concorde), 1829, Giuseppe Canella.
Salon du roi au Palais-Bourbon, mur ouest, Eugène Delacroix.

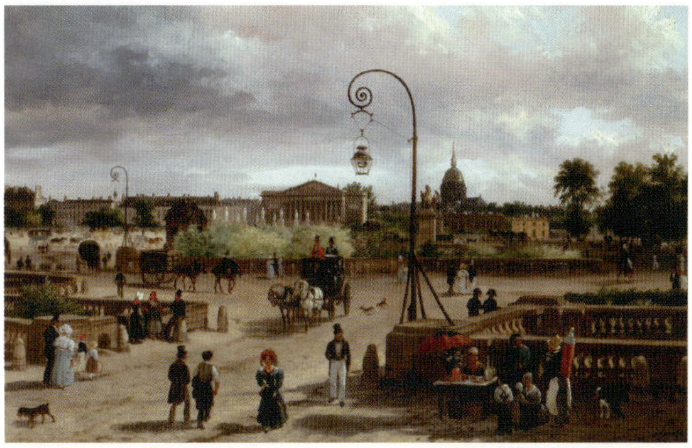

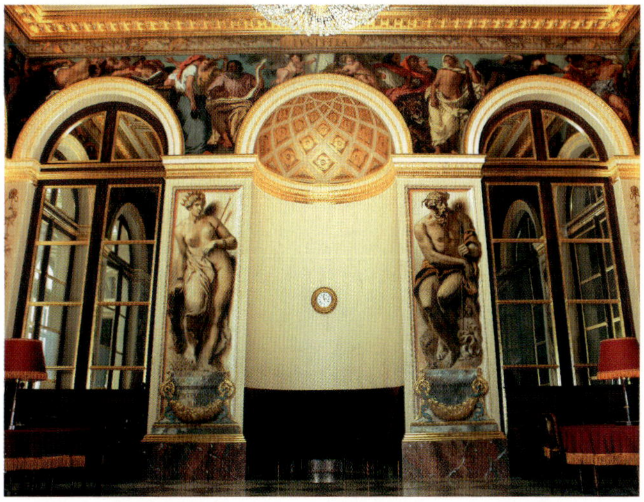

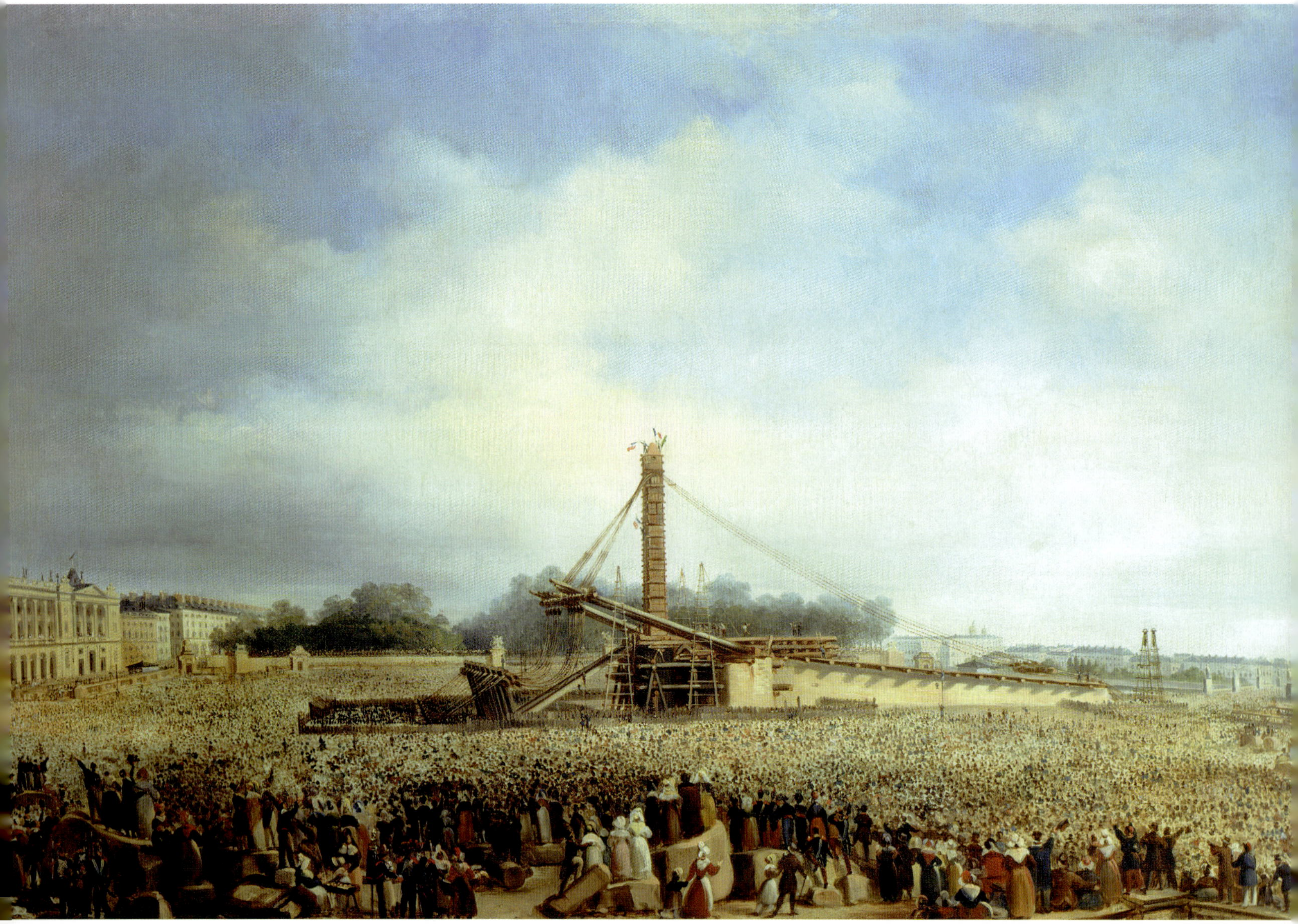

La place de la Concorde

CI-DESSUS :
Érection de l'obélisque de Louxor place de la Concorde, 1836, François Dubois.

PAGE SUIVANTE, EN HAUT :
Place de la Concorde sous la neige, 1905.

PAGE SUIVANTE, EN BAS, DE GAUCHE À DROITE :
L'obélisque place de la Concorde.
La cour de l'hôtel Crillon.
Statue équestre place de la Concorde.

C'est la plus grande place de Paris, sans doute l'une des plus élégantes et l'une des plus chargées d'histoire également. Conçue en 1763 par l'architecte Jacques Ange Gabriel pour accueillir une statue équestre du roi, elle s'appelle initialement la place Louis-XV avant de prendre le nom de place de la Révolution en 1793, date à laquelle la guillotine remplace en son centre la statue royale. Louis XVI, Marie-Antoinette, Danton et Robespierre y seront exécutés, ainsi que bien d'autres, entre 1793 et 1795. Elle est par la suite rebaptisée place de la Concorde, en signe de réconciliation nationale. Louis-Philippe y fait ériger un monument qui ne se prête pas aux polémiques politiques : l'un des deux obélisques ornant l'entrée du temple d'Amon à Louxor.

C'est ce monolithe couvert de hiéroglyphes qui indique désormais l'intersection des deux axes sur lesquels ouvre la place : l'axe est-ouest donnant sur la perspective du jardin des Tuileries et des Champs-Élysées ; l'axe nord-sud, ouvrant sur la rue Royale et la Madeleine d'une part, le pont de la Concorde de l'autre. Gigantesque et spacieuse, ornée de statues représentant les plus grandes villes françaises, la place est un exemple d'équilibre architectural.

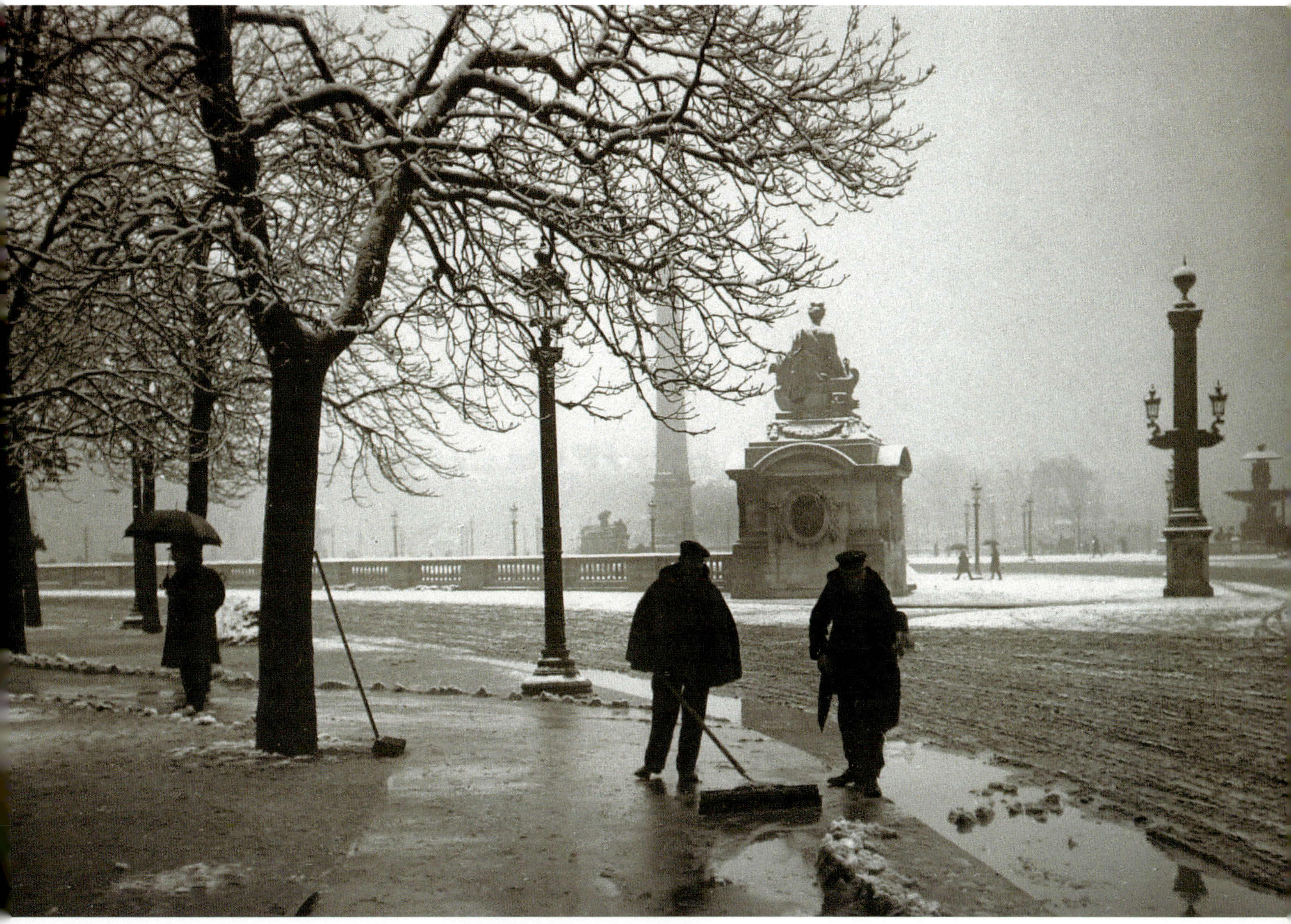

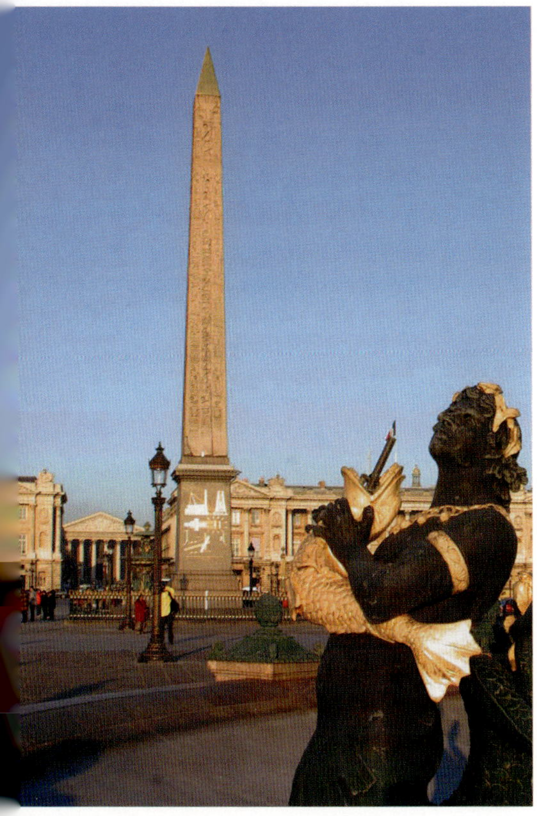

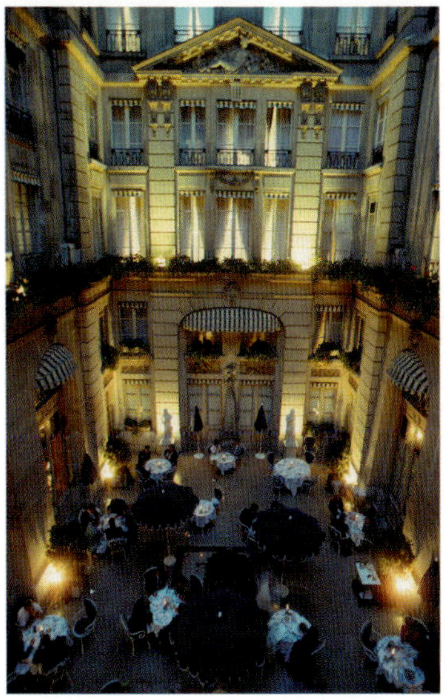

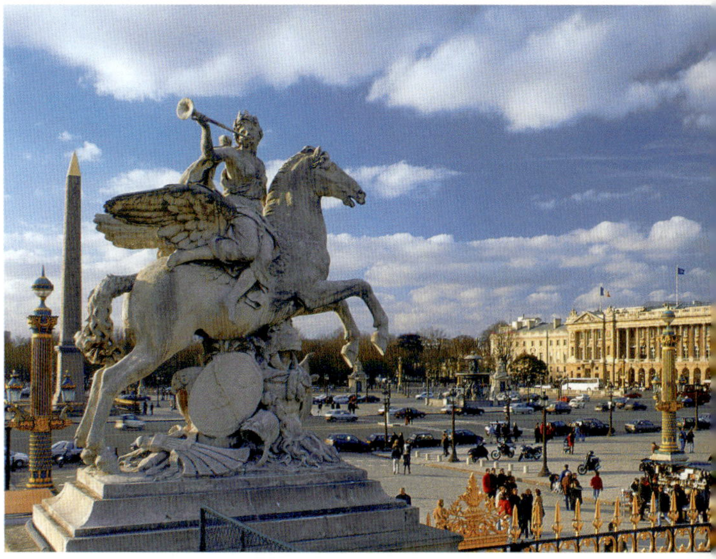

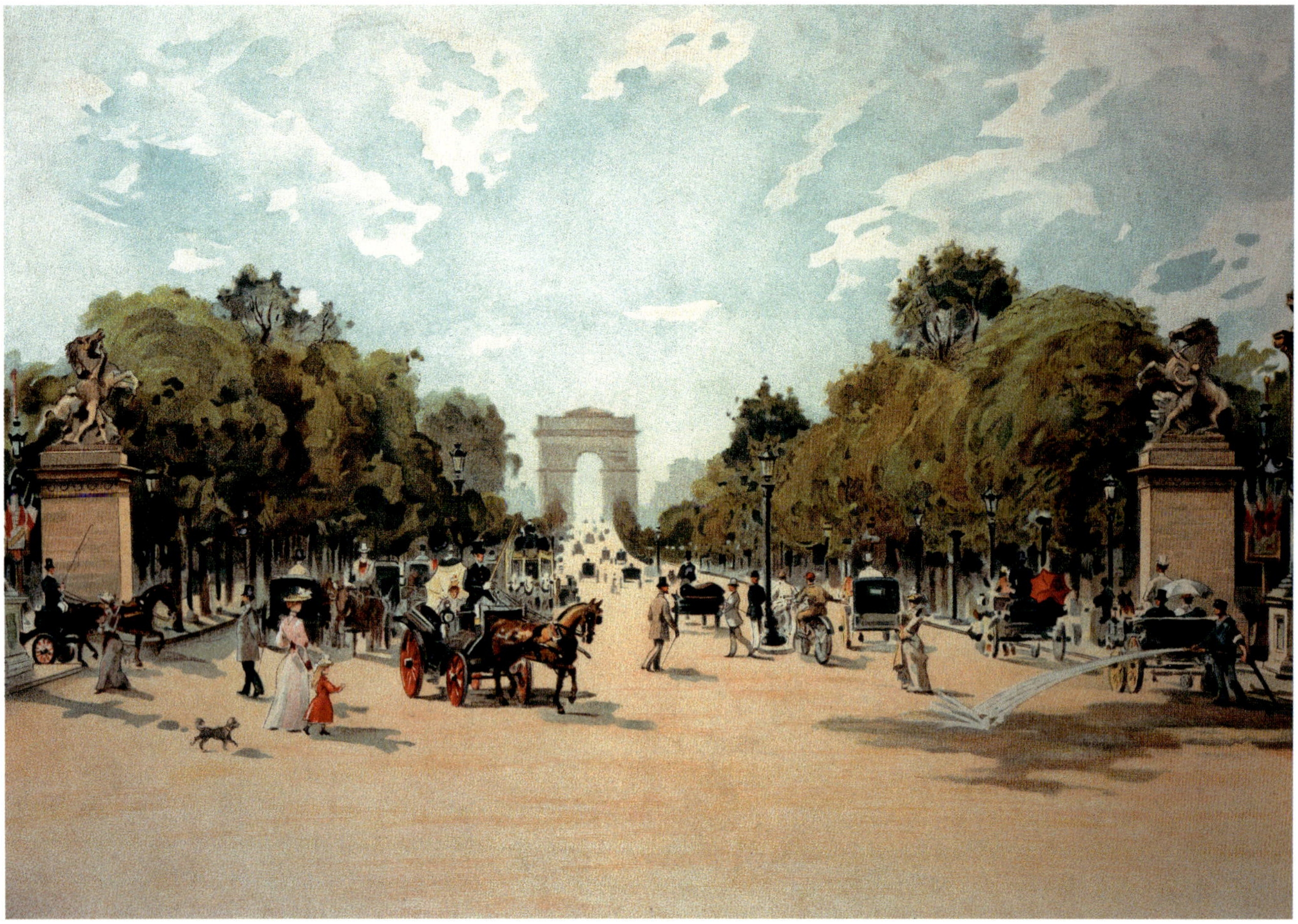

Les Champs-Élysées

CI-DESSUS : Avenue des Champs-Élysées, 1895, anonyme.
CI-DESSOUS : Avenue du Bois, 1910.

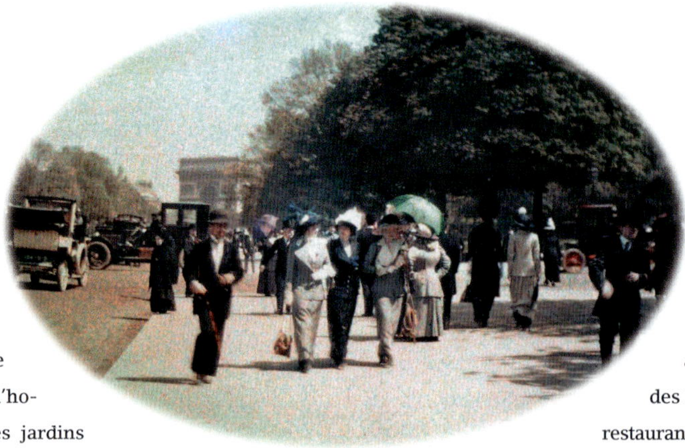

L'aménagement de cette artère est entrepris sous Louis XIV : ce terrain marécageux, devient, sous la direction de Le Nôtre, une promenade destinée à prolonger la perspective des Tuileries. De la sorte, le regard pouvait suivre la course de l'astre solaire et le voir disparaître à l'horizon depuis la résidence royale. Les jardins des Champs-Élysées sont créés en 1838 par l'architecte Hittorff. C'est seulement sous le Second Empire que le quartier devient très fréquenté par les hommes d'affaires et les financiers. L'apparition de nombreux hôtels particuliers est bientôt suivie de celle de commerces s'adressant à une riche clientèle française et étrangère. Entre 1854 et 1857, Haussmann fait réaliser les douze avenues qui conduisent à l'Arc et donnent à l'ensemble l'allure d'une étoile. Dès la fin du XIXe siècle, les jardins des Champs-Élysées accueillent les promeneurs venus profiter des loisirs offerts par l'avenue.

Aujourd'hui, l'avenue des Champs-Élysées est la plus célèbre des voies menant à la place Charles-de-Gaulle. Outre le palais de l'Élysée, donnant d'un côté sur ses jardins, on y trouve également les ambassades de Grande-Bretagne et des États-Unis, ainsi que des théâtres et des restaurants de luxe. La perspective rectiligne grandiose qu'elle offre sur Paris fait qu'on la considère souvent comme la plus belle avenue du monde. Parmi les douze voies menant à l'Étoile, certaines portent le nom de victoires napoléoniennes (Wagram, Iéna, Friedland), d'autres celui d'illustres généraux de l'Empire (Marceau, Hoche, Carnot) ; l'une d'entre elles est dédiée à la Grande Armée. Les champs Élysées, quant à eux, sont dans la mythologie grecque un lieu de délices où séjournent les âmes des héros et des hommes vertueux. Les promeneurs d'ici-bas goûtent les délices bien terrestres du Lido, du Café des Ambassadeurs, des boutiques élégantes, du Fouquet's et du Panorama...

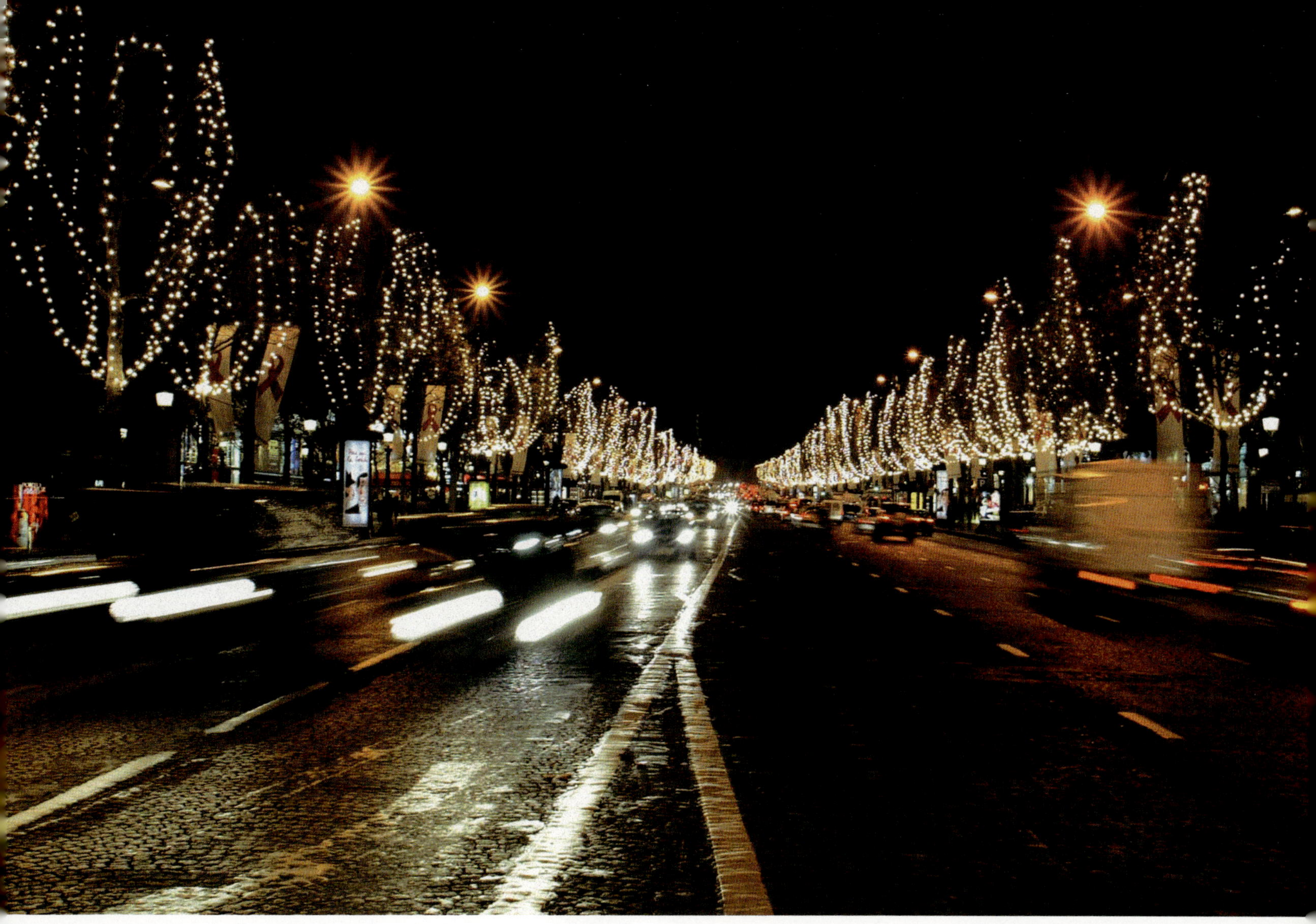

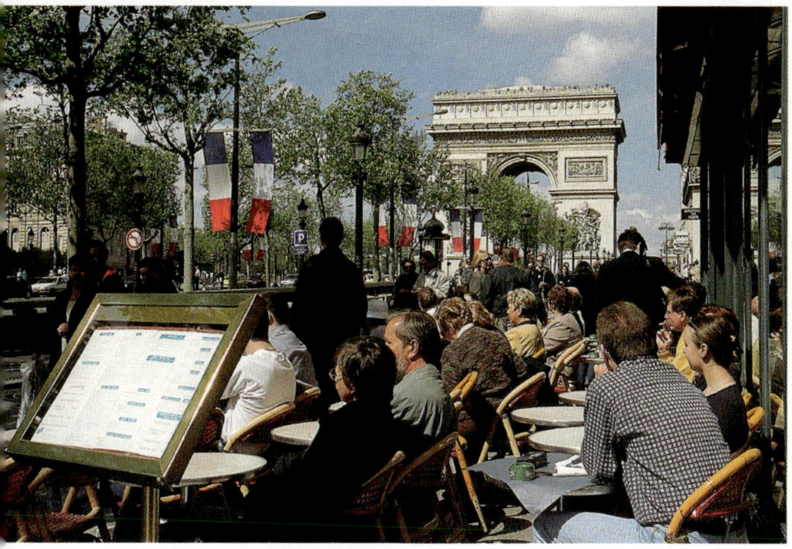

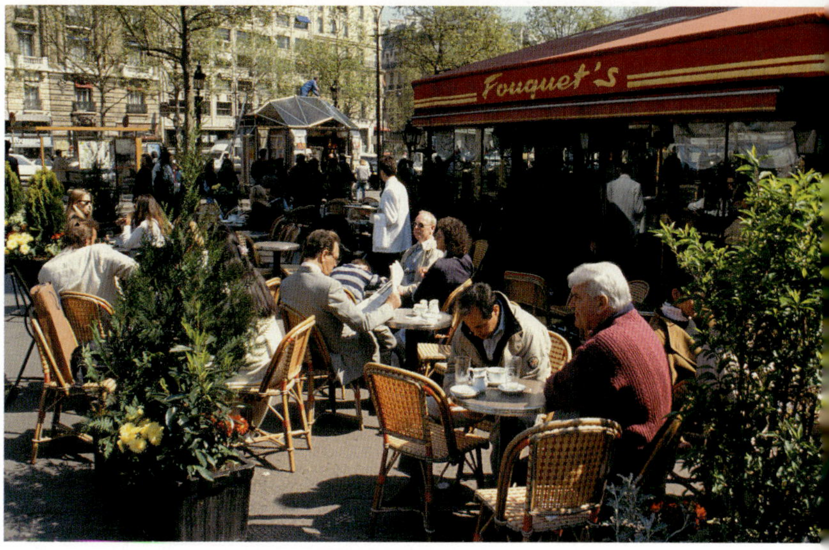

Les Champs-Élysées

EN HAUT :
Illumination des Champs-Élysées.

CI-DESSUS, DE GAUCHE À DROITE :
Terrasse d'un café sur les Champs-Élysées.
Le Fouquet's, avenue des Champs-Élysées.

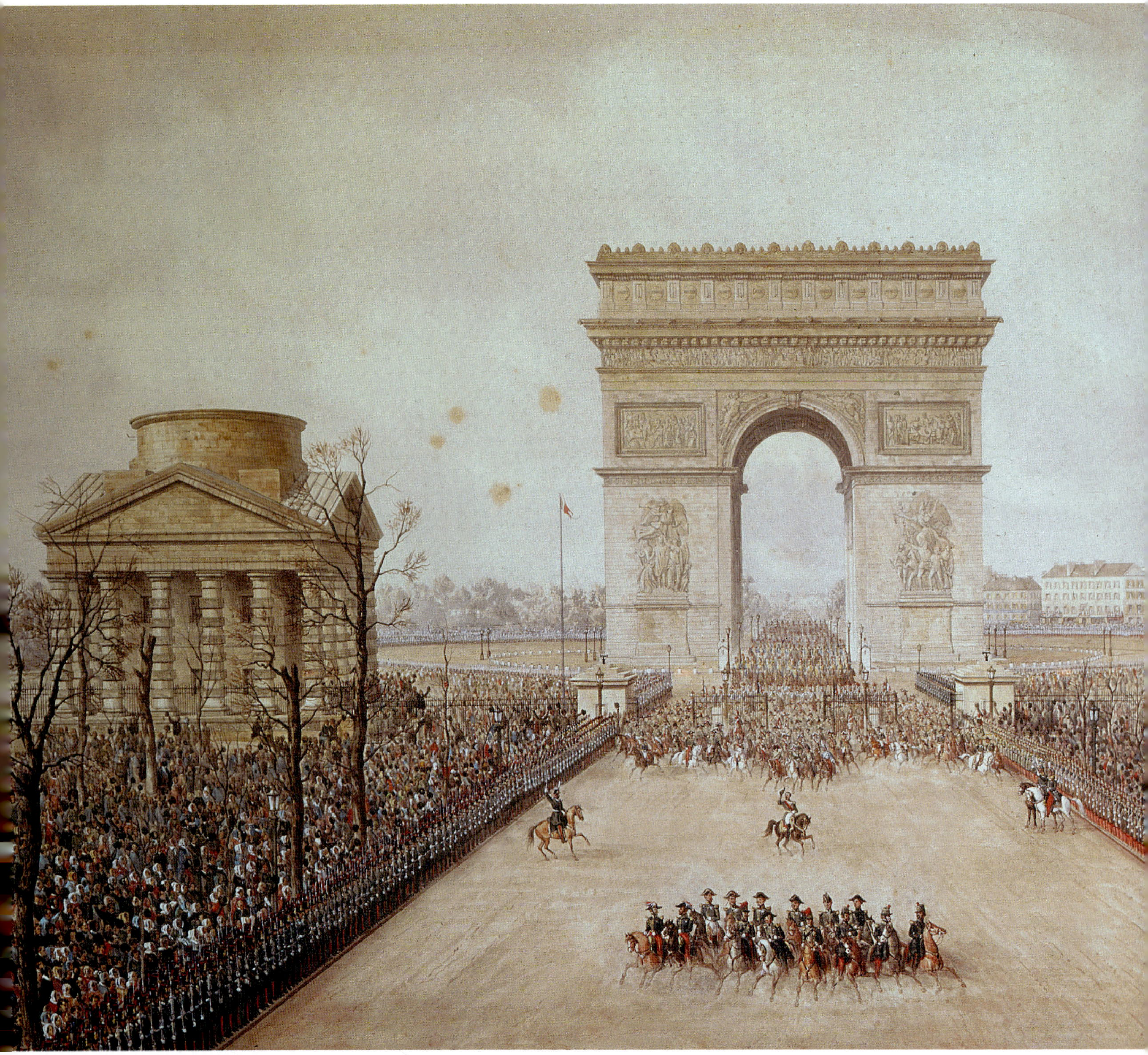

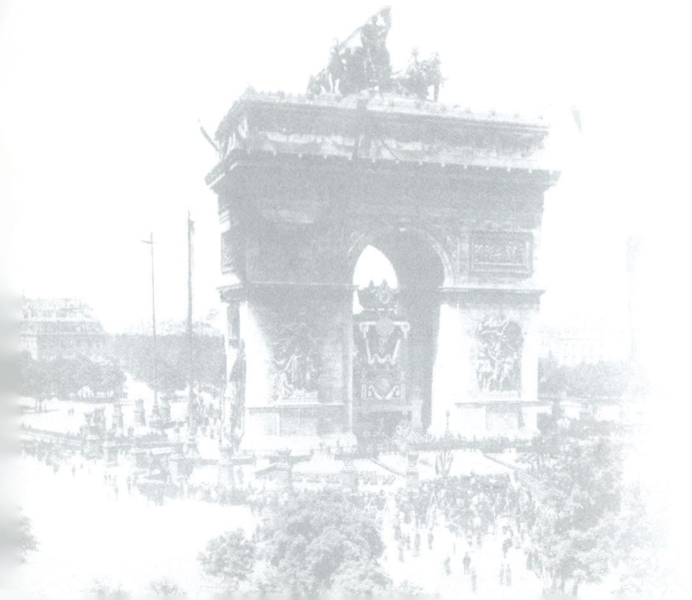

Conçu à l'image des arcs de triomphe de l'Empire romain, son style est largement inspiré de l'art antique. Ce monument, l'un des plus visités de la capitale, offre un superbe panorama. Du haut de ses 50 mètres, on jouit d'une vue imprenable non seulement sur la place en étoile qui l'entoure, mais aussi sur la perspective qui va du Louvre à la Grande Arche de la Défense. En raison de cet emplacement hautement symbolique, et de sa vocation à rappeler les hauts faits militaires de l'histoire de France, l'Arc est le théâtre des grandes cérémonies nationales.

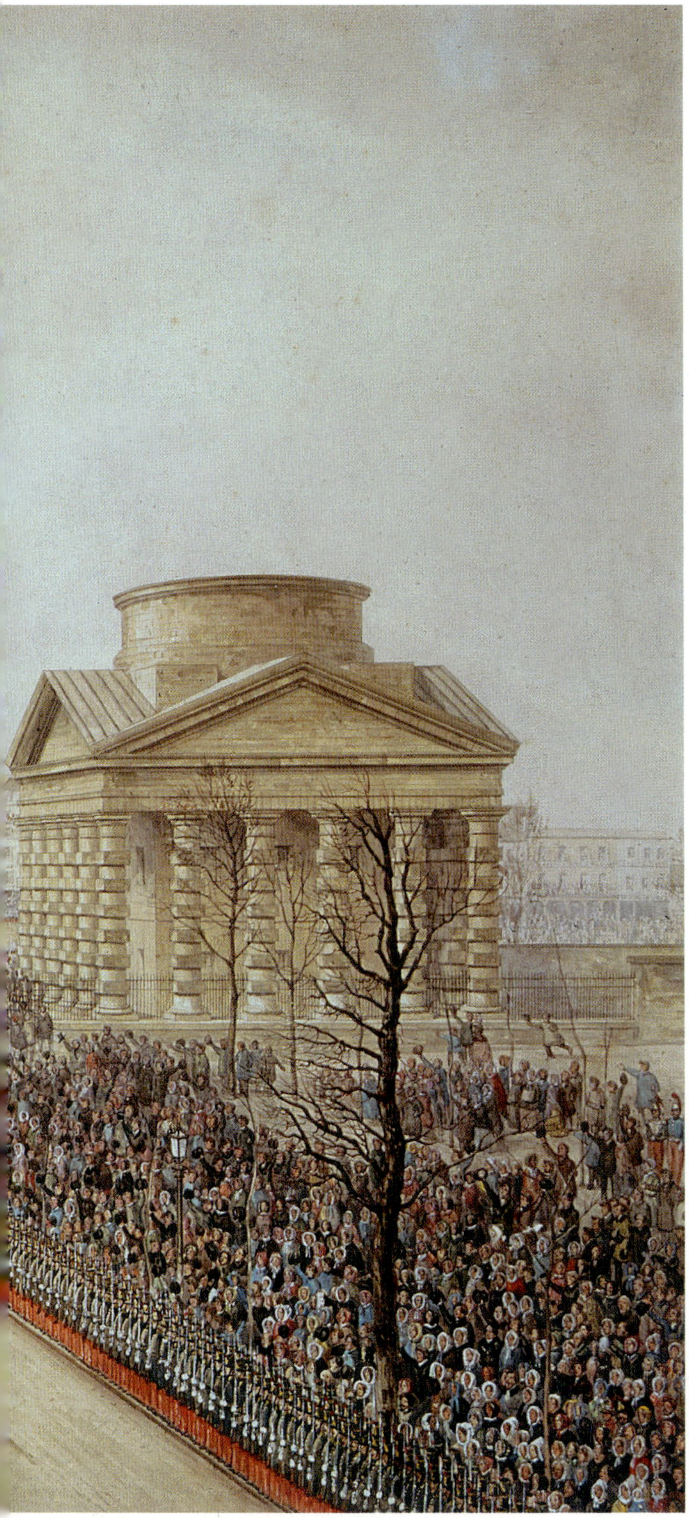

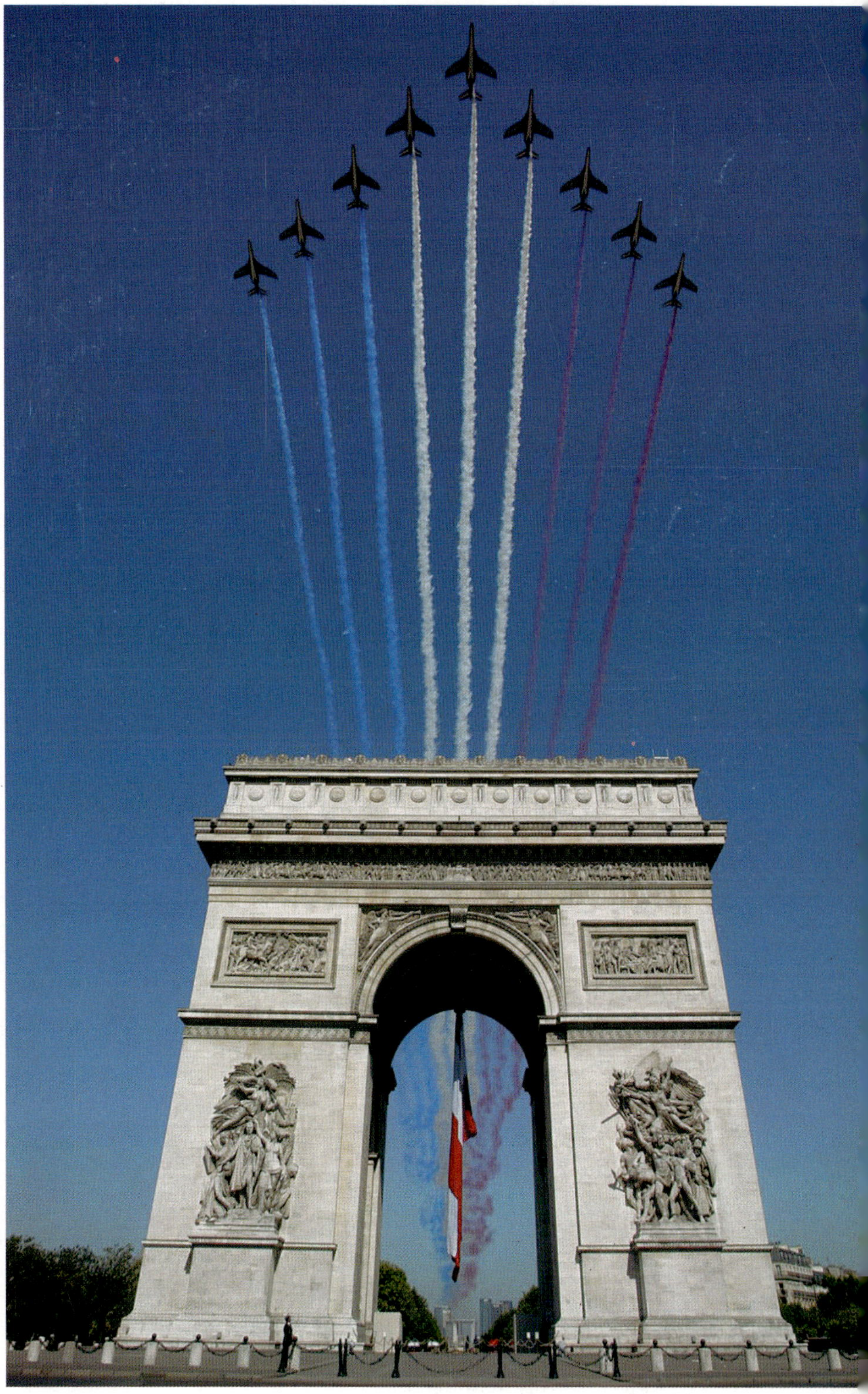

L'Arc de triomphe

PAGE DE GAUCHE, DE HAUT EN BAS :
Napoléon III faisant son entrée à Paris le 2 décembre 1852, gravure.
L'Arc de triomphe lors des obsèques de Victor Hugo, le 1er juin 1885.

PAGE DE DROITE :
Alphajets de la Patrouille de France au-dessus de l'Arc de triomphe, le 14 juillet, en ouverture du traditionnel défilé militaire.

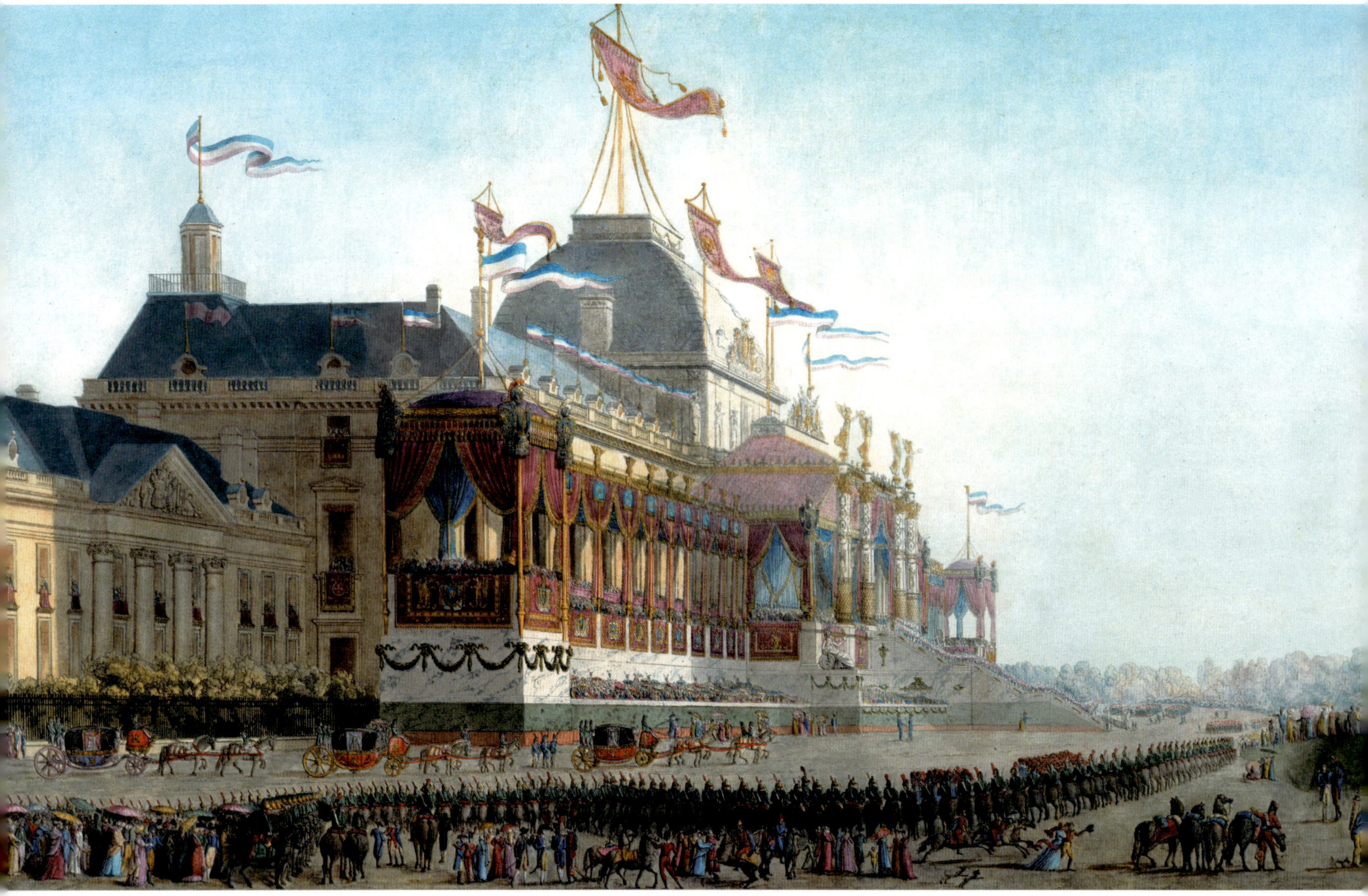

Classé monument historique en 1975, le pont Alexandre-III, qui relie l'esplanade des Invalides à la Concorde, incarne à la perfection le style décoratif de la Belle Époque. C'est le tsar Nicolas II, fils d'Alexandre III, qui en pose la première pierre, scellant ainsi l'alliance conclue entre la France et la Russie. Des bronzes dorés représentant les Renommées des Arts, des Sciences, du Commerce et de l'Industrie, s'élèvent sur des pylônes aux quatre extrémités du pont. Les candélabres ouvragés et entourés d'anges qui l'éclairent ont été conçus à l'image de ceux du pont de la Trinité à Saint-Pétersbourg. Les deux grandes compositions en cuivre martelé qui ornent les clés de voûte des arcs représentent d'un côté les nymphes de la Seine, de l'autre celles de la Néva.

Le pont Alexandre-III a également la particularité d'être le plus large des ponts de Paris. L'ouvrage devait respecter des contraintes très précises, en particulier ne pas gêner la perspective des Invalides et ne pas nuire à l'aspect de la Seine vue du pont de la Concorde. C'est donc un édifice à une seule arche qui est construit. Célèbre pour sa décoration flamboyante et auguste, l'ouvrage est donc aussi un exemple de prouesse technologique.

L'École militaire, les Invalides et le pont Alexandre III

CI-DESSUS :
L'École militaire et le Champ-de-Mars, 1807, *Livre du Sacre*
par Percier et Fontaine

PAGE DE DROITE, DE HAUT EN BAS ET DE GAUCHE À DROITE :
Les cendres de Rouget de Lisle transférées aux Invalides, 1915.
Les Invalides illuminés.
Exposition Universelle de 1900 : le pont Alexandre-III,
photographie de la Société d'excursion des amateurs de photographie.

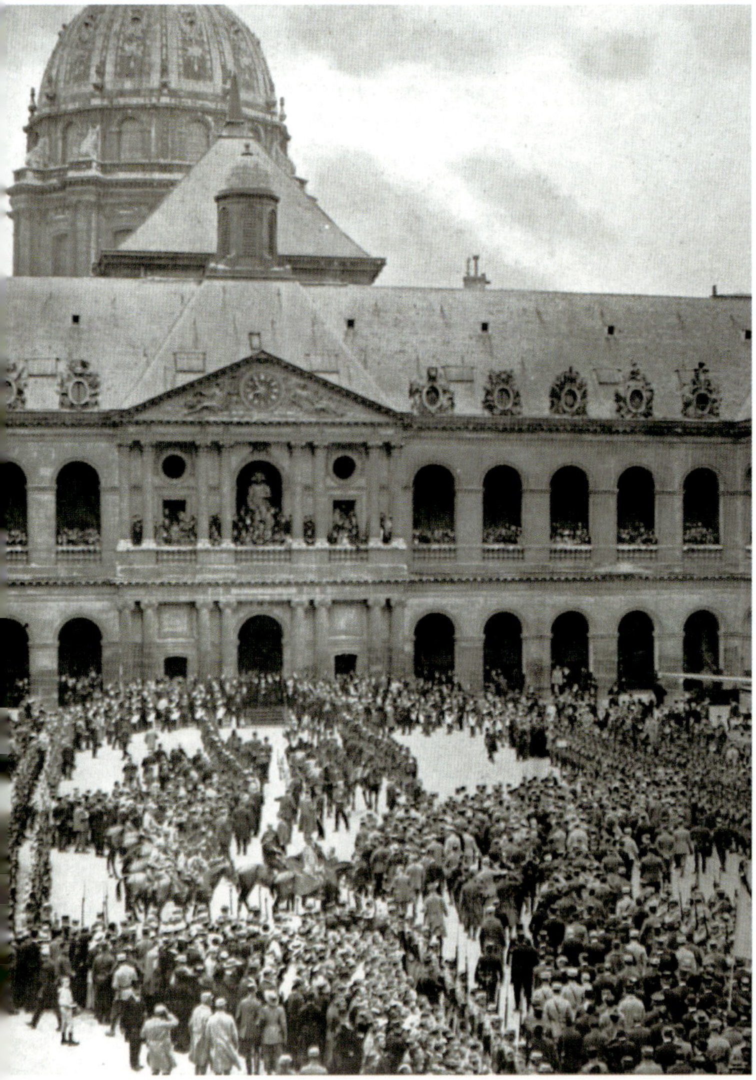

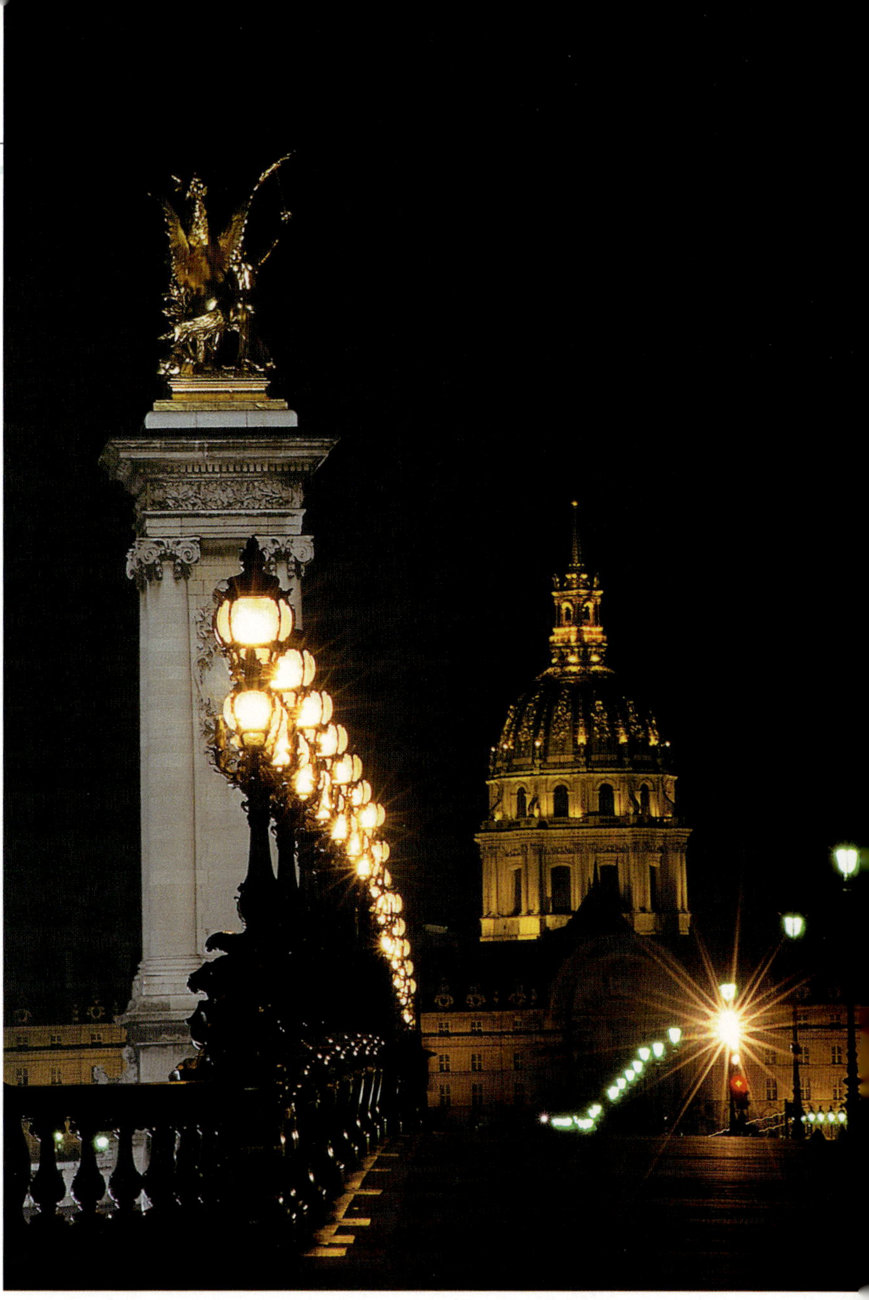

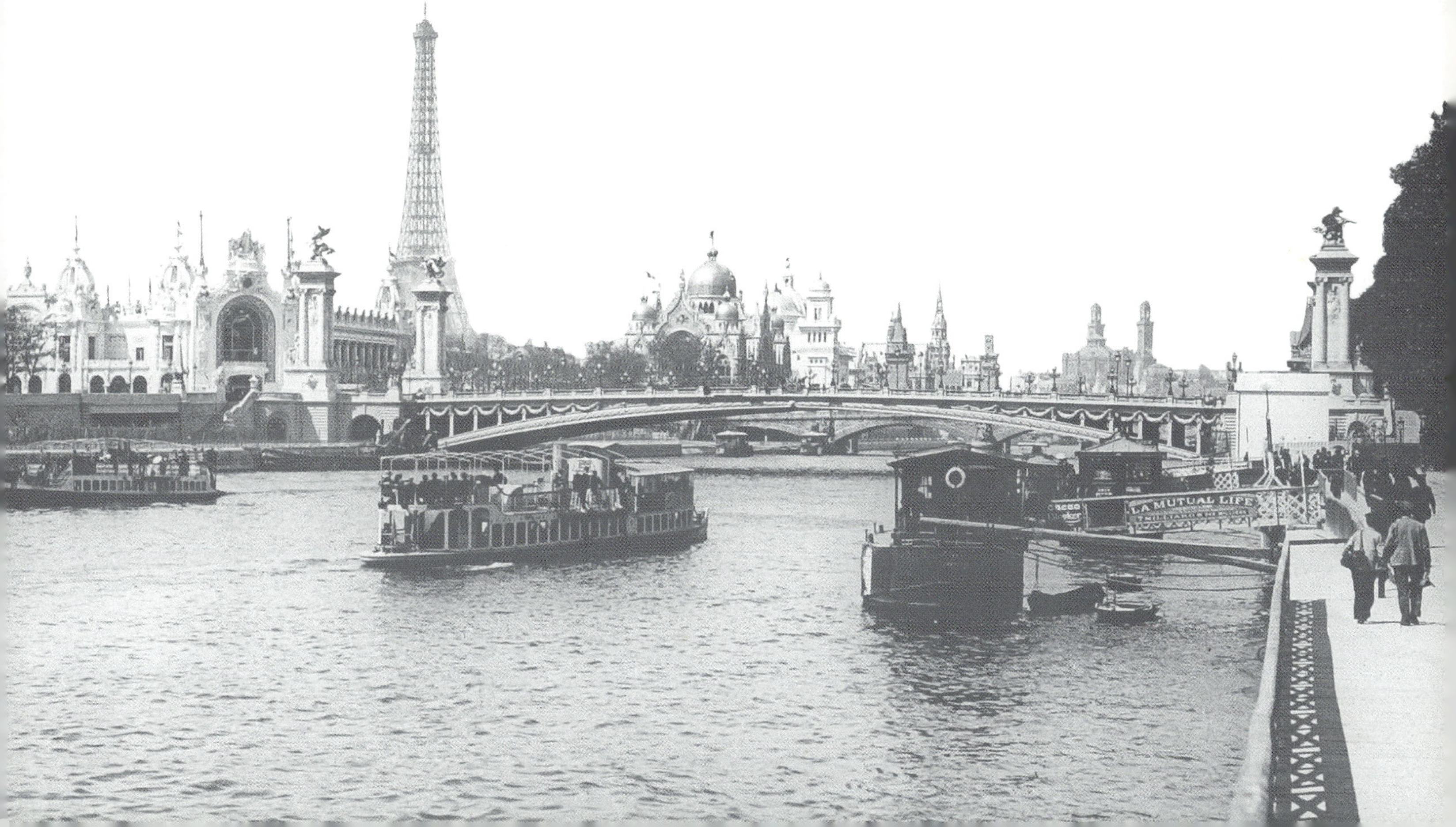
LA MUTUAL LIFE

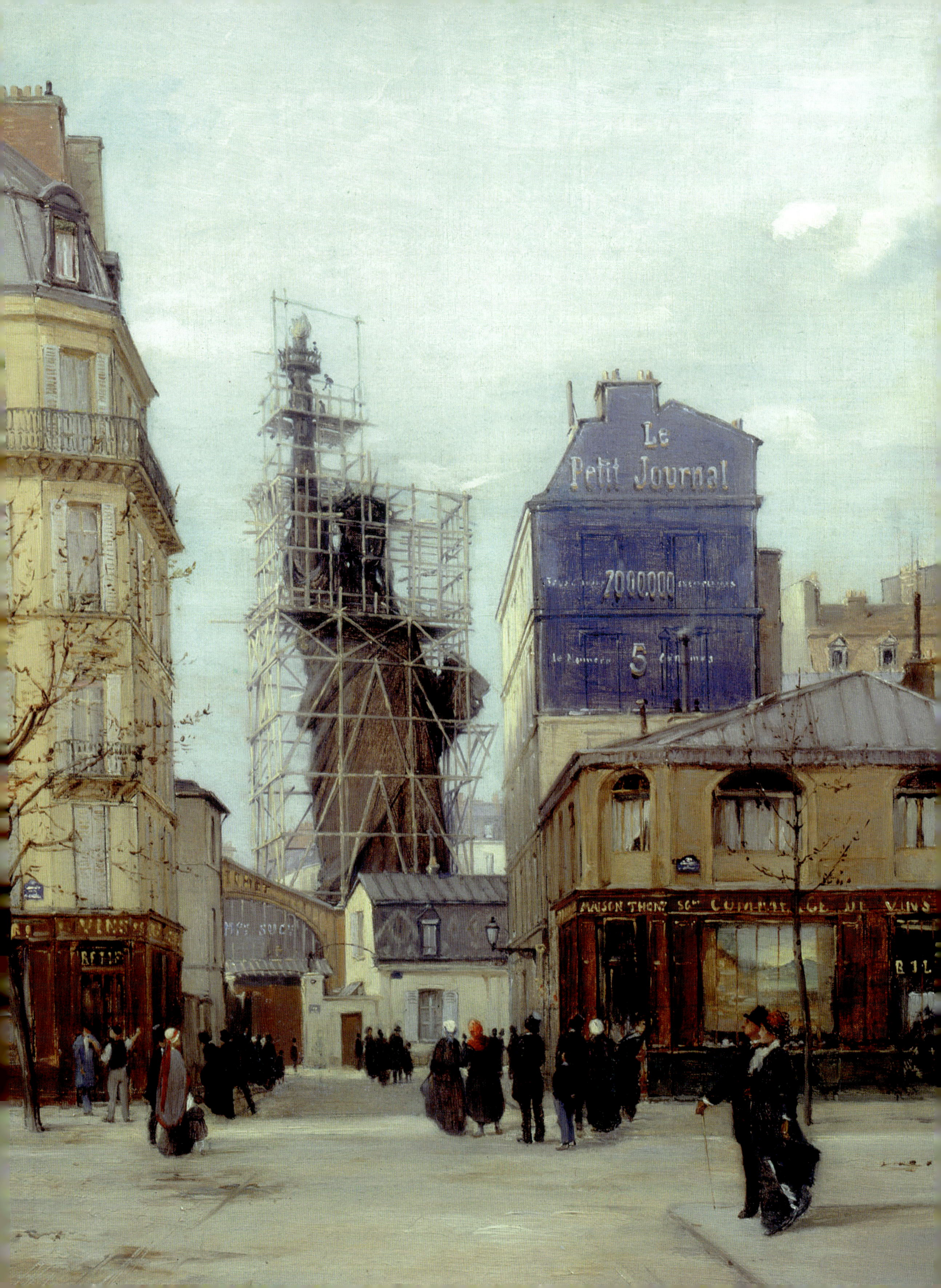
Le
Petit Journal
7000000
5
VINS

En 1860, la commune des Batignolles-Monceau, dont le territoire s'étend entre Neuilly et Montmartre, est annexée à Paris et constitue le XVIIe arrondissement. Œuvre de Napoléon III et de son préfet de la Seine, le baron Haussmann, cette annexion est le résultat de la croissance galopante des agglomérations de l'autre côté de l'enceinte des Fermiers généraux.

C'est dans ce nouvel arrondissement que naît, quelques années plus tard, *la Liberté éclairant le monde*.

Lors d'un séjour aux États-Unis, le sculpteur Auguste Bartholdi a l'idée d'un monument célébrant le centenaire de l'indépendance américaine. Il confie le soin d'exécuter son ossature en fer à Gustave Eiffel, après avoir demandé conseil à son ami Viollet-Le-Duc. La construction de cette gigantesque structure a lieu entre 1878 et 1882, cinq années durant lesquelles le XVIIe arrondissement est l'une des promenades favorites des Parisiens. L'assemblage des plaques de cuivre sur la charpente métallique s'effectue en effet dans l'atelier du fondeur Gayet, au 25, rue de Chazelles. La tête, une fois terminée, est présentée à l'exposition universelle de 1878. Haute de 46 mètres et pesant 200 tonnes, la statue est offerte solennellement le 4 juillet 1884 à M. Morton, ministre des États-Unis, lors d'une cérémonie aux Batignolles. Le 28 juin 1886, *la Liberté éclairant le monde*, conçue dans le XVIIe arrondissement de Paris, est solennellement inaugurée dans la baie de New York.

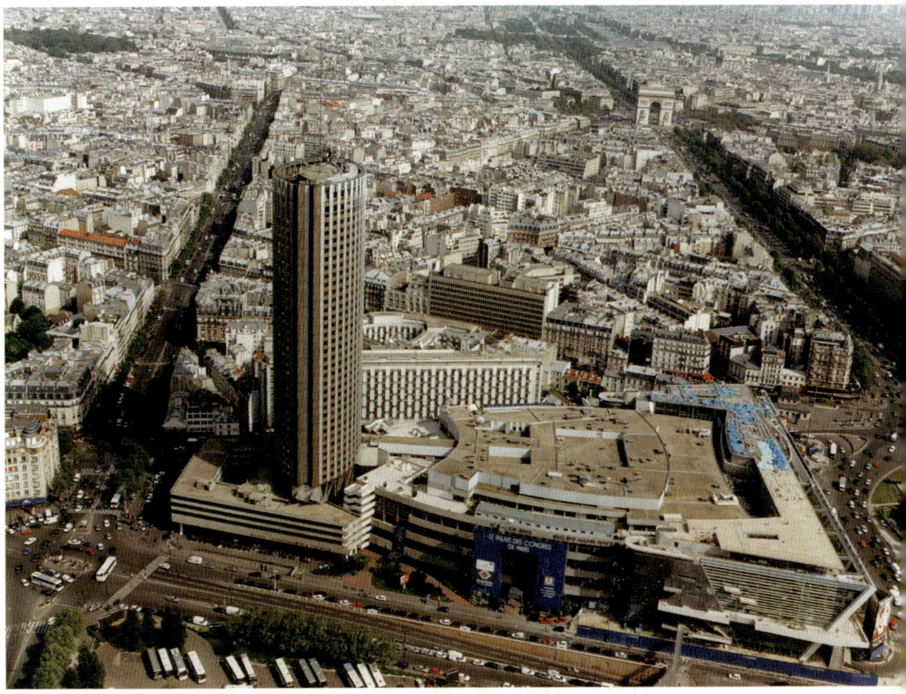

Le XVIIe arrondissement

PAGE DE GAUCHE :
La statue de la Liberté de Bartholdi dans l'atelier du fondeur Gayet, rue de Chazelles, 1884, Victor Dargaud.

CI-DESSUS :
Le Palais des Congrès.

EN BAS :
La salle Wagram.

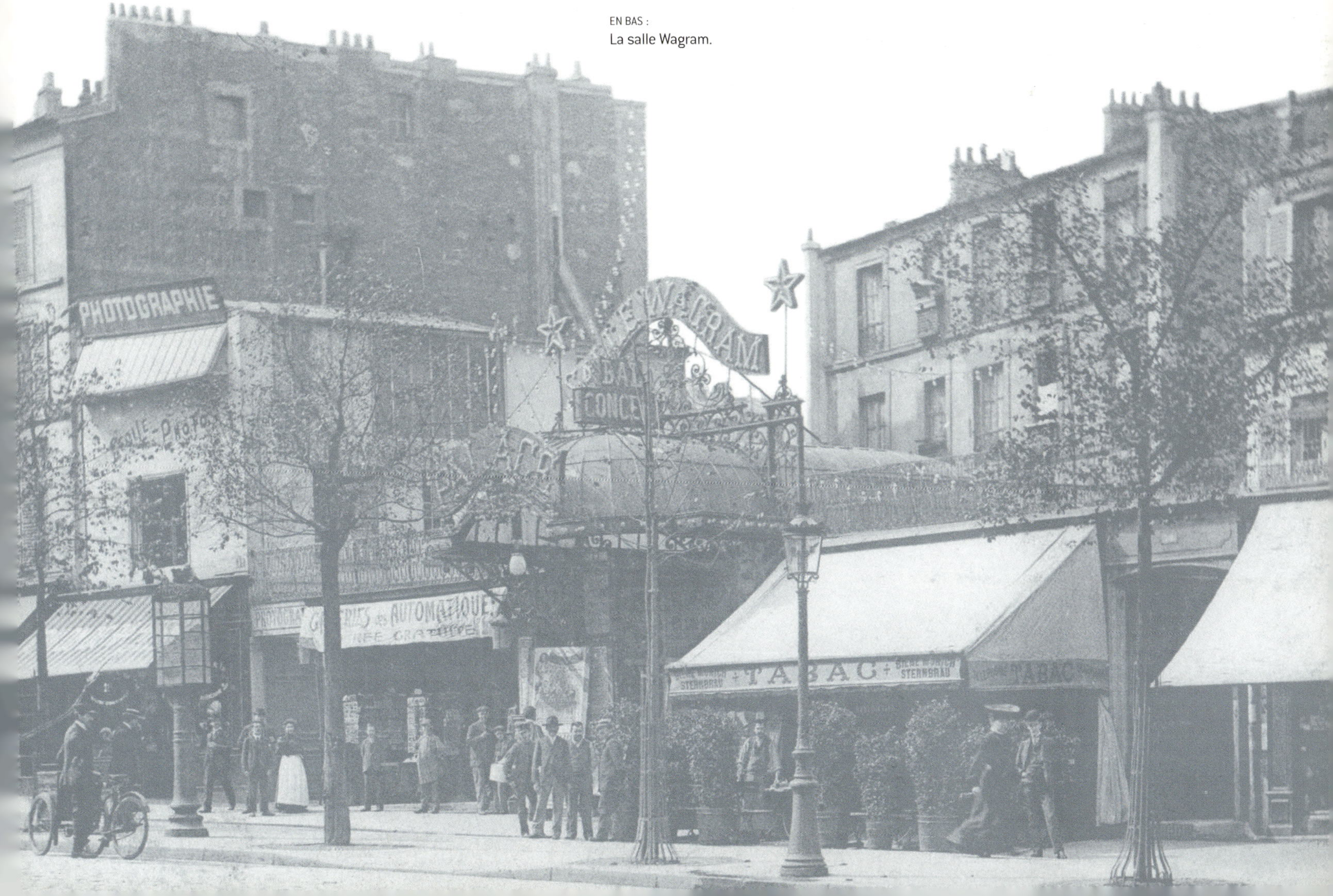

Le XVIIe arrondissement se développe dans une ambiance de spéculation immobilière effrénée. Il prend rapidement deux identités distinctes : à l'ouest, la plaine Monceau, quartier chic où s'installent aristocrates et financiers, proie des promoteurs dénoncés par Zola dans *l'Argent* et *la Curée*. D'autre part, le XVIIe arrondissement s'incarne dans le quartier des Batignolles, à l'est de la rue de Rome, zone à l'époque encore largement rurale et populaire. Ce second district est bientôt le quartier d'élection des poètes et des premiers impressionnistes, qui le choisissent par amour de la nature mais aussi en raison des loyers très accessibles.

Aujourd'hui encore, le XVIIe arrondissement présente ces deux visages distincts : les abords du parc Monceau gardent l'empreinte ostentatoire des grandes fortunes du Second Empire, tandis que les Batignolles, leur square paisible et leur célèbre marché conservent leur bonhomie d'antan.

Le XVIIe arrondissement

CI-DESSOUS :
L'ancienne gare de Courcelles et le monument à Flachat.

PAGE DE DROITE :
La grille du parc Monceau.

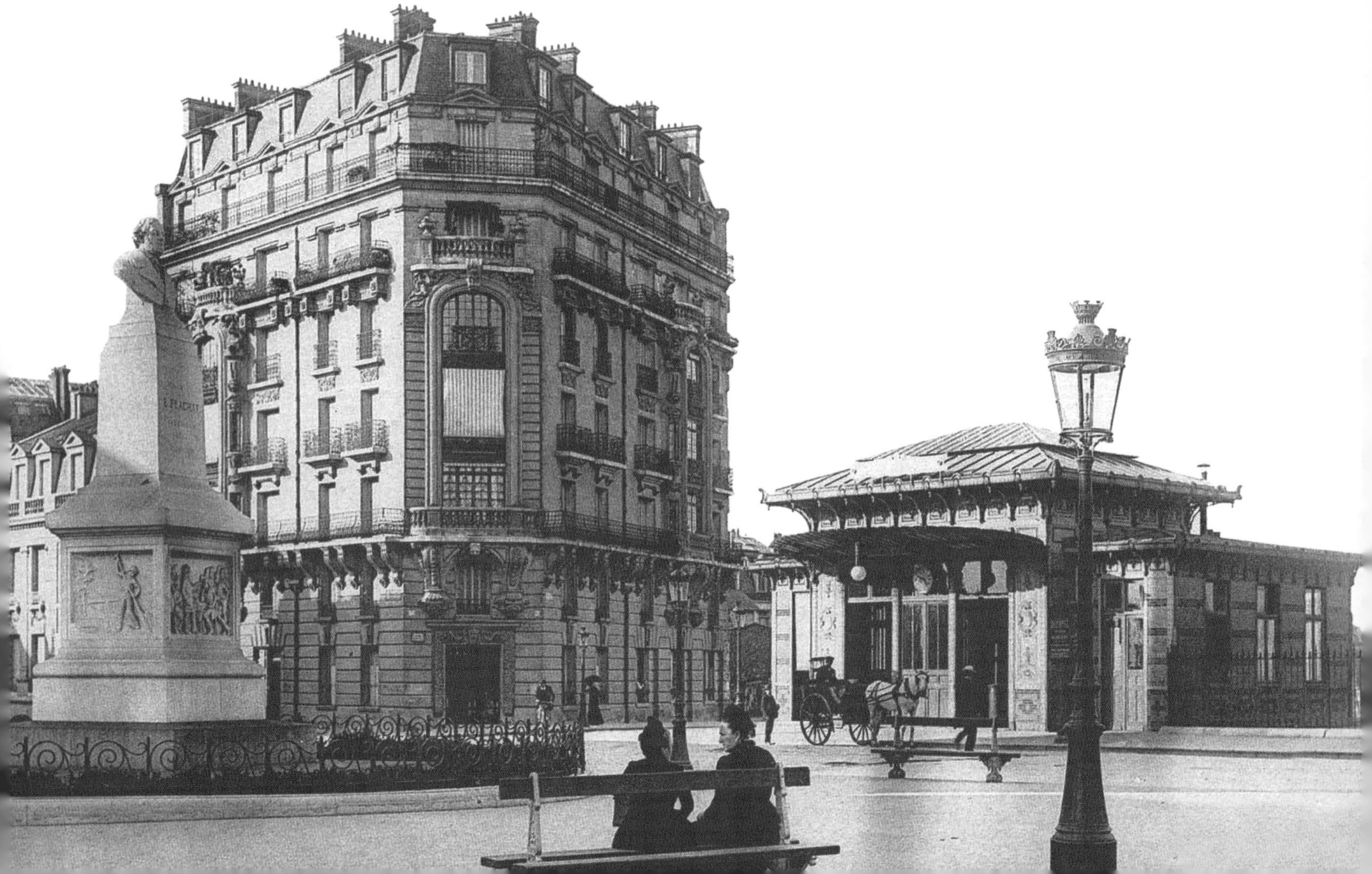

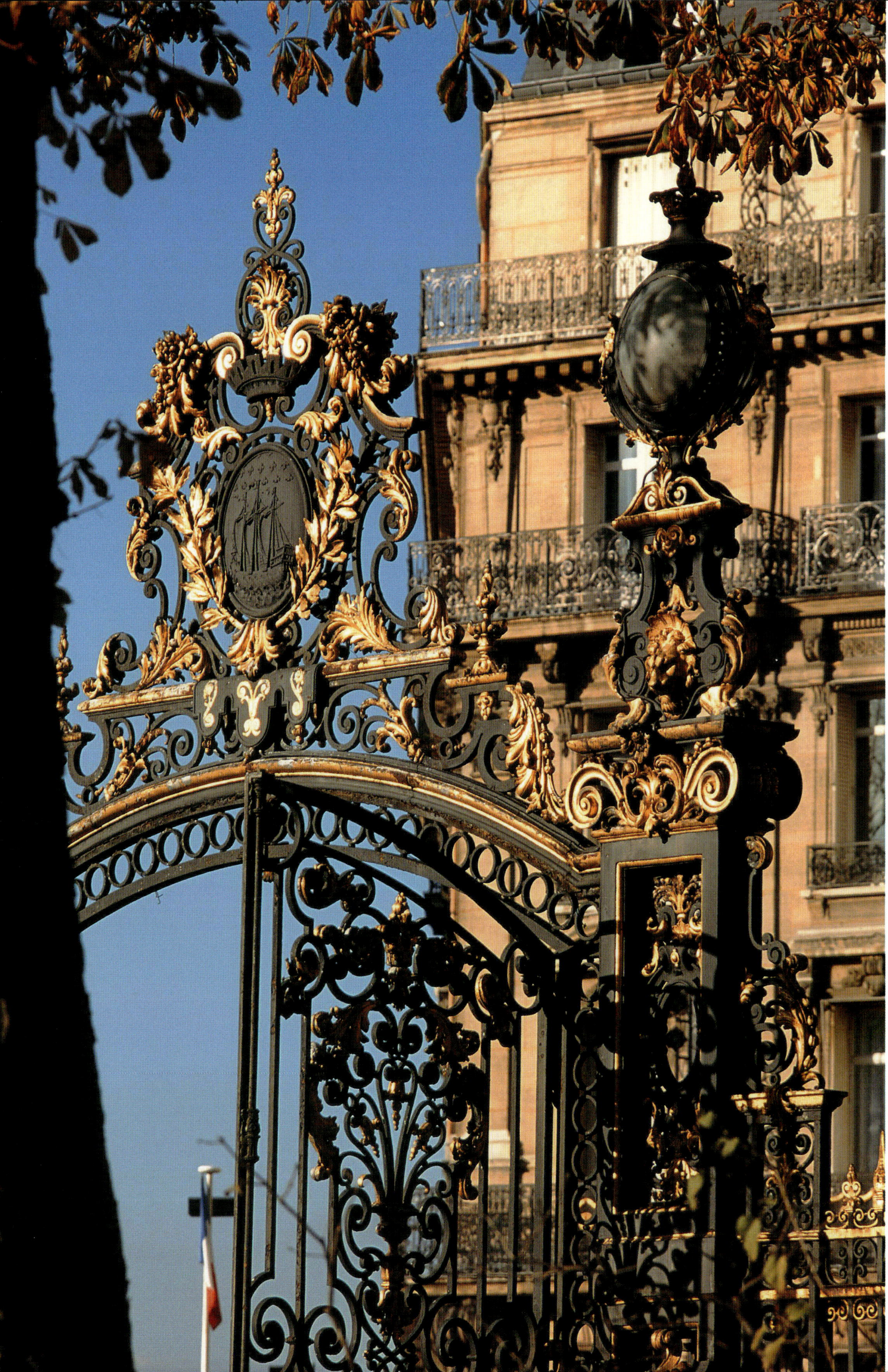

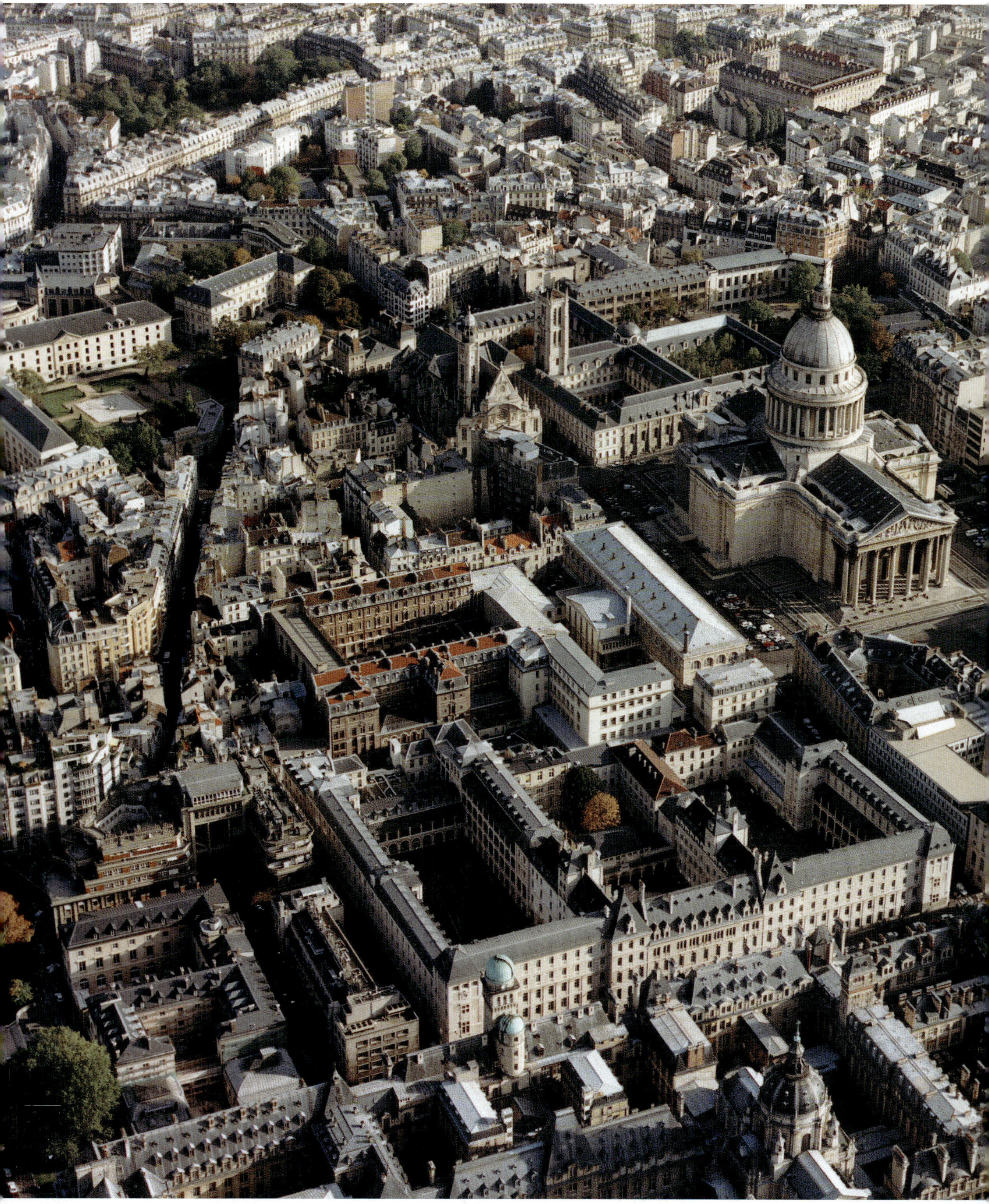

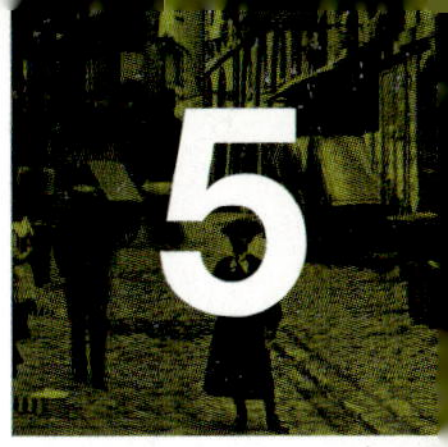

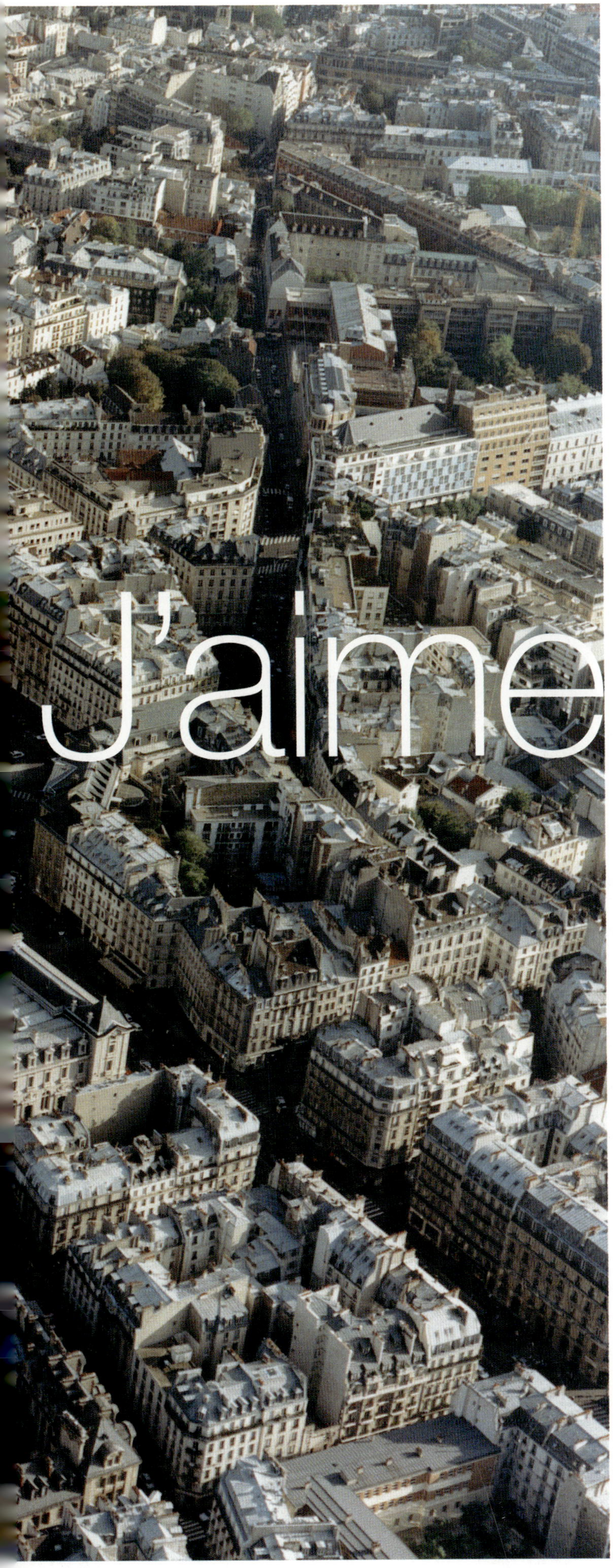

CHAPITRE 5

J'aime Paris

La Rive gauche…

Dévolue à la vie intellectuelle depuis des siècles, la Rive gauche conserve aujourd'hui encore tout son prestige. Regroupant dans un très petit périmètre les plus grands lycées parisiens et les hauts lieux de la culture française comme l'Institut, le Panthéon et le Collège de France, abritant des cafés où sont décernés des prix littéraires illustres, elle semble définitivement vouée à une grandeur humaniste. Dès le Moyen Âge, les étudiants venus de toute l'Europe se pressent en foule dans ses ruelles, avides du savoir dispensé en latin par leurs maîtres, et désireux de profiter des plaisirs que la capitale offre à leur jeunesse. La première imprimerie de France s'y implante, tandis que, rue de la Parcheminerie, les copistes reproduisent à la main le savoir hérité de l'Antiquité. De nombreux collèges ouvrent leurs portes, parmi lesquels celui d'un certain Robert de Sorbon, réputé pour son enseignement en théologie. Son école portera le nom de Sorbonne : c'est ainsi que la Rive gauche devient le berceau de l'université parisienne, mais aussi celui de la contestation estudiantine. Bien des siècles plus tard, l'esprit frondeur des étudiants du Quartier latin donnera naissance à une révolution culturelle, en mai 1968.

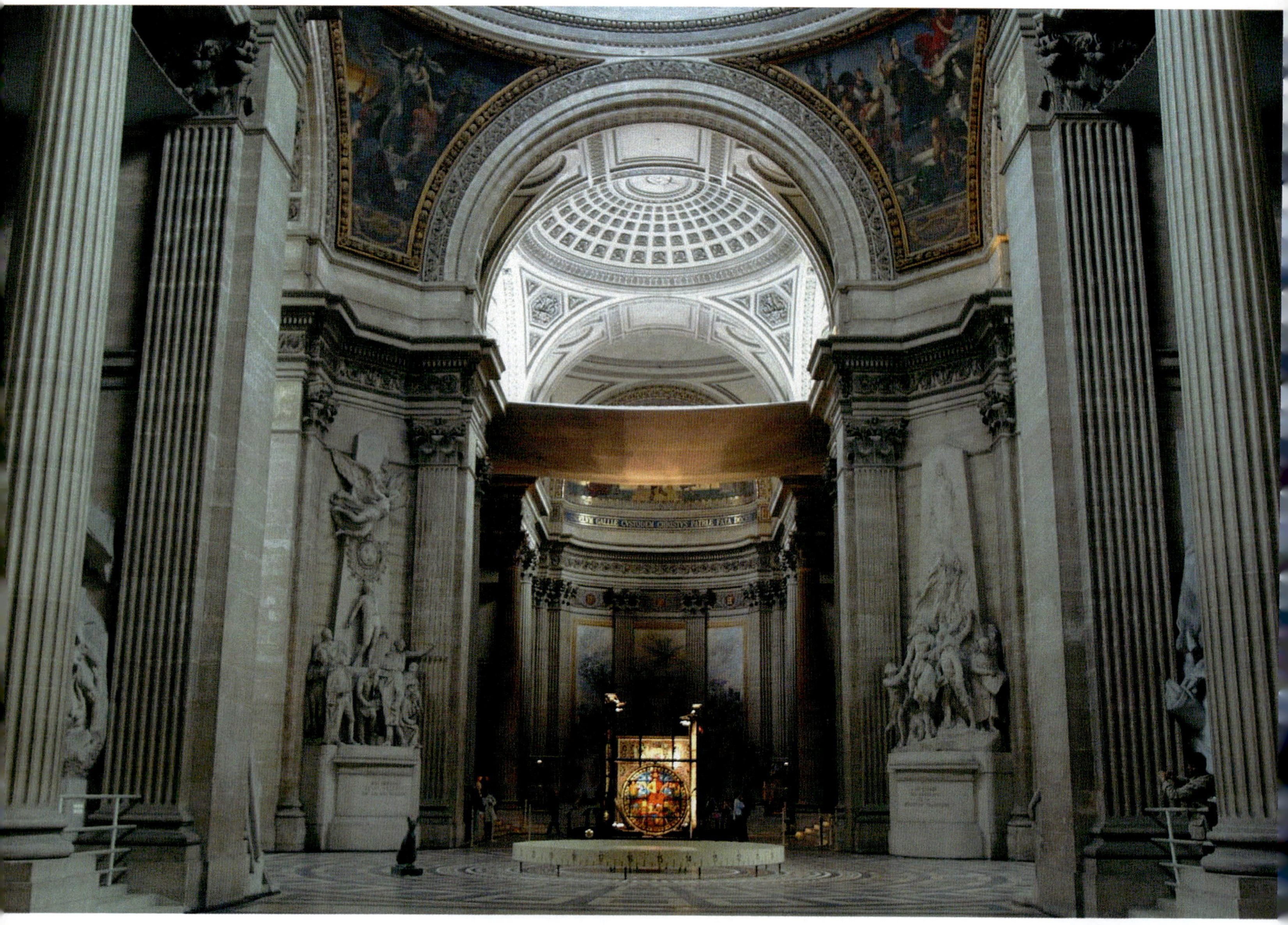

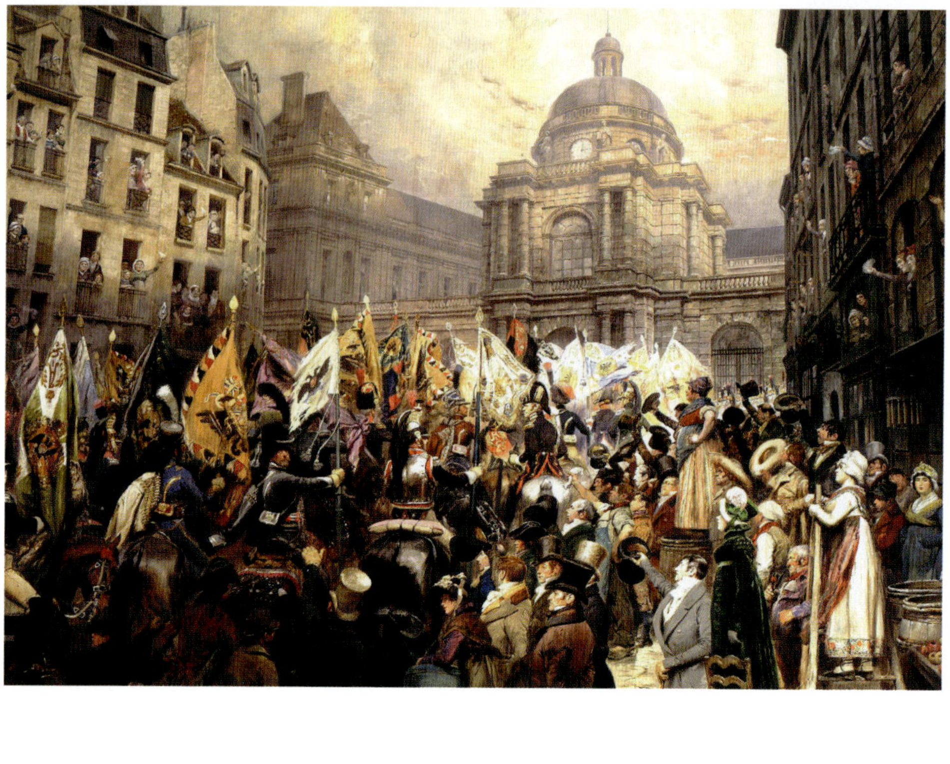

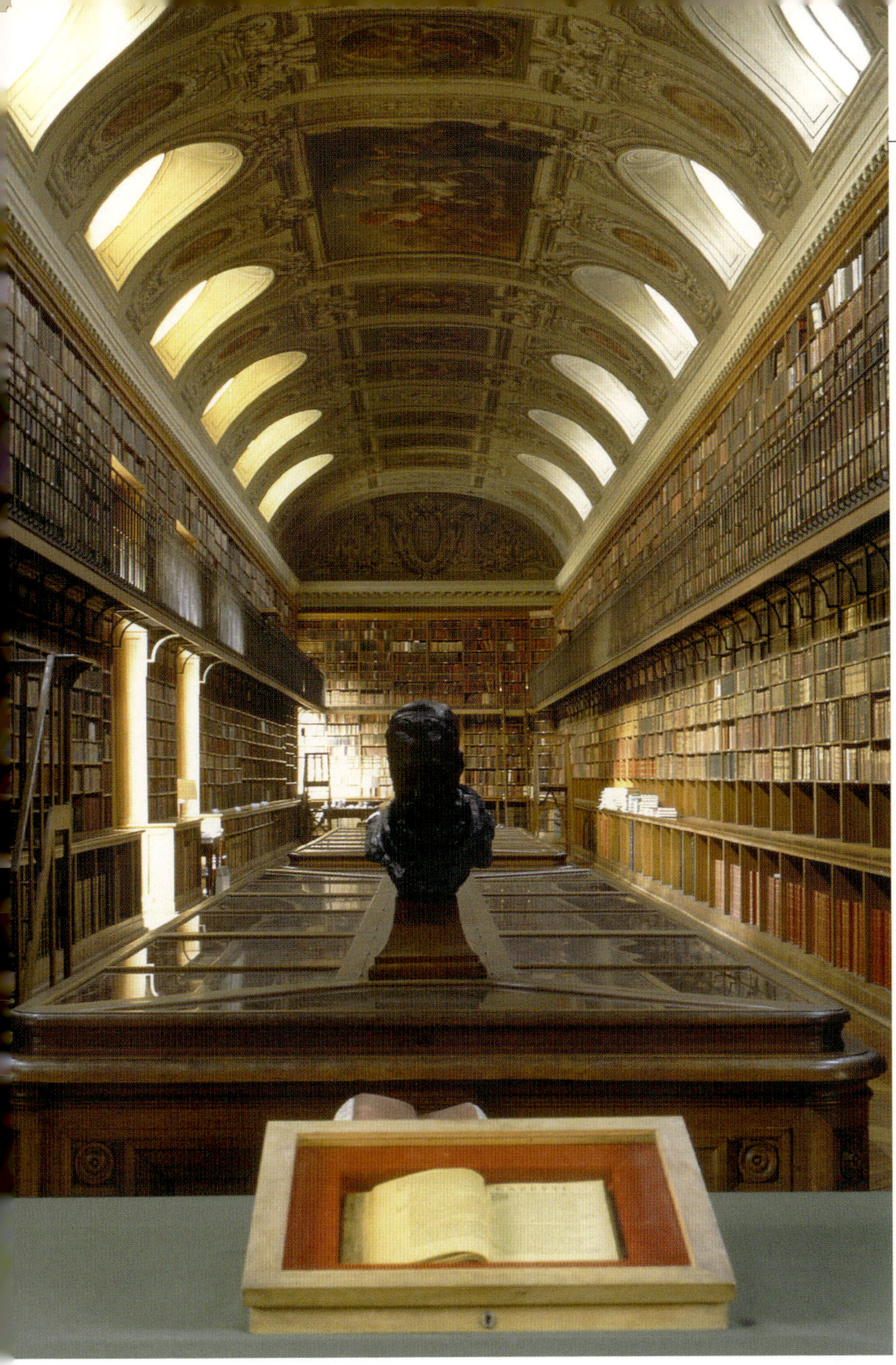

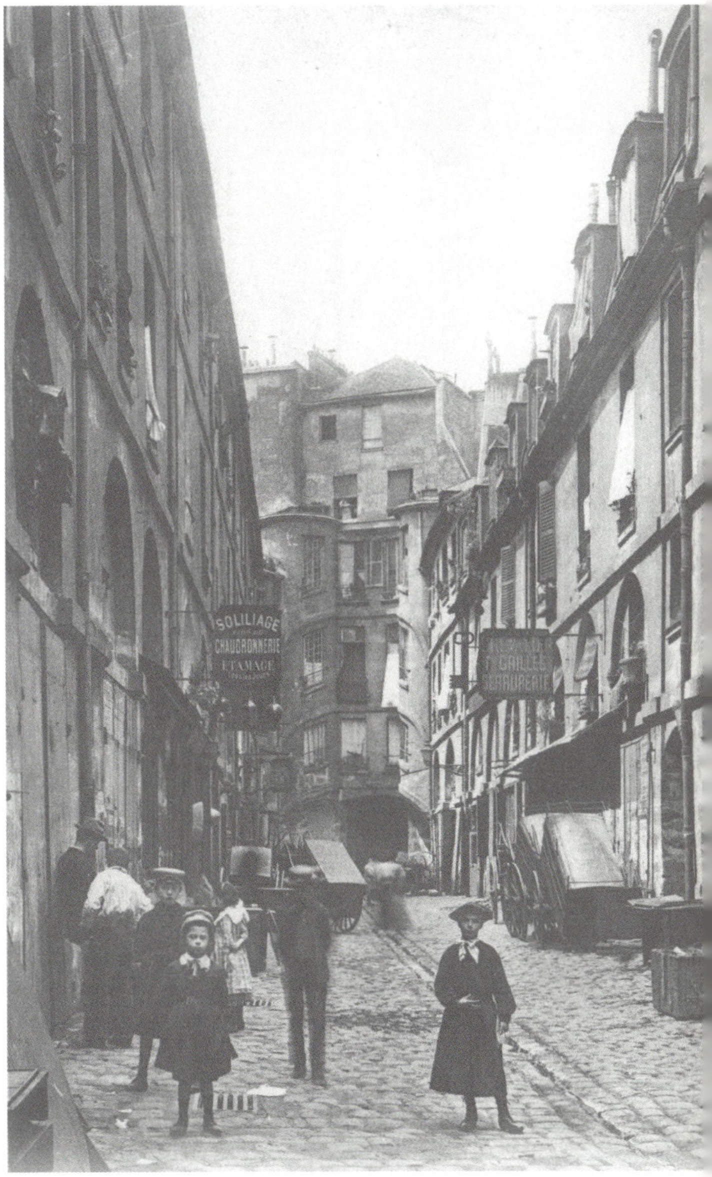

Le quartier Saint-Michel, le Panthéon et le Sénat

PAGE DE GAUCHE, DE HAUT EN BAS :
Intérieur du Panthéon.
Remise au Sénat des trophées après les batailles d'Ulm et d'Austerlitz, 1er janvier 1806, Edouard Detaille.

CI-DESSUS, DE GAUCHE À DROITE :
Bibliothèque du Sénat.
La cour du Dragon, dans le VIe arrondissement.

Dominant la rive gauche de la Seine, le Panthéon élève sa silhouette massive au sommet de la Montagne Sainte-Geneviève. La construction de ce monument est l'histoire d'un vœu. En 1744, gravement malade, Louis XV décide, s'il en réchappe, d'offrir un mémorial à la sainte patronne de Paris. L'édifice est donc conçu en fonction du tombeau de sainte Geneviève, installé en son centre, sous la grande coupole. Pour la conception du dôme, des trente-deux colonnes et du fronton triangulaire, l'architecte Soufflot s'inspire du Panthéon de Rome.

En 1791, ce monument est transformé en temple laïque dédié aux grands hommes. Il abrite aujourd'hui les tombeaux de Rousseau, Voltaire, Victor Hugo, Émile Zola, Louis Braille, Victor Schœlcher… Au fronton de l'édifice, un bas-relief de David d'Angers représente la Patrie, entre la Liberté et l'Histoire, distribuant des couronnes. Une inscription en lettres d'or l'accompagne : « Aux grands hommes, la Patrie reconnaissante ».

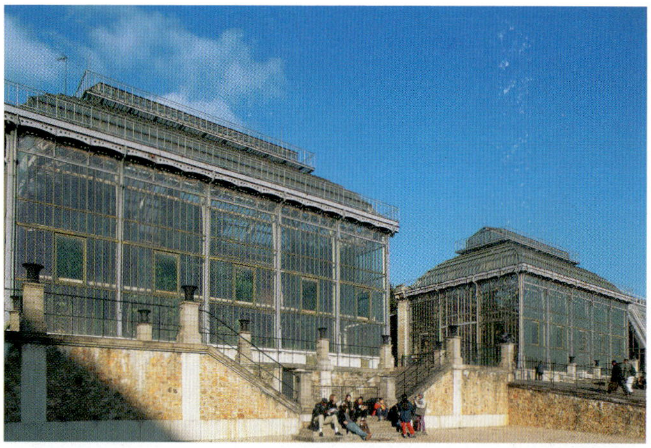

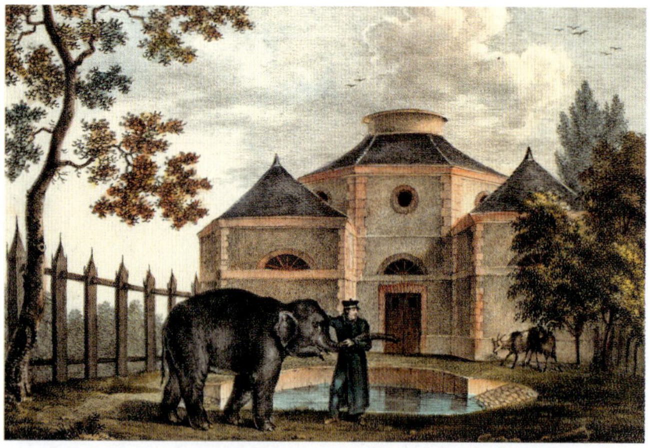

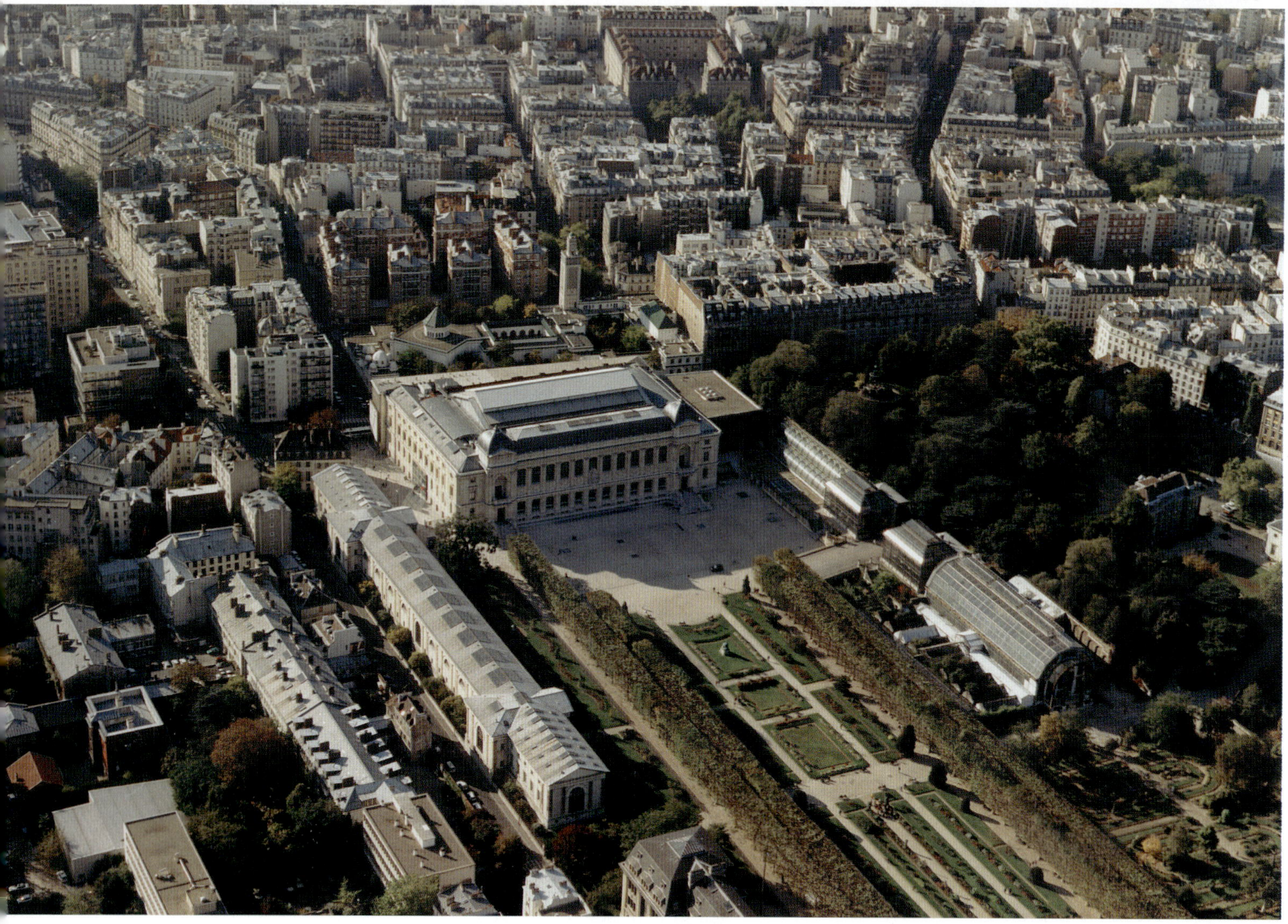

Il faut attendre 1688 pour que Louis XIV réponde enfin aux demandes pressantes des apothicaires et les autorise à créer un jardin botanique afin de cultiver des plantes médicinales. Par la suite, les collections s'agrandissent et le Jardin des Plantes répertorie de nos jours des milliers d'espèces végétales, animales et minérales.

Non loin de là, le jardin et les fontaines de la Grande Mosquée de Paris dispensent leur fraîcheur. Édifiée pour honorer le sacrifice de milliers de musulmans lors de la Première Guerre mondiale, l'Institut musulman de la Grande Mosquée de Paris témoigne d'une tradition d'entente entre deux cultures : l'Islam et la chrétienté.

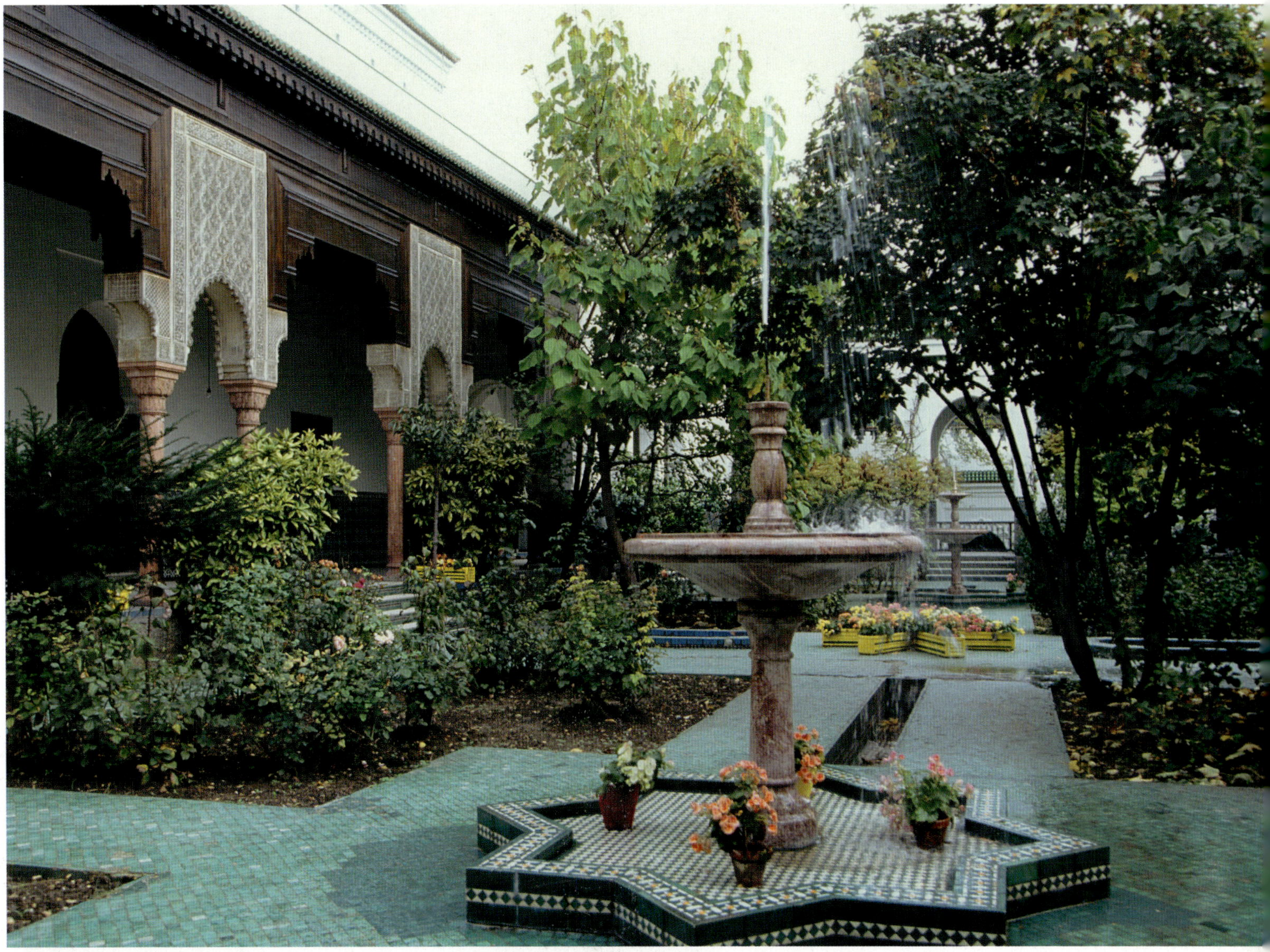

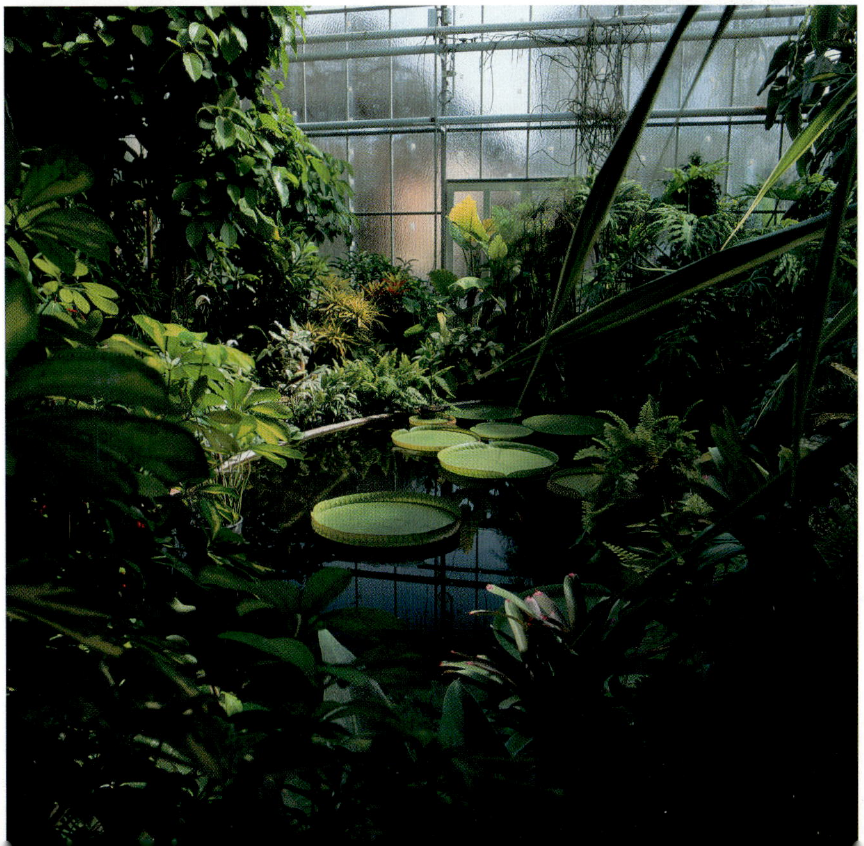

Le Jardin des Plantes et la Mosquée de Paris

PAGE DE GAUCHE, DE HAUT EN BAS ET DE GAUCHE À DROITE :
Serres du Jardin des Plantes.
Rotonde de la ménagerie du Jardin des Plantes : le petit éléphant, 1821, Engelmann.
Vue aérienne du Muséum national d'histoire naturelle au Jardin des Plantes

CI-DESSUS :
Jardin de la Mosquée de Paris.

CI-CONTRE :
Serres tropicales au Jardin des Plantes.

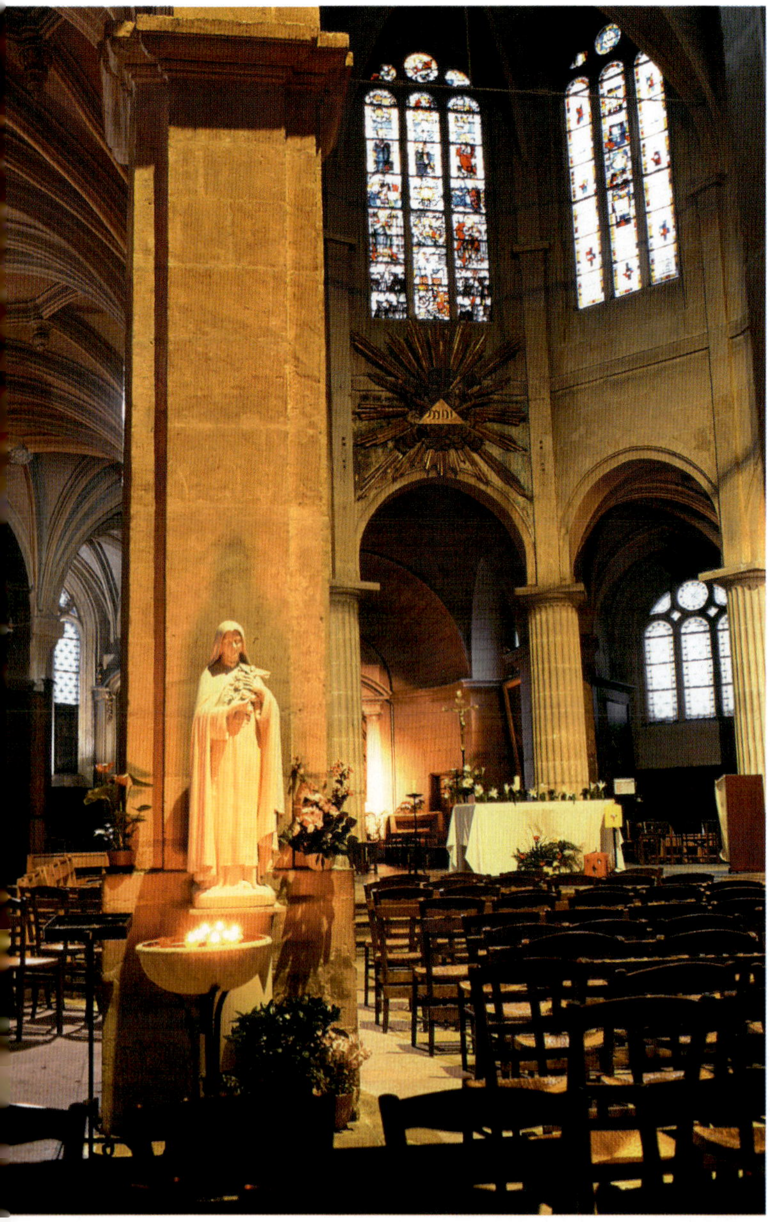

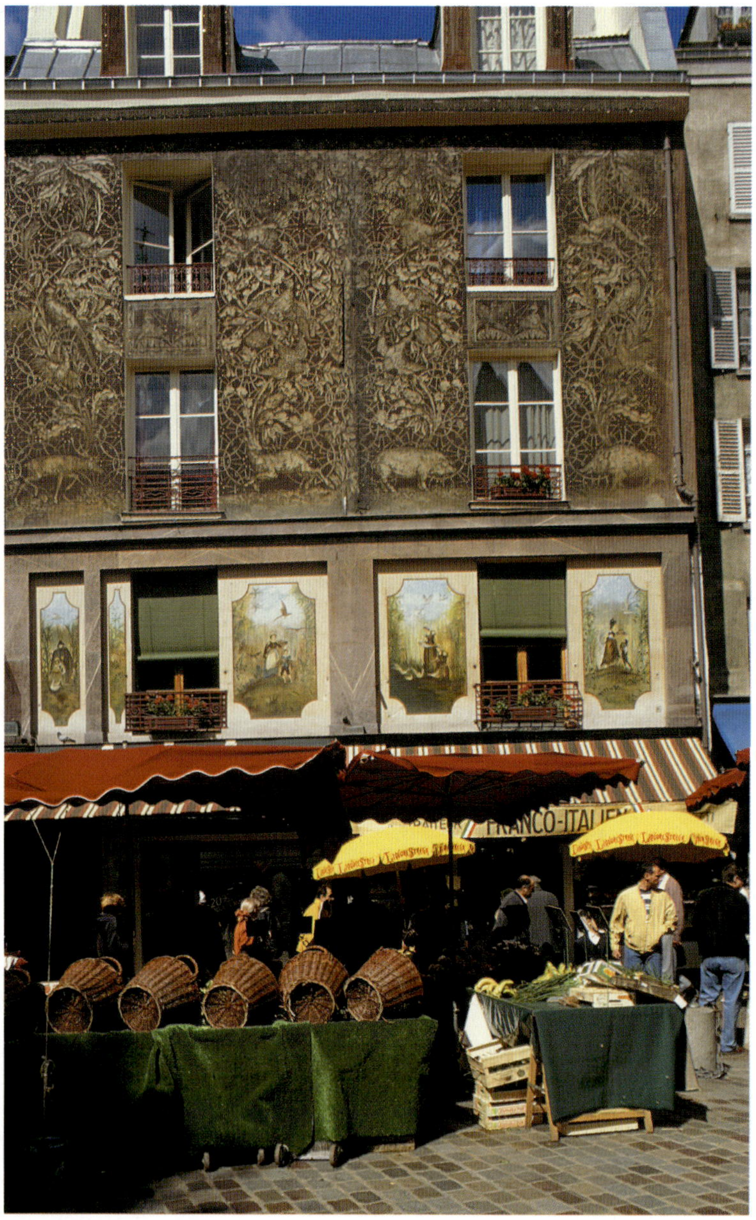

Partie de l'ancienne voie gallo-romaine reliant Lutèce à Fontainebleau, la rue Mouffetard traversait au XIIIe siècle un territoire appelé mont Cetarius ou Certadus. Les Parisiens ont donc appelé cette voie rue Montfétard, Maufetard, Mofetard, Moufetard, Mouflard, Moufetard, Moftard, et même Mostard. Elle s'est aussi nommée rue Saint-Marcel, rue du Faubourg-Saint-Marceau et rue de la Vieille-Ville-Saint-Marcel.
Familièrement et amicalement surnommée rue de la Mouffe, elle borde et traverse divers quartiers qui contribuent à lui donner son identité singulière : Saint-Victor, le Jardin des Plantes, le Val de Grâce, la Sorbonne. Vivante, bruyante, animée, notamment en raison de son marché bien achalandé et des nombreux restaurants qui s'y sont installés, largement envahie par les piétons, elle reste aujourd'hui encore dévolue à la vie de quartier, à la manière du Paris du début du XXe siècle. Pour ces raisons, la Mouffe est sans doute l'une des voies les plus pittoresques de la capitale.

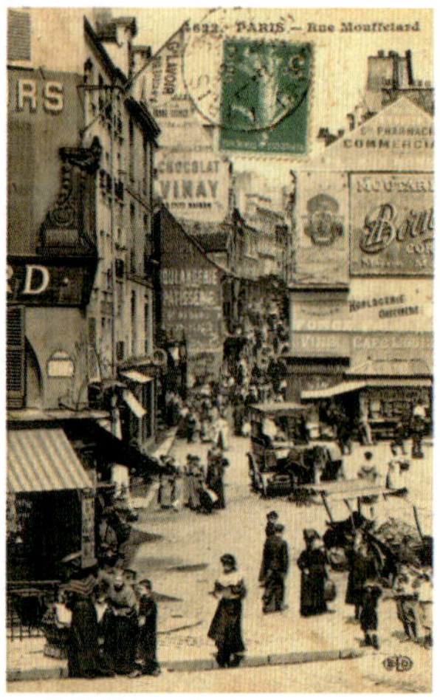

Le quartier de la rue Mouffetard

CI-DESSUS, DE GAUCHE À DROITE :
L'église Saint-Médard.
Le marché de la rue Mouffetard.

CI-CONTRE :
La rue Mouffetard vers 1900.

PAGE DE DROITE :
Le marché de la rue Mouffetard.

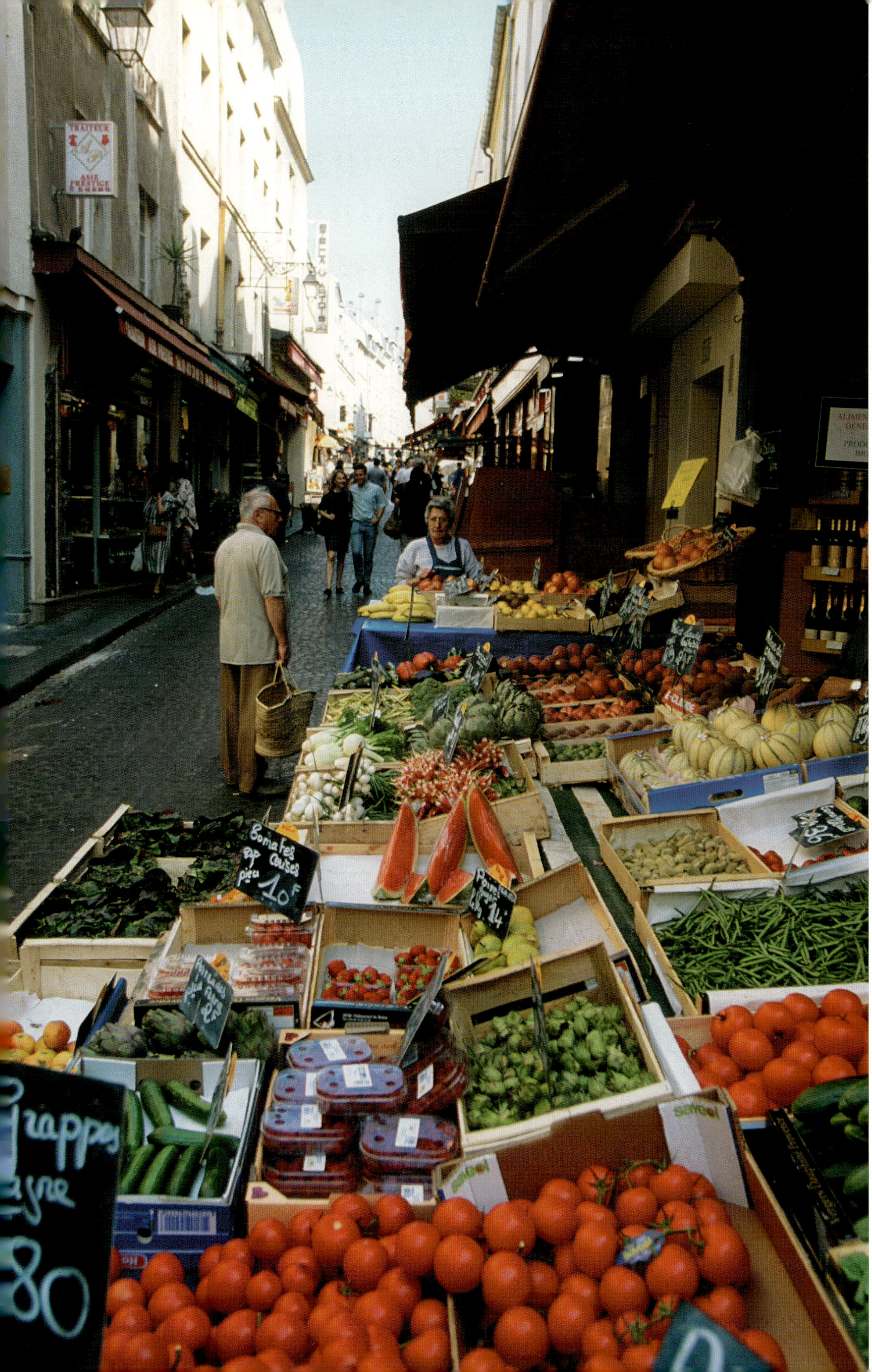
TRAITEUR
ASIE PRESTIGE

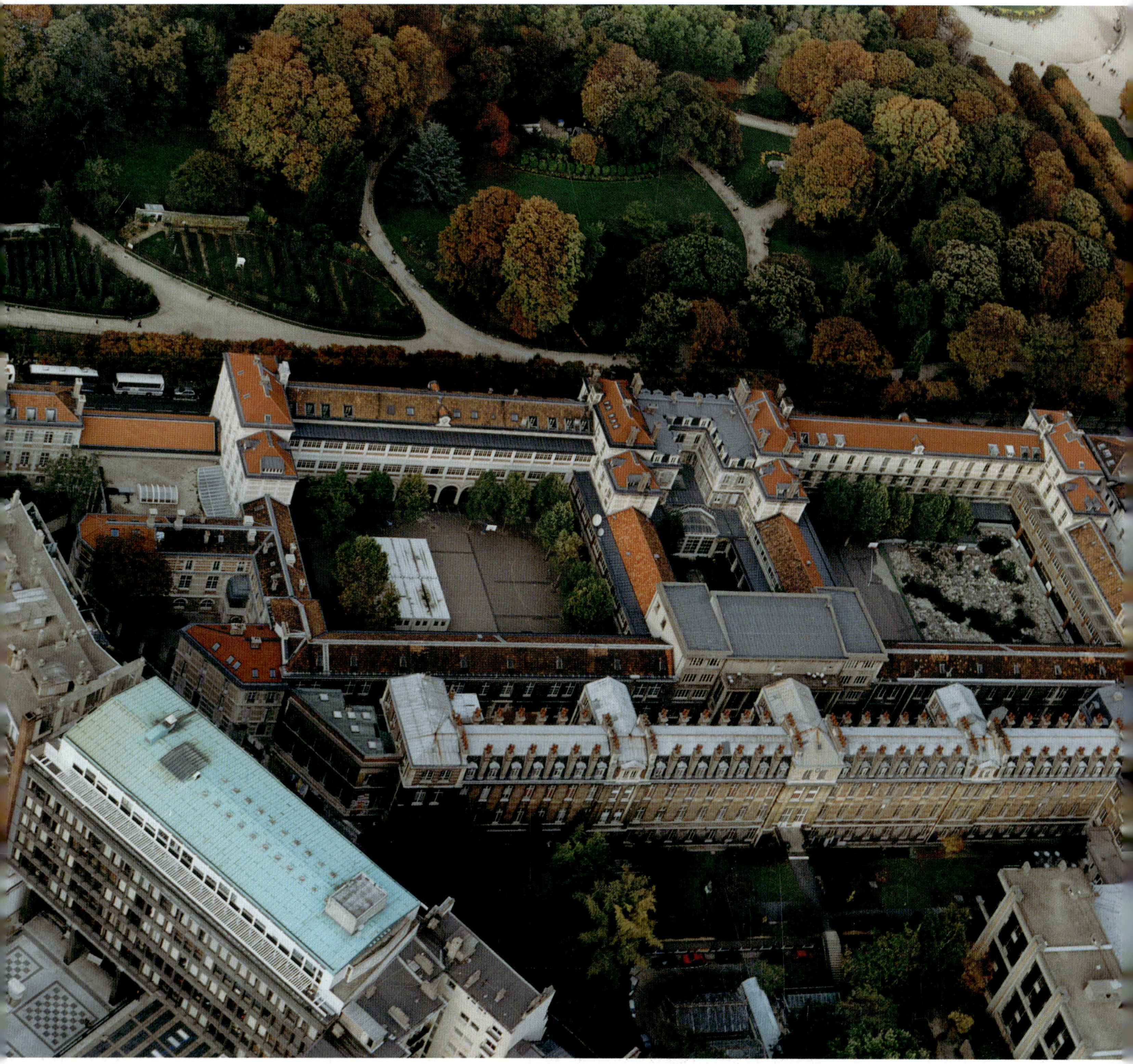

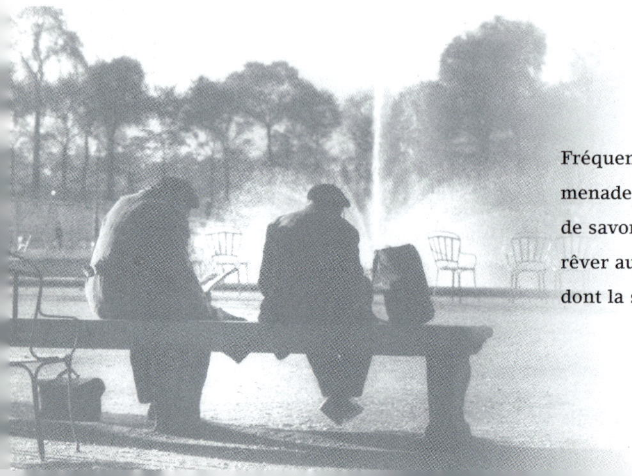

Fréquenté par des générations successives de Parisiens, ce jardin « à la française » incarne un idéal de promenade romantique. Ses allées ombragées de marronniers, de platanes et de tilleuls, mais aussi de paulownias, de savonniers et de ginkgos sont particulièrement attrayantes à l'automne… Mais en toute saison, il fait bon rêver au bord de la fontaine Médicis, ou au pied de l'une des statues de Dalou, Bourdelle, Rodin ou Zadkine, dont la silhouette blanche et l'immobilité gracieuse invitent au repos.

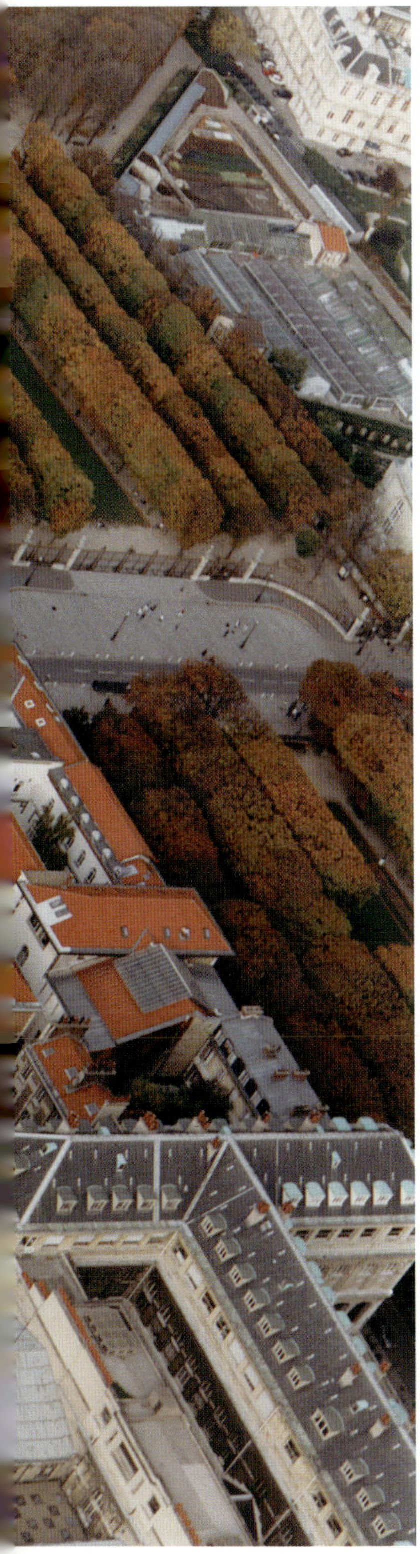

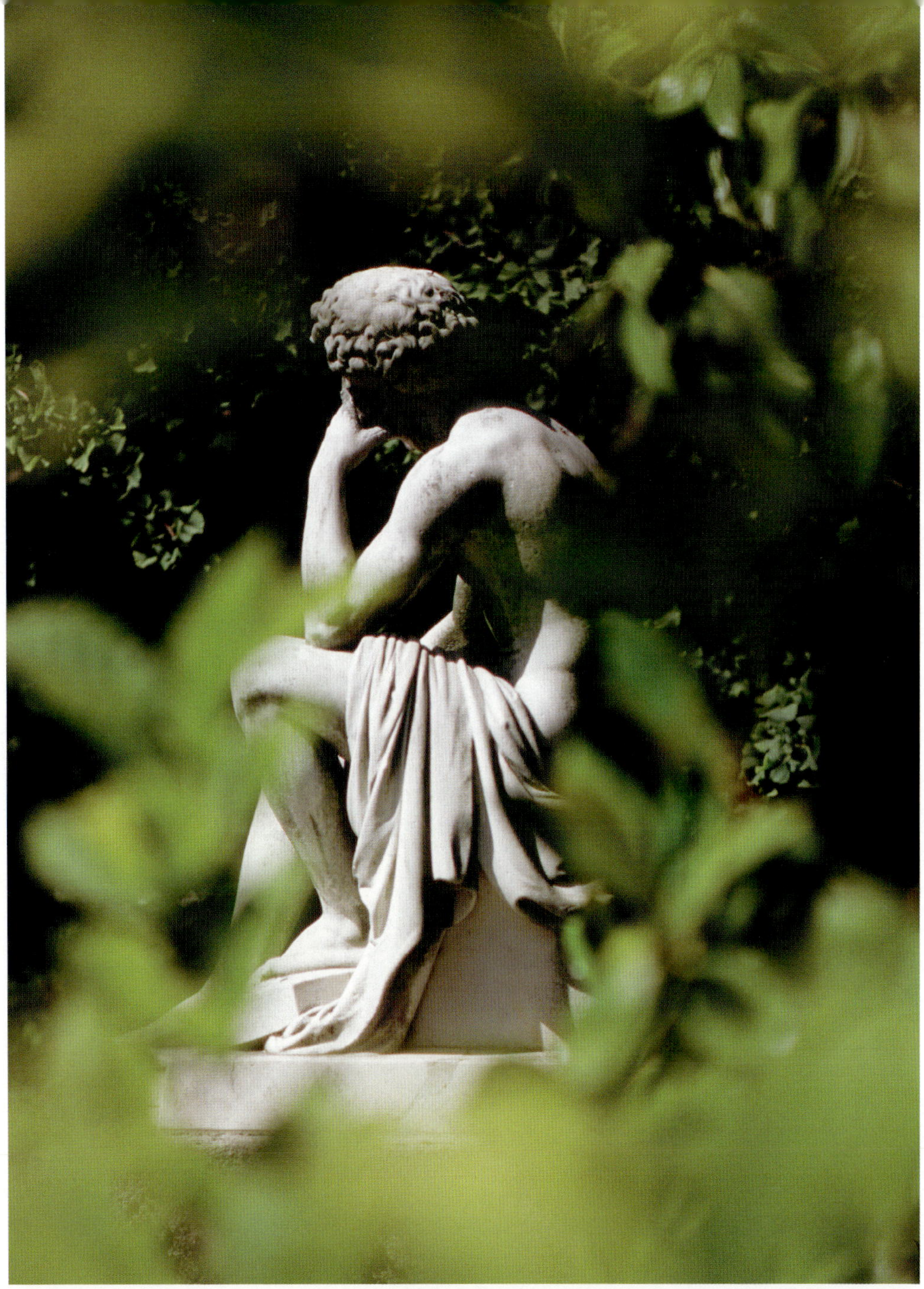

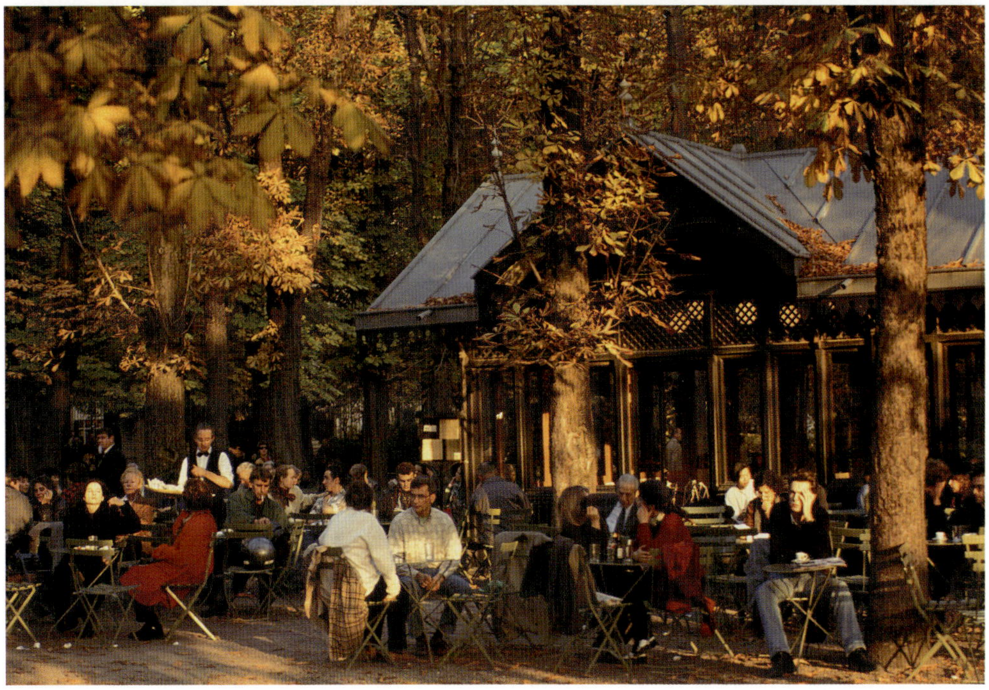

Le jardin du Luxembourg

PAGE DE GAUCHE, DE HAUT EN BAS :
Vue aérienne du lycée Montaigne
et du jardin du Luxembourg.
Les bancs du jardin du Luxembourg.

CI-CONTRE, DE HAUT EN BAS :
Statue dans le jardin du Luxembourg.
Buvette dans le jardin du Luxembourg.

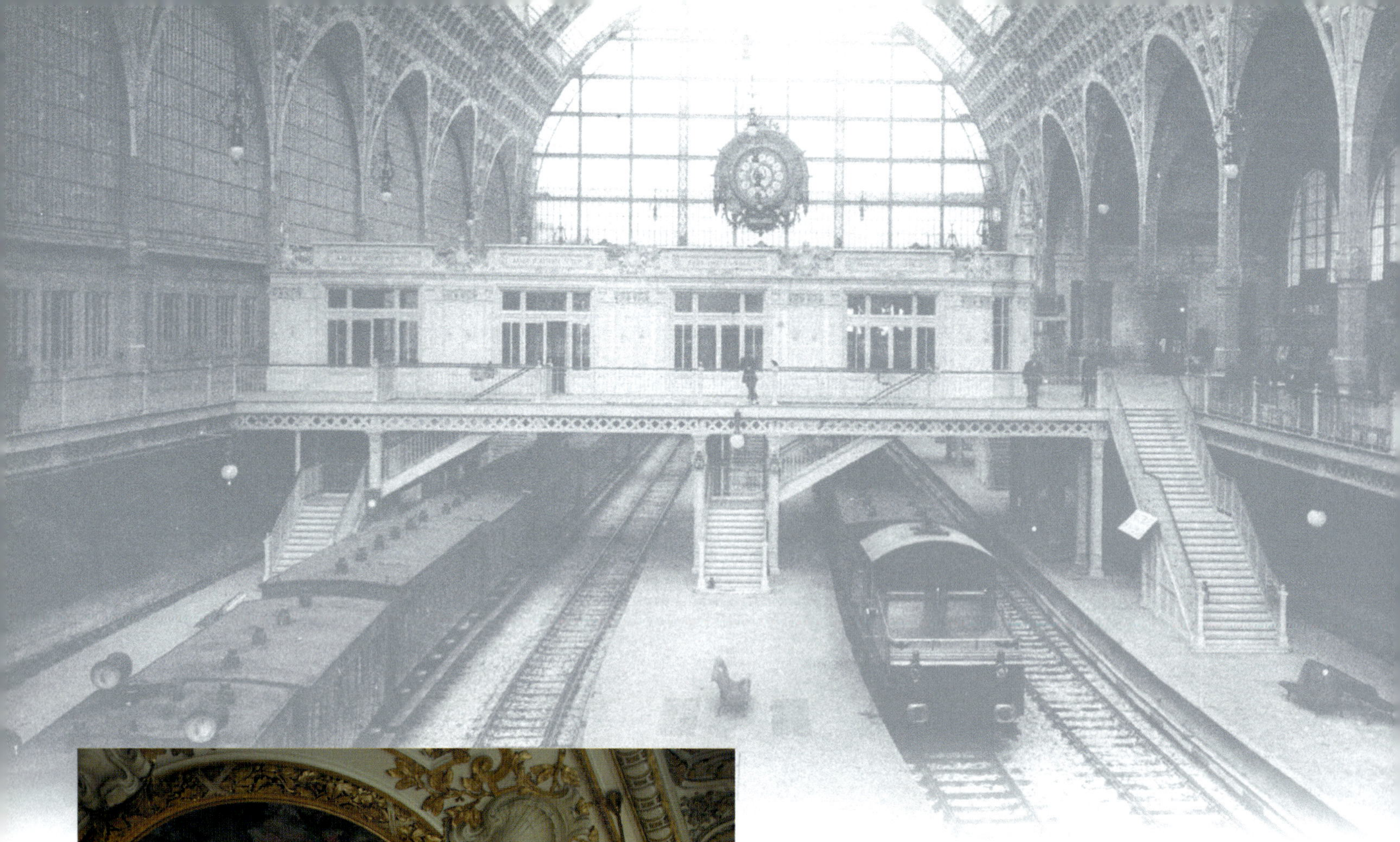

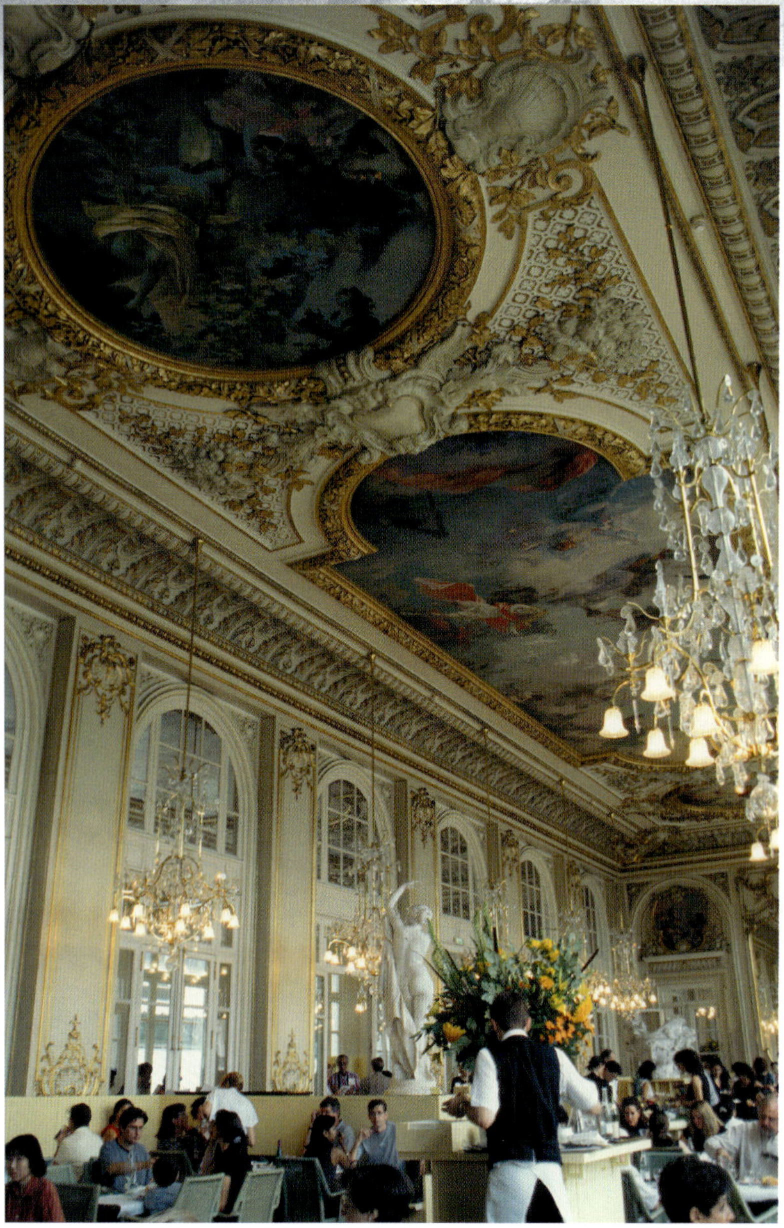

Le musée d'Orsay

CI-DESSUS :
L'ancienne gare d'Orléans.

CI-CONTRE :
Le restaurant du musée d'Orsay.

PAGE DE DROITE, DE HAUT EN BAS :
Vue aérienne du musée d'Orsay.
L'ancienne gare d'Orléans.

« La gare est superbe et a l'air d'un palais des Beaux-Arts… » écrivait en 1900 le peintre Edouard Detaille, peu après l'inauguration du bâtiment, consécutive à l'Exposition Universelle. Les dimensions de la gare laissent le visiteur stupéfait : le grand hall mesure 32 mètres de haut, 40 mètres de large et 138 mètres de long.

De 1900 à 1939, la gare d'Orsay joue le rôle de tête de la ligne sud-ouest de la France. Mais à partir de 1939 la gare ne dessert plus que la banlieue, ses quais étant devenus trop courts à cause de l'électrification progressive des lignes de chemin de fer et de l'allongement des trains. Menacée de démolition, elle bénéficie heureusement d'un renouveau d'intérêt pour le XIXe siècle. Classée monument historique en 1978, la gare, devenue musée d'Orsay, expose de nos jours une splendide collection représentative des arts du XIXe siècle.

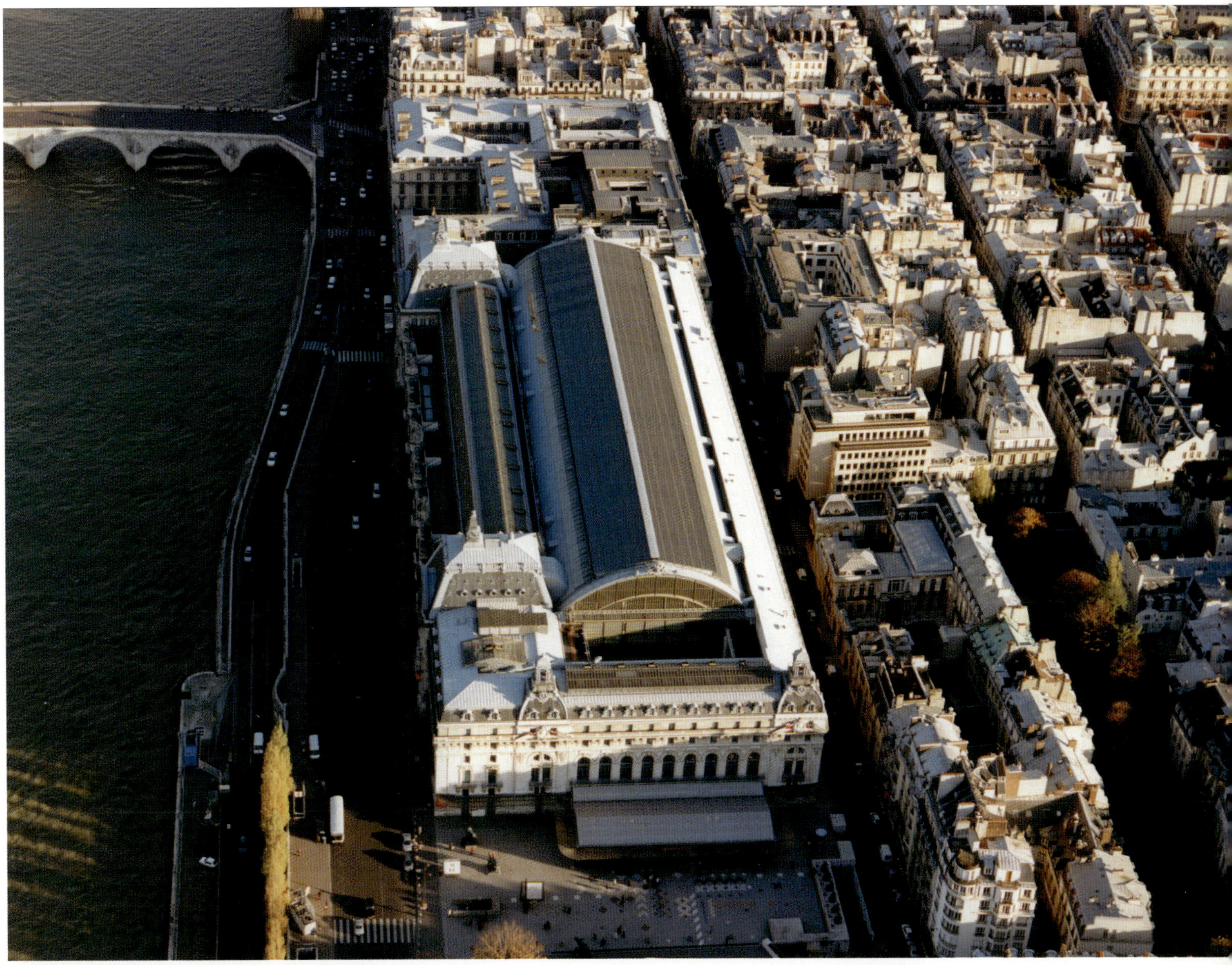

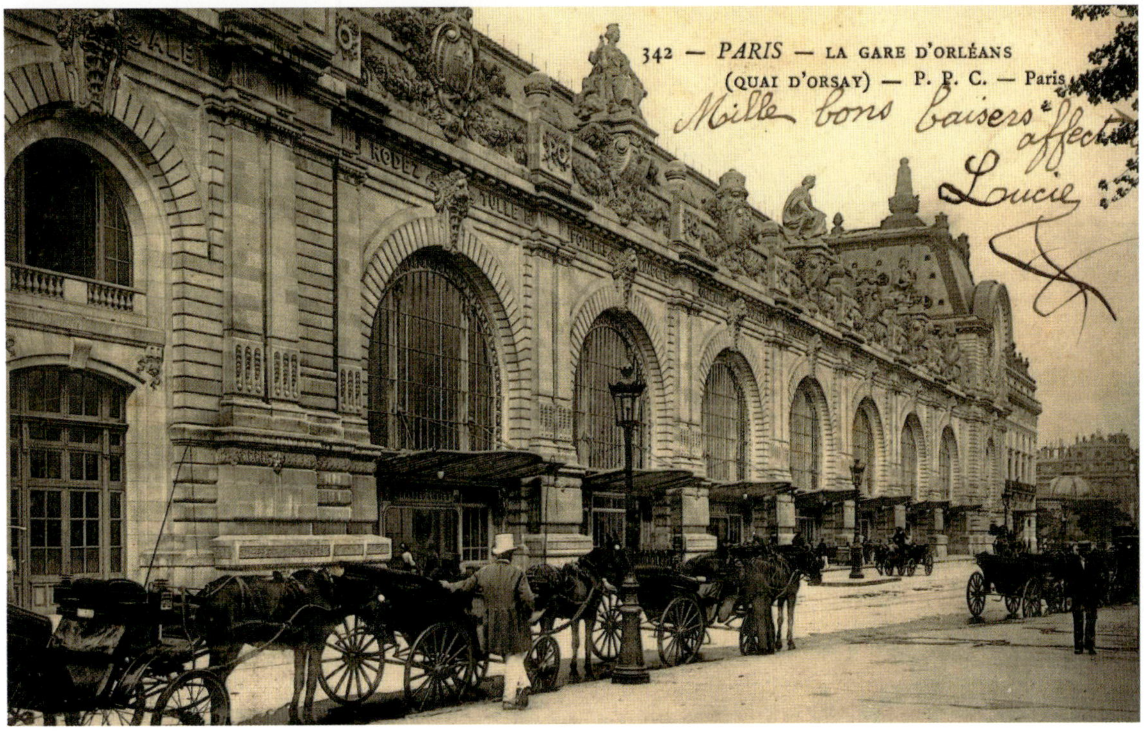
342 — PARIS — LA GARE D'ORLÉANS
(QUAI D'ORSAY) — P. P. C. — Paris
Mille bons baisers affect
Loucie
RODEZ
TULLE

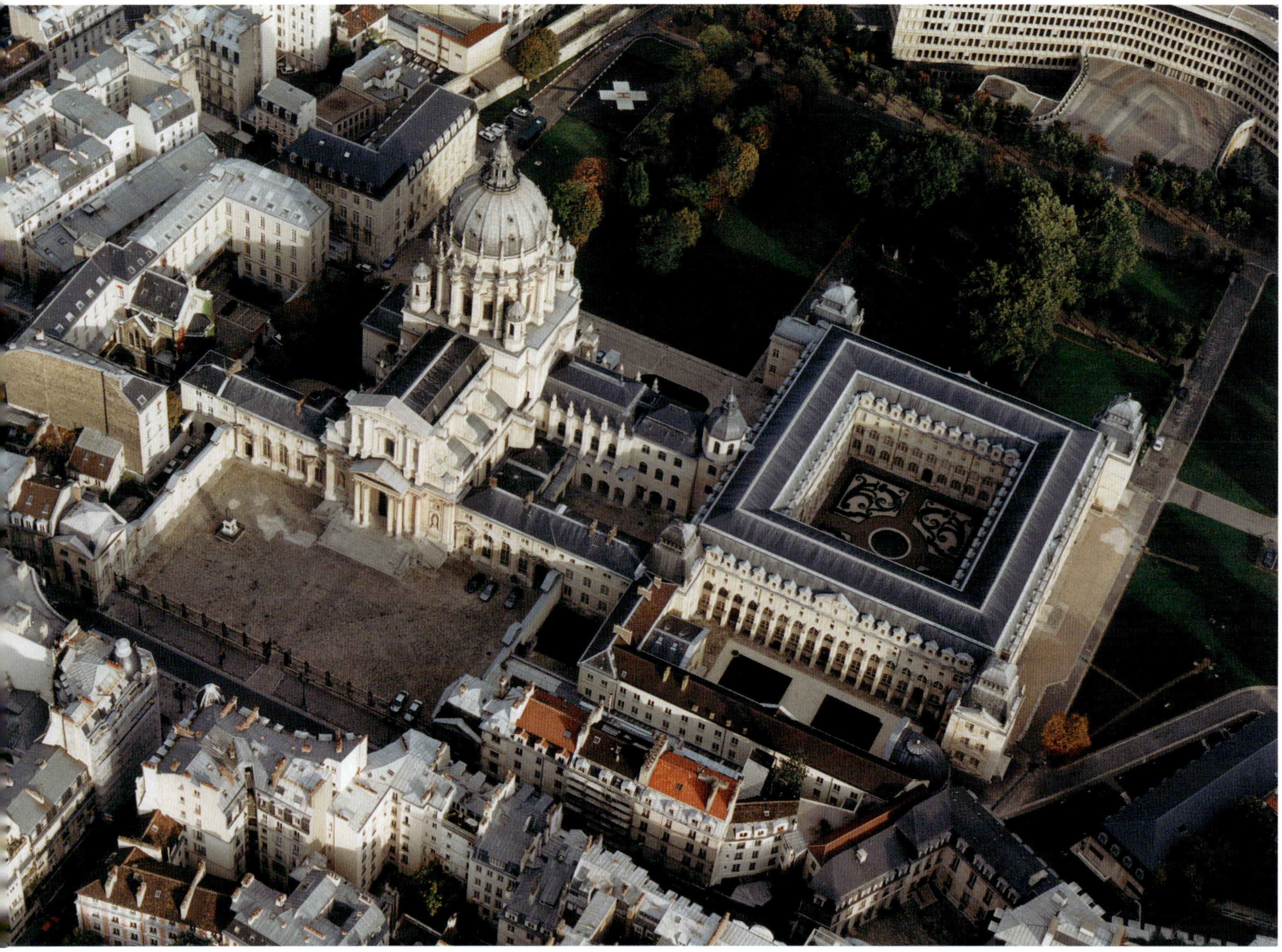

Le Val-de-Grâce

CI-DESSUS :
Vue aérienne du Val-de-Grâce.

PAGE DE DROITE :
L'église du Val-de-Grâce.

En 1624, Anne d'Autriche, épouse de Louis XIII, pose la première pierre des nouveaux bâtiments qui, joints à ceux de l'ancien hôtel du Petit-Bourbon, acquis trois ans plus tôt, forment aujourd'hui le plus bel ensemble conventuel français du XVIIe siècle. L'église est le fruit d'un vœu fait par la reine : élever à Dieu un temple magnifique s'il lui envoie un fils. Après vingt-trois ans de mariage, Anne d'Autriche est enfin exaucée : le futur Louis XIV voit le jour. La superbe coupole, gloire du Val-de-Grâce, est décorée d'une fresque peinte par Mignard en 1663, représentant la sainte Trinité au Paradis entourée de l'Église triomphante, avec deux cents personnages de l'Ancien et du Nouveau Testament. Une communauté de bénédictines protégées par la reine s'installe dans l'abbaye.

Dévolu par la Convention au service de santé des armées en 1793, le Val-de-Grâce est ainsi préservé de la destruction. Les bâtiments abritent aujourd'hui l'École d'application du service de santé des armées, le musée du Service de santé et la Bibliothèque centrale.

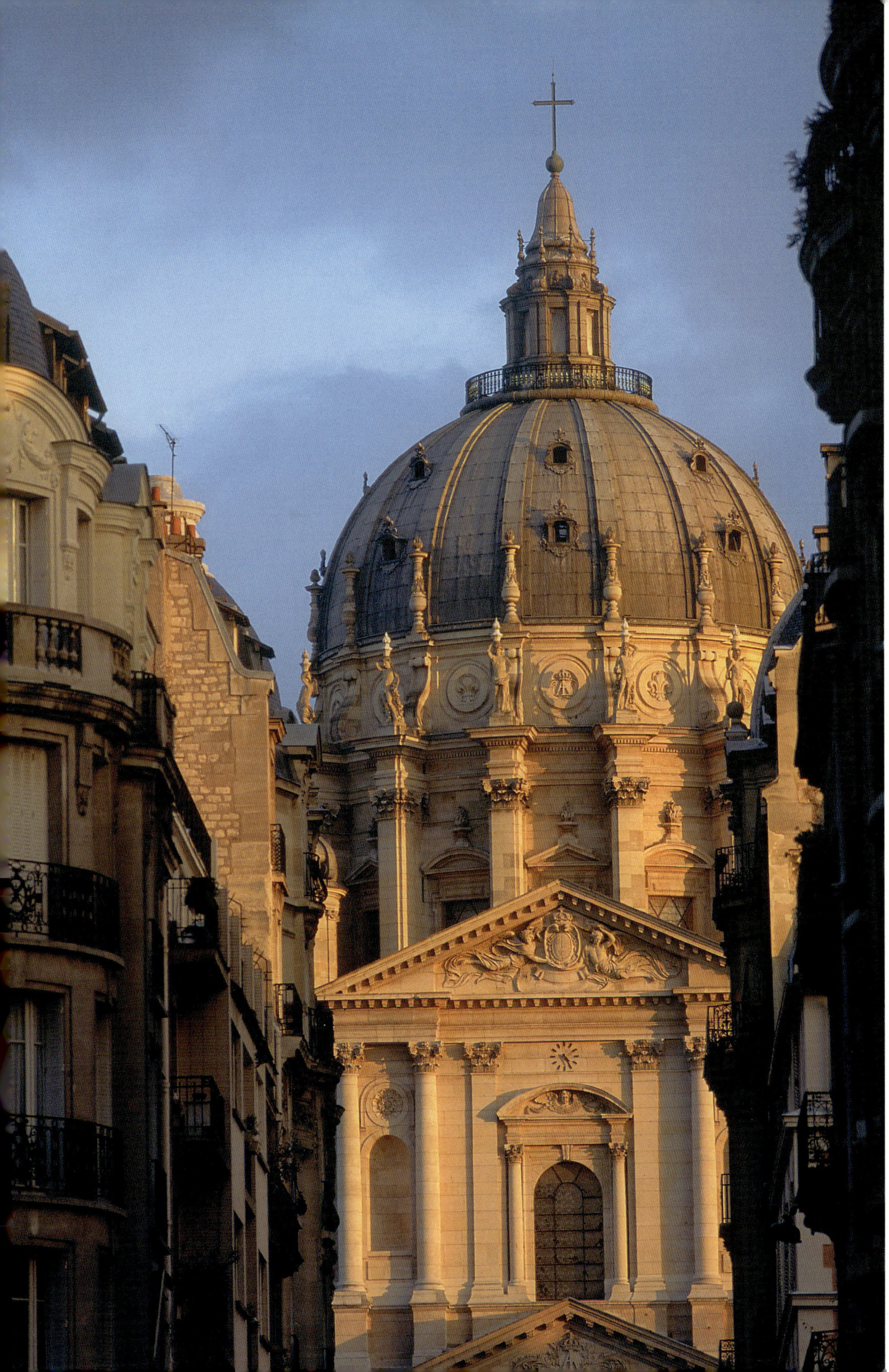

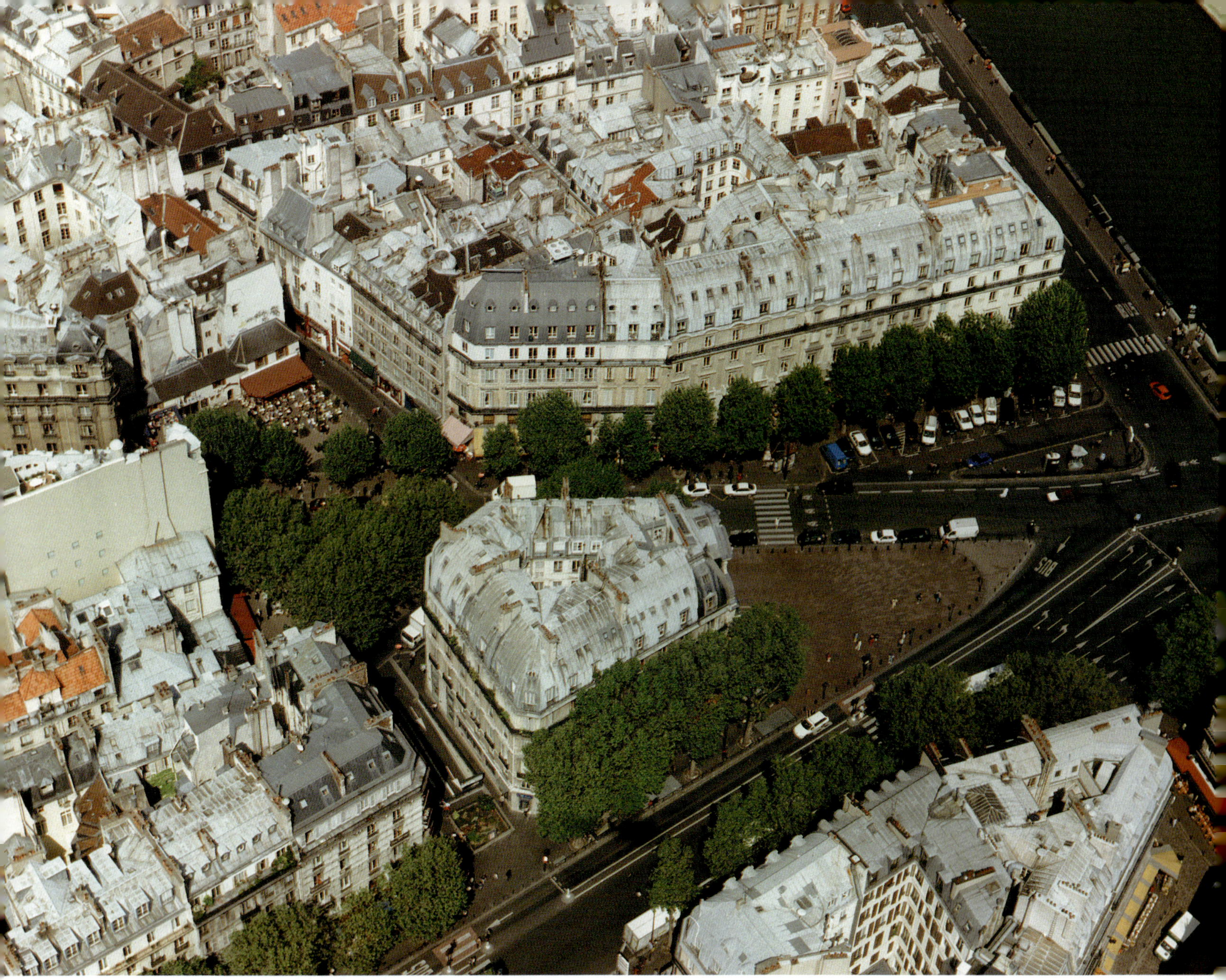

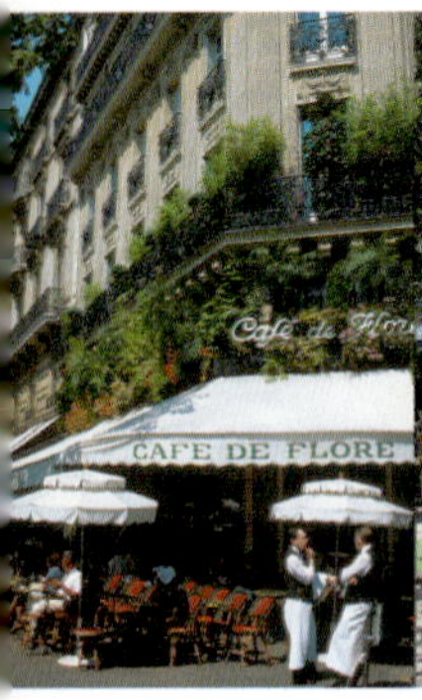

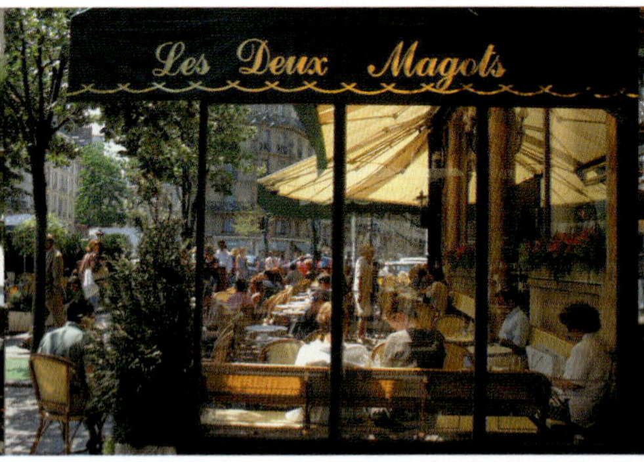

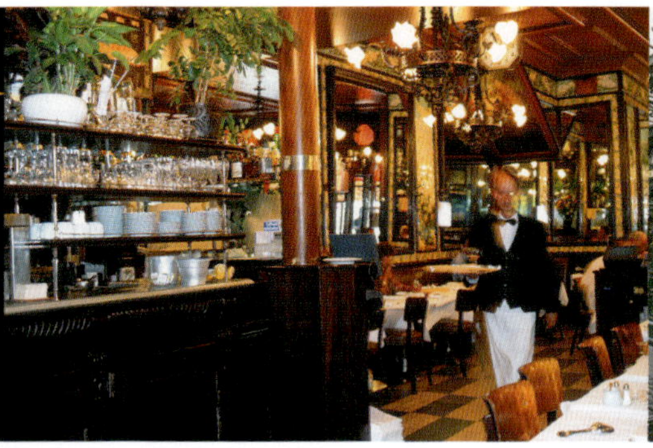

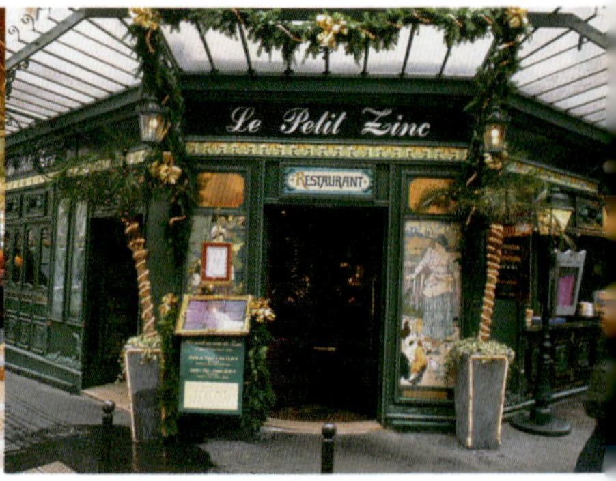

Ils ont été le centre de la vie intellectuelle et artistique française pendant les années d'après-guerre... et les célébrités qui les ont fréquentés leur ont conféré un peu de leur gloire. Les cafés et les boulevards de la Rive Gauche semblent toujours hantés par la présence de Juliette Gréco et celle de Boris Vian, par les ombres de Sartre et de Simone de Beauvoir, qui avaient au Flore leur table réservée.
Aujourd'hui encore, du fait de la présence de nombreuses librairies et des plus grandes maisons d'édition, le quartier reste un haut lieu très actif de la culture française.

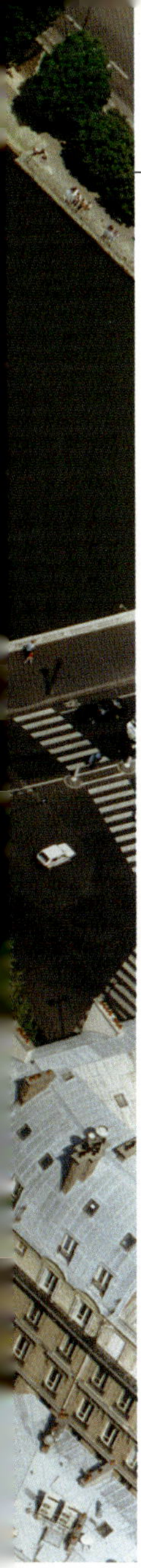

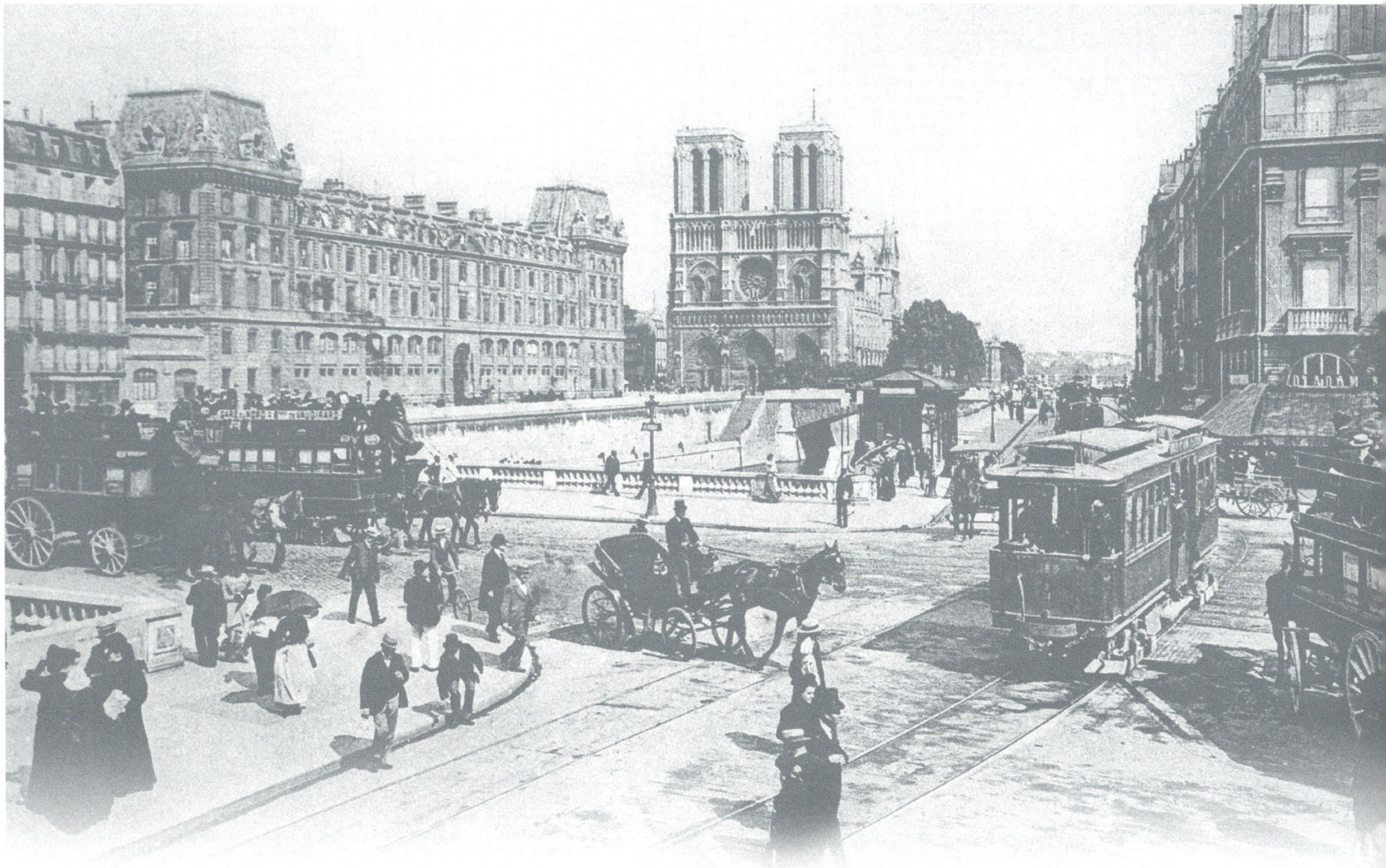

Le quartier du boulevard Saint-Michel

CI-DESSUS :
La place Saint-Michel et Notre-Dame vers 1900.

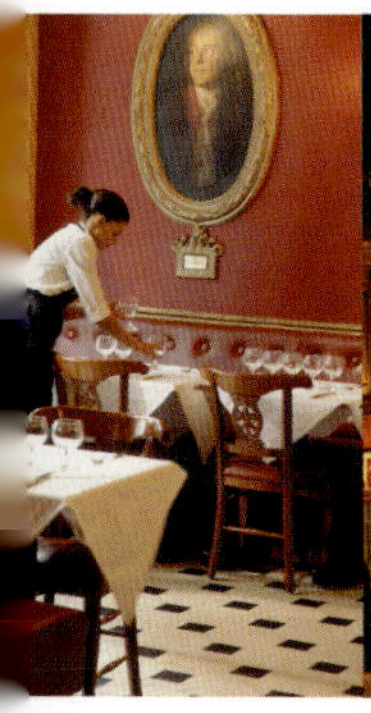

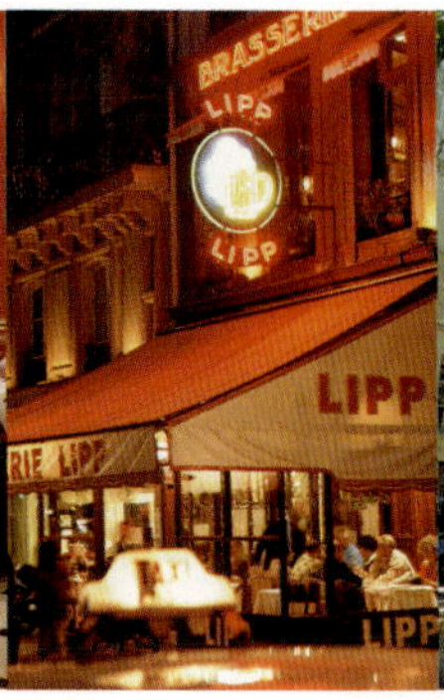

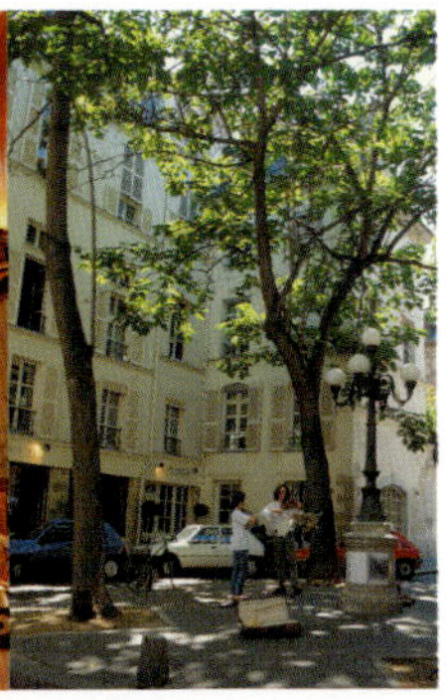

PAGE DE GAUCHE, EN HAUT :
Vue aérienne de la place Saint-Michel.

DE GAUCHE À DROITE :
Le café de Flore.
Le café Les Deux Magots.
La brasserie Lipp.
Le Petit Zinc, rue Saint-Benoît.
Le Procope.
La brasserie Lipp.
La place Furstenberg.

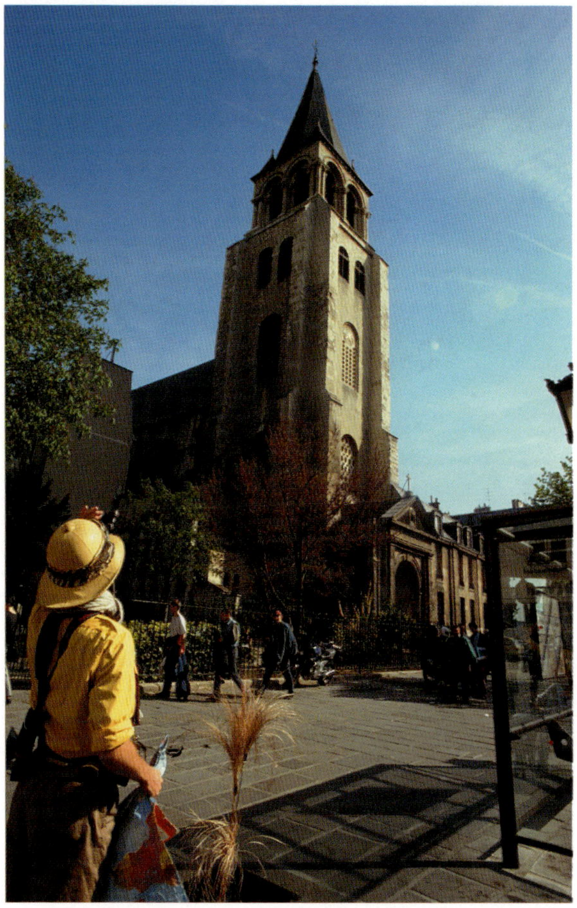

À DROITE :
L'église Saint-Germain-des-Prés.

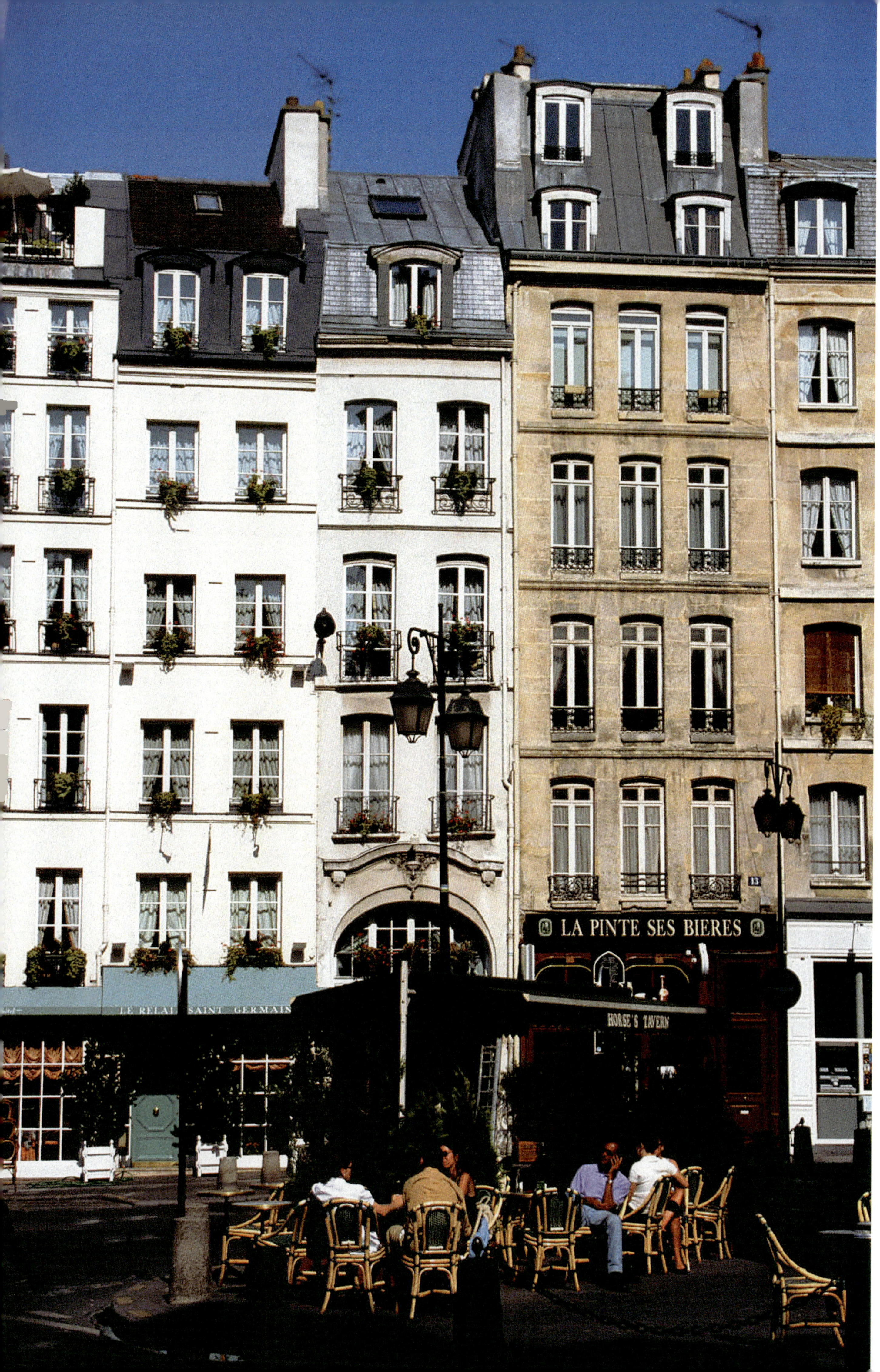
LA PINTE SES BIERES
HORSE'S TAVERN
LE RELAI SAINT GERMAIN

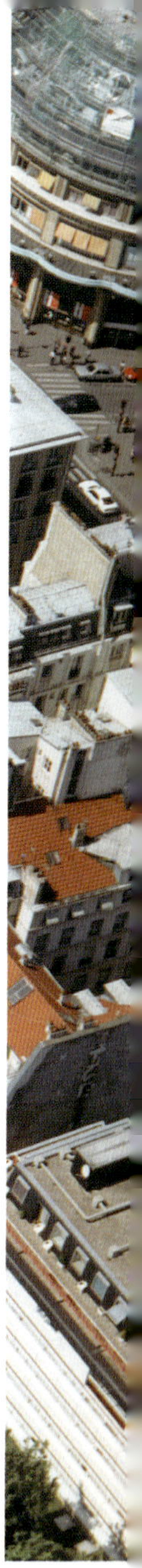

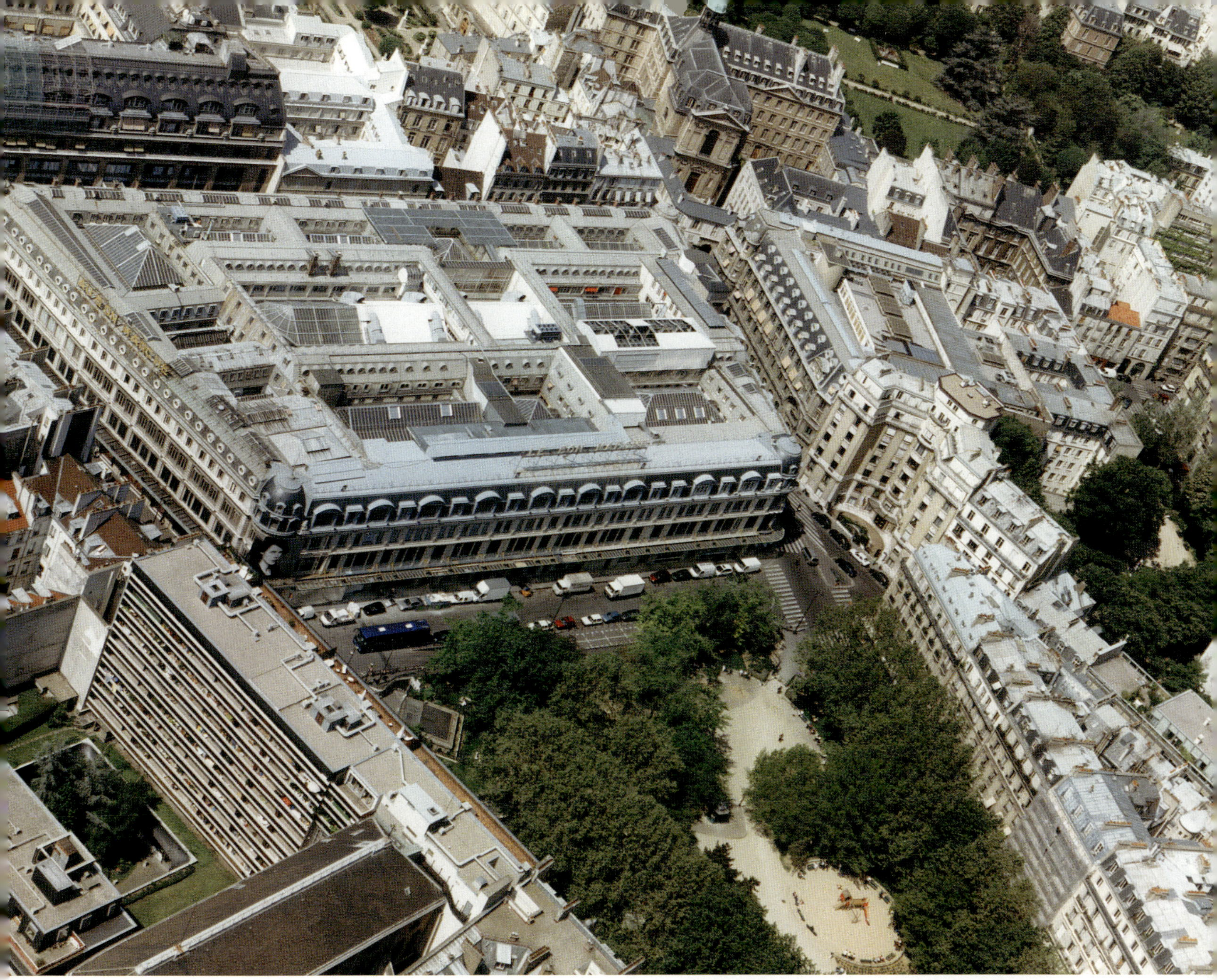

Le Bon Marché

PAGE DE GAUCHE :
Terrasses à Saint-Germain-des-Prés.

CI-DESSUS :
Vue aérienne du quartier du Bon Marché.

CI-CONTRE
Le Bon Marché, Félix Valloton.

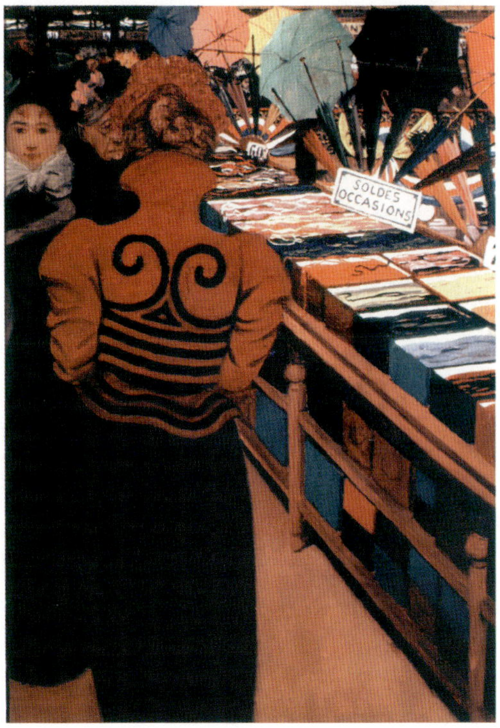

Immortalisé par Zola dans *Au Bonheur des Dames*, le Bon Marché est l'exemple de la construction d'un empire commercial. En 1852, Aristide Boucicaut partage la copropriété d'un magasin qui emploie douze personnes et compte quatre rayons. Quinze ans plus tard, il pose la première pierre de l'actuel Bon Marché. Le bâtiment, qui utilise le fer comme structure et le verre pour permettre à la lumière d'entrer à flots, occupe une superficie au sol de 52 800 mètres carrés. À sa mort en 1877, Aristide Boucicaut laisse une entreprise dont le chiffre d'affaires atteint 72 millions de francs. Aujourd'hui encore, ce grand magasin incarne un certain raffinement « Rive gauche », mélange d'élégance et de bon ton.

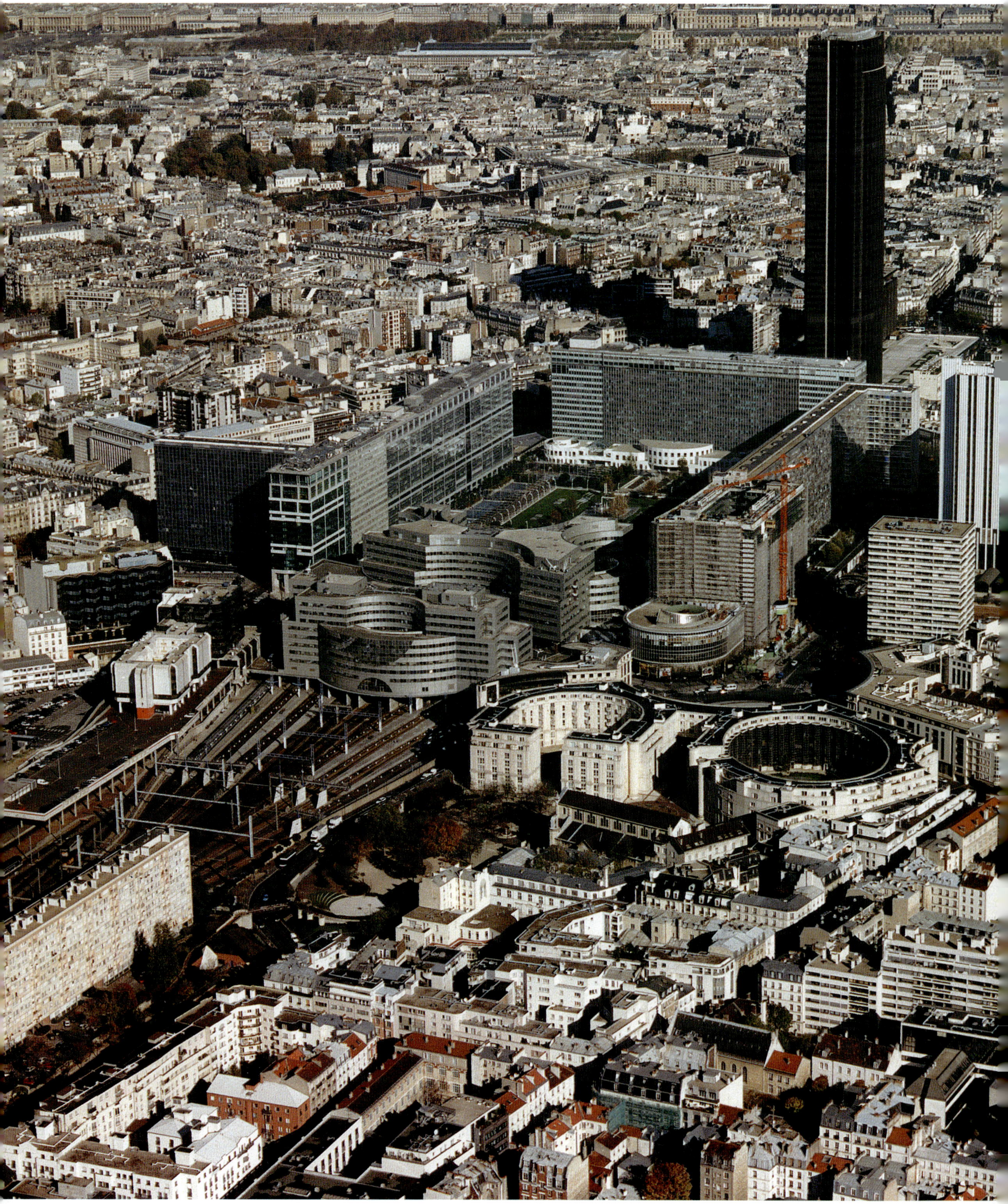

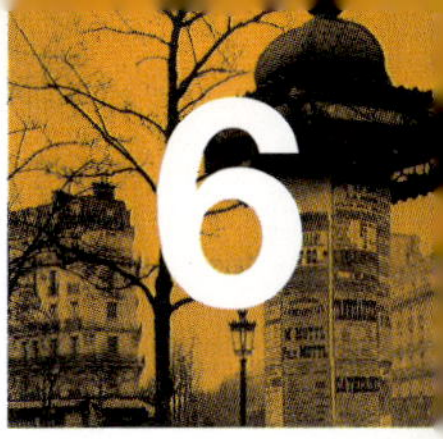

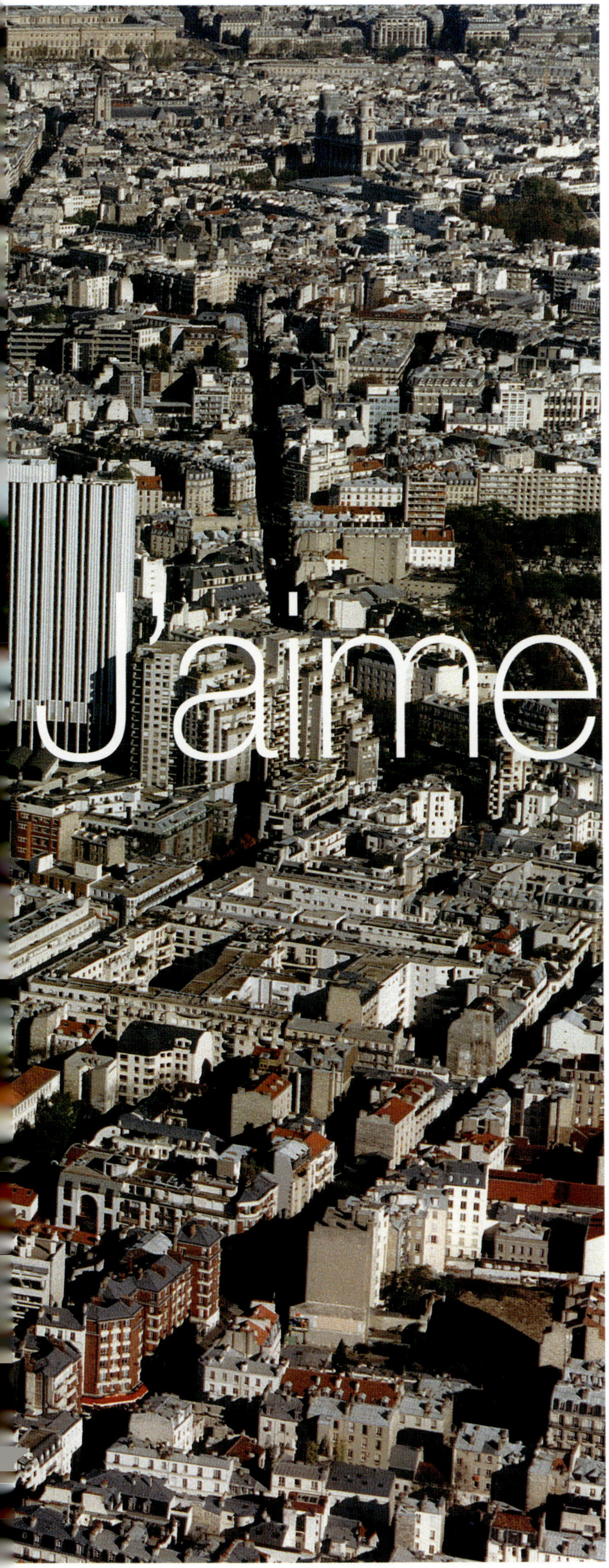

CHAPITRE 6

J'aime Paris

Montparnasse et les quartiers sud…

Montparnasse, homonyme de la montagne grecque Parnasse, dédiée aux Muses et au dieu poète Apollon, a donné naissance à bon nombre de mouvements artistiques majeurs à partir de la fin du XIXe siècle. Quartier d'élection des fêtards mais aussi de la bohème intellectuelle et artistique jusque dans les années 1950, ce quartier concentre aujourd'hui encore nombre de lieux de sortie. La rue de la Gaîté est sans doute la plus populaire, avec ses cabarets, ses théâtres, ses cafés : le théâtre Rive-Gauche y voisine avec celui de la Comédie-Italienne, Bobino, le théâtre Montparnasse, le petit théâtre de la Gaîté-Montparnasse…

Mais le quartier a également acquis une nouvelle identité après la Seconde Guerre mondiale. Réaménagé pour constituer un nouveau pôle économique actif sur la rive gauche, il porte aujourd'hui les emblèmes d'une vocation résolument technocrate et moderniste. Construite entre 1969 et 1972, la tour Montparnasse a fini par inscrire ses parois de verre et d'acier dans le paysage parisien après bien des critiques. Quant à la gare Montparnasse, gigantesque ensemble issu de l'urbanisation Maine-Montparnasse, elle réunit deux gares au cœur d'une opération immobilière d'envergure couvrant le quartier Vaugirard-Pasteur.

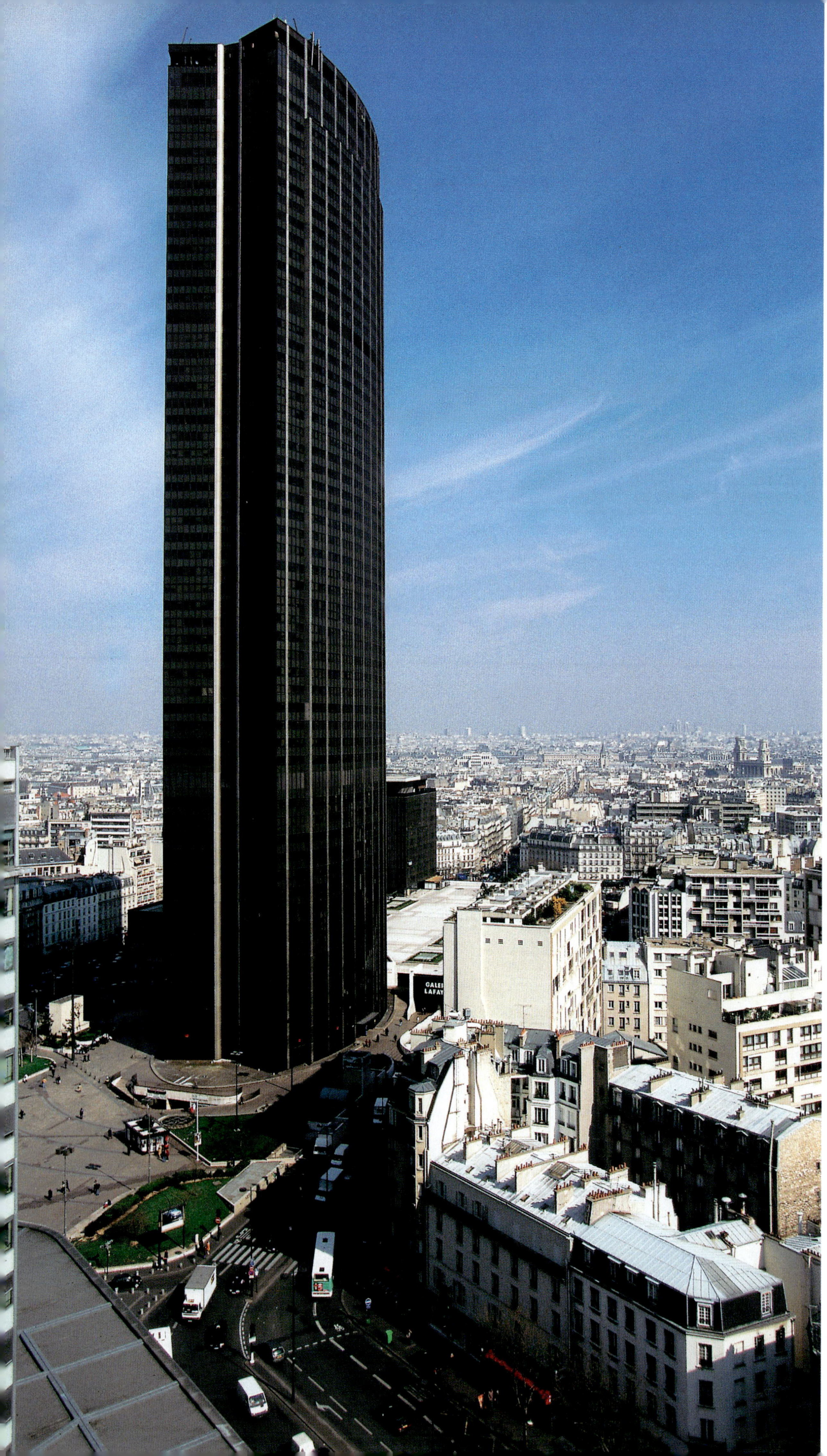

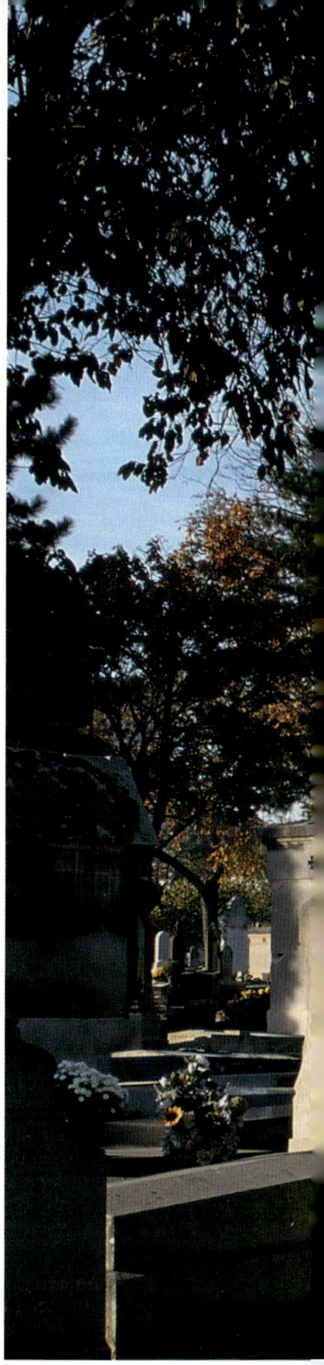

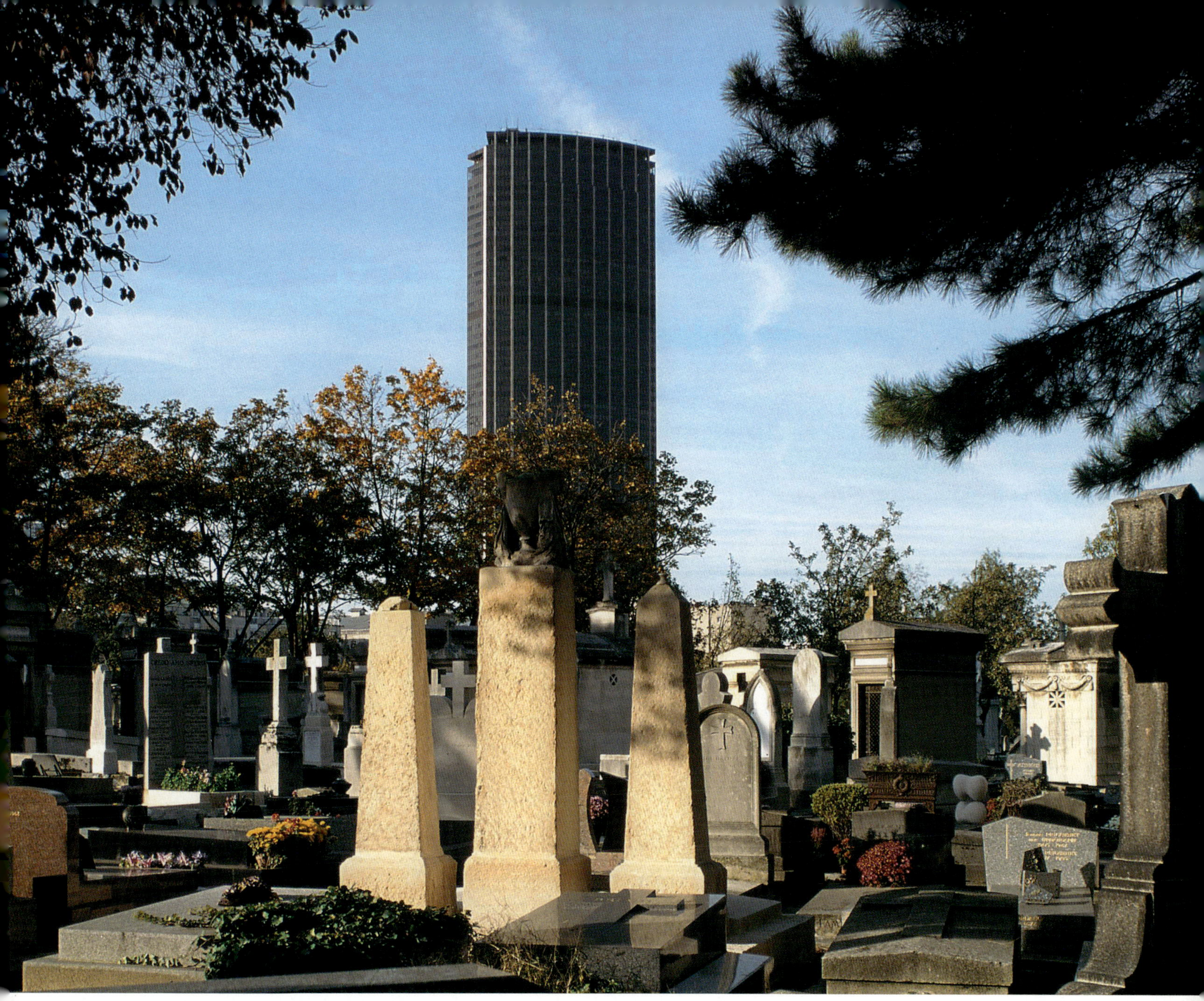

Montparnasse

PAGE DE GAUCHE :
La tour Montparnasse et son quartier.

CI-DESSUS :
Le cimetière du Montparnasse.

CI-DESSOUS :
La gare Montparnasse.

Haute de 210 mètres, comportant 59 étages, 314 000 mètres carrés de surface occupés par des bureaux, et 25 ascenseurs, la tour Montparnasse constitue une prouesse technique en raison de sa fondation au-dessus des lignes de métro, de surcroît sur un sous-sol fait de calcaire, argile, marne et craie. Son restaurant panoramique au 56e étage, et la vue qu'elle offre sur une zone de 40 kilomètres alentour, font d'elle une étape obligée pour le promeneur parisien.

S'il ne possède pas le charme romantique du Père-Lachaise, le cimetière du Montparnasse mérite cependant un détour. Les sépultures de Camille Saint-Saëns, de Delphine Seyrig, de Samuel Beckett, de Sartre et de Simone de Beauvoir, celles de Charles Baudelaire et de Guy de Maupassant, et bien d'autres encore témoignent du passé glorieux de l'arrondissement.

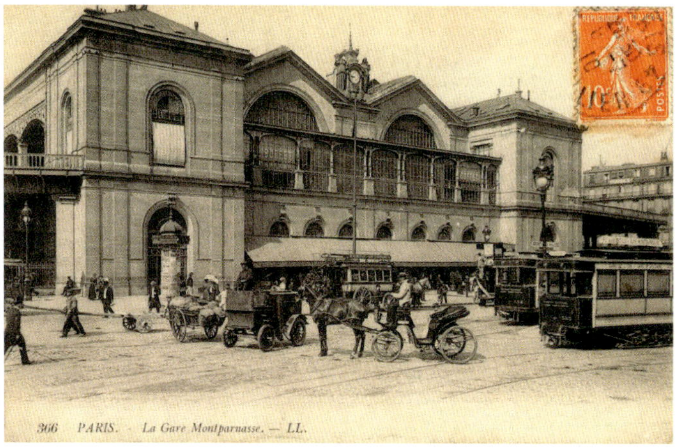

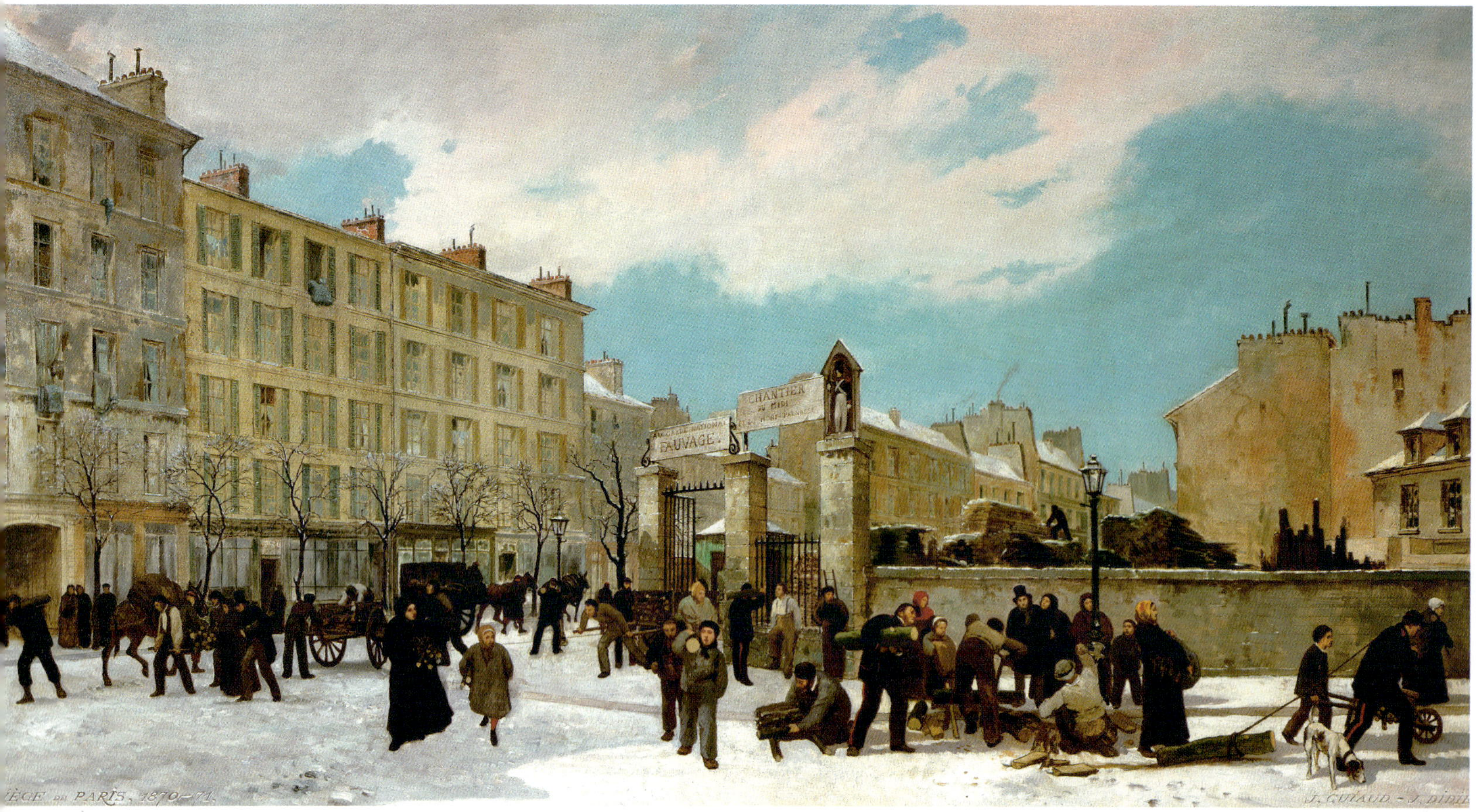

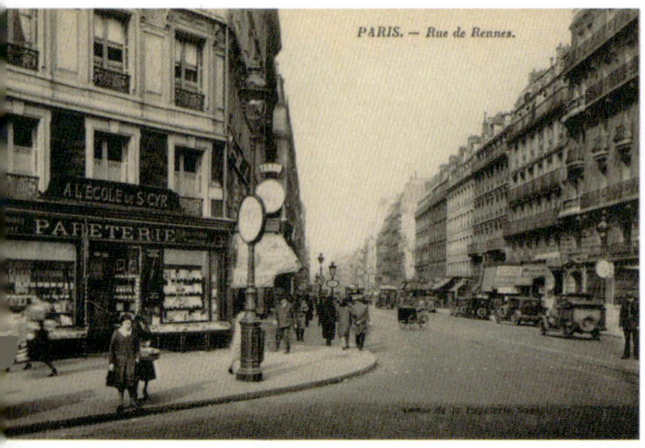

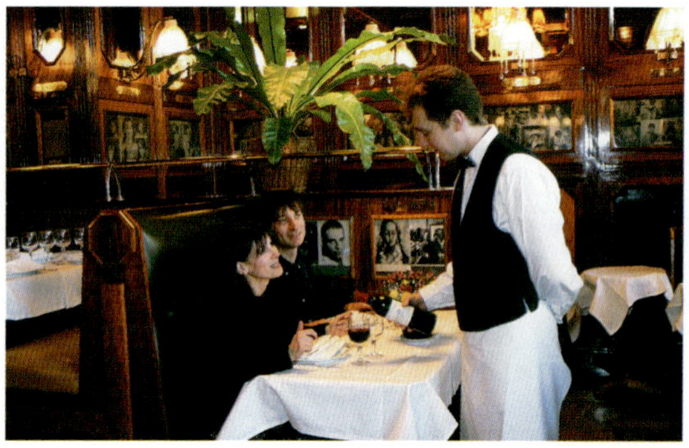

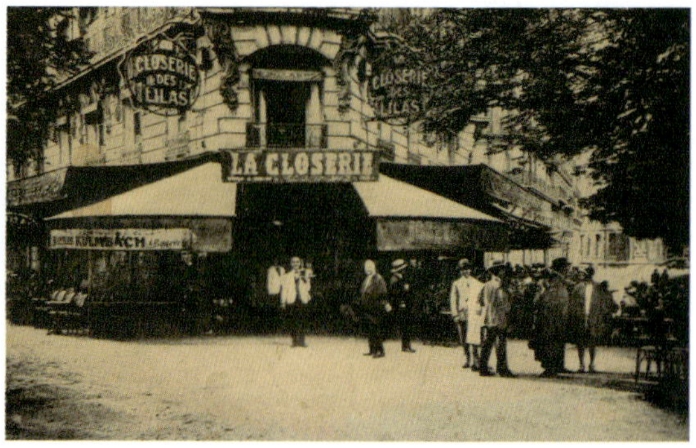

Le quartier Montparnasse

EN HAUT :
Chantier de bois à brûler, boulevard du Montparnasse, janvier 1871, Jules Didier.

CI-DESSUS, DE GAUCHE À DROITE :
La rue de Rennes.
Vu intérieure du restaurant Le Dôme.
La Closerie des Lilas vers 1900.

CI-CONTRE :
Le restaurant Le Dôme.

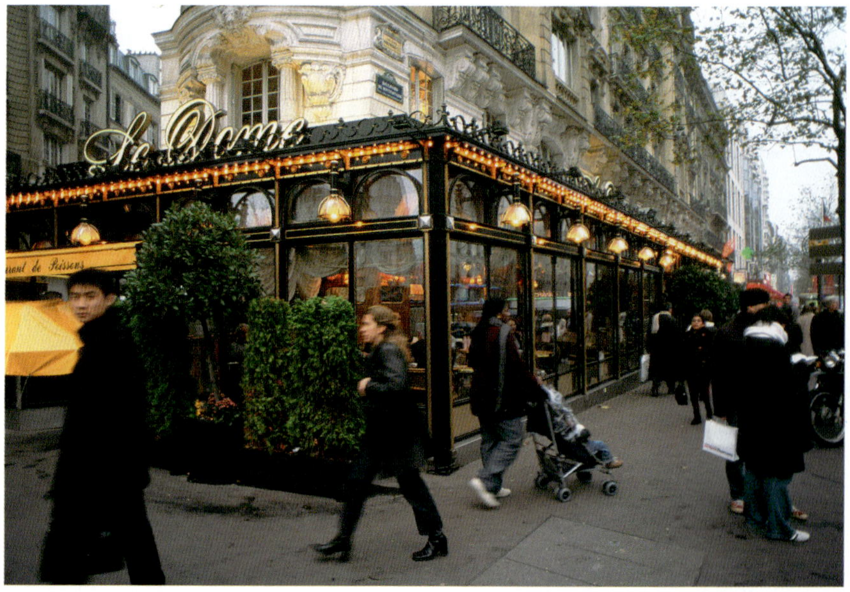

De la fin du XIXe siècle jusqu'au milieu du XXe, Montparnasse, ancien bout de campagne à l'orée de Paris, est un lieu prisé des artistes et des fêtards : peintres, musiciens, écrivains et poètes y établissent leurs quartiers et confèrent leurs lettres de noblesse aux cafés mythiques du grand boulevard. Il fut un temps où l'on pouvait croiser Verlaine, Oscar Wilde ou Paul Fort à la Closerie des Lilas. Puis, dans les années 1920, vient le tour des cafés aux alentours du métro Vavin : le Dôme, la Rotonde et la Coupole deviennent les lieux à la mode fréquentés par l'élite artistique et intellectuelle. Picasso, Max Jacob, Modigliani, mais aussi Cendrars, Soutine, Foujita, Faulkner, Man Ray, Sartre et Beckett ont fait la gloire de ces lieux légendaires.

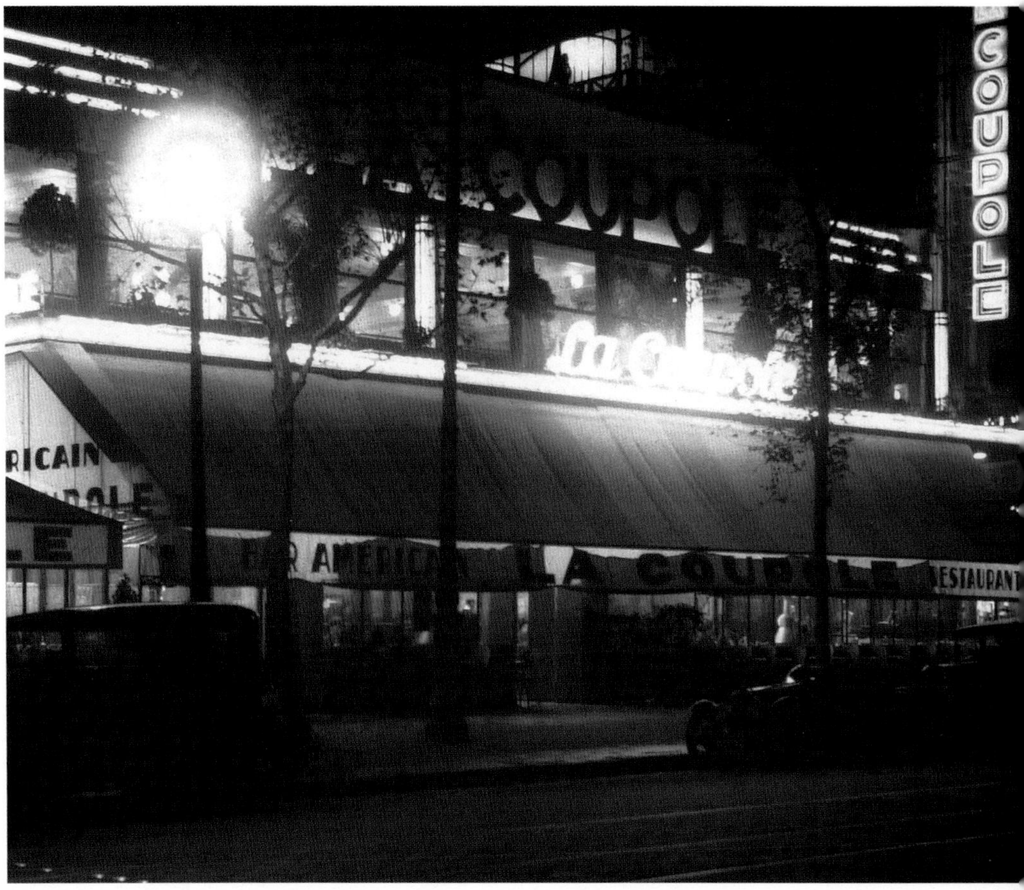

Le quartier Montparnasse

CI-CONTRE :
La Coupole.

CI-DESSOUS :
Le boulevard Montparnasse vu de la rue de Vaugirard vers 1900.

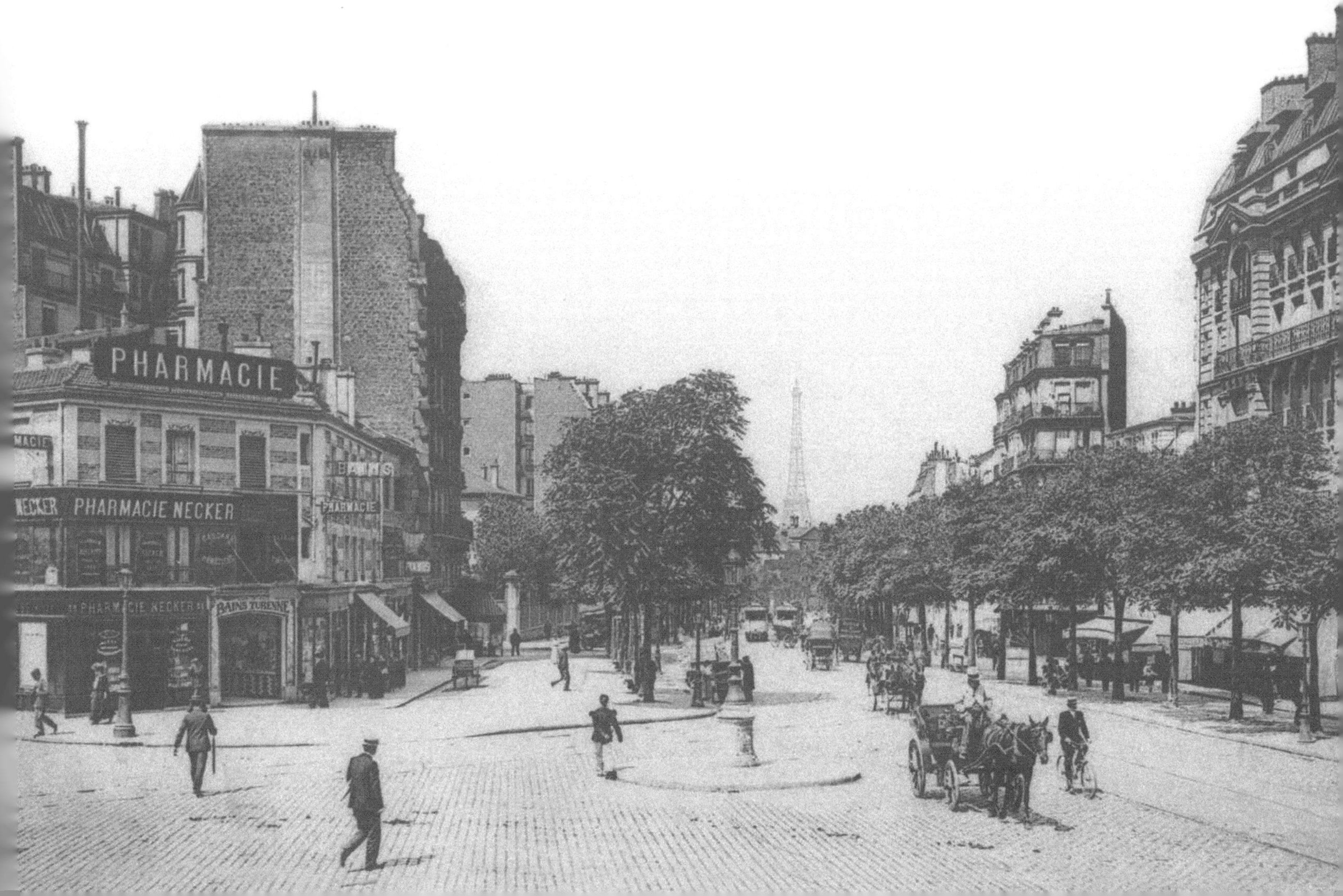

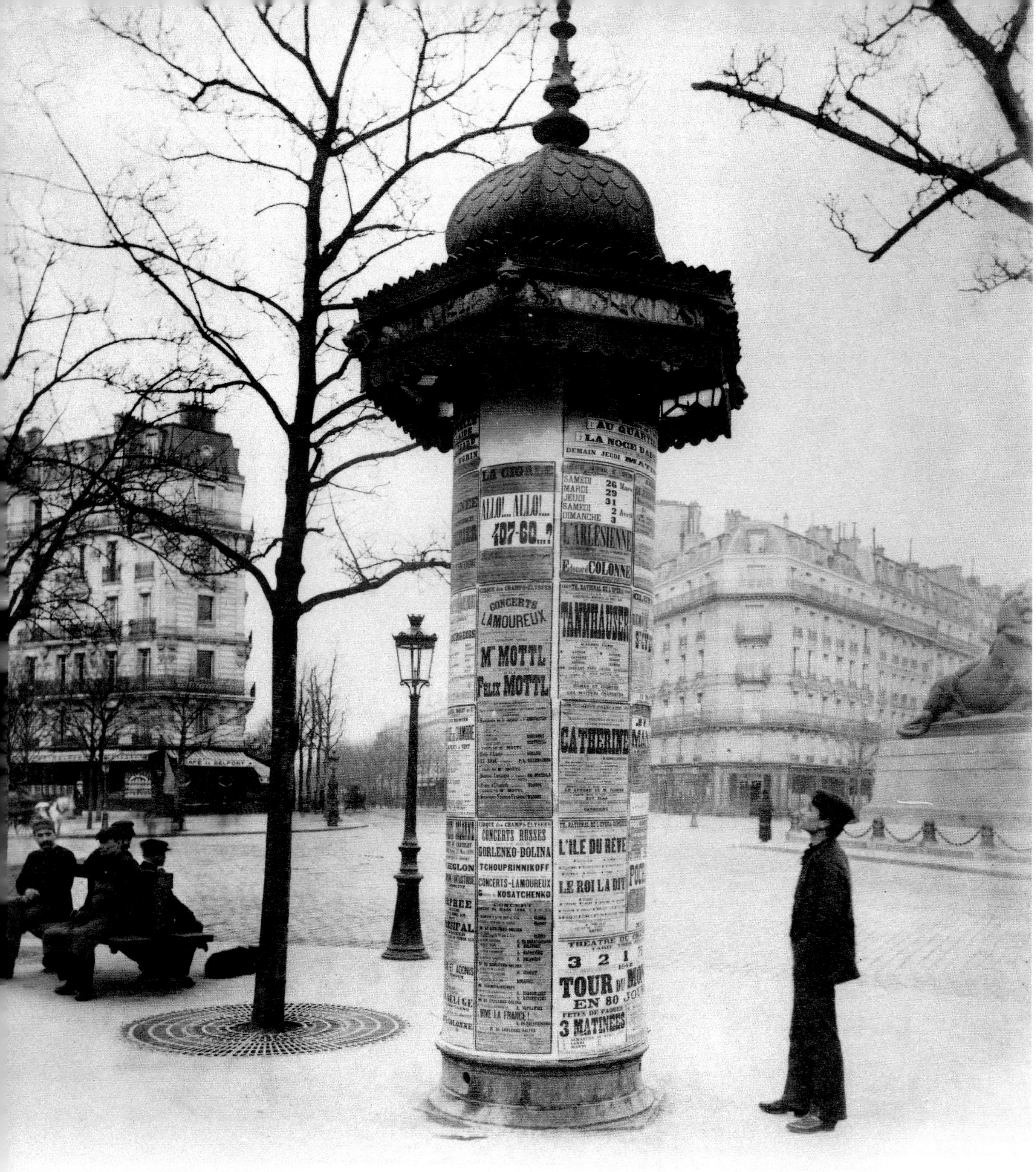

Réplique miniature de la sculpture effectuée en 1871 par Auguste Bartholdi, le lion de Belfort trône en majesté à l'entrée de la place Denfert-Rochereau. Rappelant la résistance héroïque de Belfort lors de la guerre de 1870, sa présence évoque aussi les heures triomphantes de l'histoire de France, et notamment l'entrée dans Paris de la division blindée du général Leclerc, en août 1944.

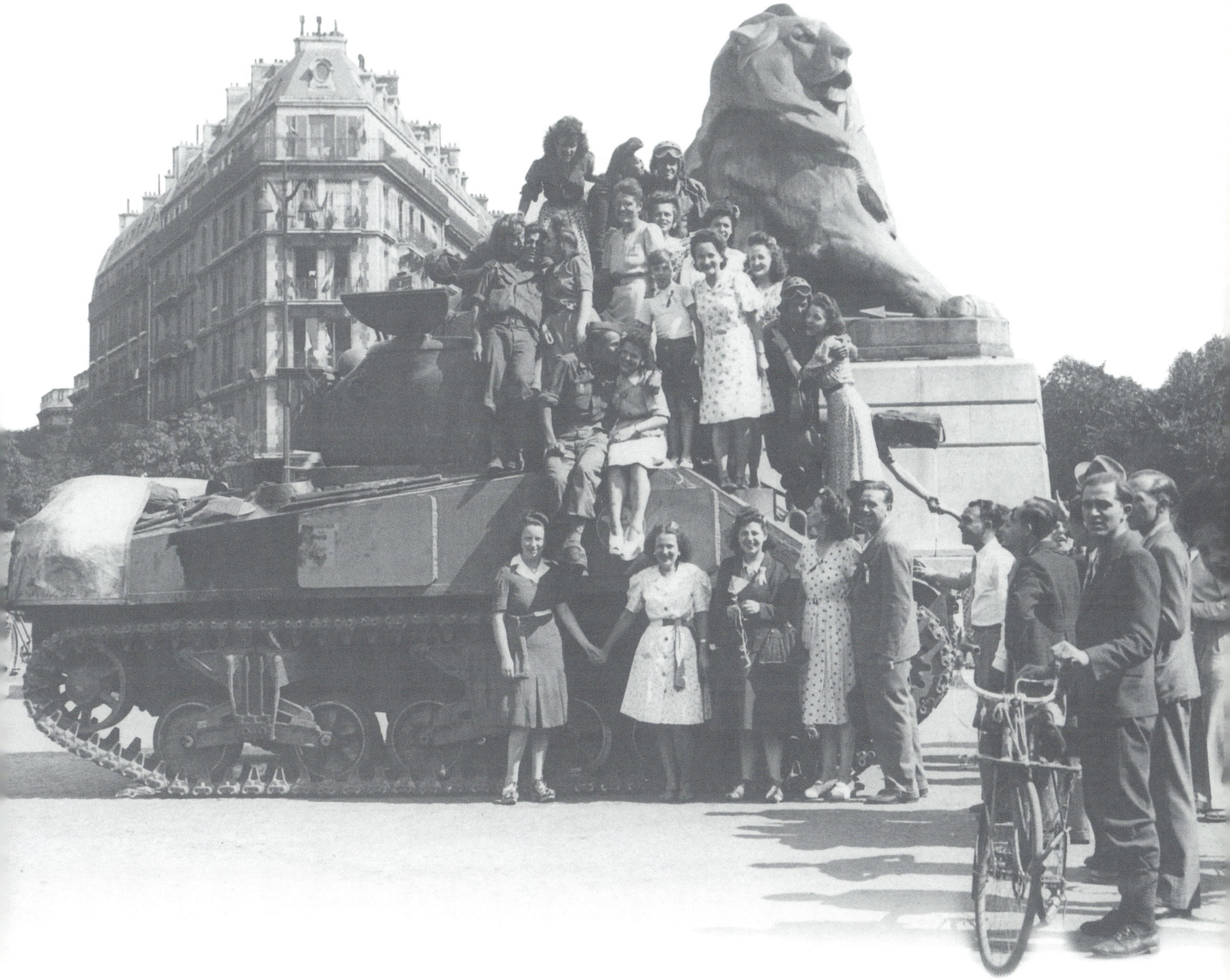

Denfert-Rochereau

PAGE DE GAUCHE :
Colonne Morris place Denfert-Rochereau.

CI-DESSUS :
Des civils juchés sur un char français lors de la Libération de Paris, place Denfert-Rochereau, août 1944.

CI-CONTRE, DE GAUCHE À DROITE :
Le passage des Thermophyles.
Le quartier Montsouris.

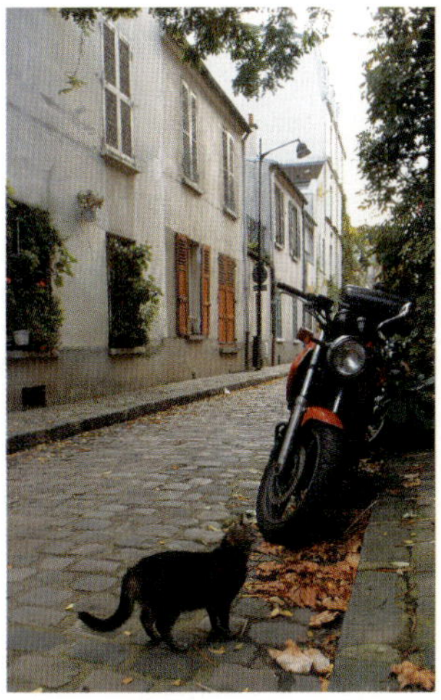

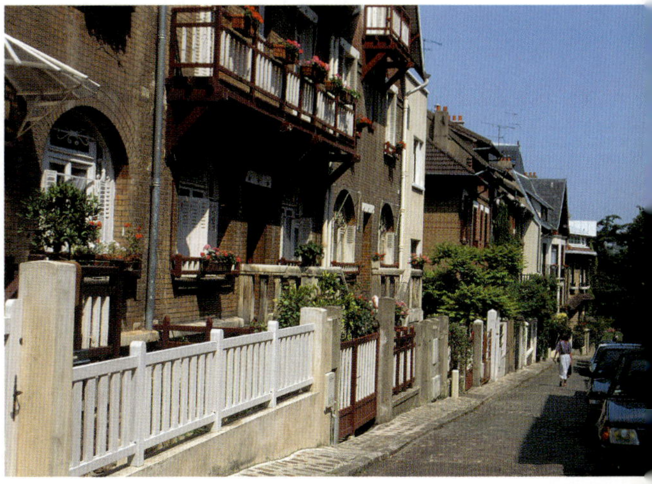

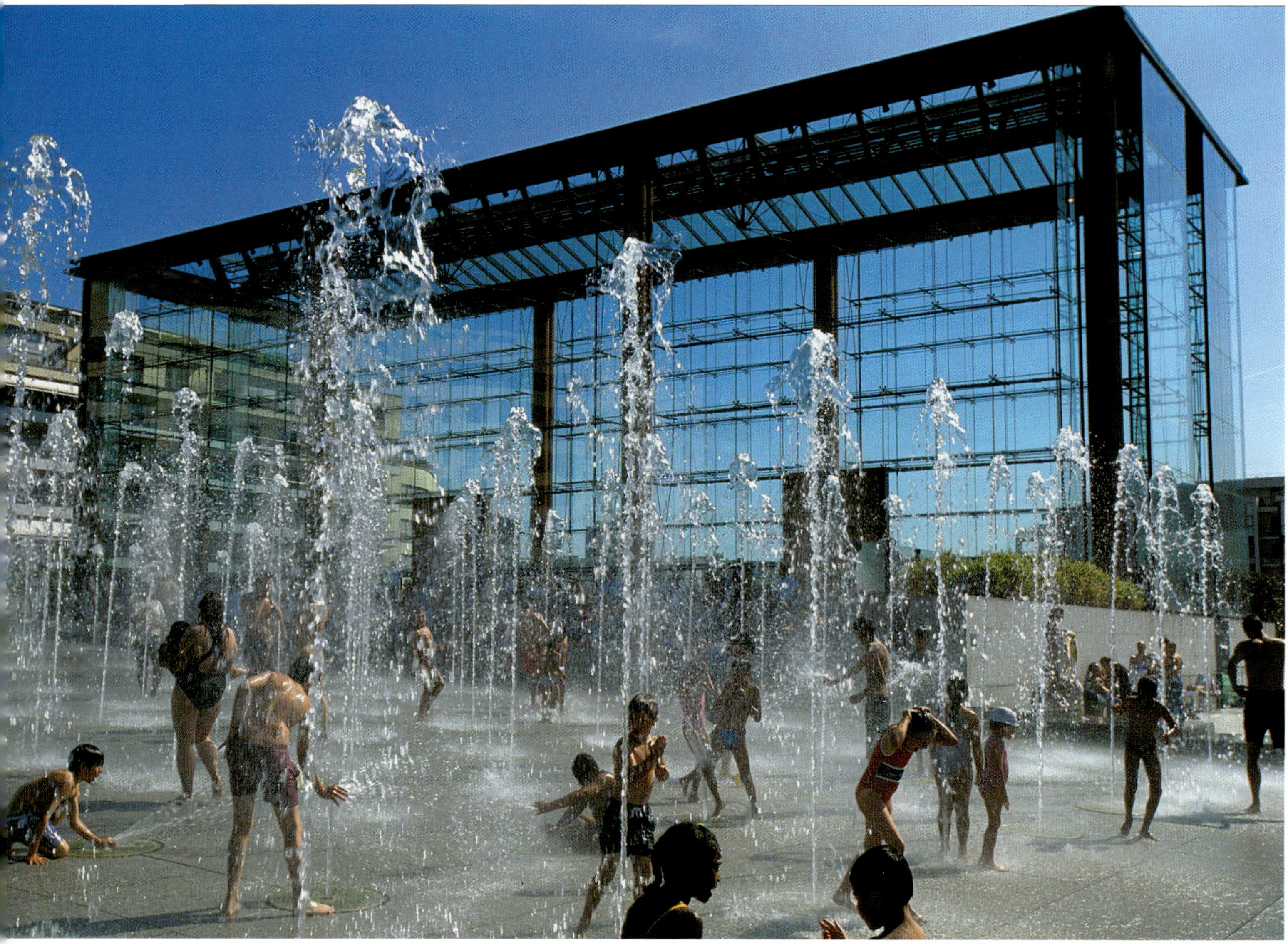

Le parc André-Citroën et le quai de Grenelle

CI-DESSUS :
Jets d'eau dans le parc André-Citroën.

CI-DESSOUS :
Le parc André-Citroën.

PAGE DE DROITE :
Vue aérienne de la tour Eiffel et du quartier de Grenelle.

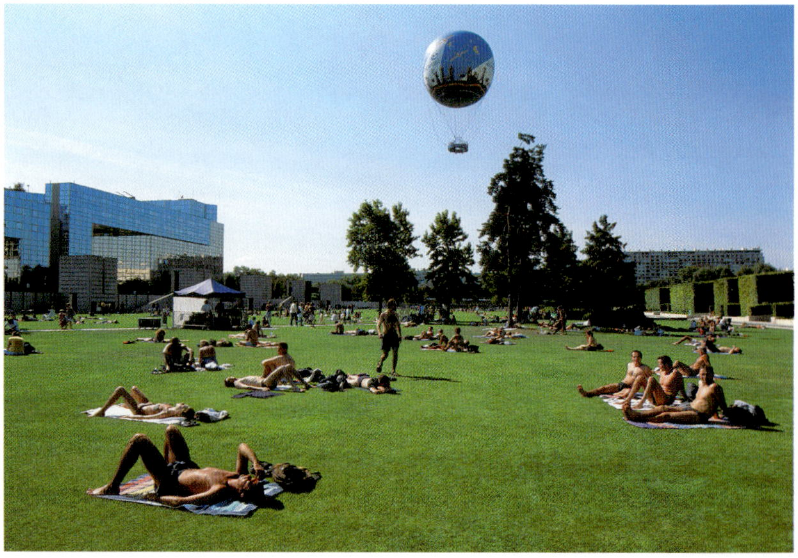

Au centre de l'ancienne zone industrielle des usines Citroën, le parc André-Citroën, inauguré en 1992, occupe une surface d'environ 14 hectares. Encadrée d'un canal et de serres, sa pelouse s'étend jusqu'à la Seine. Transcendant les anciennes catégories de jardins « à l'anglaise » ou « à la française », le parc, résolument novateur, est conçu autour de jets d'eau et d'une série de jardins à thèmes. Le jardin « blanc », le jardin « noir », le jardin « en mouvement », qui descend par degrés jusqu'à la Seine, le jardin « de roche », destiné à l'escalade, font l'émerveillement du promeneur, et le bonheur des riverains.

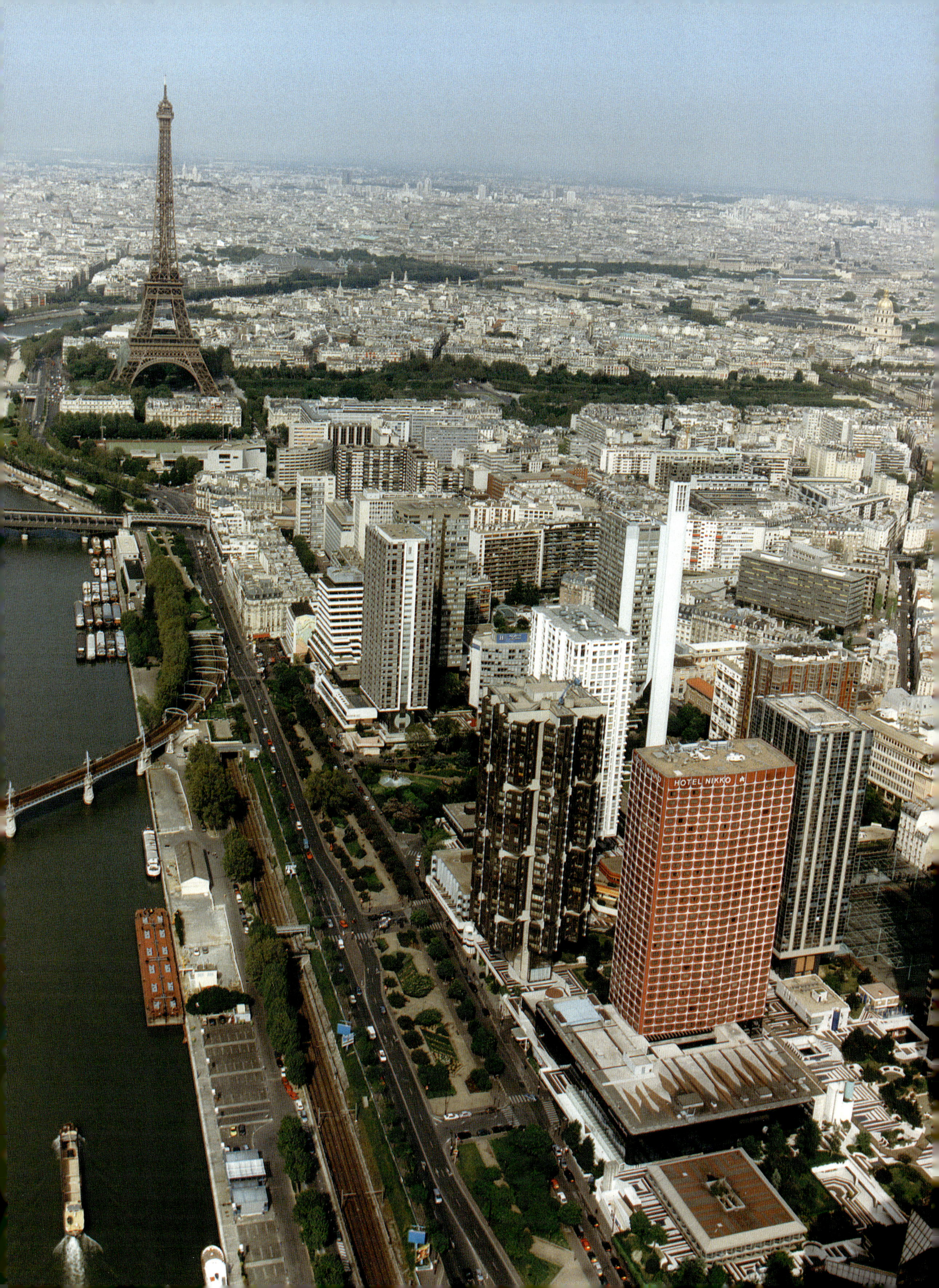
HOTEL NIKKO

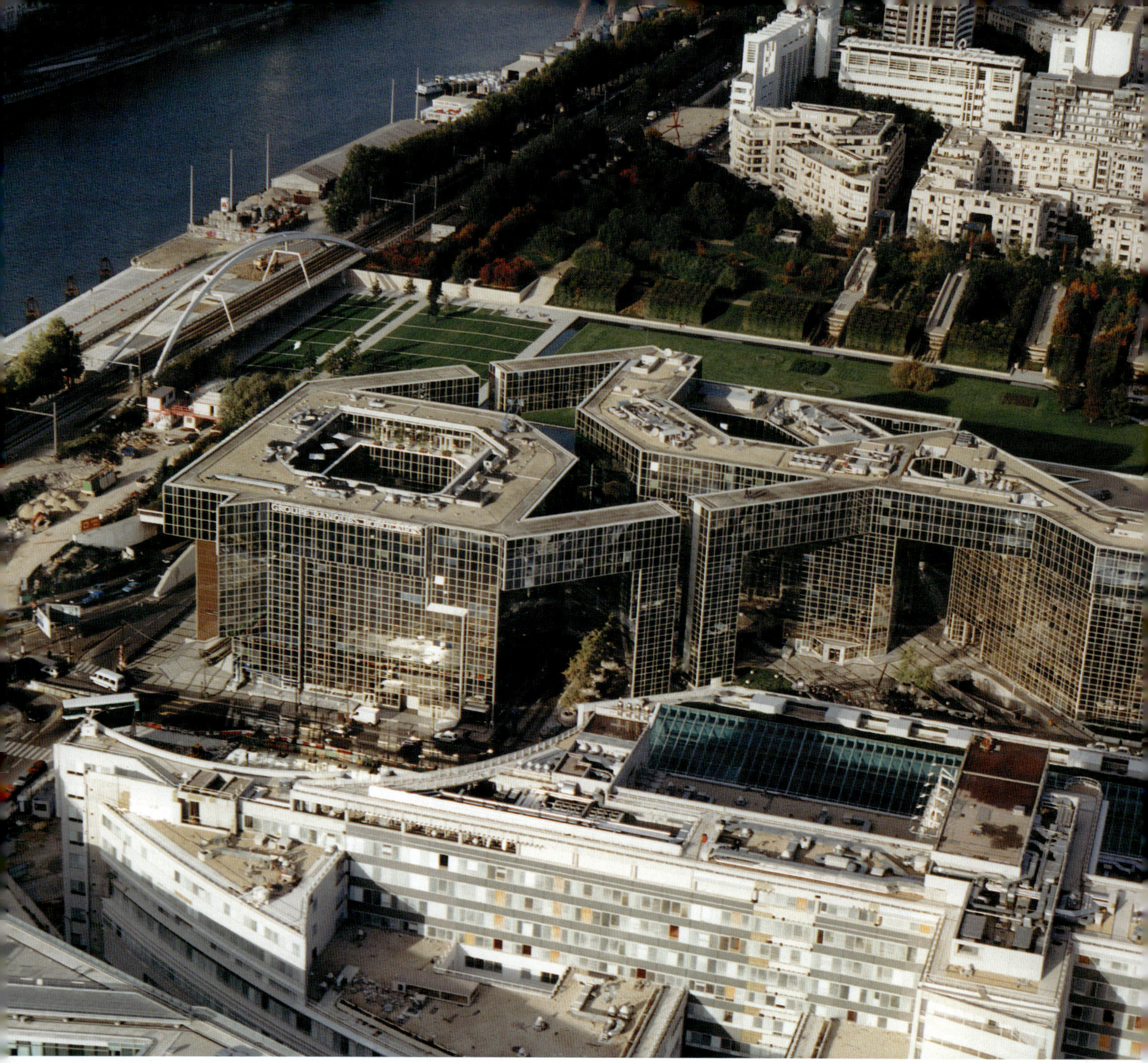

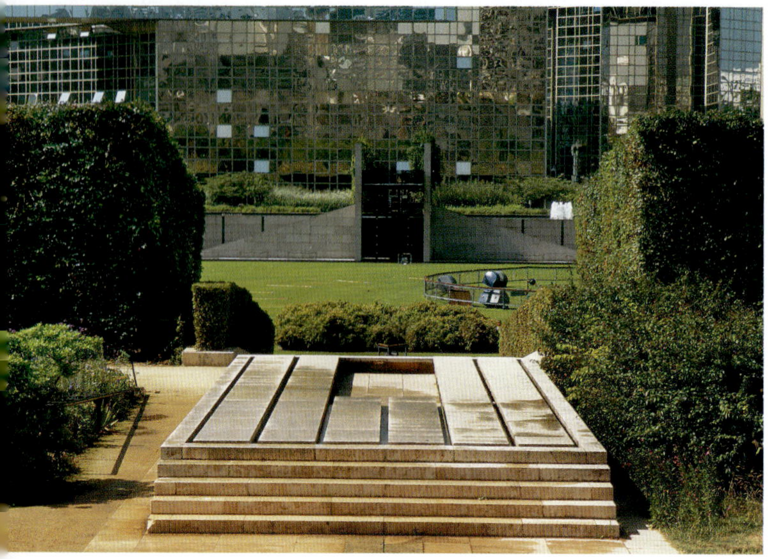

Les quartiers sud

CI-DESSUS :
Vue aérienne : Le Ponant et le parc André-Citroën.

CI-CONTRE :
Le parc André-Citroën.

PAGE DE DROITE, DE HAUT EN BAS :
La rue Nationale.
La porte de Vanves.

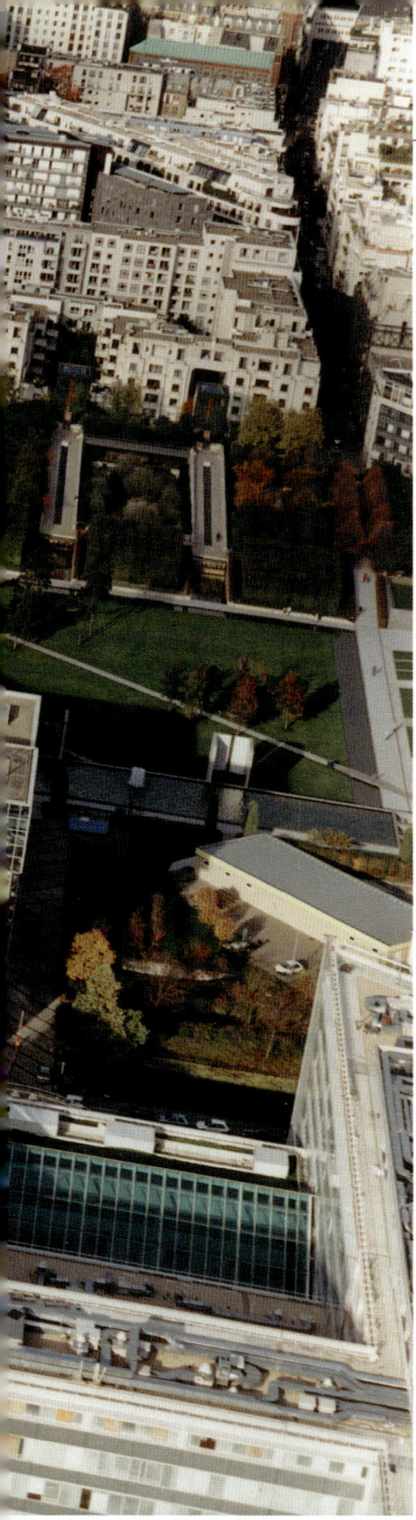

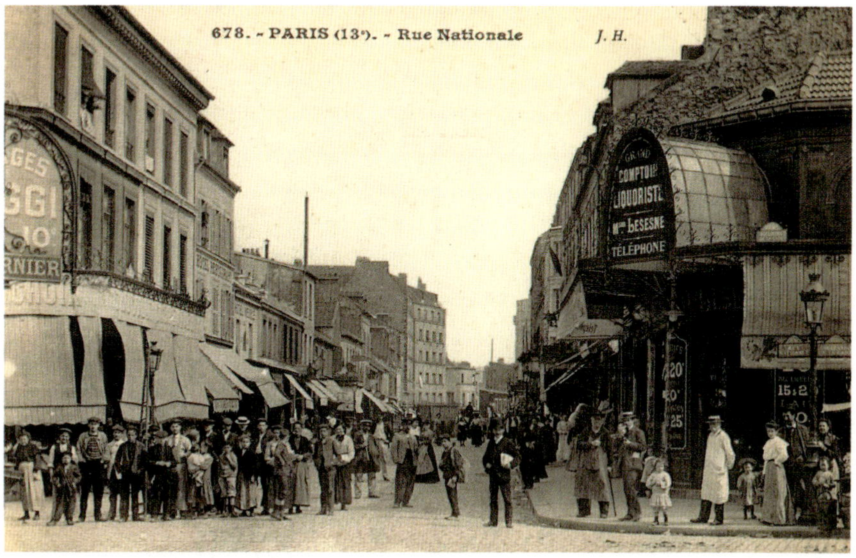

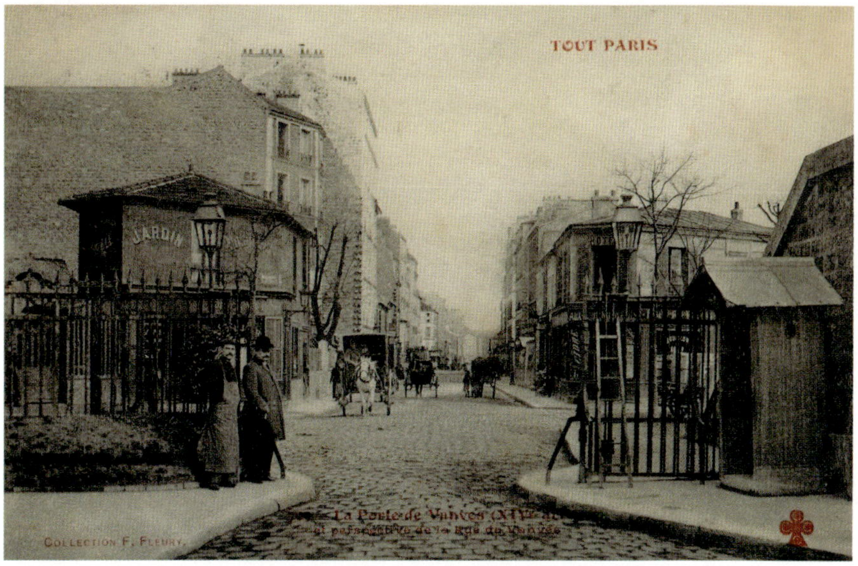

À la fin des années 1970, sous l'effet de la crise immobilière qui secoue la capitale, les friches industrielles et les îlots jusque-là insalubres sont à leur tour aménagés et convertis en quartiers habitables. Les édifices qui sortent alors de terre font l'objet d'innovations architecturales en tous genres. En quelque sorte serti dans le parc André-Citroën, l'ensemble architectural Le Ponant, composé de huit immeubles monumentaux, se situe entre la Seine et la rue Leblanc. Entièrement recouverts de verre doré et argenté, sur une surface atteignant les 30 000 mètres carrés, ses murs réfléchissent la lumière du couchant, particularité à l'origine de son nom : le ponant désigne l'endroit où le soleil se couche. Au crépuscule, cette cité labyrinthique, dont les immeubles semblent autant d'œuvres d'art, s'illumine et s'embrase durablement.

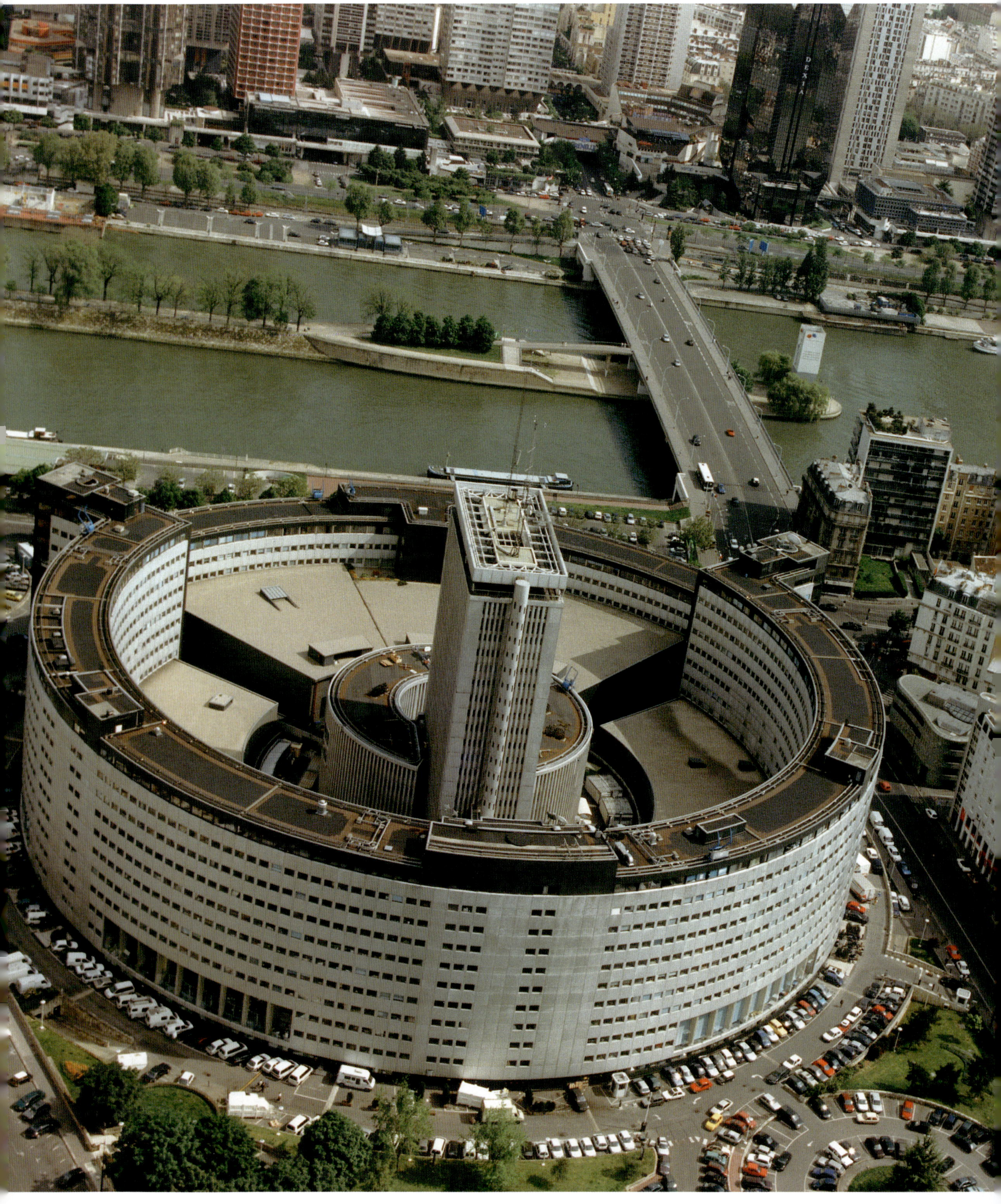
DEXIA

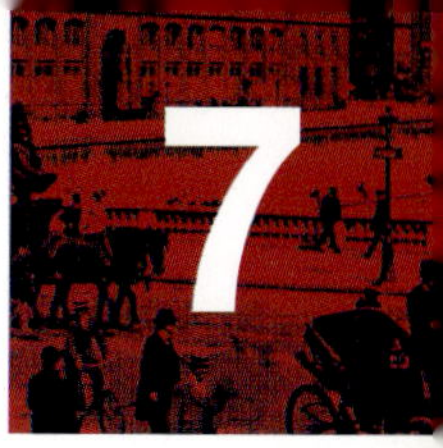

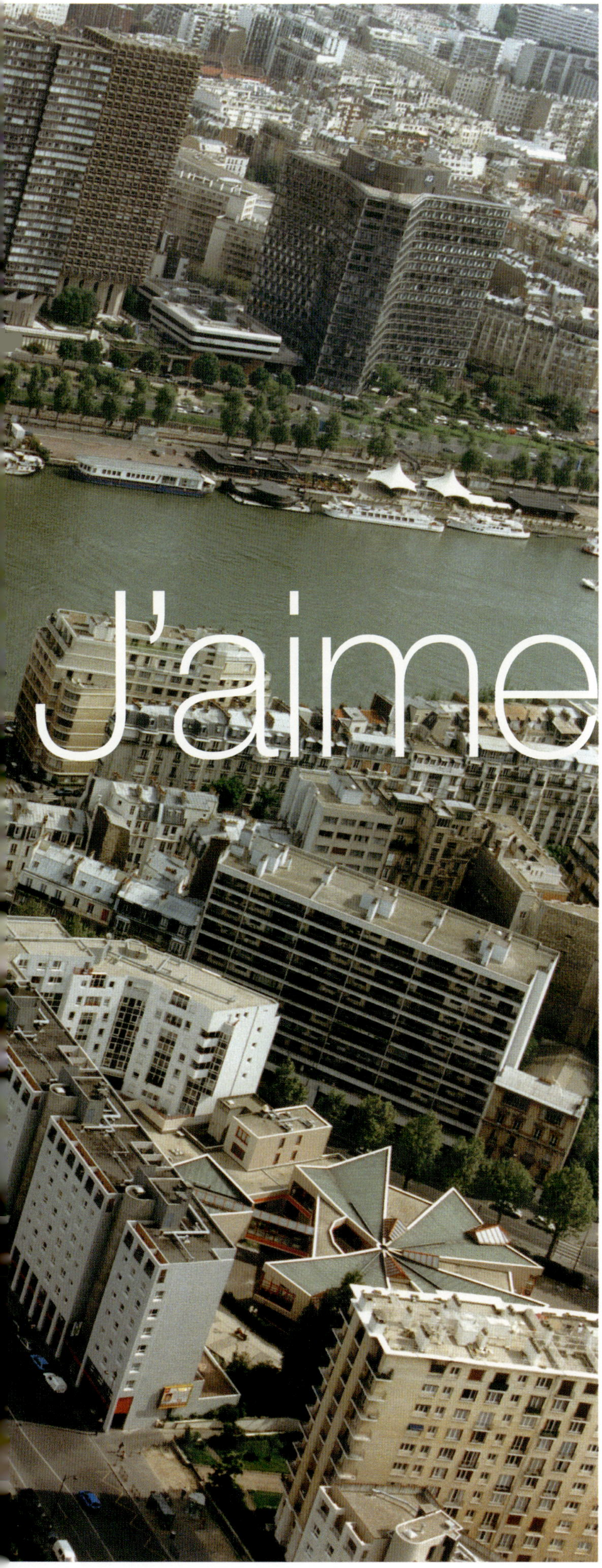

J'aime Paris

La tour Eiffel, Chaillot et le XVIe…

L'histoire du XVIe arrondissement et de l'ouest parisien se résume d'abord à celle, sans péripétie, des communes qui devaient les composer par l'intervention du baron Haussmann. Malgré leur rattachement à Paris, Chaillot, Auteuil et Passy conservent longtemps leur caractère paisible et rural avant que la spéculation immobilière n'ouvre finalement ce secteur de la capitale à l'appétit des promoteurs. L'ouest de Paris devient alors le lieu de nombreuses innovations en matière de construction, ses espaces inhabités autorisant toutes les audaces architecturales. Le Champ-de-Mars, vaste terrain campagnard utilisé pour les manœuvres depuis la fondation de l'École militaire, offre un cadre immense aux grandes manifestations de l'époque, telles les expositions universelles. Dans le courant du XIXe siècle, ce secteur de la capitale devient de plus en plus prisé, au fur et à mesure que s'y élèvent des monuments célèbres dans le monde entier.

Aujourd'hui, l'arrondissement le moins peuplé et le plus chic de Paris possède aussi le plus grand nombre d'ambassades (pas moins de soixante-six !), de musées et d'espaces verts. Le prestige, la culture et le bien-être y sont sans nul doute plus étroitement associés que partout ailleurs dans la capitale.

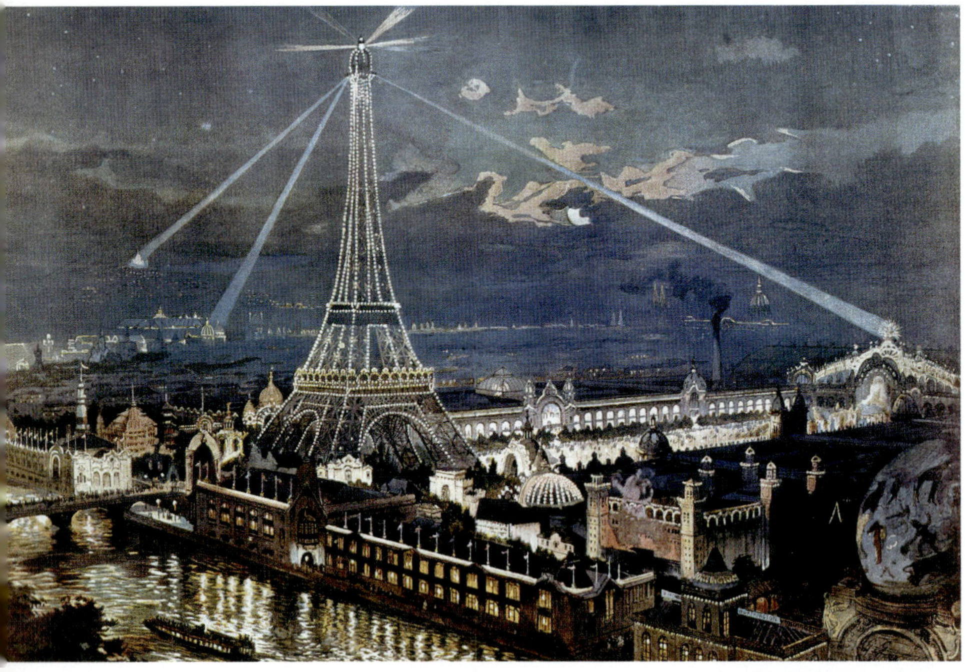

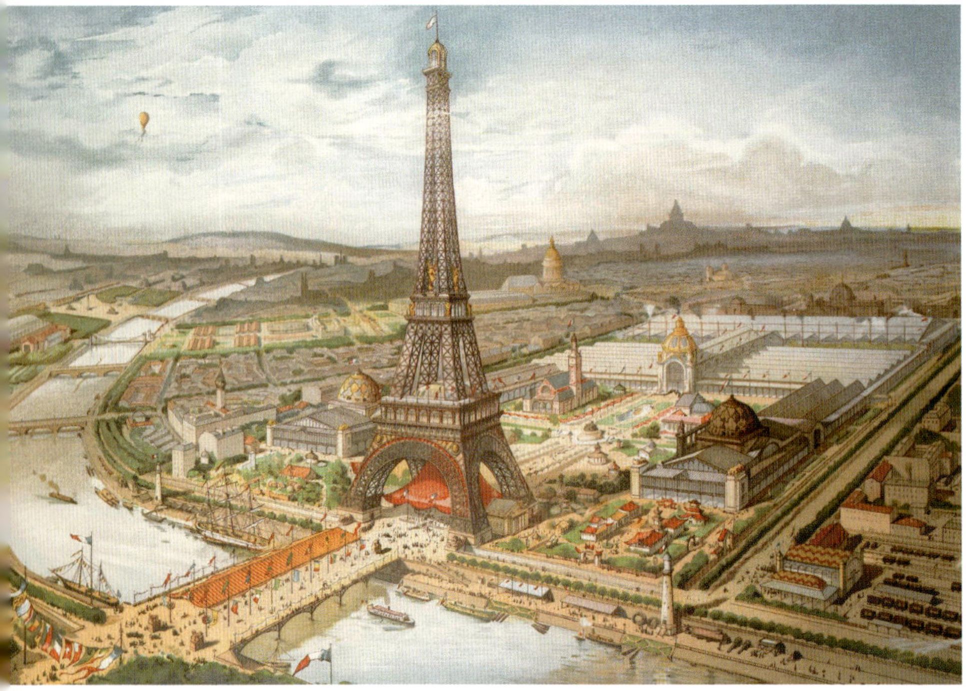

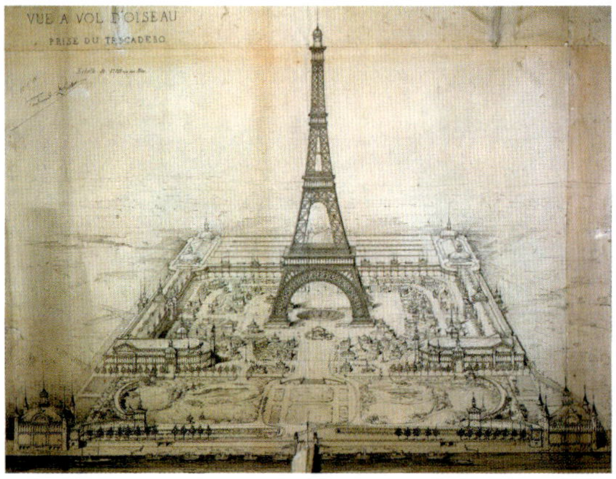

La tour Eiffel

CI-CONTRE, DE HAUT EN BAS :
Exposition universelle de 1900 : vue générale des fêtes de nuit.
Affiche pour l'exposition universelle de 1889.

CI-DESSUS :
Le Champs-de-Mars, 1886 : projet primé pour l'exposition de 1889.

PAGE DE DROITE :
La tour Eiffel la nuit, 1889, Alexei Bogoliouboff Petrovitch.

La conception de l'élément phare de l'Exposition universelle de 1889, une tour de fer à base carrée de 300 mètres de hauteur, donne lieu à un concours dont le *Journal officiel* du 2 mai 1884 publie le règlement : ingénieurs et architectes sont invités à présenter des projets permettant de relever ce défi technologique. Fleuron de l'industrie française, la tour doit être située sur le Champ-de-Mars.
Deux ingénieurs de l'entreprise Eiffel, Émile Nouguier et Maurice Kœchlin, ont alors l'idée d'une tour très haute, conçue comme un grand pylône formé de quatre poutres en treillis écartées à la base et se rejoignant au sommet. Ces poutres sont reliées entre elles, selon le principe des piles de pont, par des traverses métalliques disposées à intervalles réguliers. Sélectionné parmi nombre de dossiers de candidature déposés, le projet de Gustave Eiffel remporte le concours. Les travaux débutent le 28 janvier 1887.

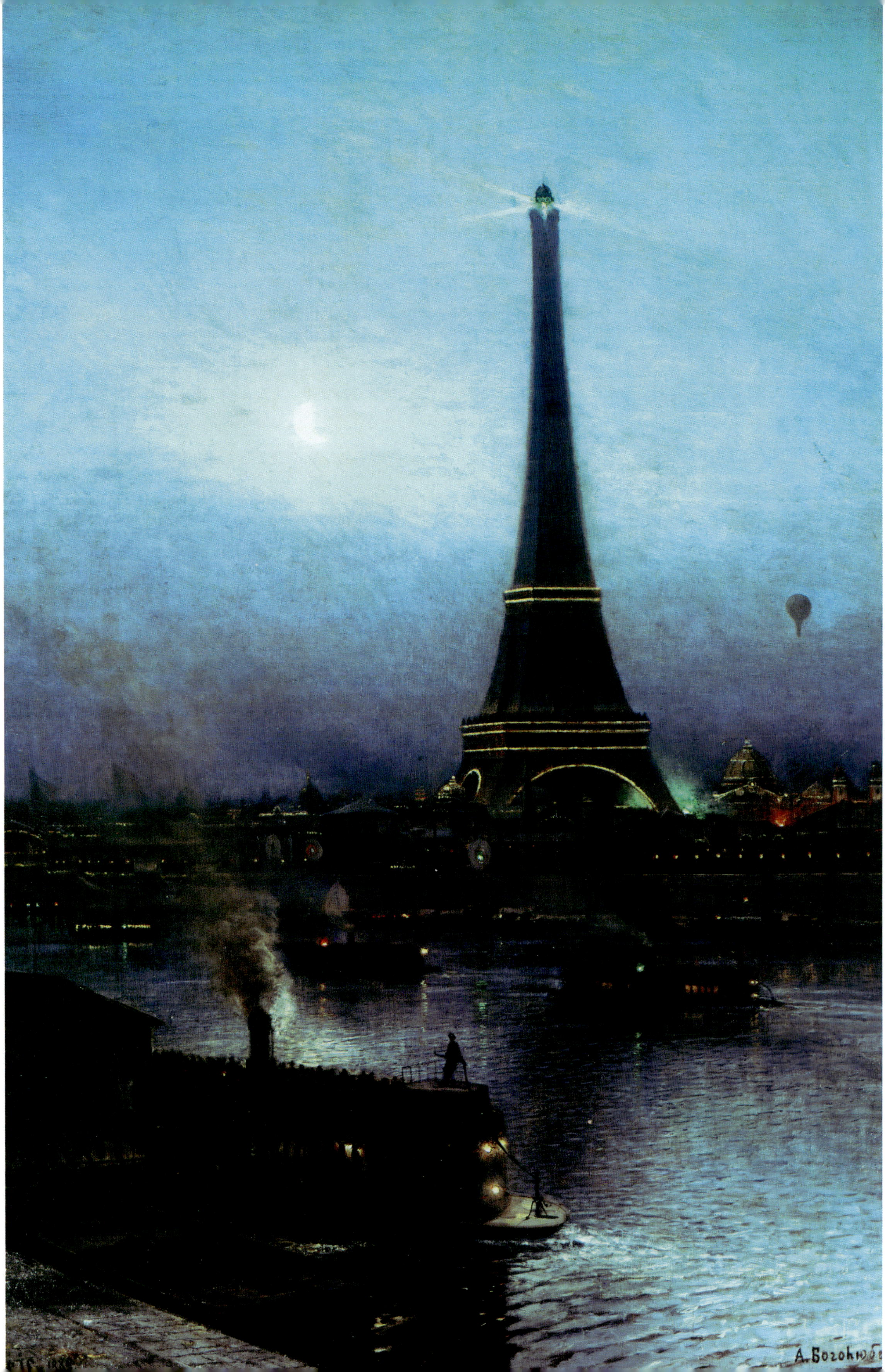

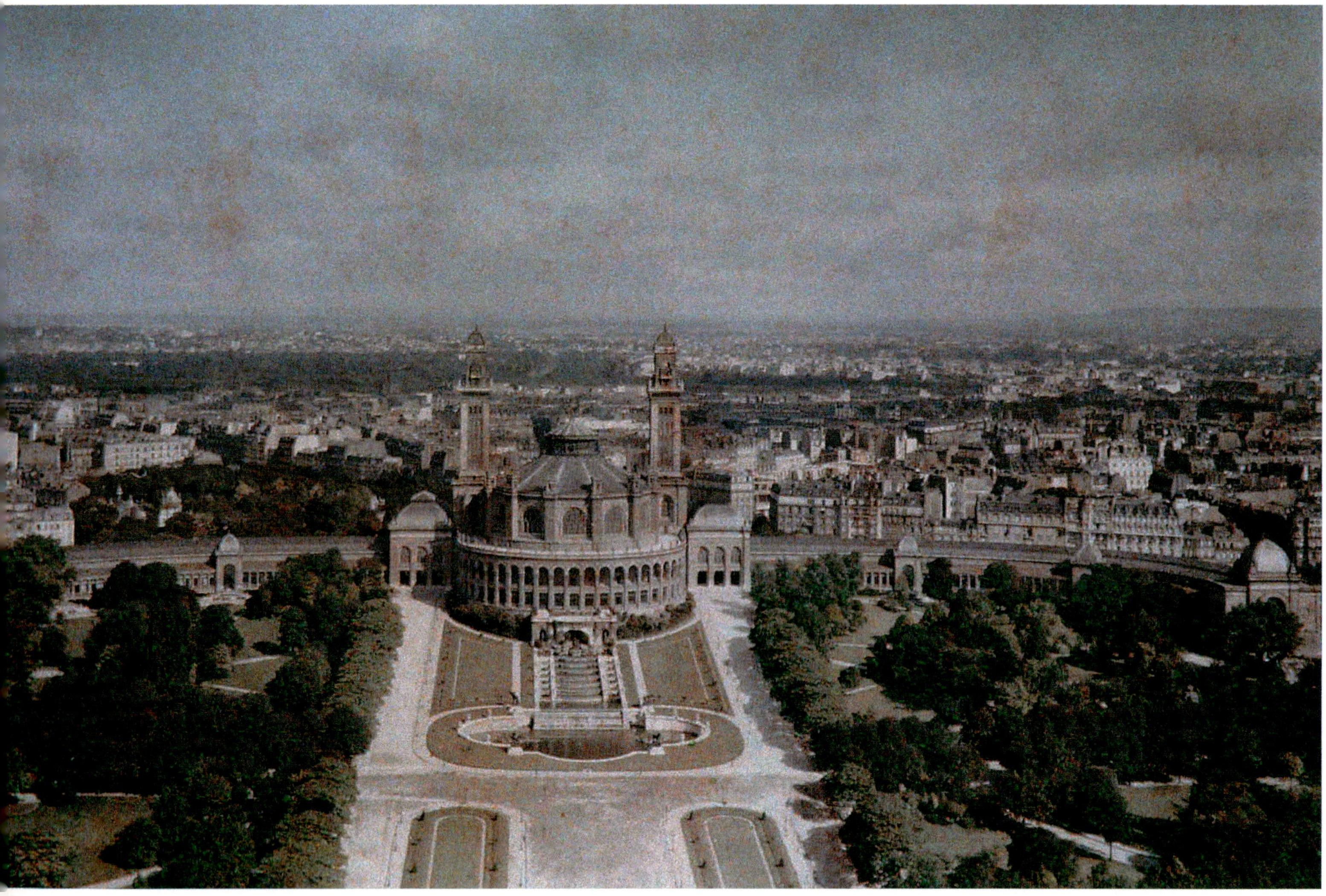

CI-DESSUS :
Le Trocadéro vu du deuxième étage de la tour Eiffel, 1912.

CI-DESSOUS :
Exposition universelle de 1900 : le Trocadéro et le pavillon des colonies.

PAGE DE DROITE :
Vue aérienne de la tour Eiffel.

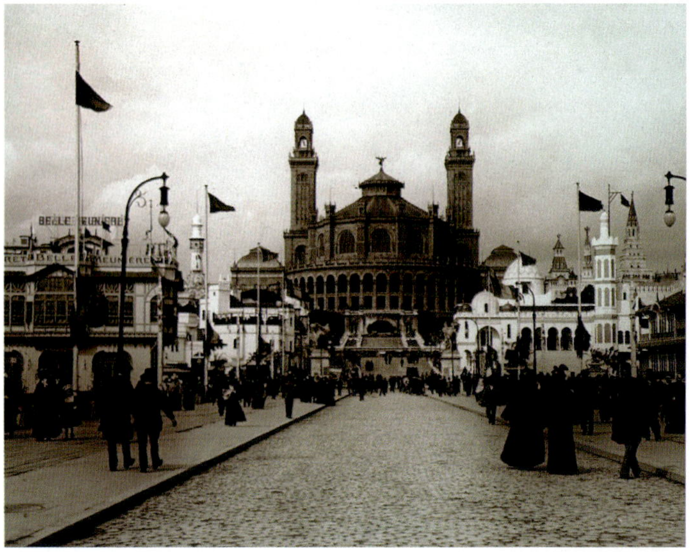

Modifiant sensiblement le paysage, la construction de la tour suscite engouement passionné et polémiques virulentes. De nombreux Parisiens souhaitent alors la voir disparaître, des personnalités publiques se mobilisent pour exiger sa destruction.

Cependant, les controverses s'éteignent d'elles-mêmes à l'achèvement des travaux. Tous les grands personnages de l'époque font le déplacement pour contempler le monument de fer, qu'une foule de Parisiens entend escalader. Pendant l'Exposition de 1889, deux millions de visiteurs entreprennent l'ascension des quelque 1 617 marches...

La beauté incontestable de la tour et l'immense succès populaire qu'elle remporte assurent sa pérennité. On ignore souvent qu'il était prévu à l'origine de détruire la tour Eiffel au bout de vingt ans, en 1909... Près d'un siècle plus tard, devenue le symbole de la capitale, elle accueille chaque année six millions de visiteurs désireux de constater par eux-mêmes l'exceptionnel point de vue dont on dispose du haut de ses 317 mètres.

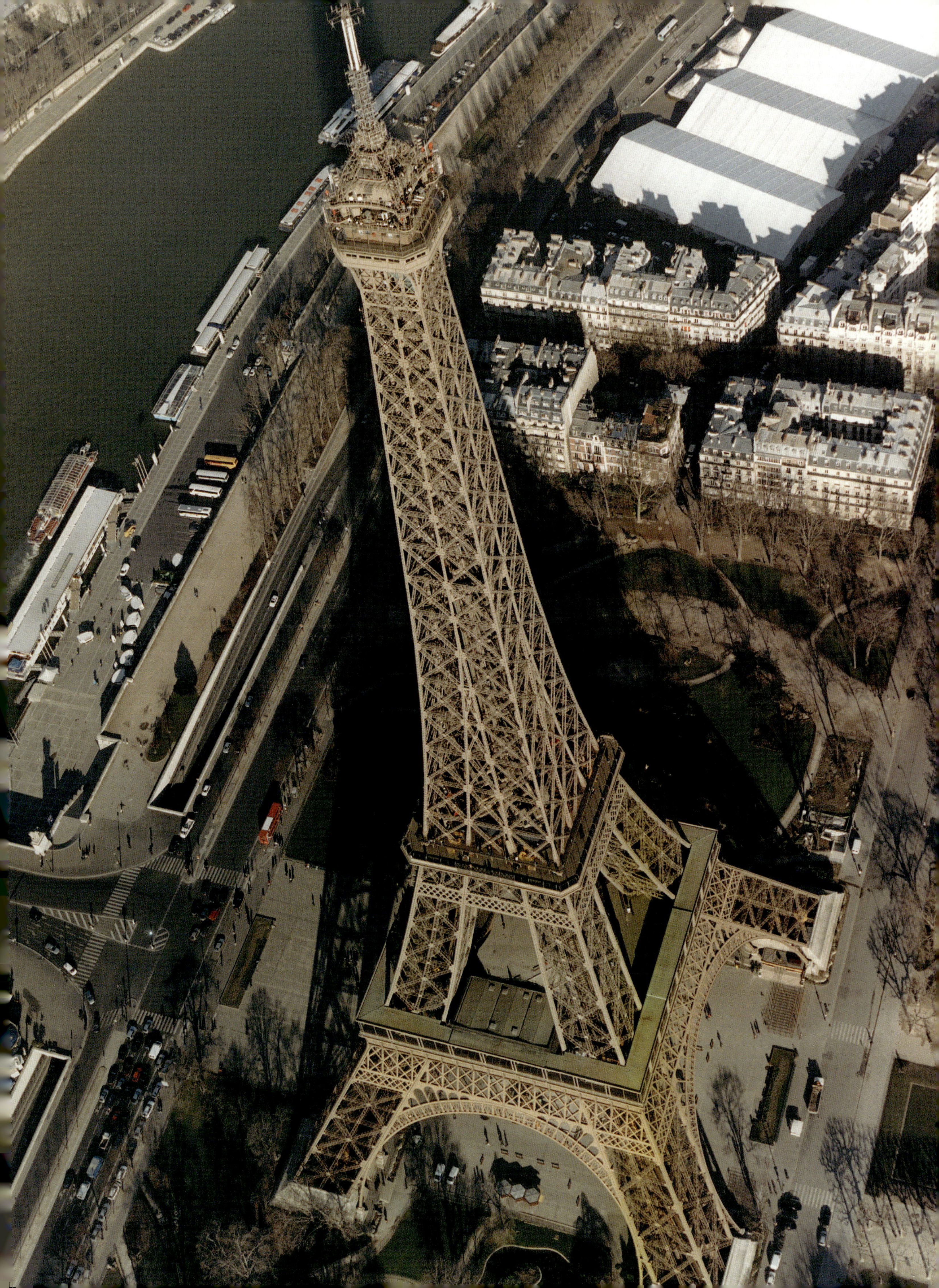

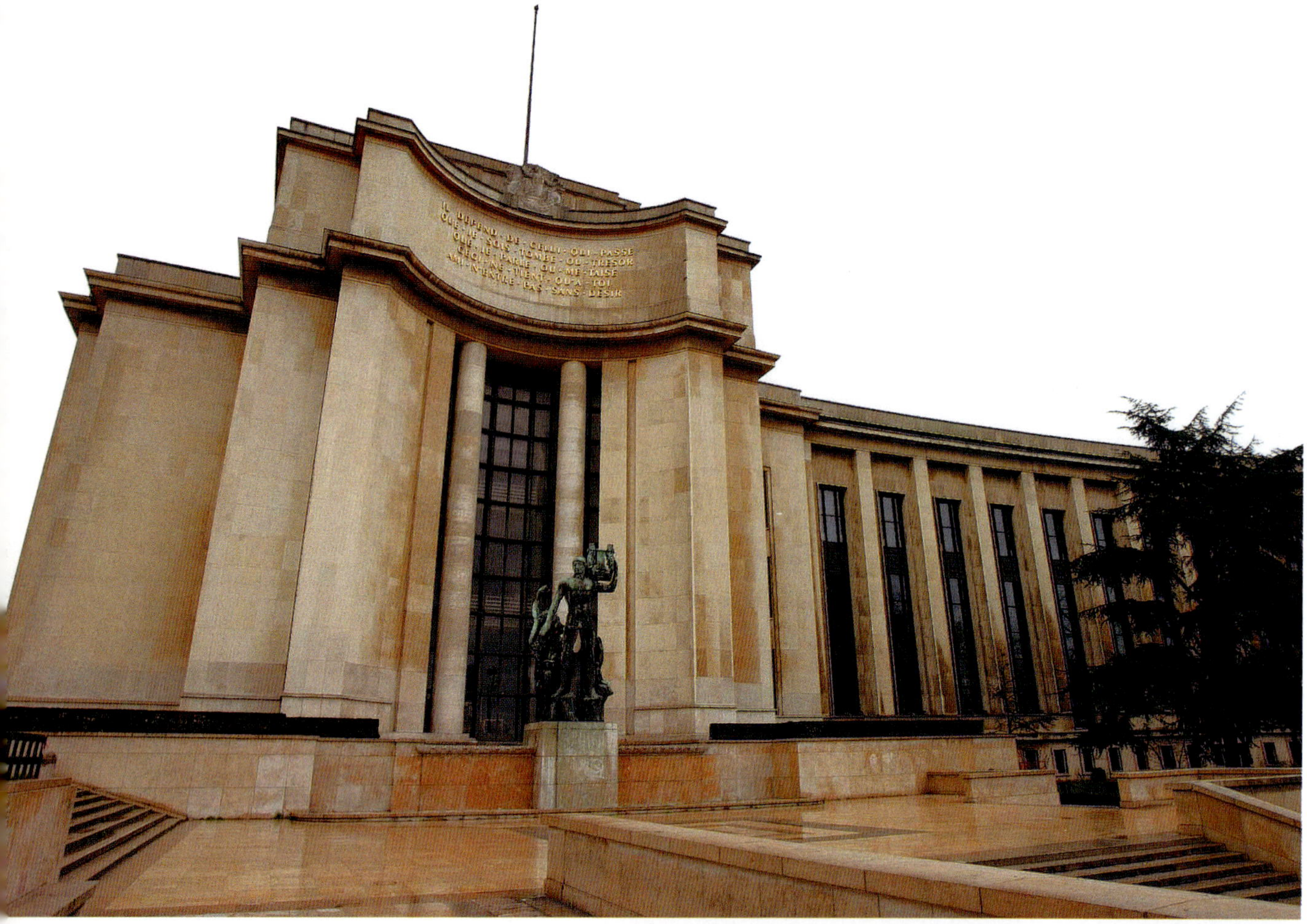

Le Trocadéro

CI-DESSUS :
Vue du Trocadéro depuis le parvis des Droits de l'homme, aile est.

CI-CONTRE, DE GAUCHE À DROITE :
L'homme de la tour Eiffel, 1949.
Technicien alpiniste, lors de la mise en place du nouveau scintillement de la tour Eiffel.

PAGE DE DROITE :
Le Trocadéro.

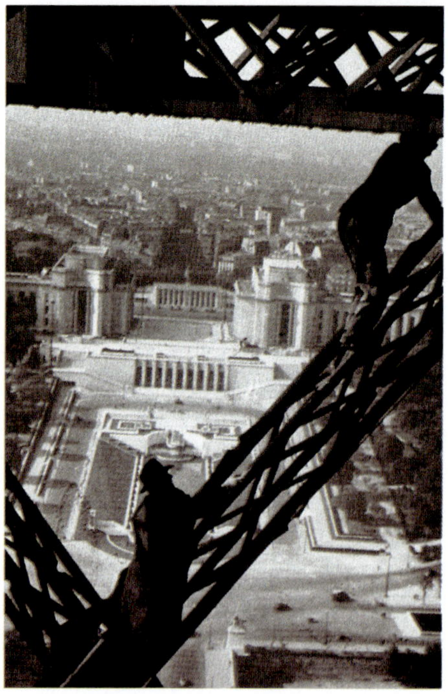

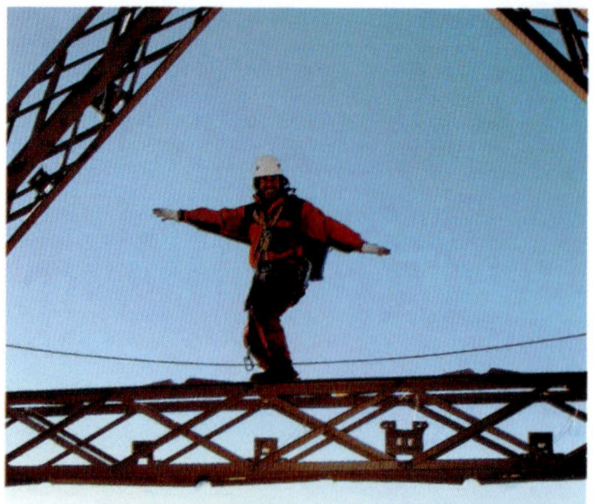

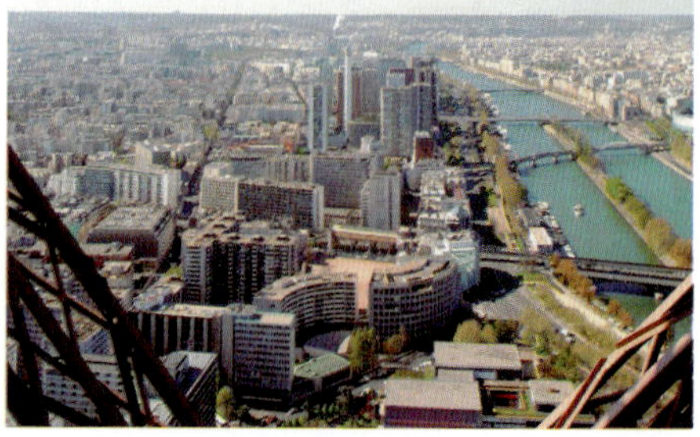

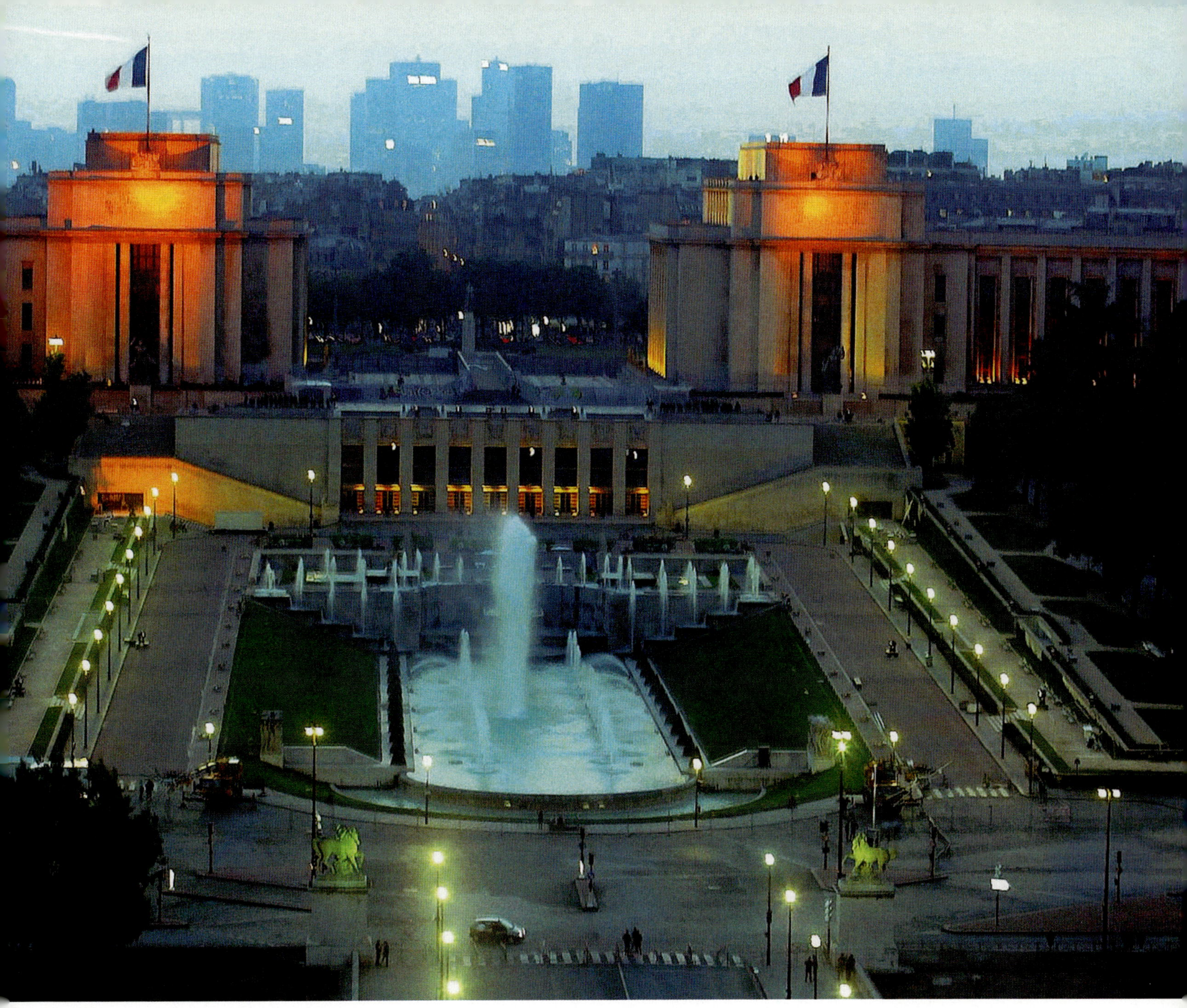

Construit pour l'exposition internationale des Arts et Techniques dans la Vie moderne de 1937, le monumental palais de Chaillot comporte deux ailes de forme courbe, entre lesquelles l'esplanade des Droits de l'homme offre un point de vue sans pareil sur la tour Eiffel et le Champ-de-Mars. D'une superficie de 93 930 mètres carrés, les jardins s'inclinent en pente douce en direction de la Seine.
Sobre et imposante, la façade néoclassique, typique des années 1930, est ornée d'inscriptions de Paul Valéry rappelant le visiteur à un devoir de curiosité intellectuelle. Les 55 000 mètres carrés occupés par le palais sont en effet dédiés à la culture : le musée de la Marine occupe l'aile sud, le musée de l'Homme le pavillon sud, le musée du Cinéma et la Cinémathèque sont situés dans l'aile et le pavillon nord. Le théâtre national de Chaillot vient compléter cet éventail.

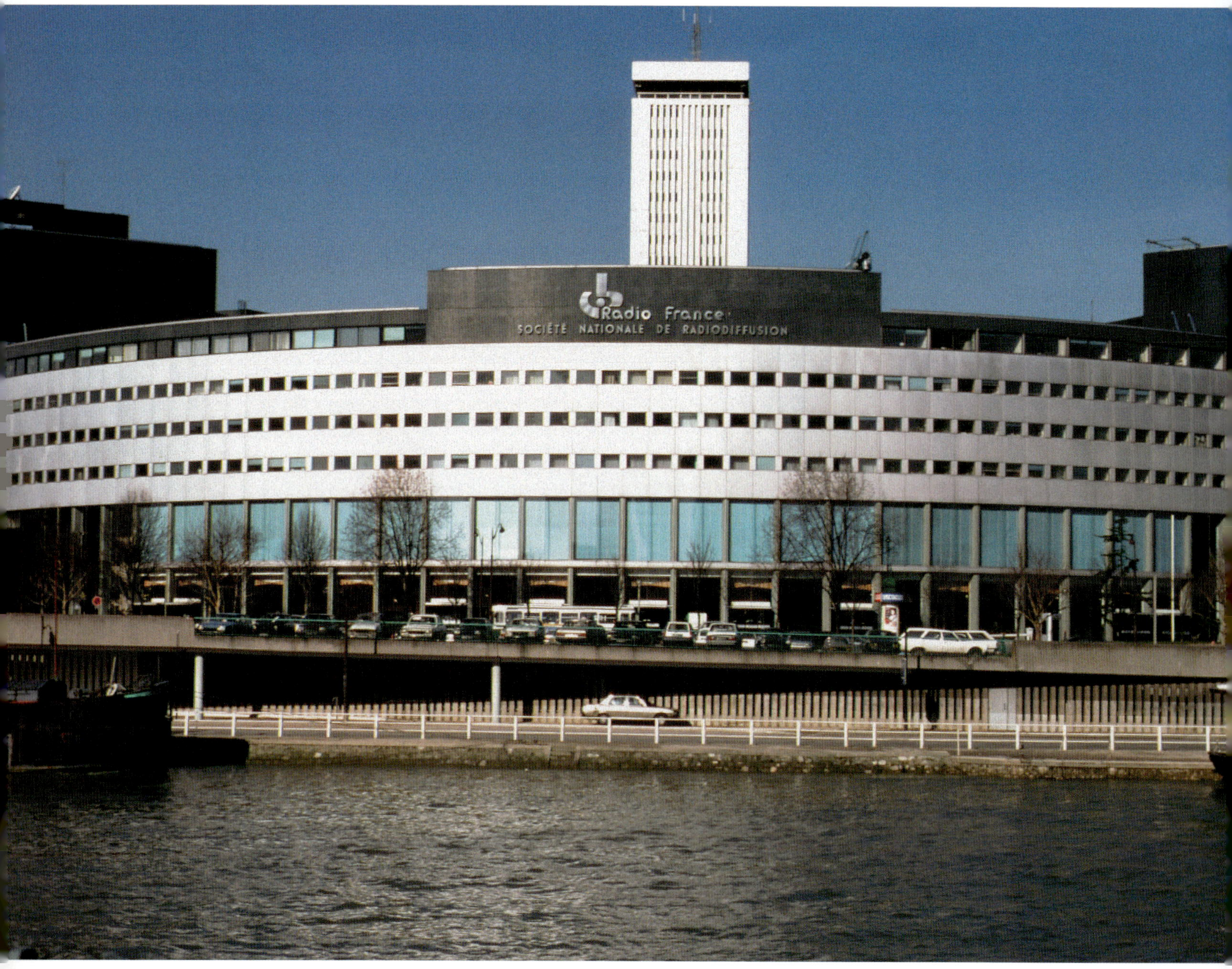

Le pont de Bir-Hakeim

CI-DESSUS :
La Maison de Radio-France.

PAGE DE DROITE :
Le pont de Bir-Hakeim.

C'est un véritable chef-d'œuvre d'architecture qui relie le quai de Grenelle à l'avenue du Président-Kennedy. L'élégante structure métallique du pont de Bir-Hakeim repose sur des piles de pierre agrémentées de groupes sculptés représentant forgerons et nautes. À l'étage supérieur, le viaduc du métro est supporté par deux rangées de fines colonnes ouvragées, sous lesquelles une promenade piétonne a remplacé la voie de circulation.

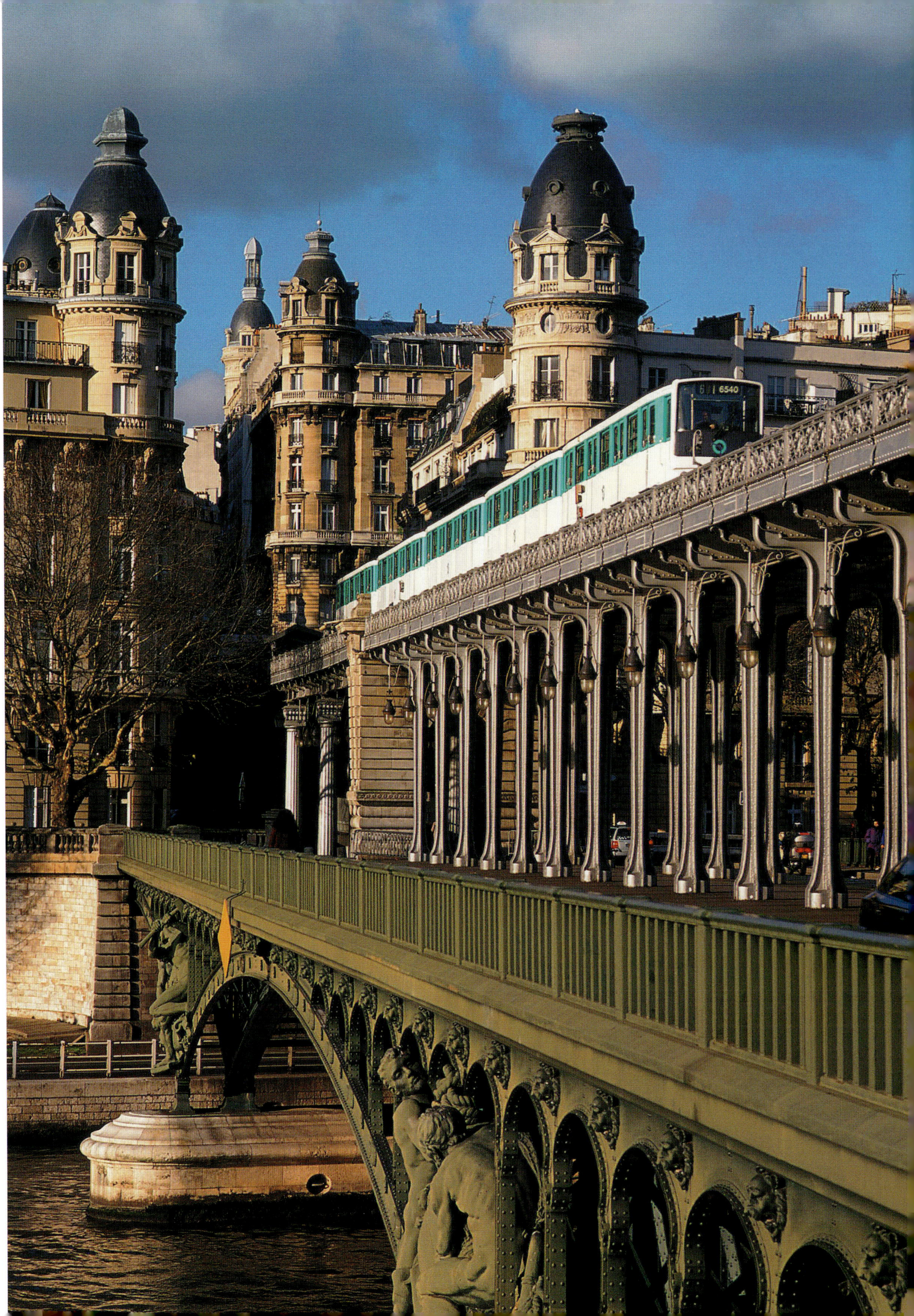

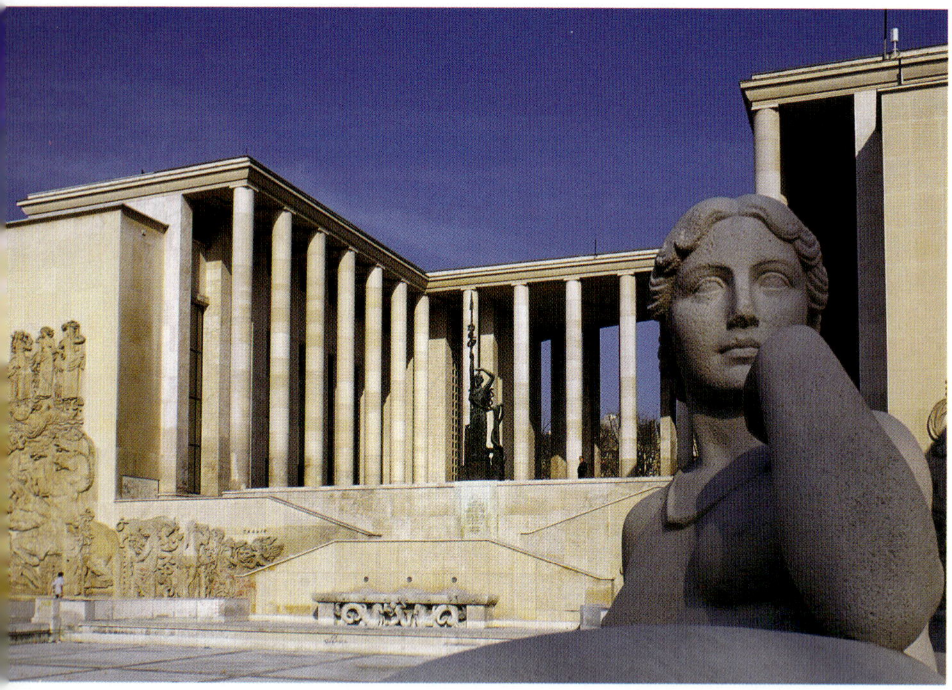

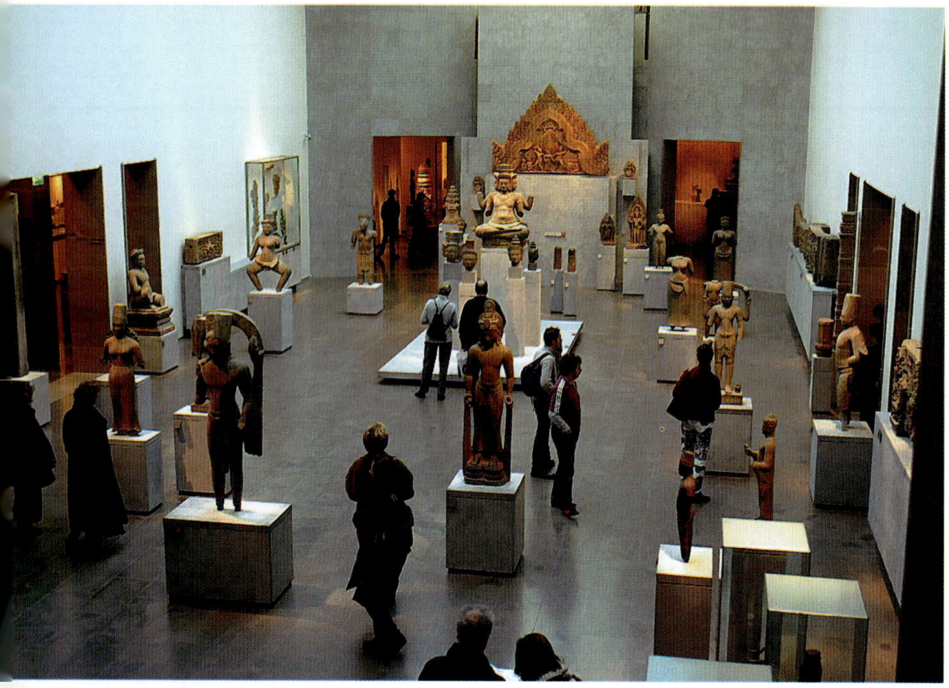

Le musée Guimet, le stade Roland-Garros

CI-CONTRE, DE HAUT EN BAS :
Le Palais de Tokyo.
Le musée Guimet, place d'Iéna.

PAGE DE DROITE, DE HAUT EN BAS :
Le court Suzanne-Lenglen à Roland-Garros.
Chaises à Roland-Garros.

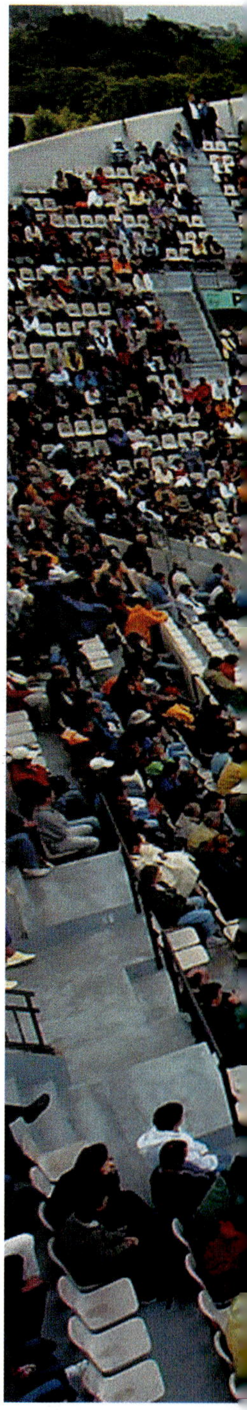

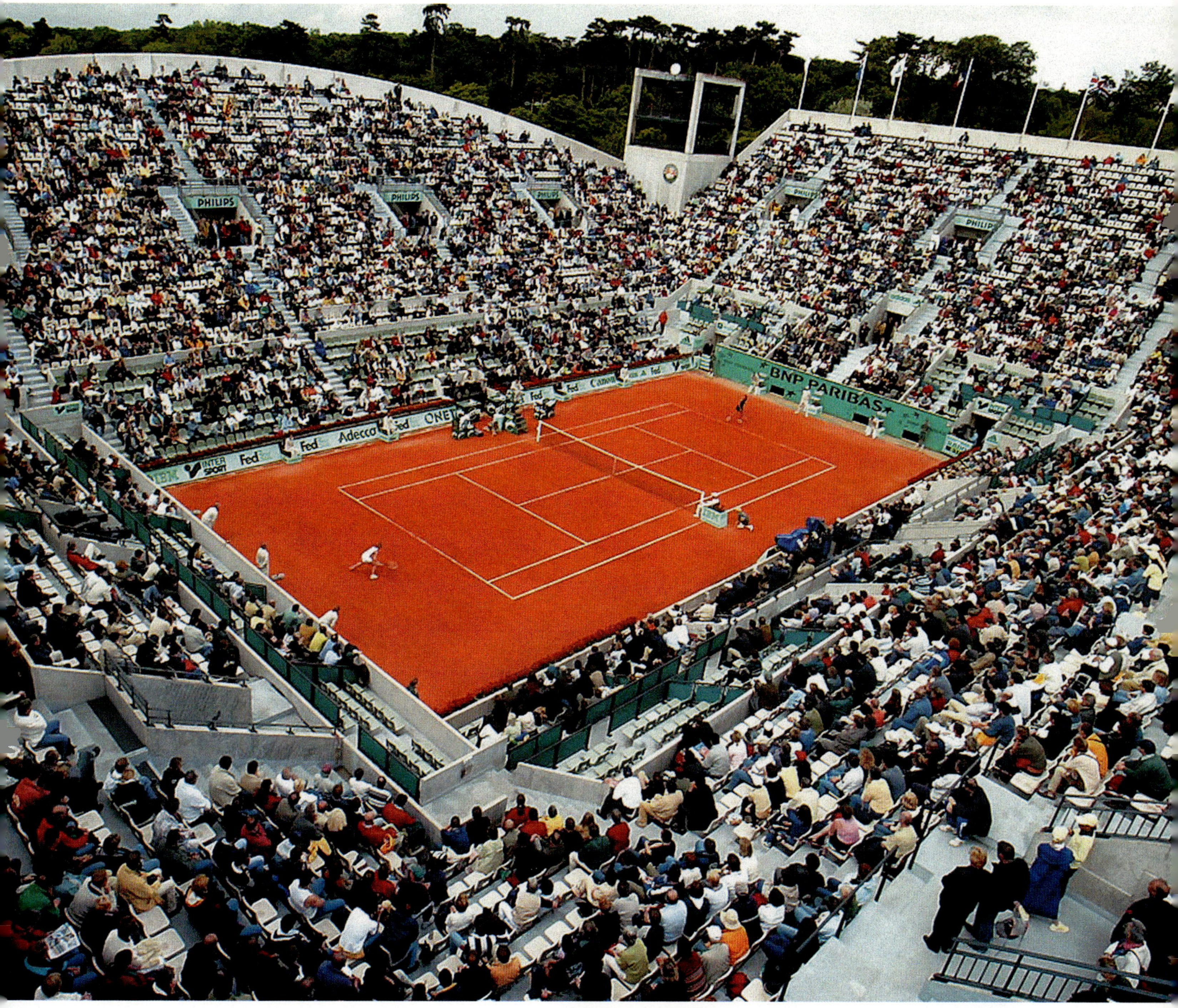

Avec quatre stades de dimensions internationales et les célèbres rencontres de tennis de Roland-Garros, le sport occupe une place prépondérante dans l'ouest de Paris. Mais ce district abrite également un grand nombre de lieux dédiés à la culture : le musée Marmottan (exposant notamment des collections de peinture impressionniste), celui de la Mode et du Costume, le musée national des Arts et Traditions populaires… L'Asie y est également représentée, à travers les collections d'Extrême-Orient du musée d'Ennery, les galeries du Panthéon bouddhique et le musée Guimet. Ce dernier regroupe, dans un hôtel particulier de la fin du XIXe siècle, les collections léguées par Émile Guimet, industriel lyonnais passionné par l'Asie, auxquelles ont été adjointes les collections nationales. Tout l'Orient se traverse dans les limites du XVIe arrondissement.

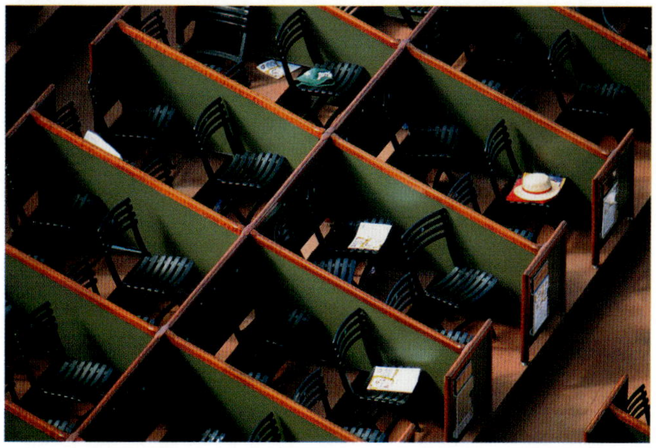

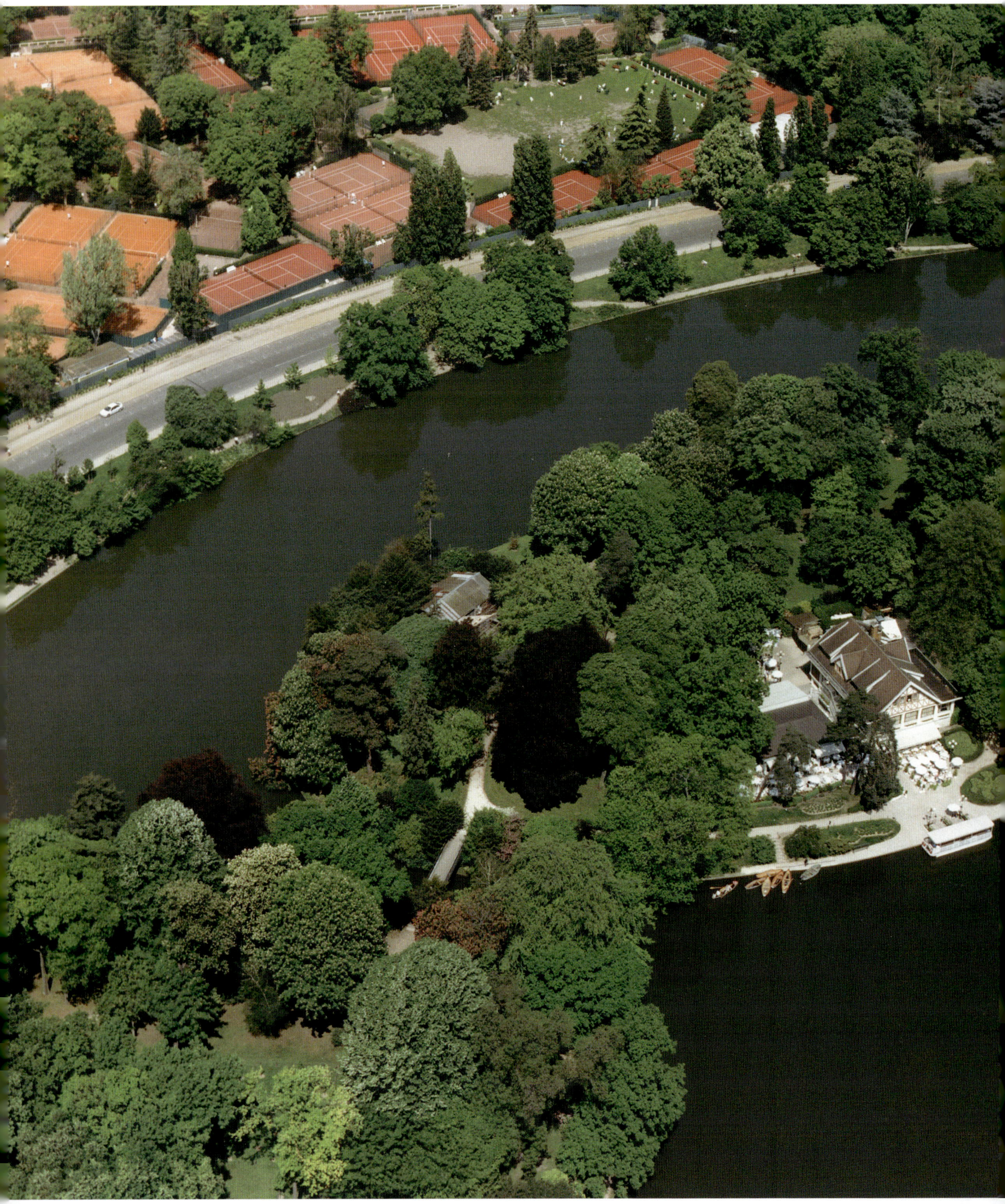

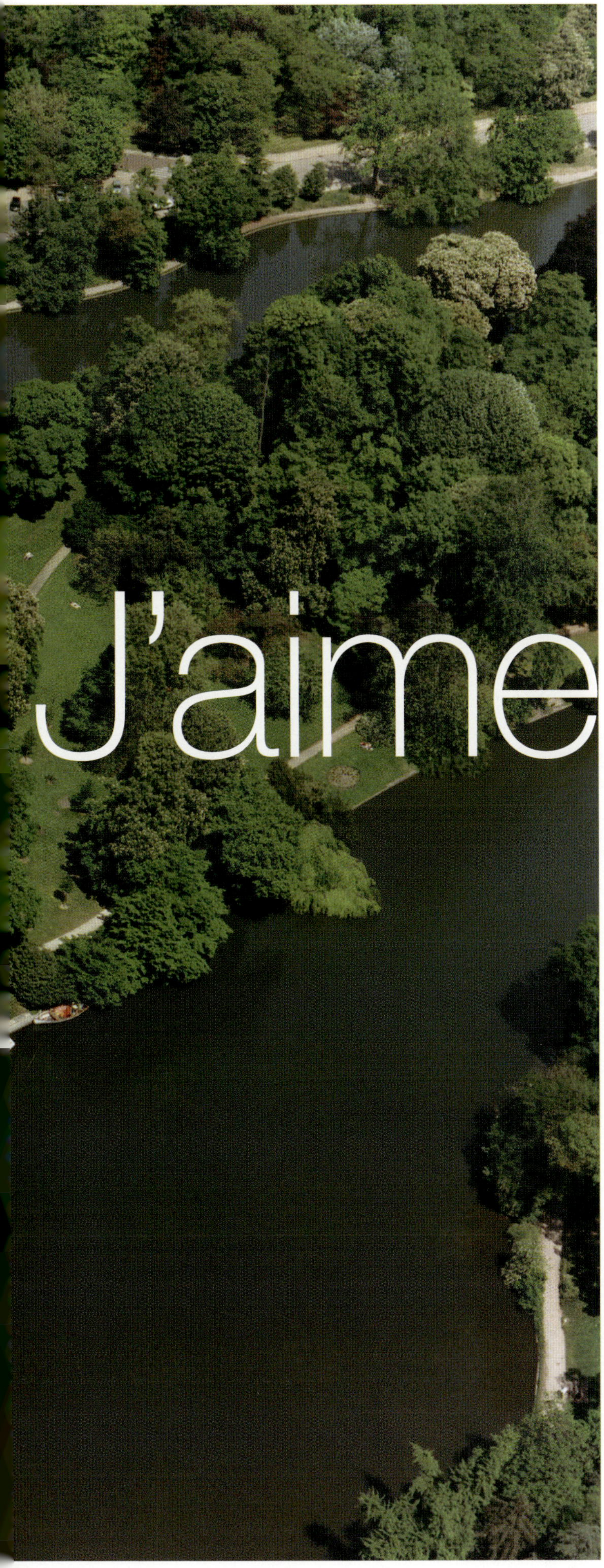

CHAPITRE 8

J'aime Paris

Ses parcs et jardins…

Derniers espaces naturels de vastes dimensions à proximité de la capitale, les bois de Boulogne et de Vincennes constituent un espace, heureusement préservé, dédié aux Parisiens. Ces étendues naturelles en milieu urbain constituent en effet une véritable respiration pour la ville. Partie intégrante du patrimoine historique, les bois offrent aux habitants de la capitale un contact privilégié avec la nature et permettent de rompre avec les contraintes urbaines. Les possibilités d'évasion qu'ils présentent sont nombreuses et variées : promenades de détente, activités physiques et sportives de plein air accessibles indépendamment de critères financiers, espaces de tranquillité dans un environnement de plein air, lieux dédiés à la convivialité où il est possible de se cultiver… Enfin, des activités culturelles liées au patrimoine forestier sont organisées, permettant aux enfants des villes de découvrir la nature…

Aujourd'hui, le bois de Boulogne et celui de Vincennes font l'objet d'une charte de développement durable, dont la ville de Paris et les communes avoisinantes sont signataires. Chers au cœur des Parisiens, plus que jamais nécessaires à la ville et à ses habitants, les bois requièrent une attention particulière : ils sont la bouffée d'air pur dont Paris a besoin aujourd'hui et qui sera indispensable demain.

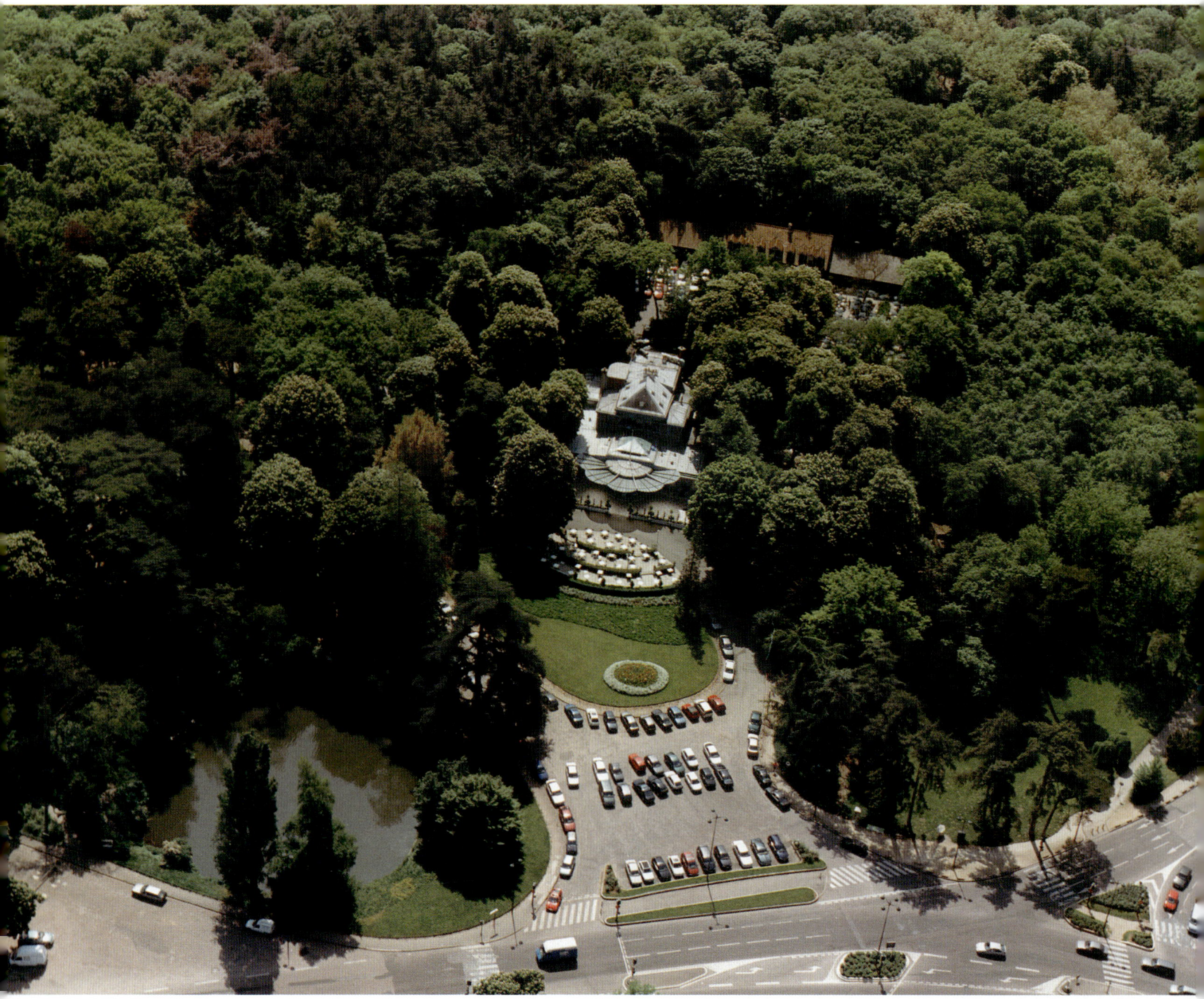

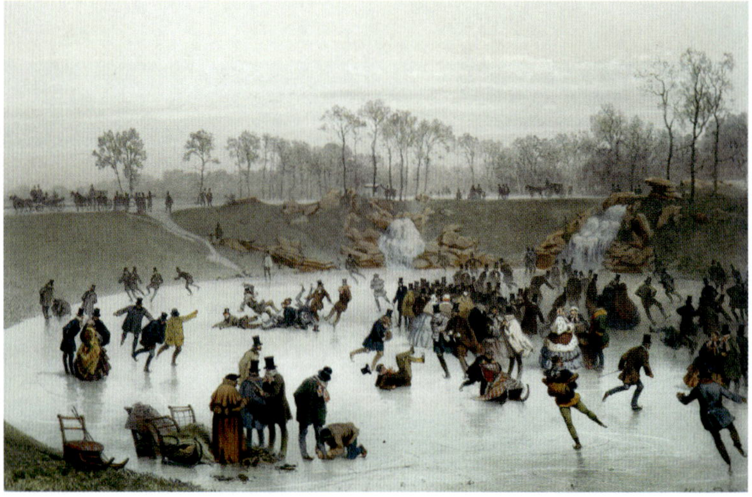

Couvrant une superficie de 865 hectares environ, le bois de Boulogne occupe le site de l'ancienne forêt de Rouvray et met à la disposition des promeneurs une totalité de près de cent kilomètres de chemins et de sentiers. Propriété de l'État à partir de 1848, il est cédé à la ville de Paris par Napoléon III, en 1852, avec la charge de l'aménager.
C'est ainsi qu'entre 1852 et 1858, les lacs inférieur et supérieur sont creusés et reliés entre eux par une cascade. Trois petites rivières sont aménagées afin de favoriser la détente et les plaisirs des Parisiens.

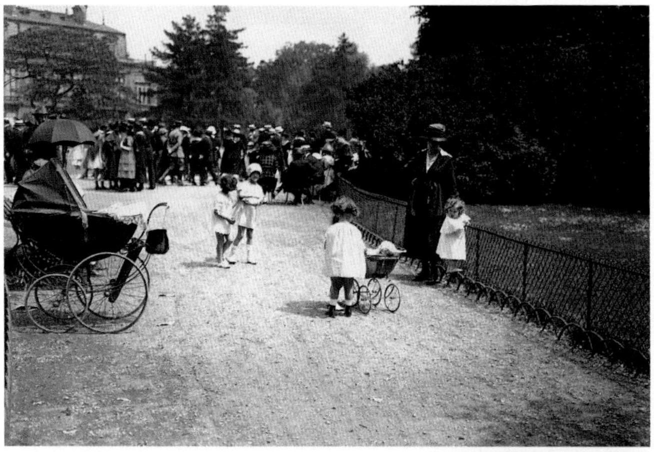

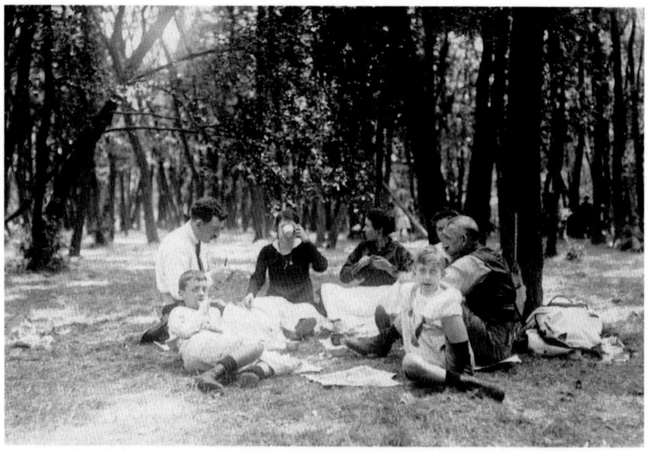

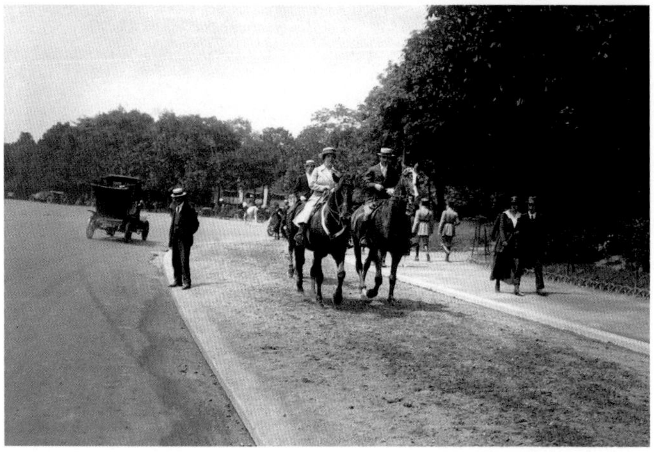

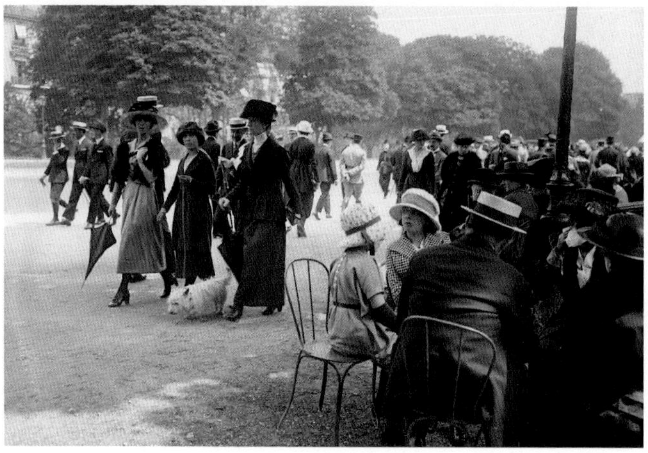

Le bois de Boulogne

PAGE DE GAUCHE, DE HAUT EN BAS :
Vue aérienne du restaurant de la Grande Cascade.
Les patineurs au bois de Boulogne, XIXe siècle, Eugène Guérard.

CI-DESSUS :
Pique-niques et promenades au bois de Boulogne en 1919.

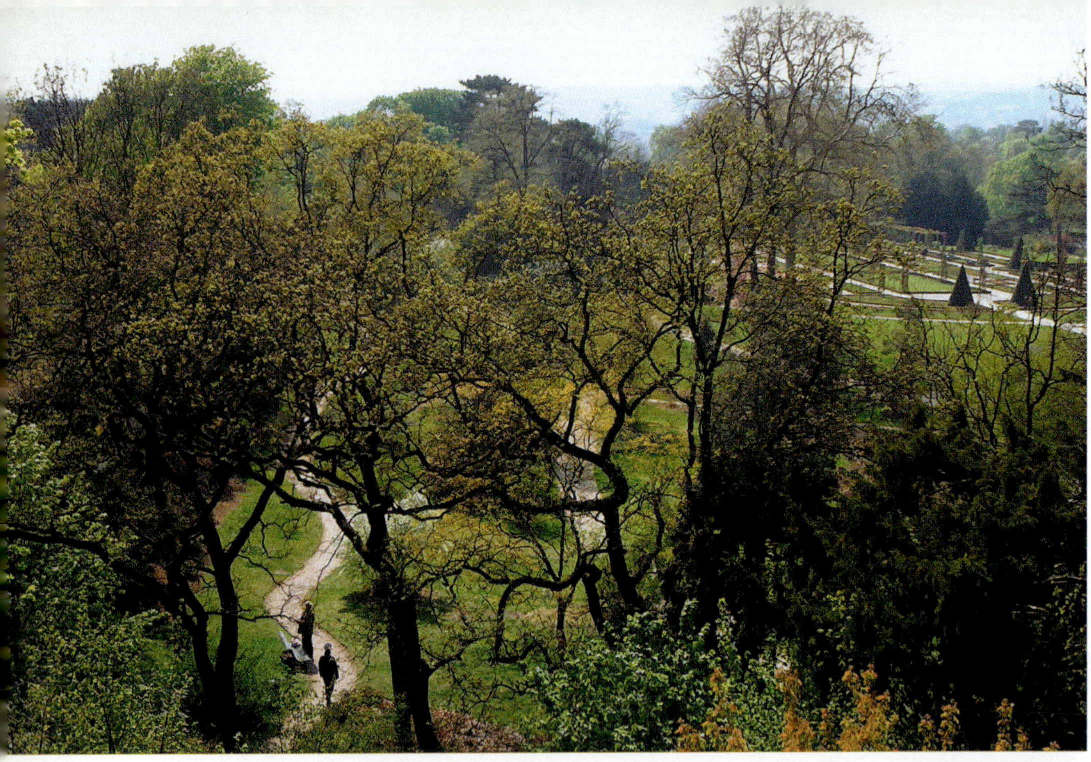

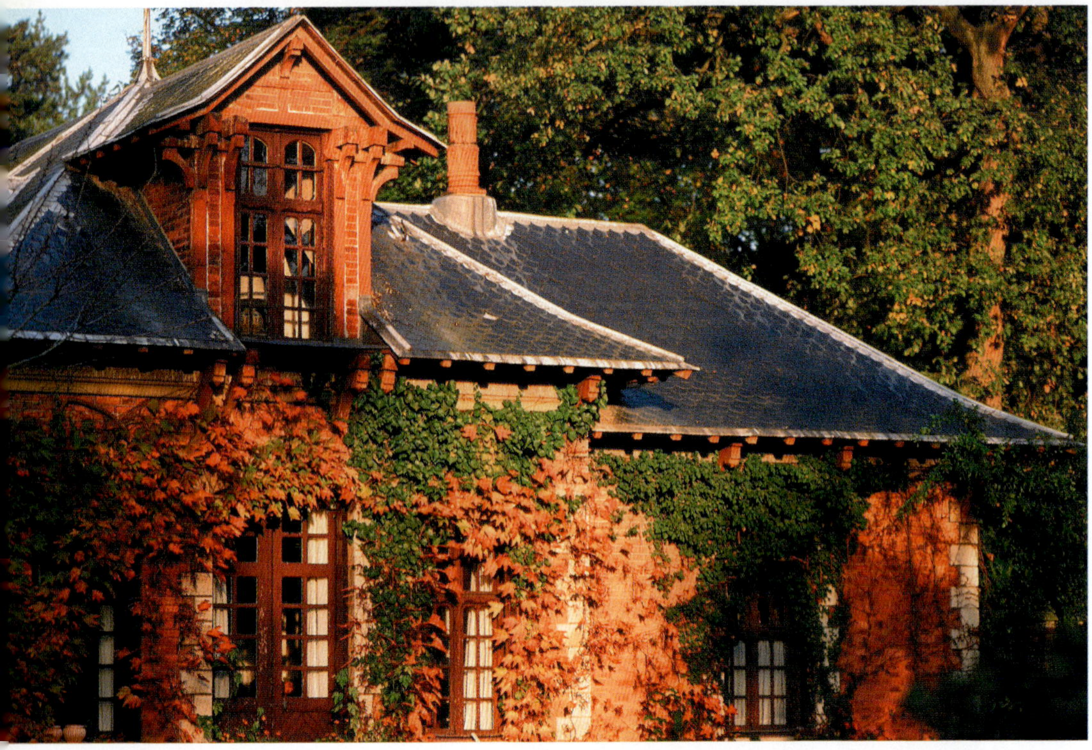

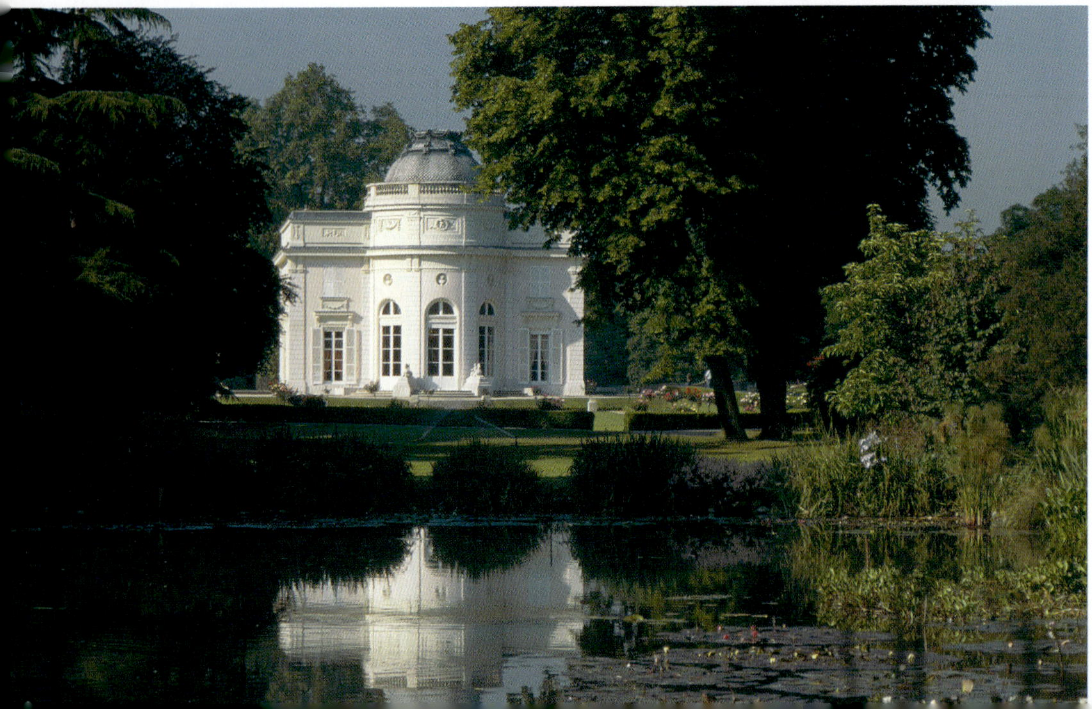

Le jardin de Bagatelle

CI-CONTRE :
Vues du parc de Bagatelle.

PAGE DE DROITE, DE HAUT EN BAS :
Femme dans la roseraie, début du XXe siècle.
Enfants au parc de Bagatelle, 1911.

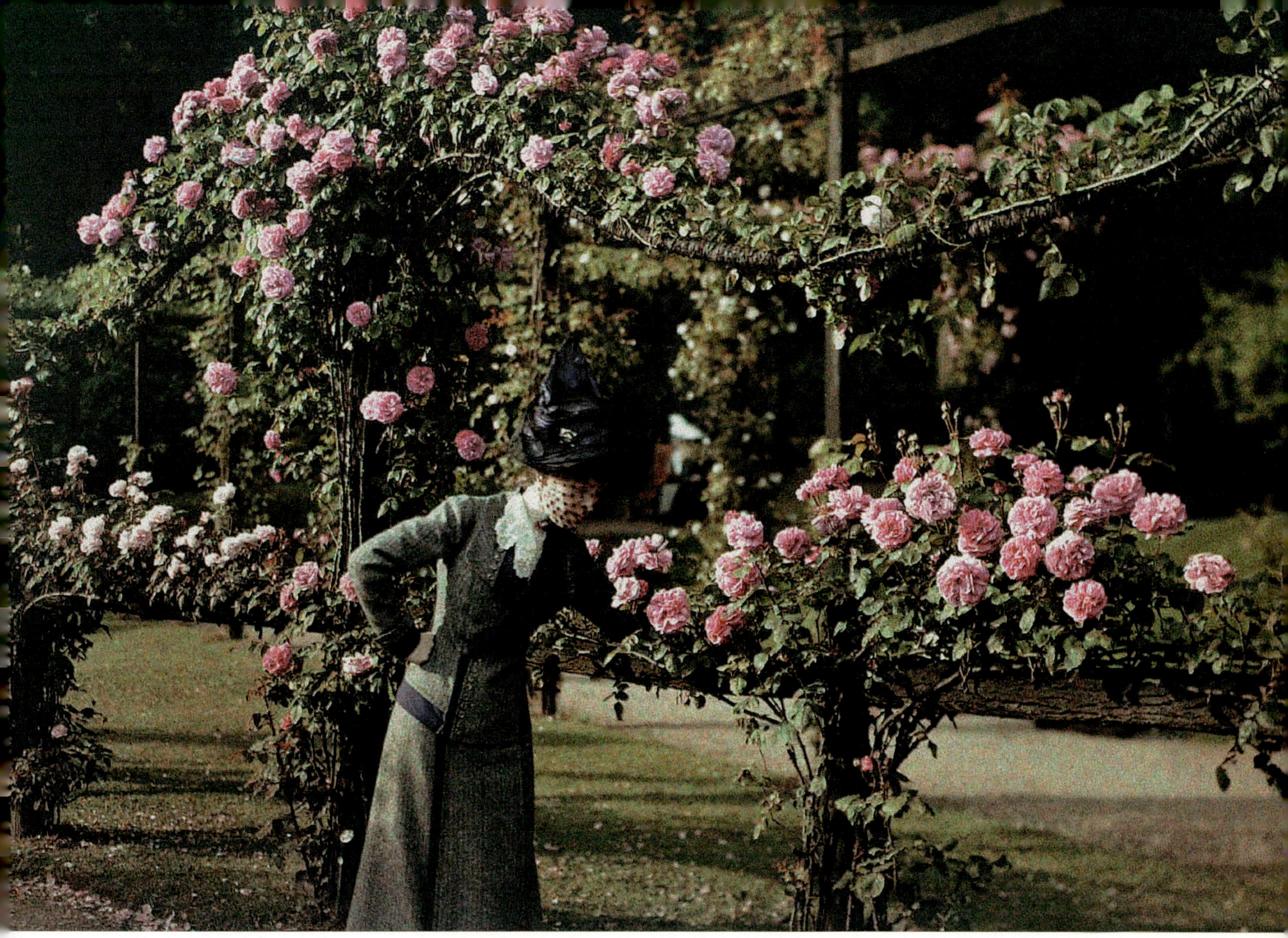

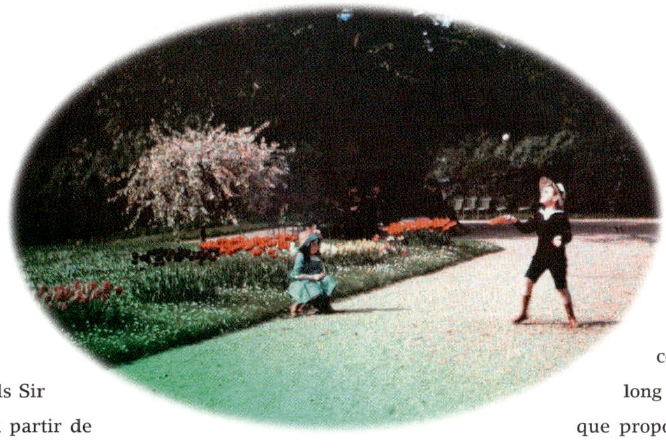

Espace clos de 24 hectares enclavé dans le bois de Boulogne, propriété de la ville de Paris depuis 1905, le jardin de Bagatelle existe en fait depuis la Régence. Mais ce sont Lord Seymour et son fils Sir Wallace, propriétaires du domaine à partir de 1835, qui lui donnent son aspect actuel : la construction de l'orangerie, des communs, des écuries, du Trianon et des deux pavillons de garde se fait sur leur ordre. Enfin, en 1906, le parc de Bagatelle est aménagé par Jean-Claude-Nicolas Forestier pour y abriter des collections de plantes de la ville de Paris. Le chef-d'œuvre de ce paysagiste est incontestablement la célèbre roseraie, située face à l'orangerie. Près de 8 000 rosiers appartenant à 1 200 variétés différentes y mêlent leurs effluves enchanteurs. Tous les ans, en juin, un concours destiné à élire les roses nouvelles les plus belles, les plus originales et les plus odorantes a lieu dans cet enclos privilégié. Le jardin se métamorphose alors en véritable féerie pour la vue comme pour l'odorat. Mais tout au long de l'année, le remarquable ensemble que propose Bagatelle a de quoi fasciner le promeneur. Les iris et les clématites succèdent aux roses ; la promenade dans la forêt de chênes se poursuit par une flânerie à l'ombre des charmes, des frênes, des hêtres et des tilleuls. La « folie » de style Louis XVI édifiée par Bélanger en soixante-quatre jours, sur ordre du comte d'Artois, pour éblouir Marie-Antoinette, le relief et ses accidents composés du jardin à l'anglaise, les cascades, les grottes, les petits ponts, les belvédères, les kiosques et la célèbre pièce d'eau des nymphéas sont autant d'étapes de la plus délicieuse des escapades romantiques.

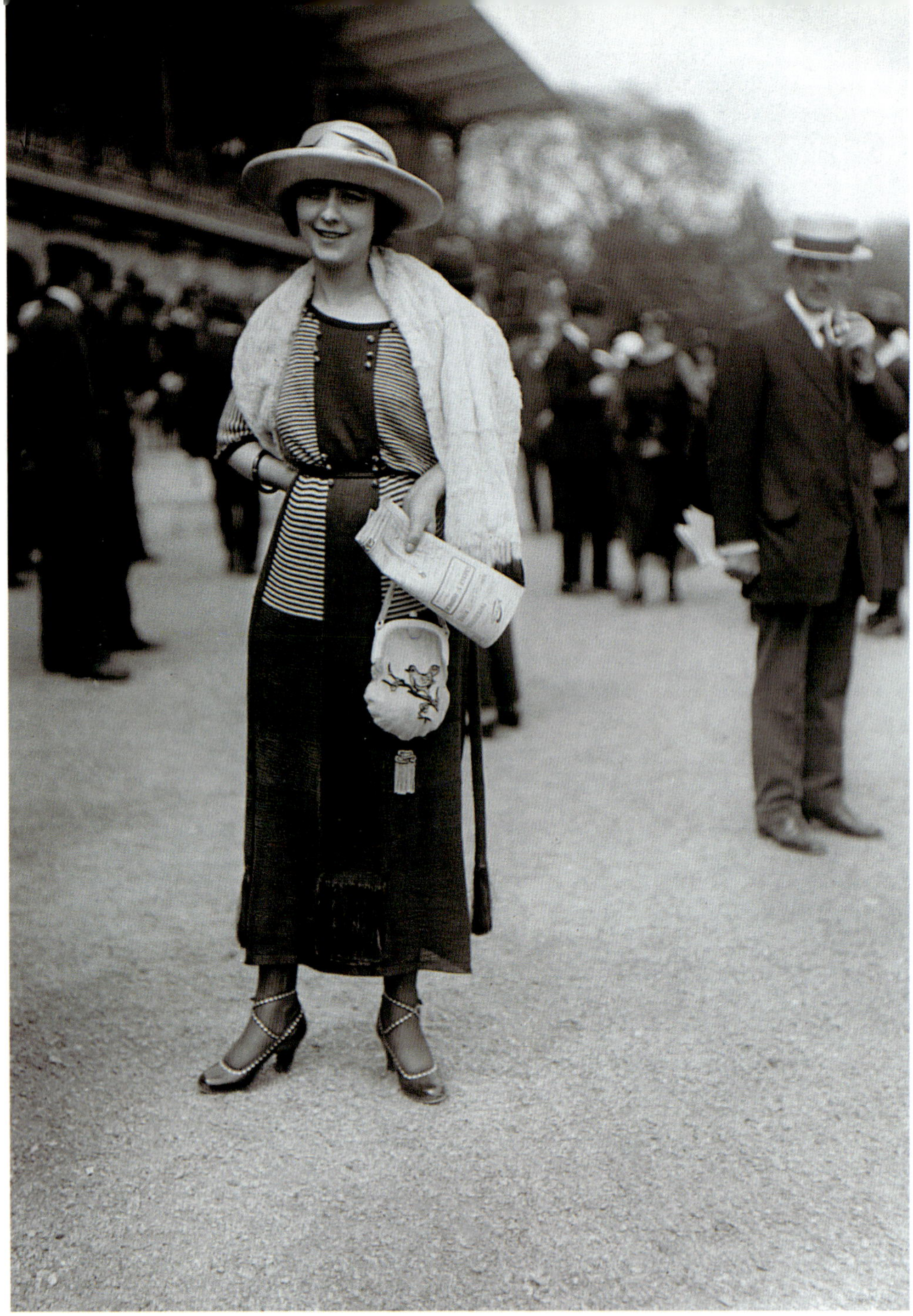

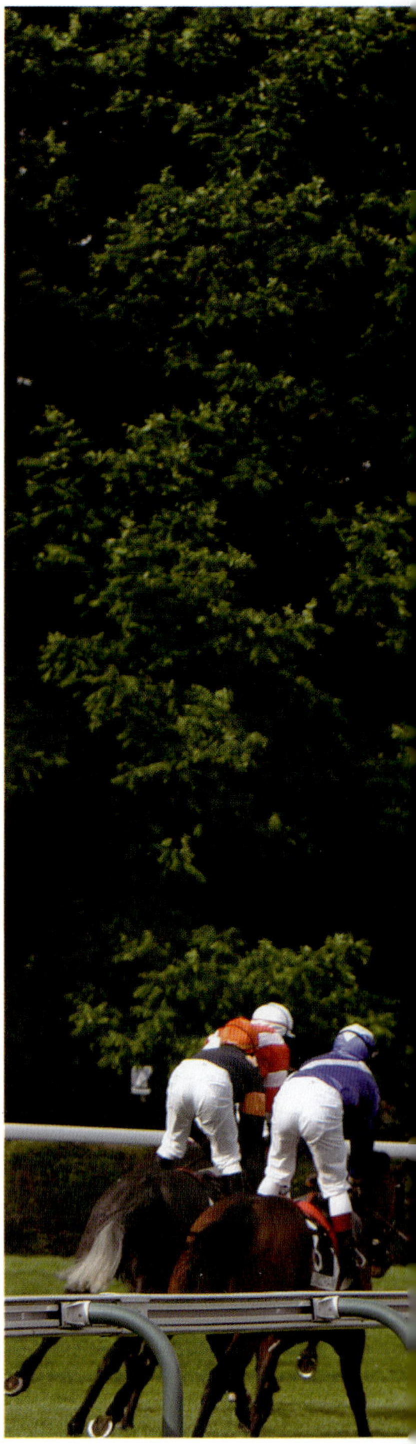

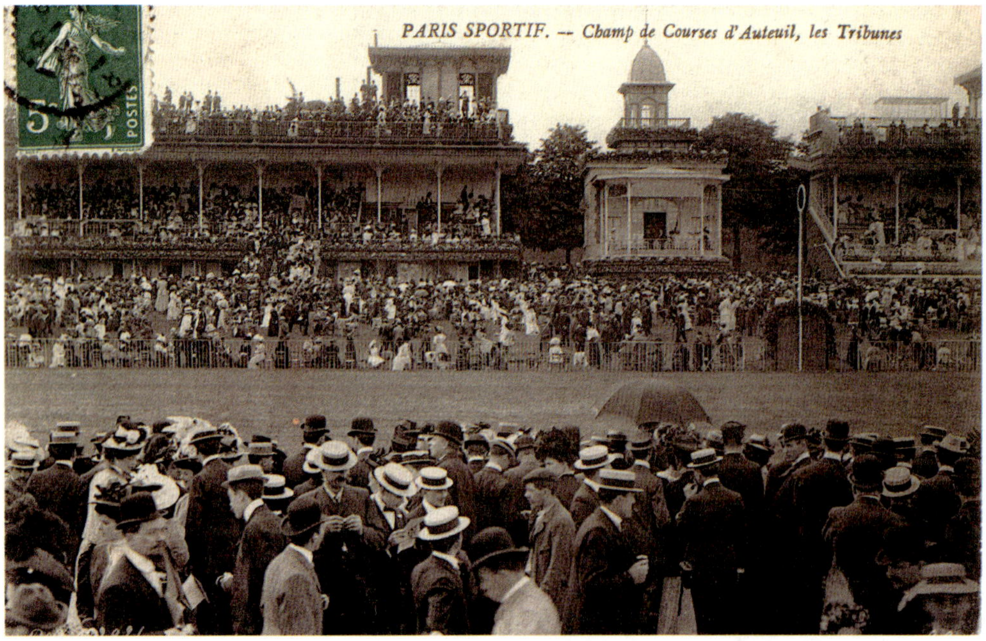
PARIS SPORTIF. -- Champ de Courses d'Auteuil, les Tribunes

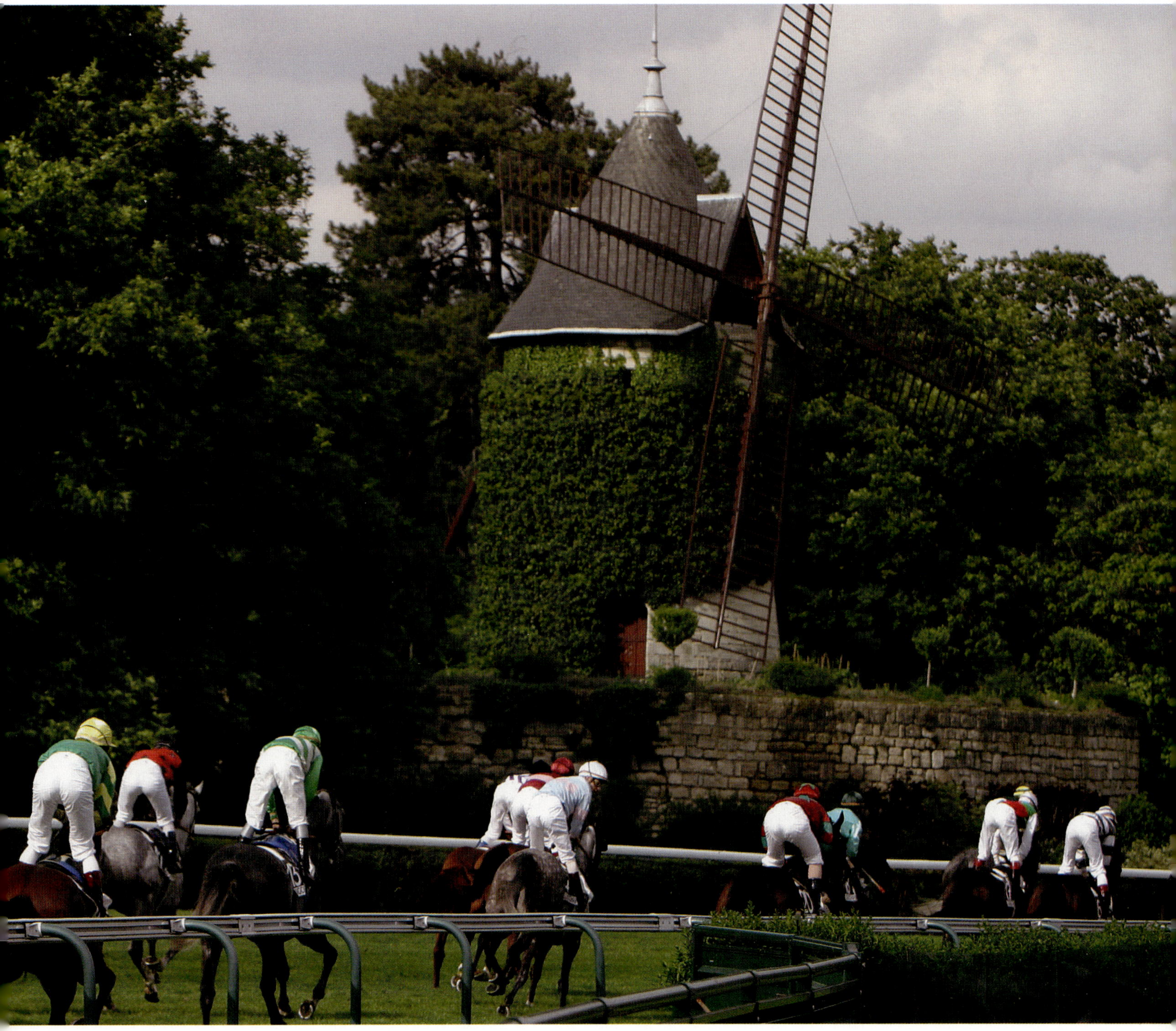

Les champs de course

CI-CONTRE DE HAUT EN BAS :
Élégante à Longchamp, 1919.
L'hippodrome d'Auteuil.

PAGE DE DROITE :
L'hippodrome et le moulin de Longchamp.

Construit à partir de 1855 sur l'emplacement de l'ancienne abbaye du même nom, inauguré le dimanche 26 avril 1857 par l'empereur Napoléon III en personne, l'hippodrome de Longchamp, consacré aux courses de plat, passe pour l'un des plus sélectifs au monde. La butte Mortemart donne accès à l'hippodrome d'Auteuil, dévolu pour sa part aux courses d'obstacle.

Depuis toujours dédiés à la promenade élégante et au sport hippique, les champs de course peuvent aussi, l'espace d'une soirée, être consacrés à la culture. En raison de leurs vastes dimensions – l'hippodrome de Longchamp peut contenir jusqu'à cinquante mille spectateurs –, ils accueillent durant l'été nombre de concerts et de manifestations en plein air.

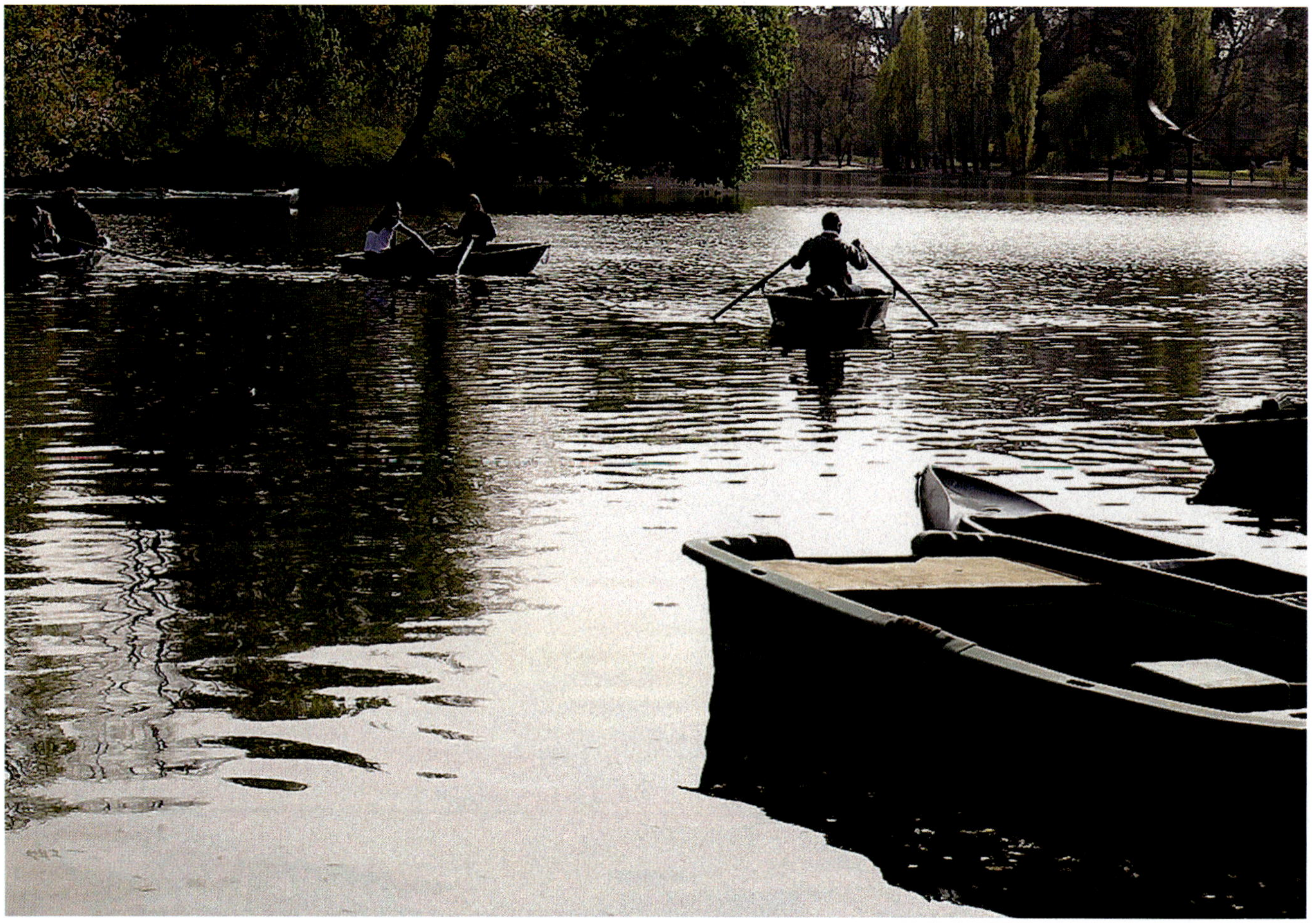

De même que le bois de Boulogne, celui de Vincennes est une ancienne chasse royale, transformée en promenade sous Louis XV (le bois de Boulogne ne sera entièrement ouvert au public que par Louis XVI). Cédé à la ville de Paris en 1860 par Napoléon III, le parc est établi afin de constituer un pendant au bois de Boulogne : c'est d'ailleurs au responsable de la transformation de ce dernier, l'ingénieur Alphand, collaborateur du baron Haussmann, que revient la tâche de l'aménager dans le style anglais prisé par l'empereur. Le domaine est reboisé, creusé de reliefs et de pièces d'eau. Le lac de Gravelle, alimenté par les eaux de la Marne, sert de réservoir aux étangs et rivières qui sillonnent le parc.

Aujourd'hui, les promeneurs peuvent s'adonner aux plaisirs du canotage sur les eaux tranquilles de l'un des nombreux étangs qui jalonnent le bois. Ils peuvent aussi herboriser avec bonheur : avenue de la Belle-Gabrielle, l'ancien Jardin d'agronomie tropicale dissimule dans ses sous-bois maintes plantes exotiques, souvenirs vivants de l'exposition coloniale de 1906.

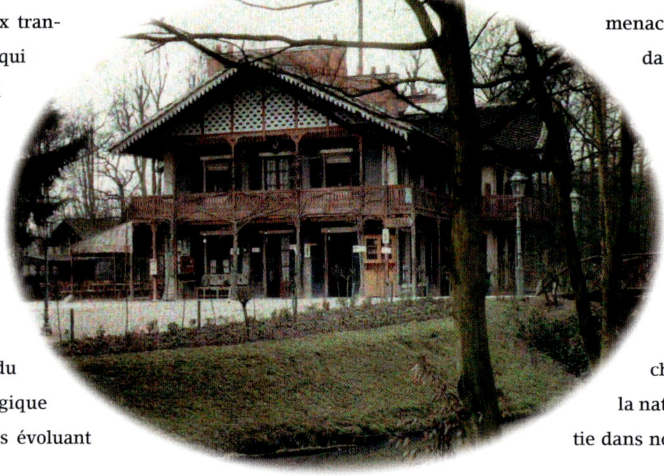

Mais le bois de Vincennes se spécialise avant tout dans la découverte du milieu animal. La réserve ornithologique permet d'admirer quelques spécimens évoluant en milieu ouvert, non loin du rond-point Dauphine. Dans ce domaine dédié aux volatiles, le bruant zizi, le troglodyte mignon, le roitelet triple-bandeau et la linotte mélodieuse font retentir l'air de leurs pépiements étourdissants... Ce sont au total près de cent cinquante espèces différentes d'oiseaux qui vivent dans le bois, et les promeneurs chanceux aperçoivent parfois des hérons cendrés s'aventurant sur les berges des lacs.

Non loin de là, dans un parc de quinze hectares installé aux abords du lac Daumesnil, le zoo de Vincennes regroupe environ mille deux cents animaux qui vivent dans cet espace en semi-liberté. Fondé à l'occasion de l'exposition coloniale de 1931, le zoo a perduré à Vincennes en raison de son succès. Des espèces menacées y sont abritées, puis réintroduites dans la nature.

De l'autre côté du lac Daumesnil, le temple bouddhique, autre vestige de cette même exposition, combine harmonieusement décor naturel et éléments d'architecture, présence humaine et environnement.

Exemple à méditer : le temple invite chacun à réfléchir sur l'importance de la nature et sur la place qui lui est consentie dans notre univers.

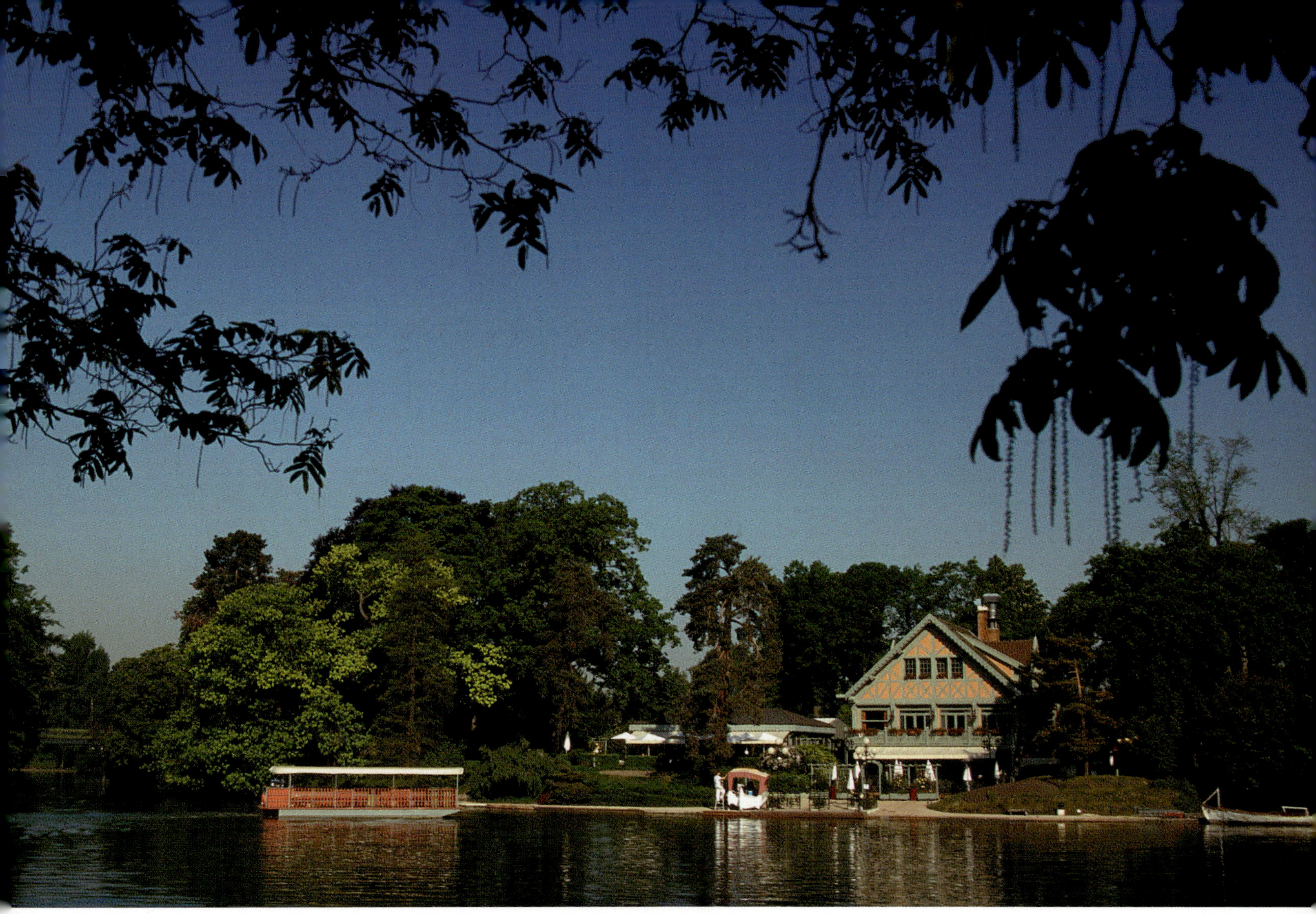

Le bois de Vincennes

PAGE DE GAUCHE, DE HAUT EN BAS :
Promenades en barque sur le lac des Minimes.
Le restaurant de la Porte Jaune.

CI-DESSUS :
Le Chalet des Îles sur l'île de Reuilly, au bois de Vincennes.

CI-DESSOUS, DE GAUCHE À DROITE :
Rocher du zoo de Vincennes.
Dans le bois, le jardin tropical, l'esplanade de Dinh et l'urne funéraire.
Parc zoologique de Vincennes : les flamants roses.

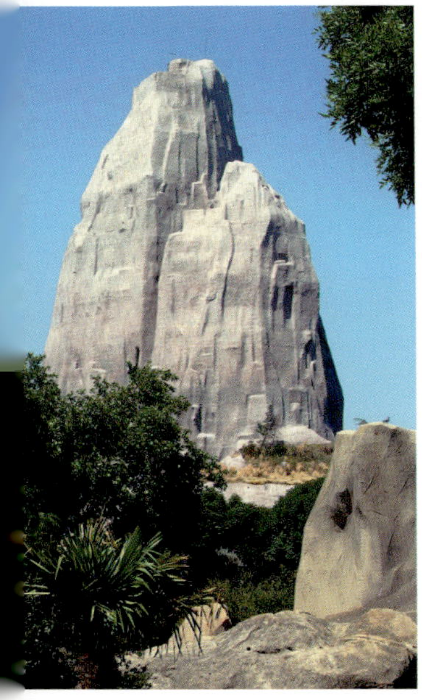

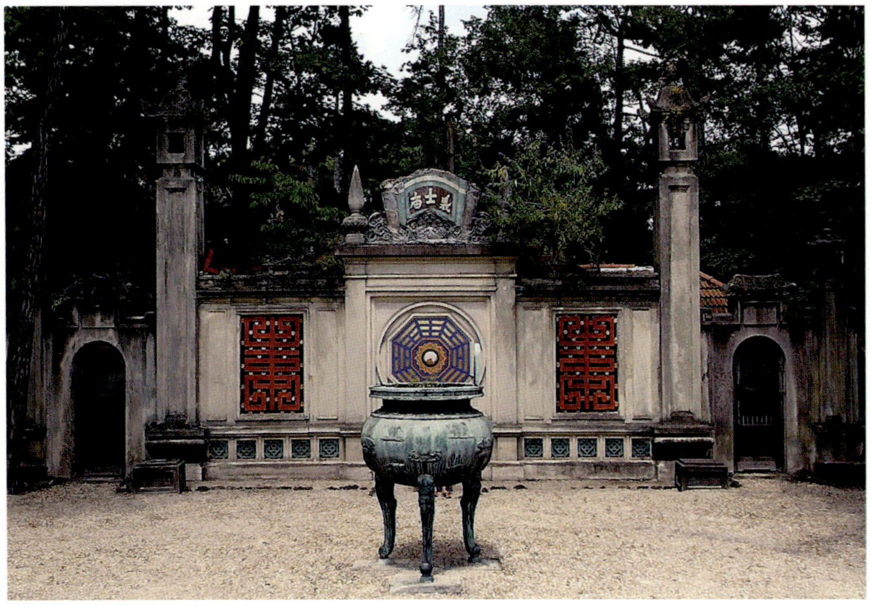

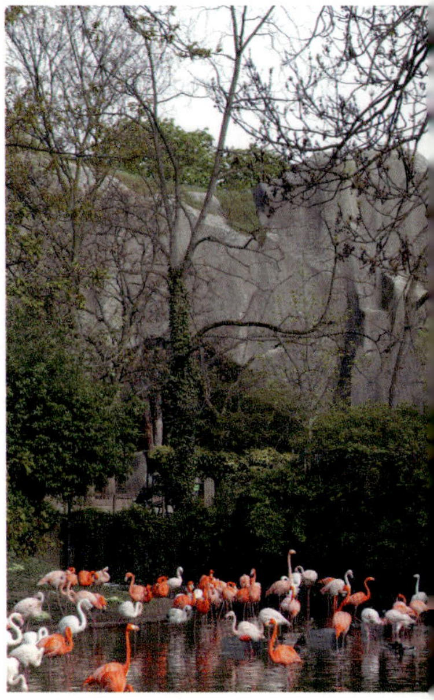

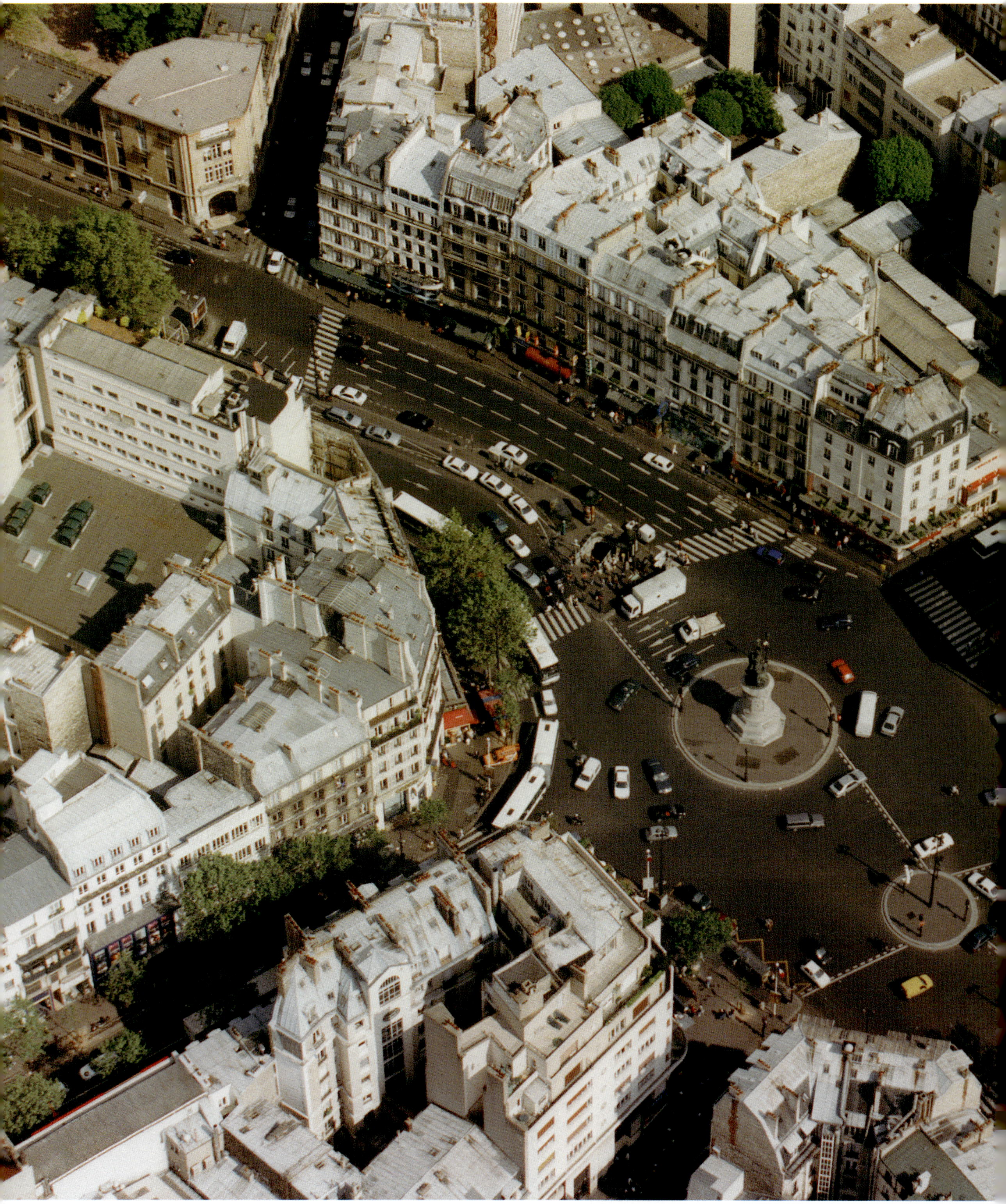

CHAPITRE

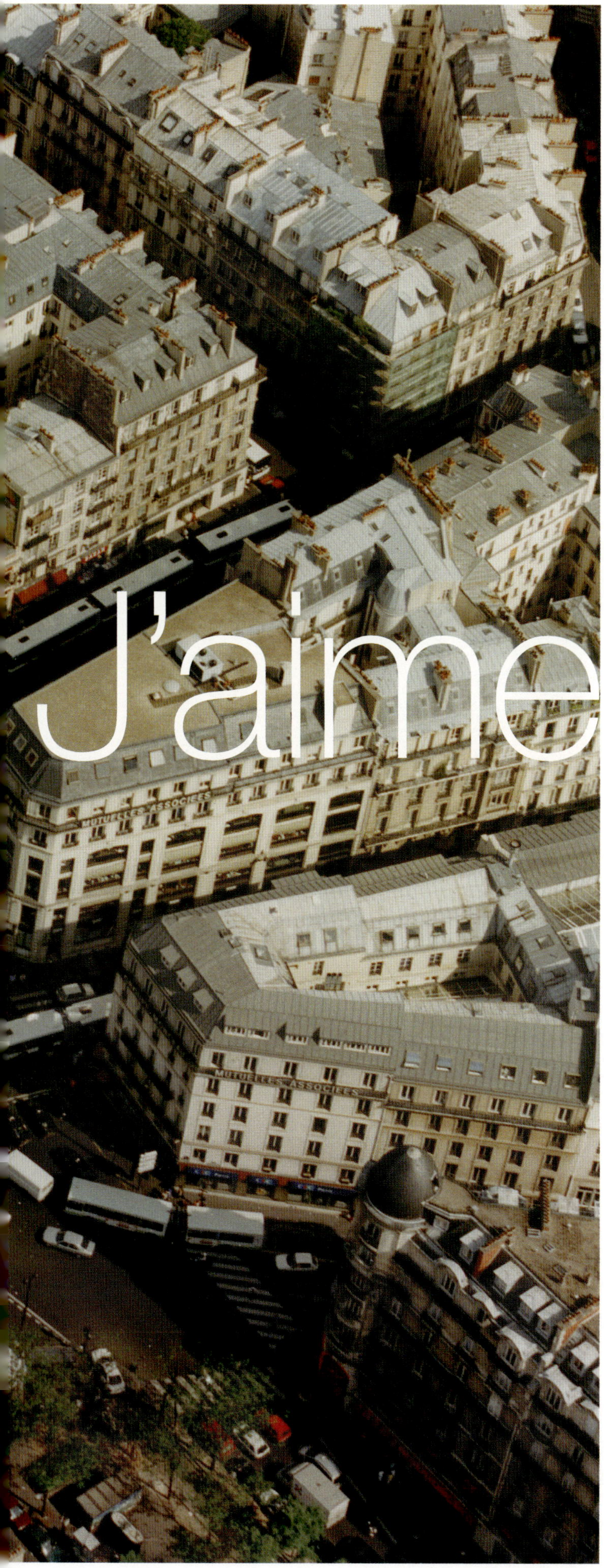

J'aime Paris

Montmartre, Pigalle et les quartiers nord…

Alliant des caractéristiques très diverses, Montmartre est sans conteste l'un des quartiers les plus pittoresques de Paris. Probablement sacrée aux yeux des druides, Mont de Mars ou de Mercure pour les Romains, Mont des Martyrs pour les premiers chrétiens, la colline est depuis toujours un lieu de culte.

En 1147, sous l'égide de la reine Adélaïde de Savoie, les Bénédictines fondent l'abbaye des Dames de Montmartre, dont l'influence est considérable jusqu'à la fin du XVIIe siècle. Consécutif aux guerres des XIVe et XVe siècles, l'appauvrissement de l'abbaye a pour corollaire le peuplement de la butte. Les abbesses de Montmartre se voient contraintes de vendre des terrains au pied de la colline. Sur ces terres viennent s'établir des laboureurs et des vignerons. Les vignobles situés sur les pentes montmartroises entraînent l'ouverture de tavernes et de cabarets : désireux d'échapper aux droits d'octroi frappant le vin à son entrée dans Paris, les tenanciers s'installent sur le tertre. Le vin moins cher qu'ailleurs attire une clientèle désireuse de s'amuser sans trop dépenser… En 1729, sur 165 commerces établis à Montmartre, on compte 134 guinguettes. C'est le début d'une ère joyeuse sur la Butte, qui devient au XIXe siècle le lieu des sorties nocturnes du tout-Paris, et la patrie des artistes du monde entier.

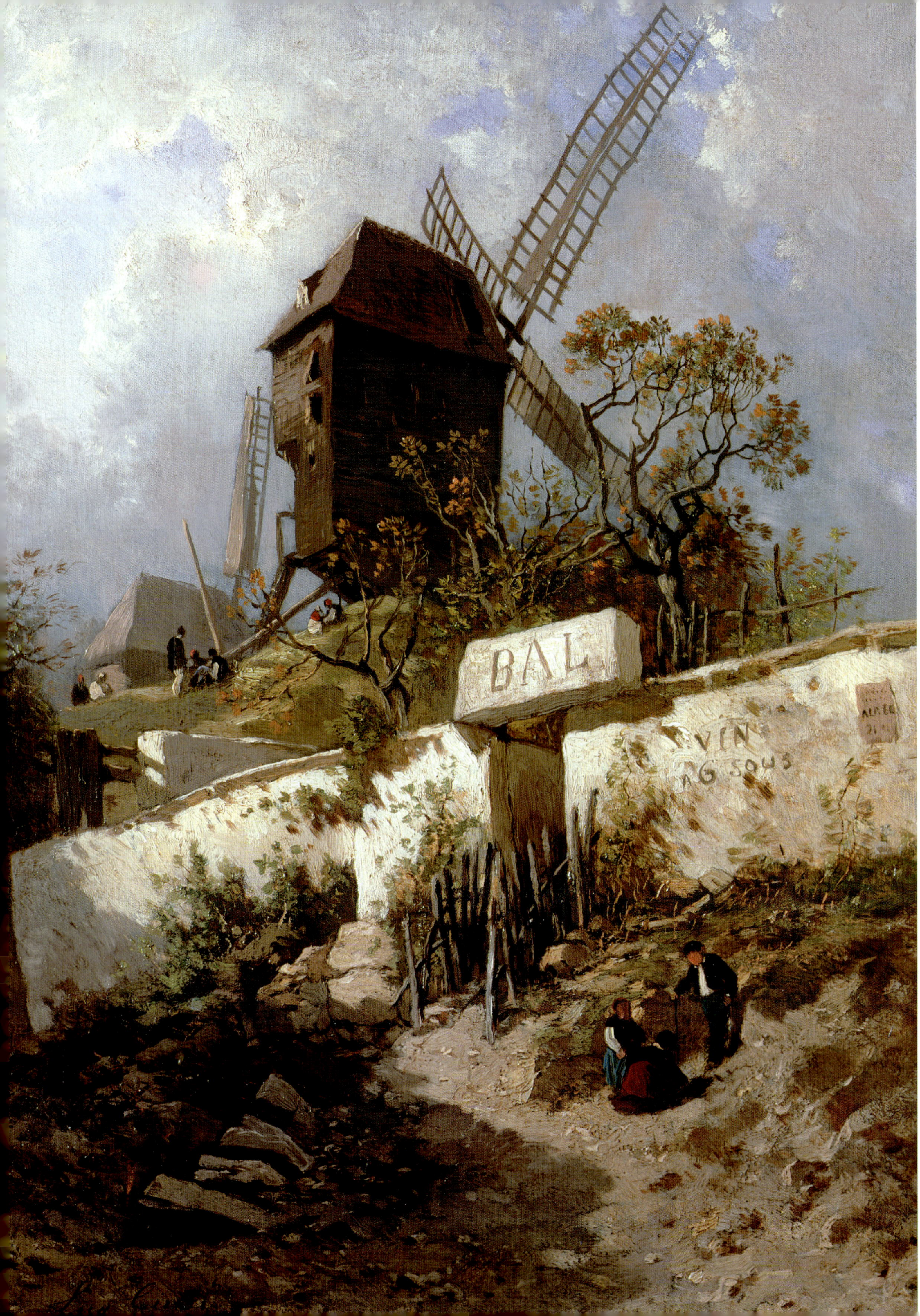
BAL
VIN
16 SOUS

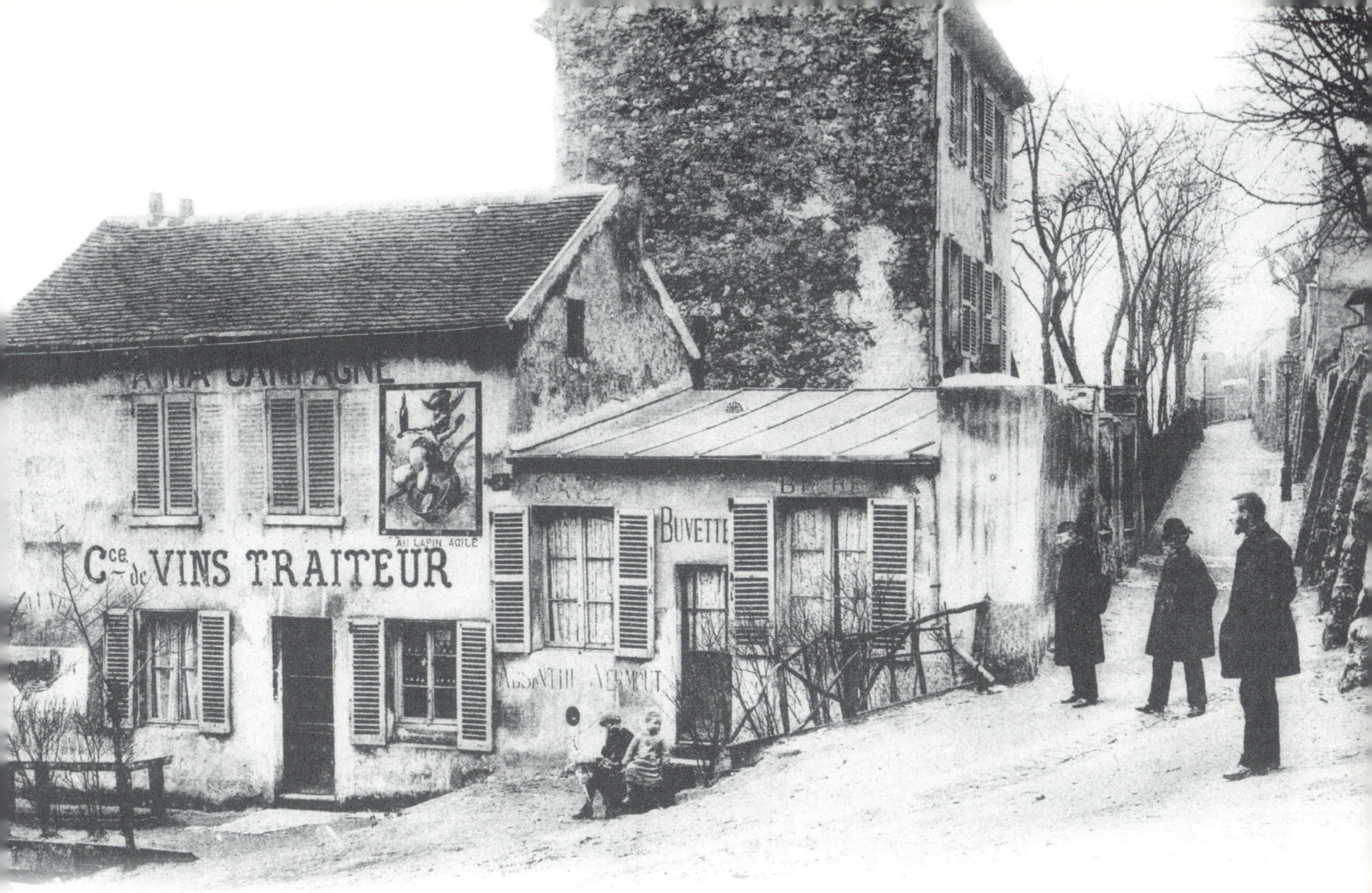

Le Moulin de la Galette
et le cabaret Au lapin agile

PAGE DE GAUCHE :
Le Moulin de la Galette à Montmartre, 1856, Eugène Ciceri.

CI-DESSUS :
Le cabaret Au lapin agile, xxe siècle, anonyme.

CI-DESSOUS, DE GAUCHE À DROITE :
Le moulin de la Galette.
Le cabaret Au lapin agile à Montmartre, 1890, Pierre Prins.
Le cabaret Au lapin agile aujourd'hui.

La maisonnette rose sise au numéro 4 de la rue des Saules s'est d'abord nommée Au rendez-vous des voleurs, puis le Cabaret des Assassins et À ma Campagne. En 1886, une ancienne danseuse de cancan, dont la spécialité culinaire est le lapin sauté à la casserole, reprend l'établissement. Quelques années plus tôt, en 1880, le caricaturiste André Gill avait donné pour enseigne au cabaret un lapin bondissant hors de la casserole. Le « lapin à Gill » devient bientôt le « Lapin agile », et le cabaret réunit dans la bonne humeur artistes et poètes, ainsi que toute la bohème montmartroise. Aristide Bruant, qui le racheta en 1902, Francis Carco, Apollinaire, Courteline, Max Jacob, Marcel Proust, les peintres Renoir, Utrillo, Braque, Modigliani et Picasso y passent de nombreuses soirées animées.

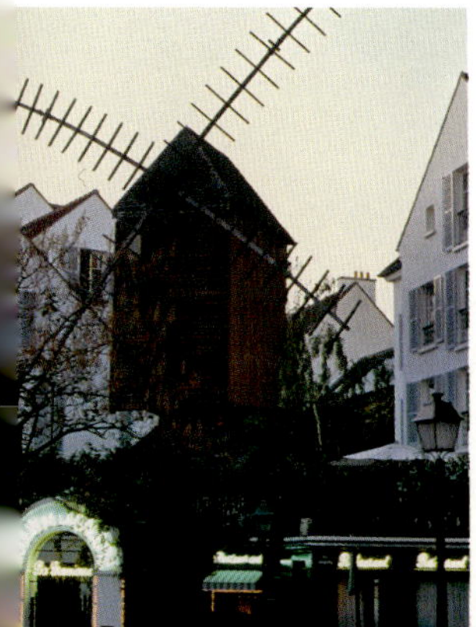

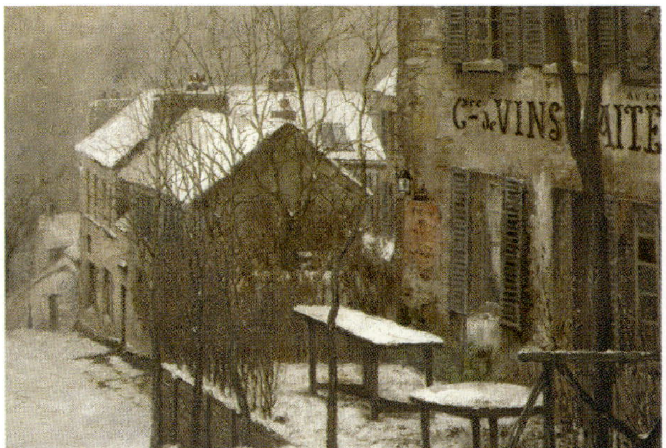

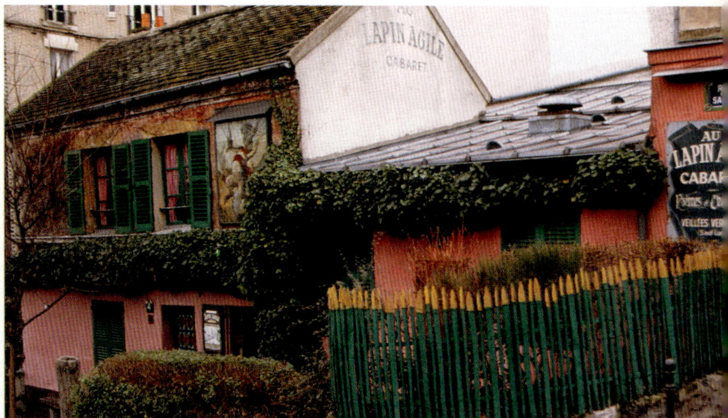

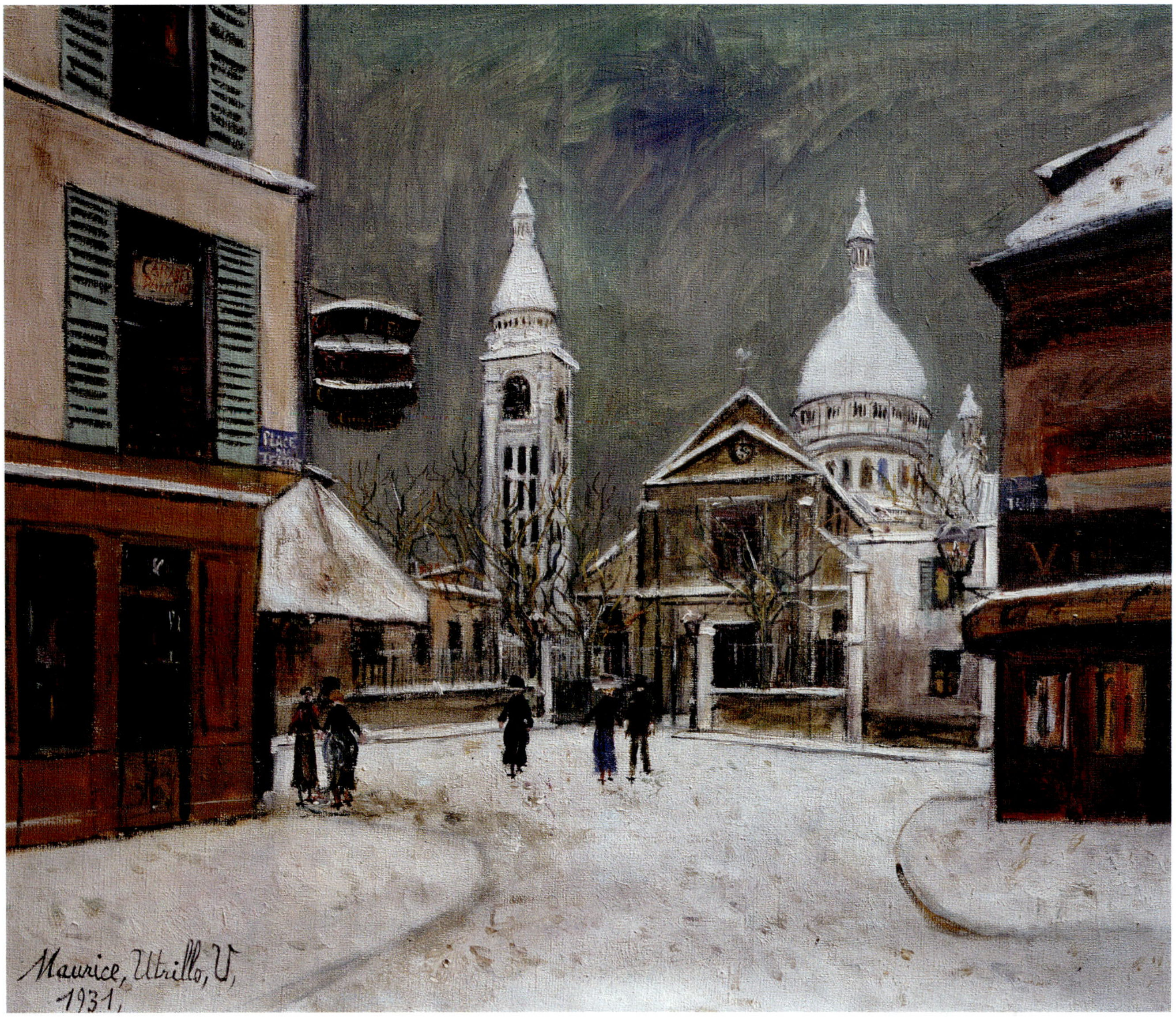

Dominant la colline de Montmartre et l'agglomération parisienne, entouré de jardins dévalant en pente douce, le Sacré-Cœur s'élève à 129 mètres au-dessus du niveau de la mer.

L'érection de ce monument s'inscrit dans le renouveau religieux qui suit la défaite de 1870. Considérant que celle-ci est principalement due à des causes spirituelles, quelques pieux Parisiens font le vœu de construire une église consacrée au Cœur du Christ en signe de repentance.

Le 18 janvier 1872, l'archevêque de Paris, Mgr Guibert, réclame que l'édifice soit placé sur un lieu qui domine Paris et puisse être vu de tous les points de la cité. Le choix d'un monticule s'impose alors, et malgré les difficultés liées au sol, la basilique s'élève à Montmartre.

Dévolue depuis des siècles à un rôle spirituel, la colline retrouve ainsi sa destination première. Près du site de l'ancienne abbaye, non loin de l'église Saint-Pierre, la plus ancienne de Paris, sur le lieu supposé du martyre de saint Denis, où Ignace de Loyola a fondé la confrérie des Jésuites, la basilique blanche réaffirme la vocation religieuse de la Butte.

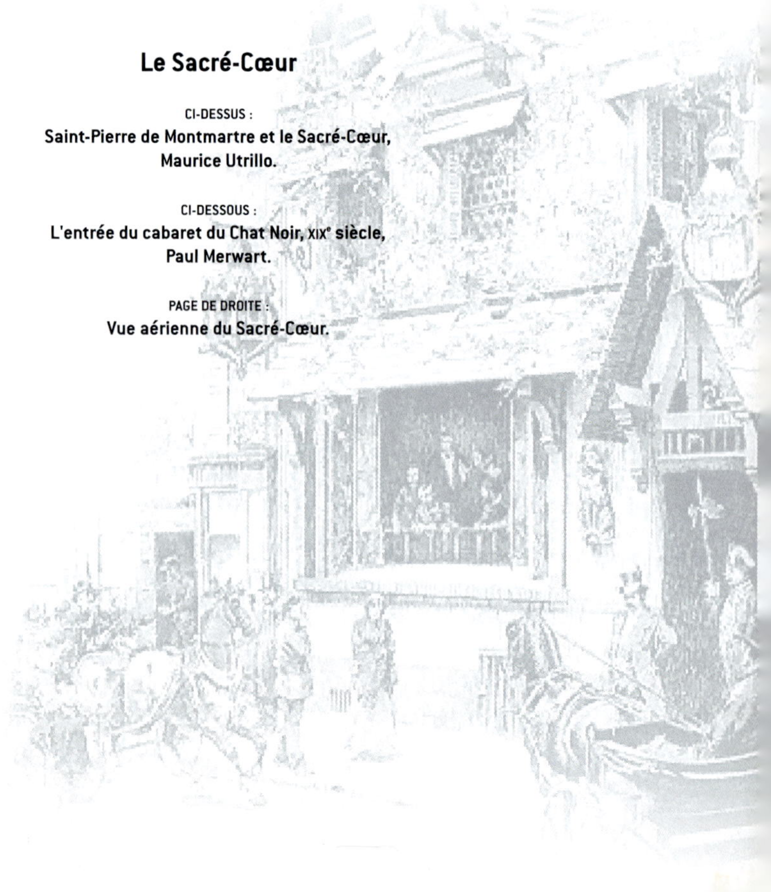

Le Sacré-Cœur

CI-DESSUS :
Saint-Pierre de Montmartre et le Sacré-Cœur, Maurice Utrillo.

CI-DESSOUS :
L'entrée du cabaret du Chat Noir, XIXe siècle, Paul Merwart.

PAGE DE DROITE :
Vue aérienne du Sacré-Cœur.

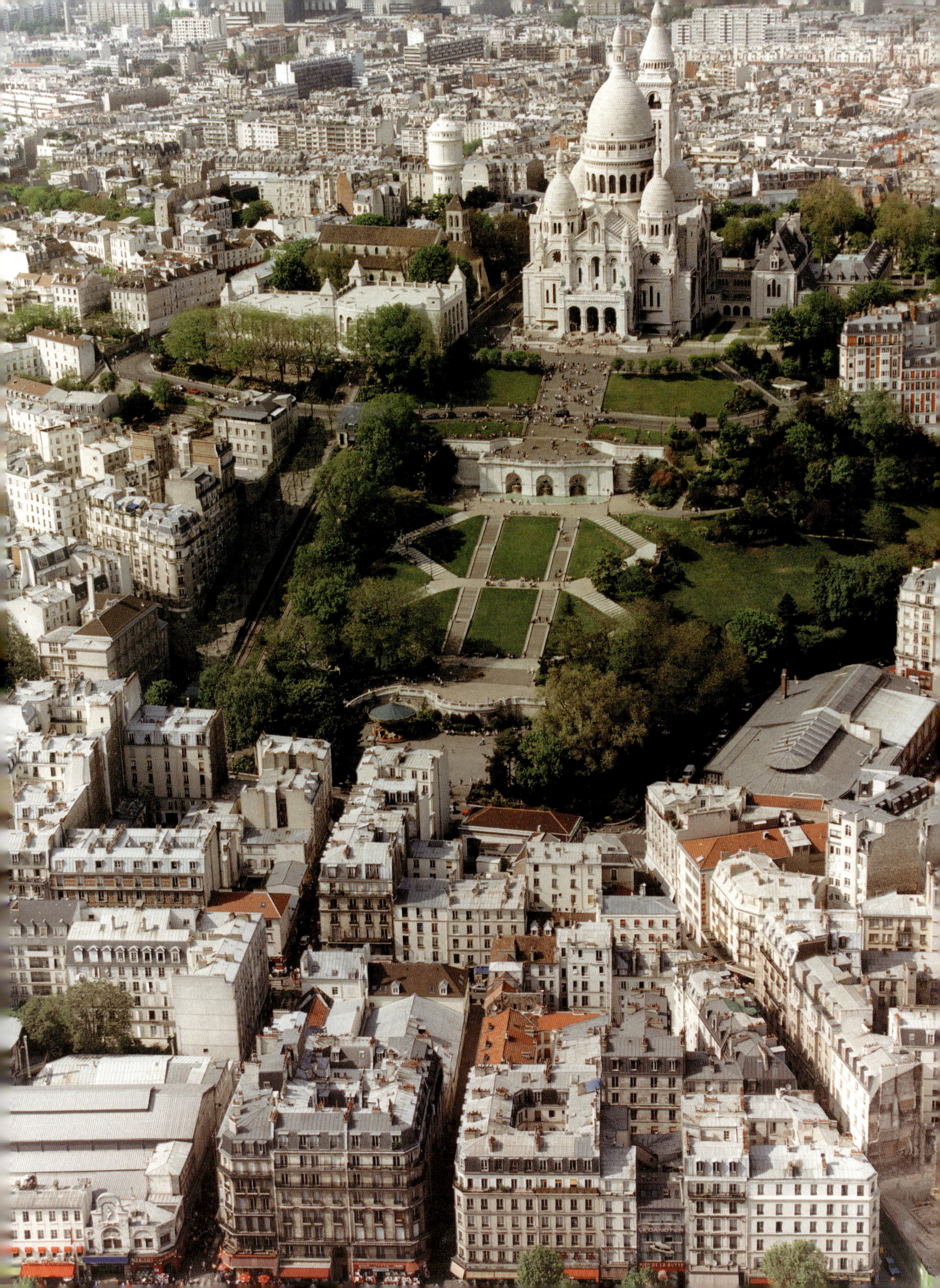

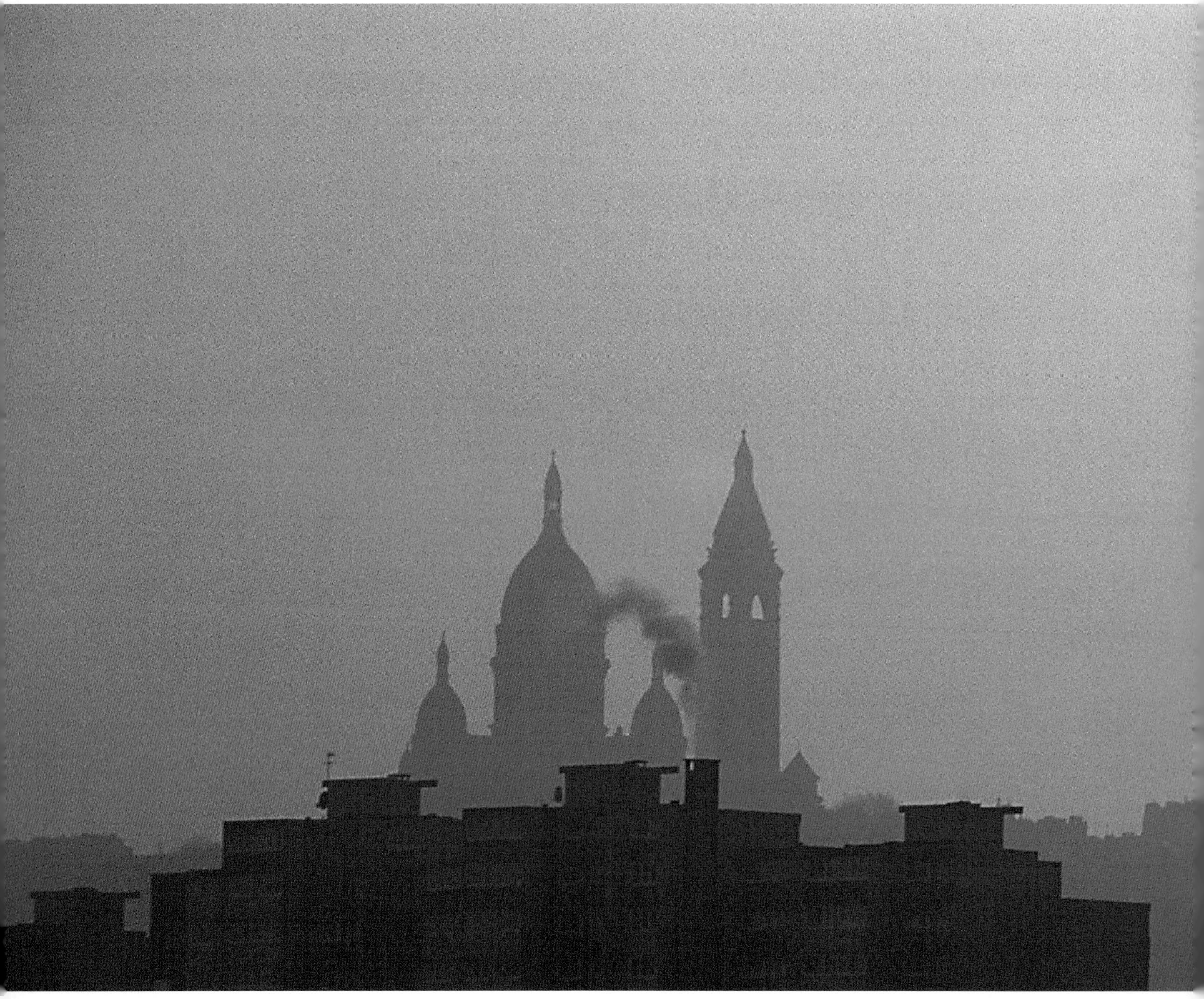

Emblème du style romano-byzantin, l'église à coupoles est loin de faire l'unanimité d'un point de vue esthétique... Pourtant, sa silhouette singulière qui découpe une forme orientale dans le ciel parisien surprend et charme. Construite en pierre calcaire de Château-Landon, la basilique doit sa blancheur éblouissante à la particularité de ce matériau : celui-ci s'éclaircit au contact de l'air et de l'eau de pluie.
237 marches donnent accès au dôme de la basilique, du haut de laquelle une vue imprenable sur la capitale attend le visiteur.
Devenu au fil des ans un haut lieu de prière et de pèlerinage, le Sacré-Cœur s'impose aujourd'hui comme l'un des monuments les plus emblématiques et les plus connus de la capitale.

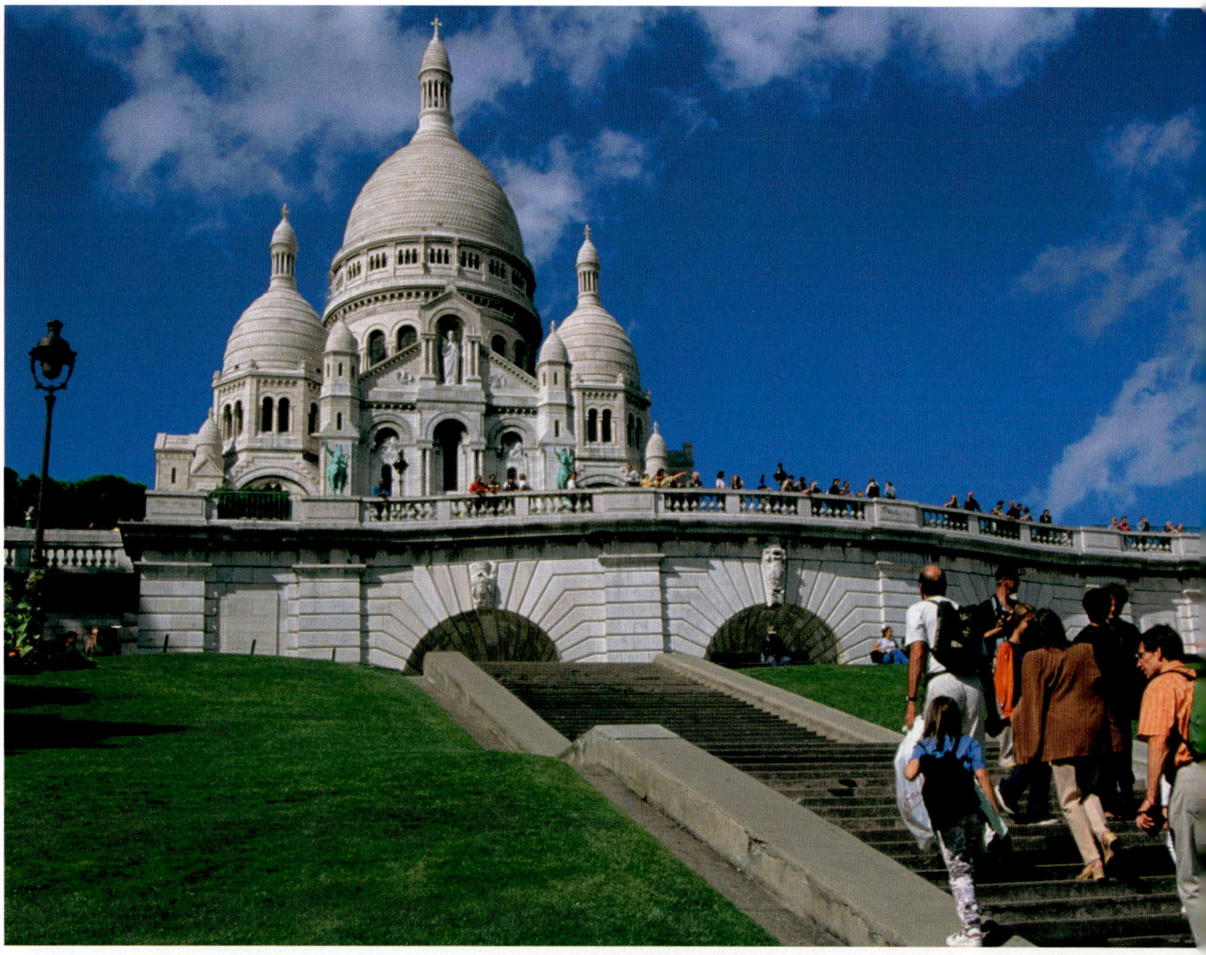

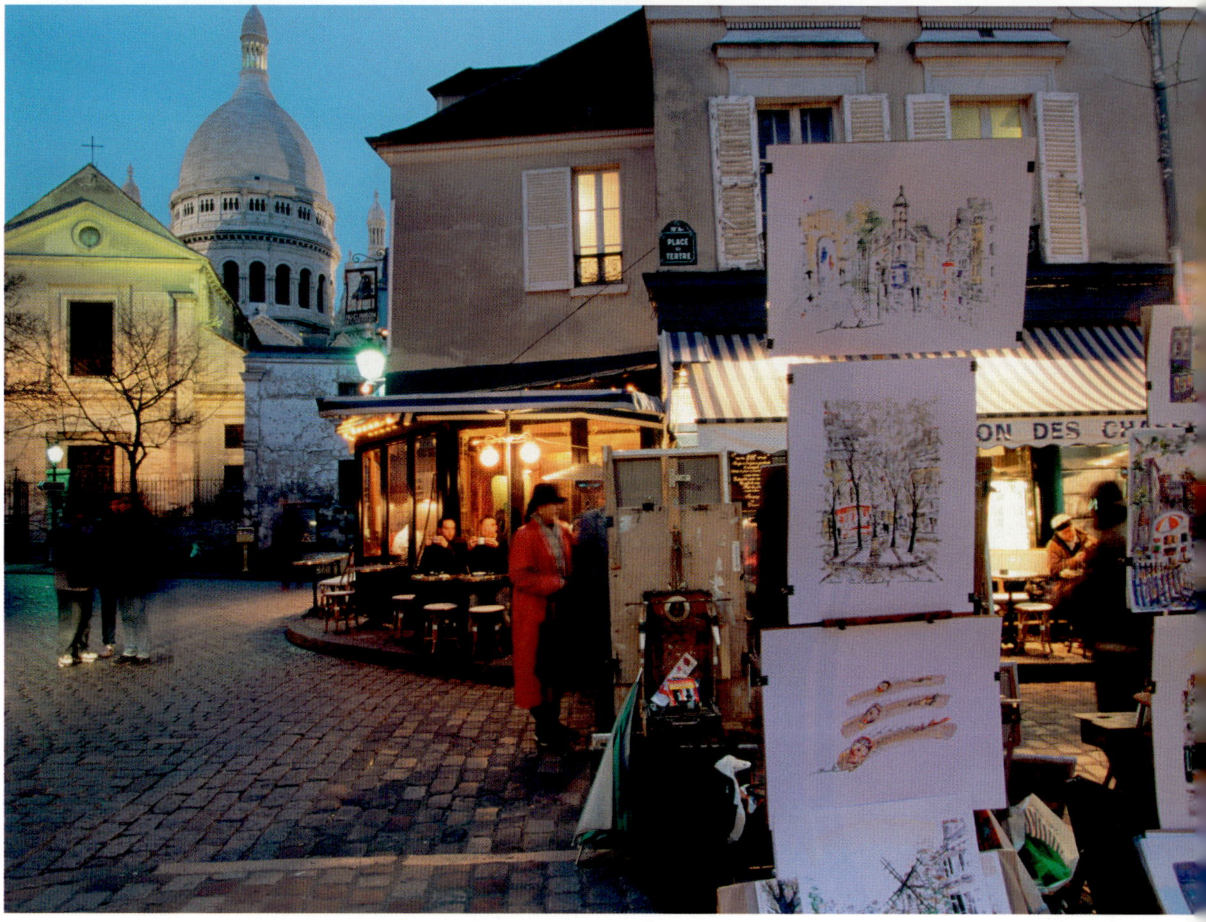

La butte du Sacré-Cœur

PAGE DE GAUCHE :
Le Sacré-Cœur dans la brume.

EN HAUT :
Le Sacré-Cœur.

CI-CONTRE :
La place du Tertre à Montmartre.

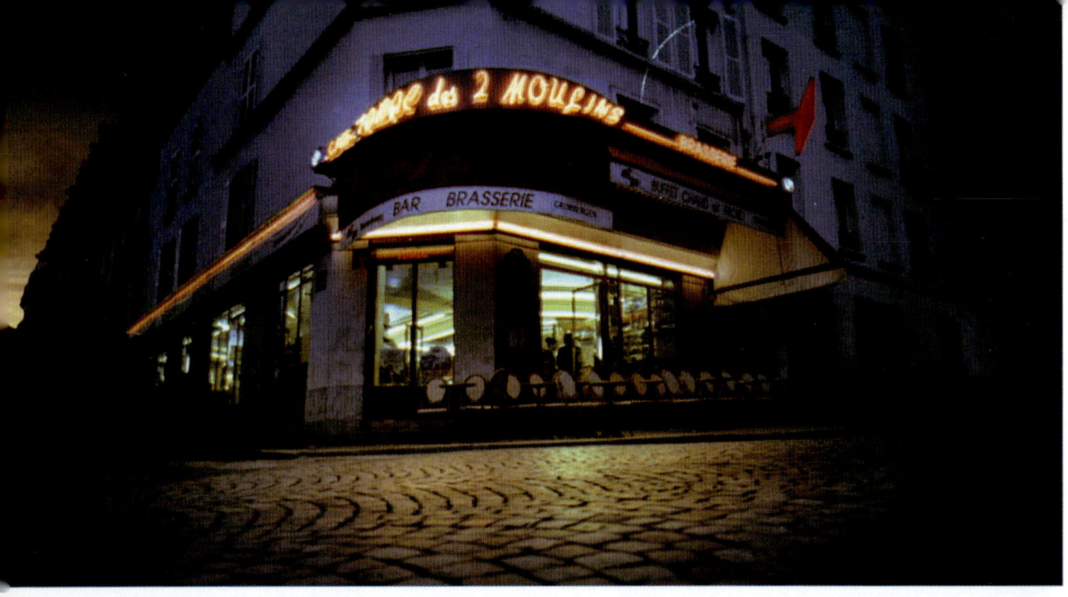

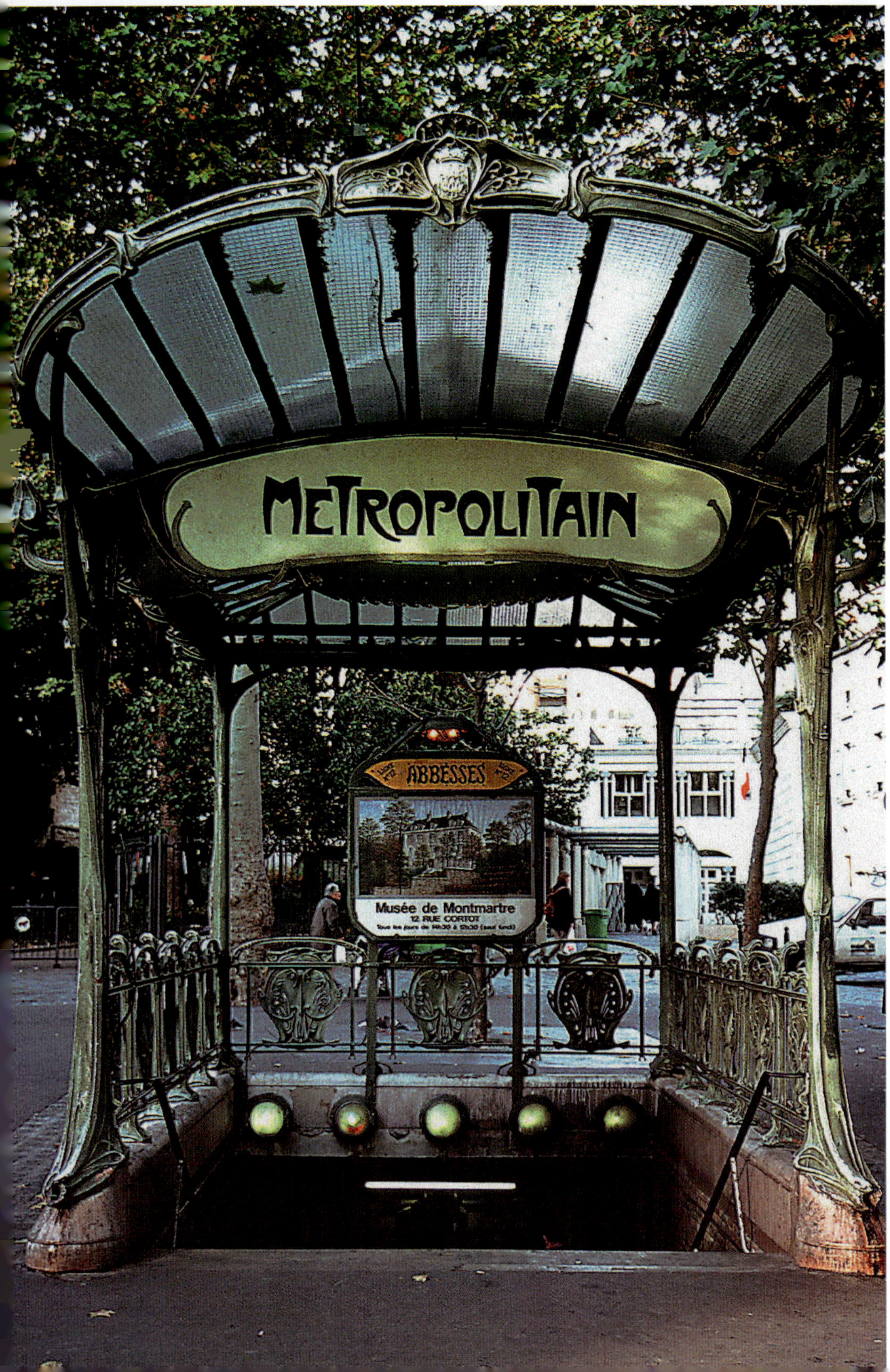

La butte Montmartre

EN HAUT :
Le café des Deux Moulins, décor
du *Fabuleux Destin d'Amélie Poulain*.

CI-CONTRE :
La station de métro Abbesses et sa verrière
dessinée par Hector Guimard.

PAGE DE DROITE :
Montmartre la nuit.

Aujourd'hui encore, les rues calmes et paisibles de Montmartre contrastent avec l'agitation du reste de la capitale. Annexée à la ville de Paris en 1860, la commune semble avoir conservé son ambiance villageoise : ruelles étroites essentiellement occupées par des piétons, immeubles bas et cafés accueillants, souvenirs du temps jadis… Il fait bon flâner sur la Butte, et y respirer l'atmosphère du Paris d'autrefois. En raison de la lumière des hauteurs, de l'animation nocturne et surtout de la modicité des loyers, la Butte est le lieu d'élection des artistes à partir du XIXe siècle. Outre les habitués déjà cités du Lapin agile, Corot, Géricault, Degas, Cézanne, Juan Gris, Vlaminck l'ont marquée de leur présence et représentée dans leur œuvre. Ses ruelles pentues, sinueuses, les escaliers montmartrois, les guinguettes et les bals populaires figurent pour toujours dans les toiles des grands maîtres de l'impressionnisme et du cubisme. À l'angle de la rue d'Orchampt et de la rue Ravignan, d'anciens ateliers existent encore, et au numéro 13 de la Place Émile-Goudeau se trouve l'entrée du Bateau Lavoir, où travaillait Picasso. Aujourd'hui encore, place du Tertre, les peintres de rues proposent leur talent aux passants, le temps d'un portrait ou d'une caricature.

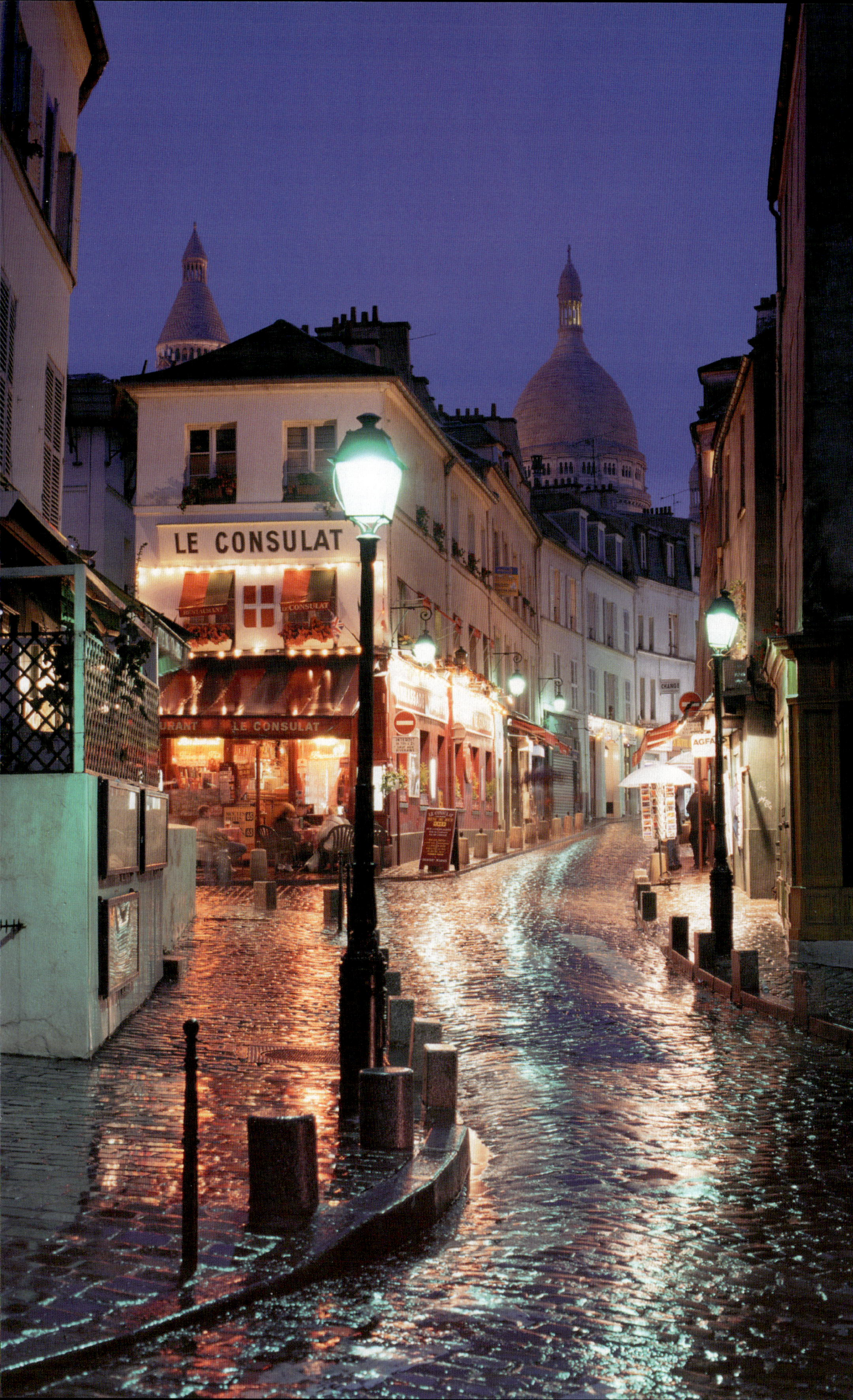
LE CONSULAT
RESTAURANT
LE CONSULAT
LE CONSULAT
CHANGE
AGFA

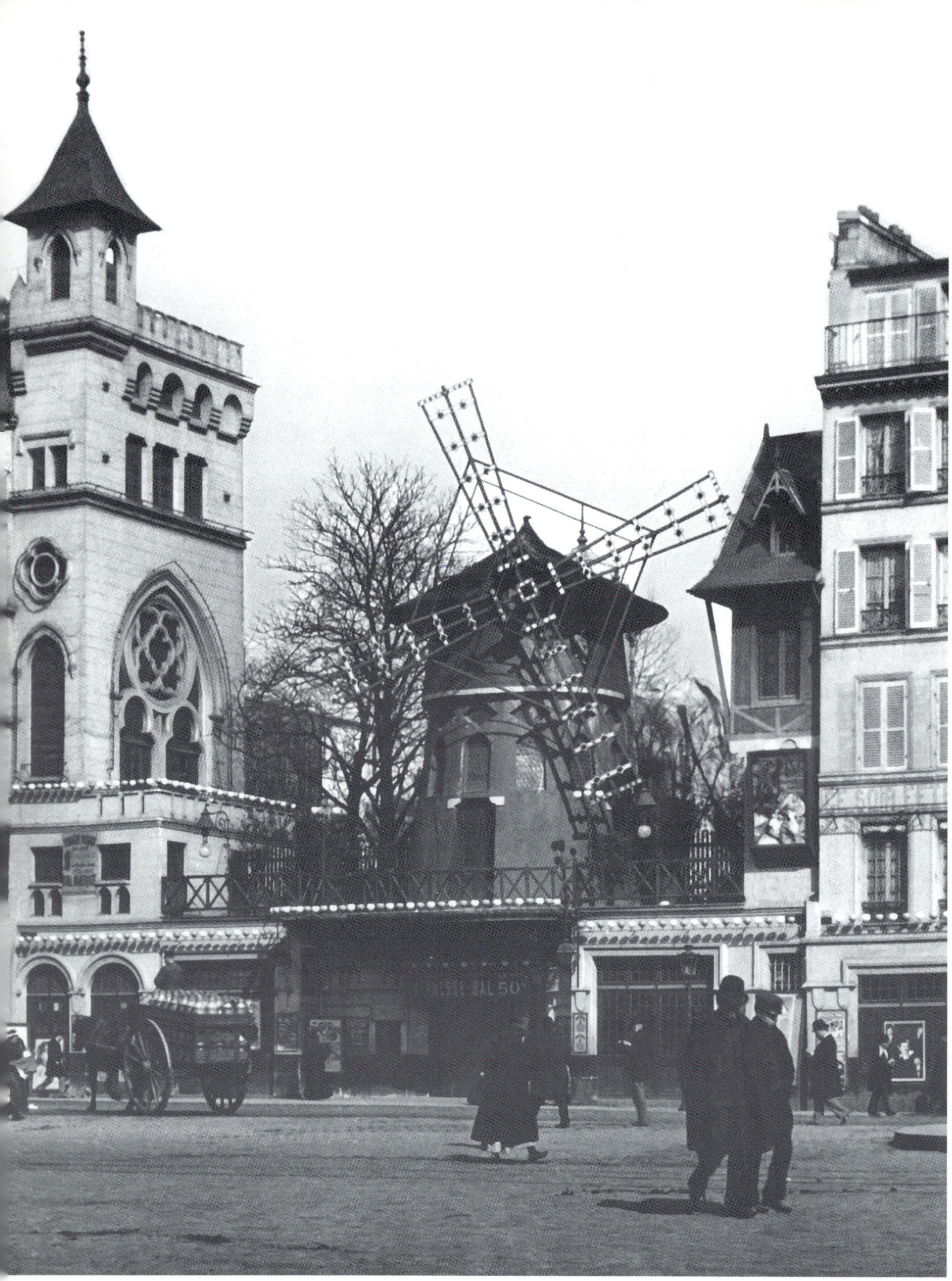

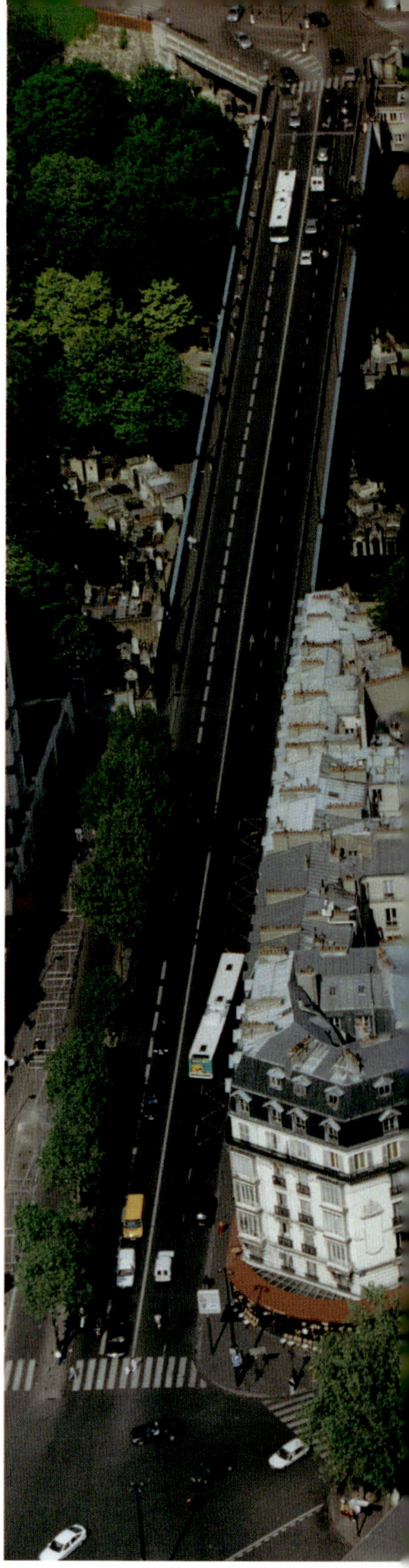

Après la guerre de 1870, les bourgeois prennent peu à peu l'habitude de s'encanailler sur la butte Montmartre, où foisonnent cabarets, cafés-concerts et music-halls. De nouvelles danses voient le jour : quadrille et french cancan scandalisent et enchantent. Sur le rythme endiablé des musiques de Jacques Offenbach, les danseuses du Moulin-Rouge ensorcellent le tout-Paris. Nombre d'entre elles y gagnent l'immortalité : la Goulue, Miss Jenny, Grille-d'égout, Serpolette, Nini Pattes-en-l'air font le grand écart en soulevant leurs jupes… Bas noirs, jarretières et dentelles assurent la réputation du Moulin Rouge, symbole sulfureux de la nuit parisienne.

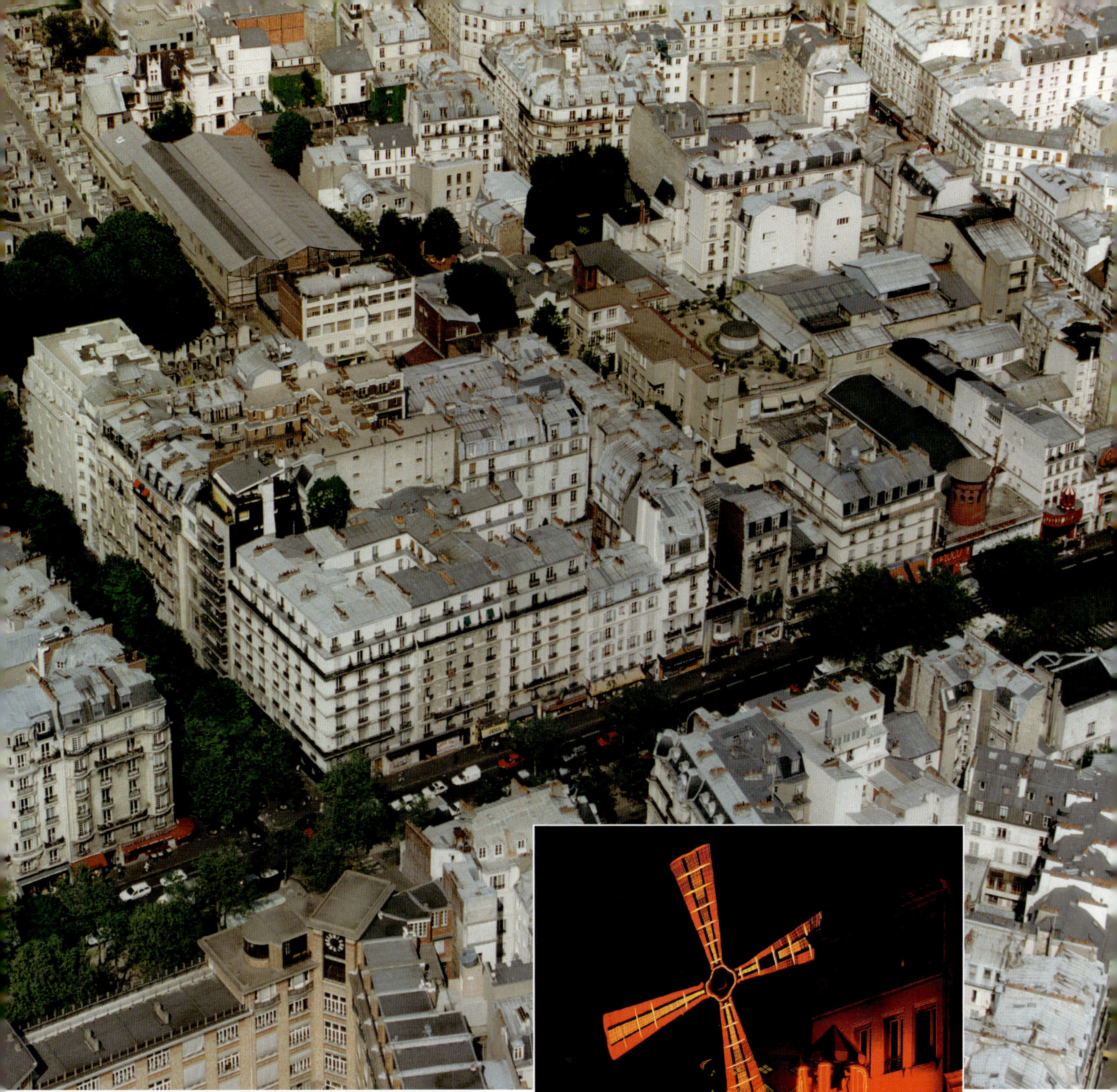

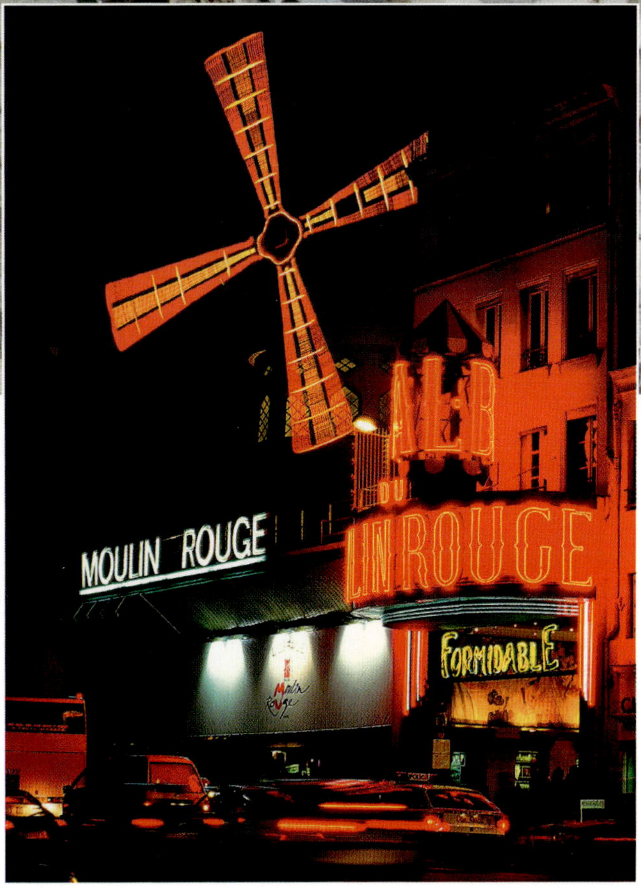

Le Moulin Rouge

PAGE DE GAUCHE :
Le Moulin Rouge.

CI-DESSUS :
Vue aérienne du boulevard de Clichy.

CI-CONTRE :
Le Moulin Rouge aujourd'hui.

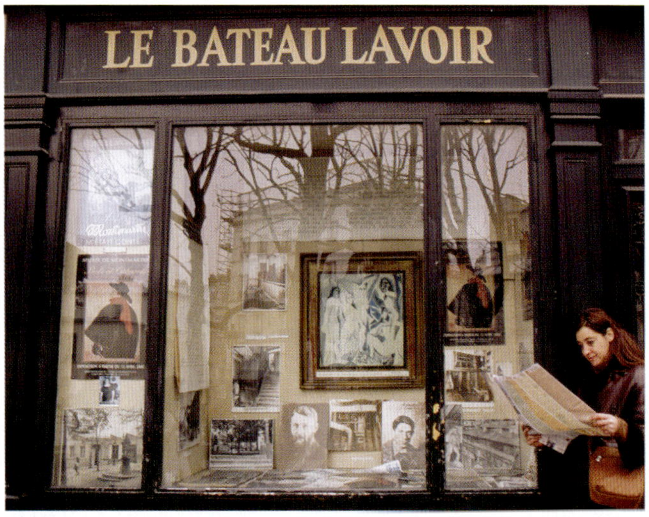

La butte Montmartre et la place Clichy

CI-CONTRE :
Le Bateau Lavoir.

CI-DESSOUS :
Les vendanges à Montmartre.

PAGE DE DROITE, DE HAUT EN BAS :
La place Clichy en 1896, Edmond Grandjean.
Clichy : la barrière à l'entrée de Paris.

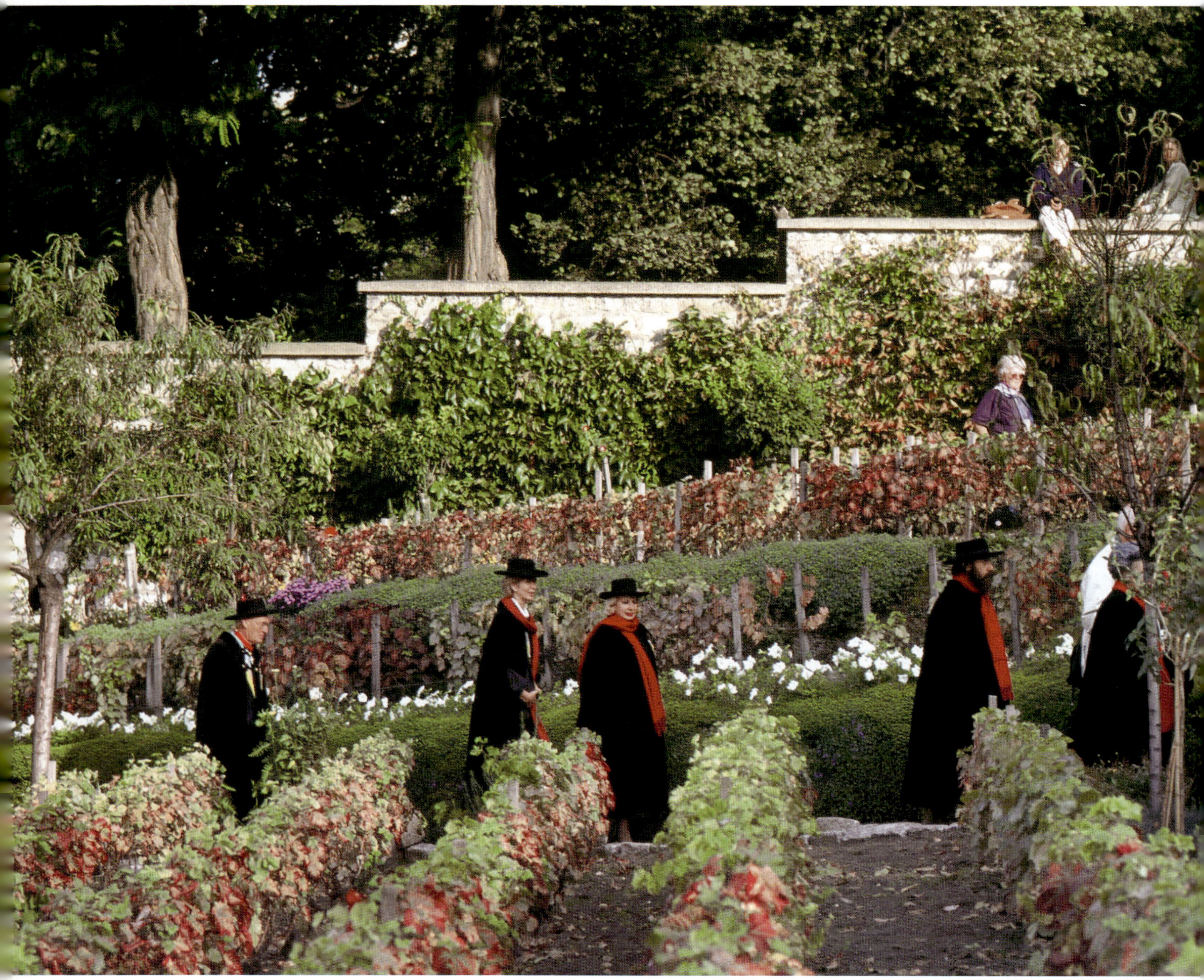

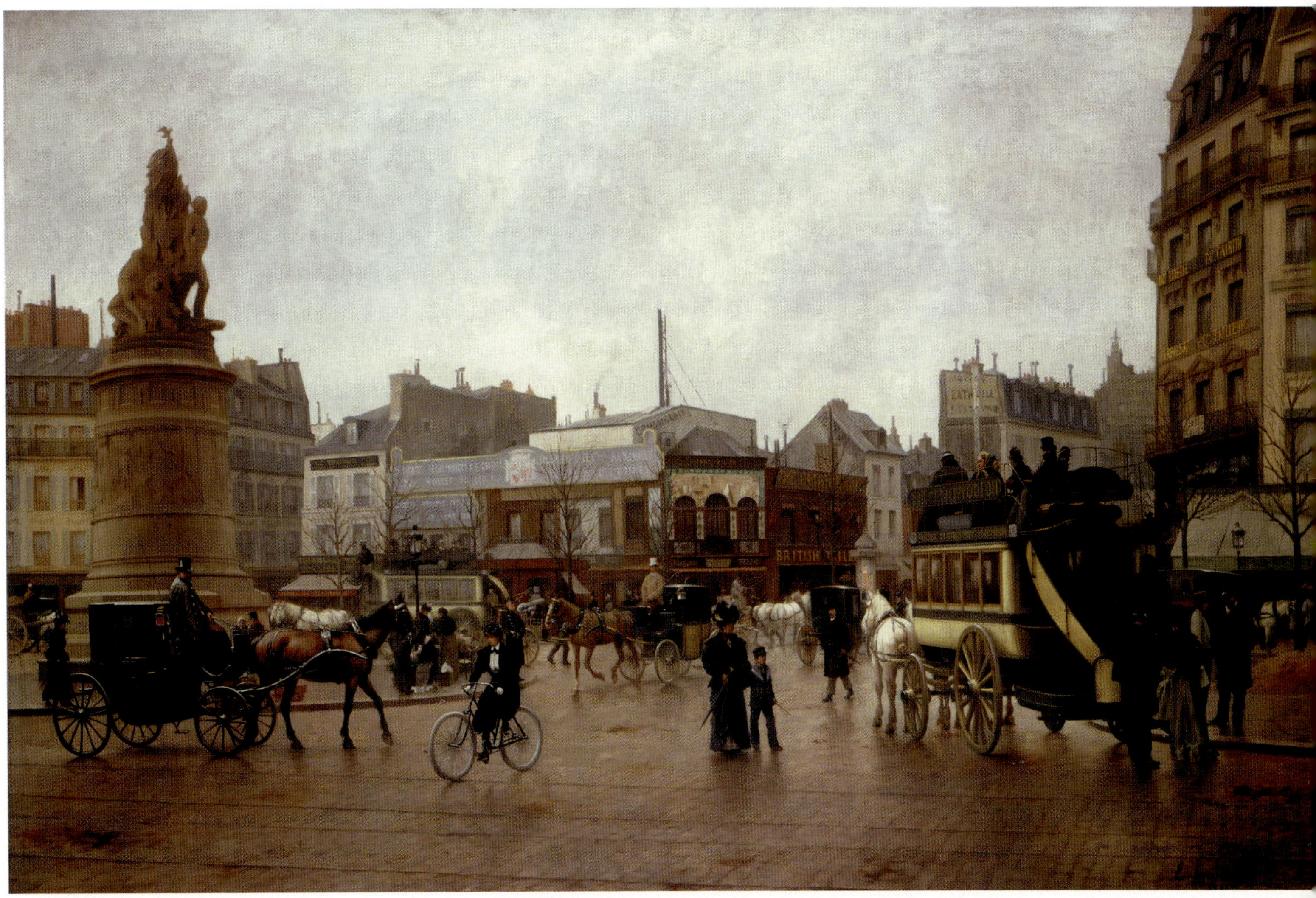

Bien que la tradition attribue à Adélaïde de Savoie (XIIe siècle) la plantation du premier pied de vigne de la butte Montmartre, l'abbaye, jouxtée d'un pressoir, ne fit probablement que développer une production de vin déjà présente à l'époque gallo-romaine. Les noms de certains quartiers du XVIIIe arrondissement témoignent d'ailleurs de ce passé viticole : le Clos-Berthaud et la Goutte-d'Or gardent la mémoire de crus aujourd'hui disparus.

En effet, à partir de l'annexion à la commune à Paris, les vignobles un à un cèdent la place à des immeubles. Cette disparition serait complète sans l'intervention des habitants du tout nouveau XVIIIe arrondissement, qui, résistant à l'urbanisation, préservent un lieu planté de quelques pieds de vigne. Depuis, chaque vendange donne lieu, le premier dimanche d'octobre, à une fête populaire. Les sommes récoltées par la vente des quelques centaines de bouteilles du Clos-Montmartre sont versées aux œuvres sociales de la Mairie du XVIIIe arrondissement.

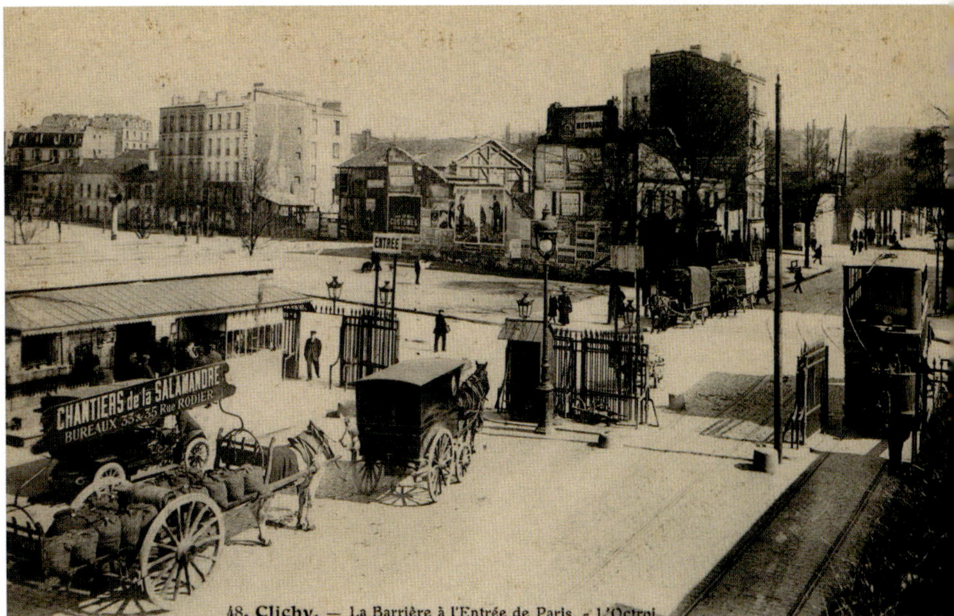

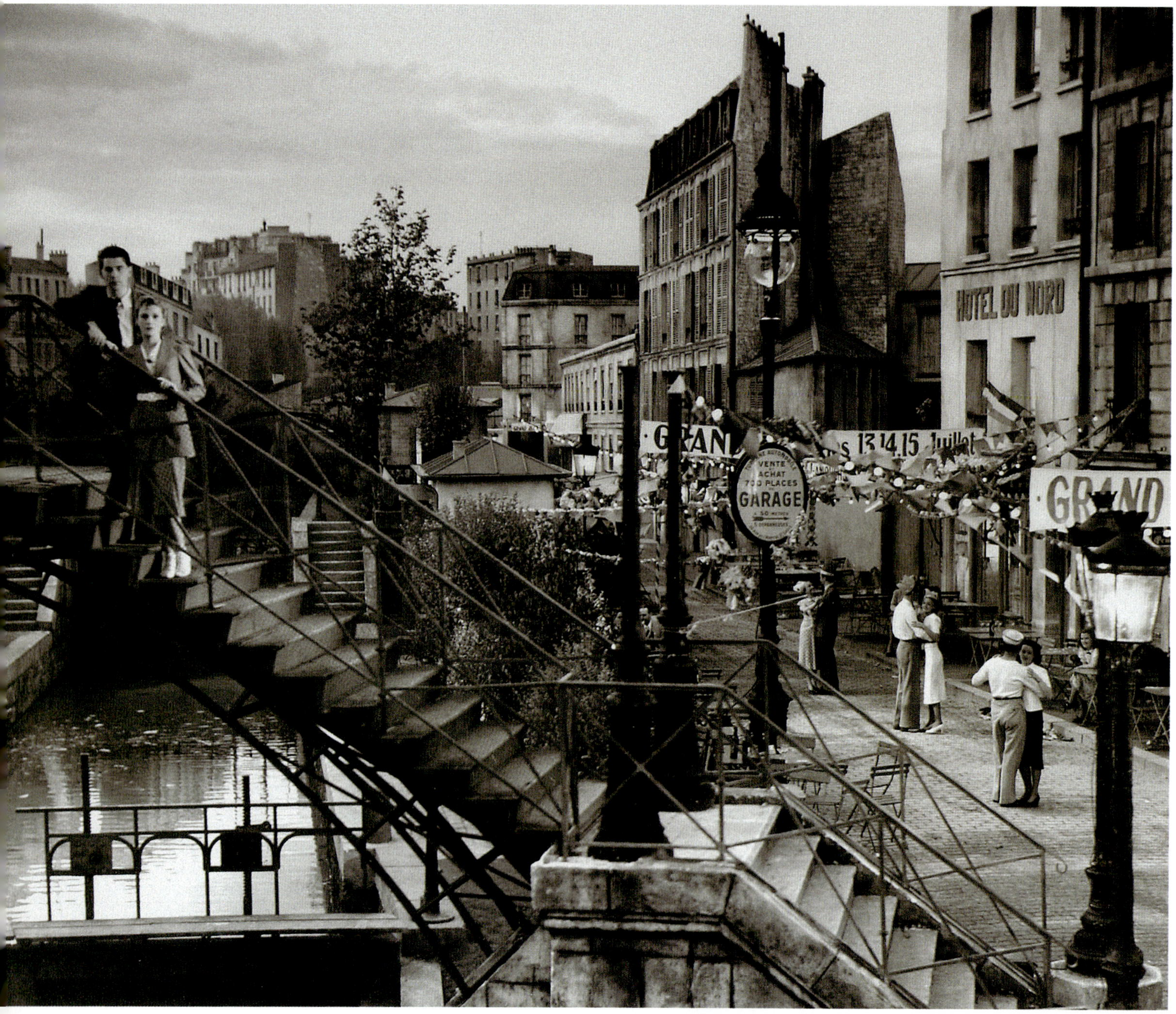
HOTEL DU NORD
GRAND
GRAND
VENTE
ACHAT
700 PLACES
GARAGE
13.14.15 Juillet

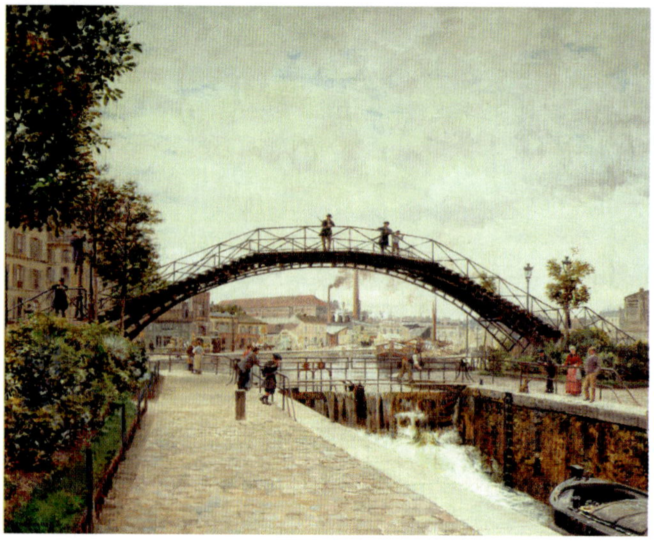

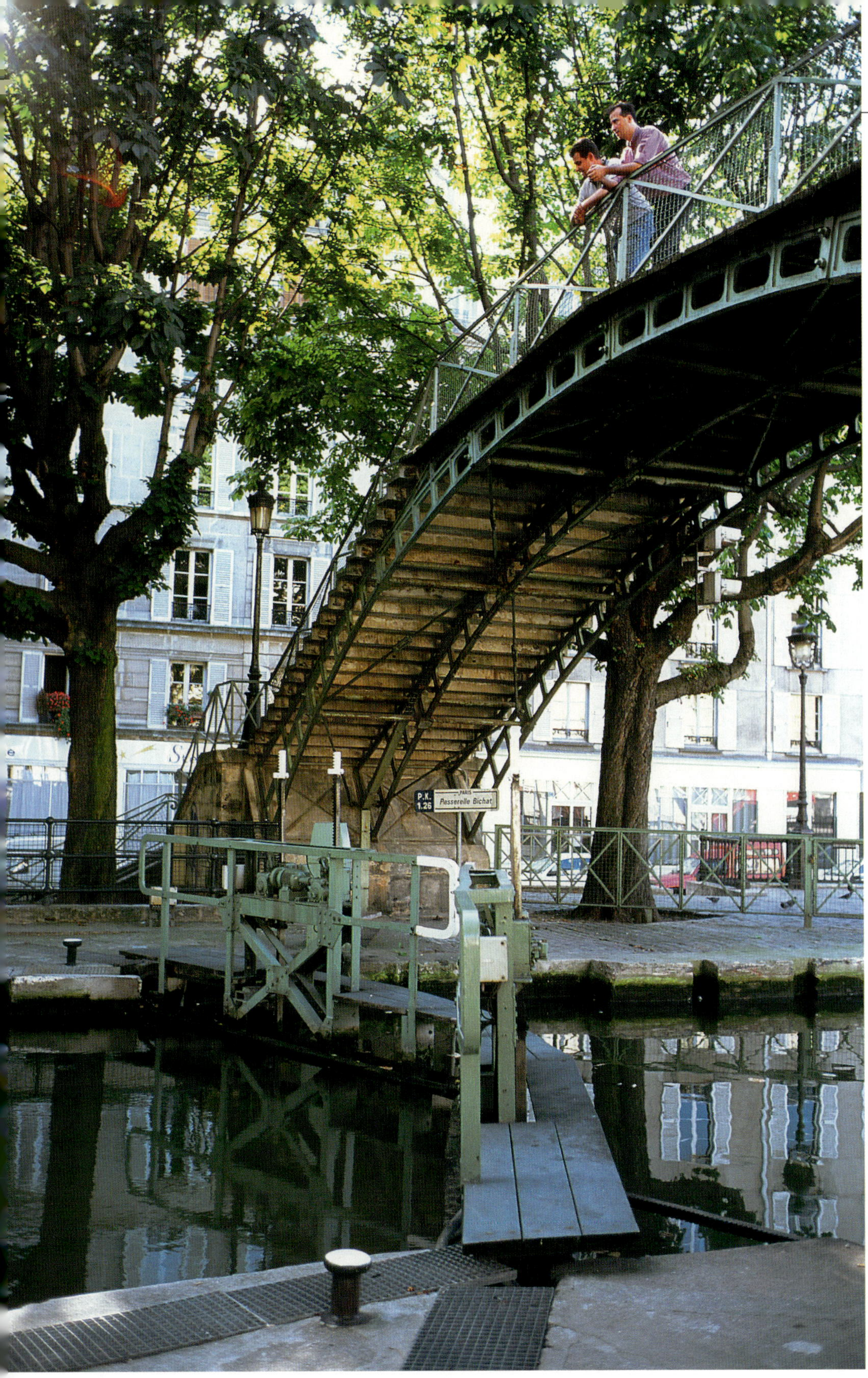

Le canal Saint-Martin

PAGE DE GAUCHE DE HAUT EN BAS :
Scène du film *Hôtel du Nord* de Marcel Carné, 1938.
Le canal Saint-Martin, XIXe siècle, Gérard-Marie Firmin.

CI-CONTRE ET CI-DESSOUS :
Le canal Saint-Martin.

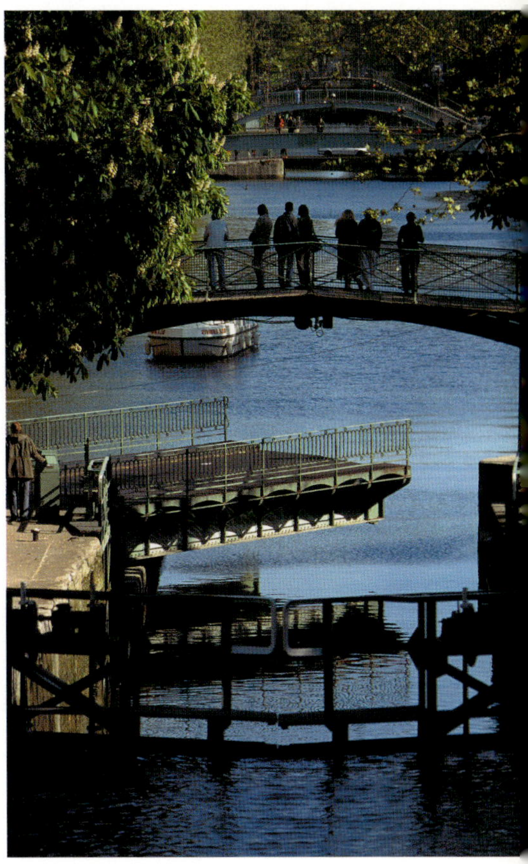

Inauguré en 1825, ce canal qui relie le bassin de la Villette à la Seine comporte neuf écluses et deux ponts tournants. Immortalisé par la célèbre dispute d'Arletty et de Louis Jouvet dans le film *Hôtel du Nor*d, le canal Saint-Martin s'enveloppe d'une atmosphère mystérieuse et poétique. Ses 4,5 kilomètres (dont la moitié est souterraine) d'eau verte emprisonnée le long des quais de pierre, les platanes centenaires qui le bordent et les gracieuses passerelles métalliques qui l'enjambent lui confèrent une personnalité singulière et un charme populaire irrésistible.

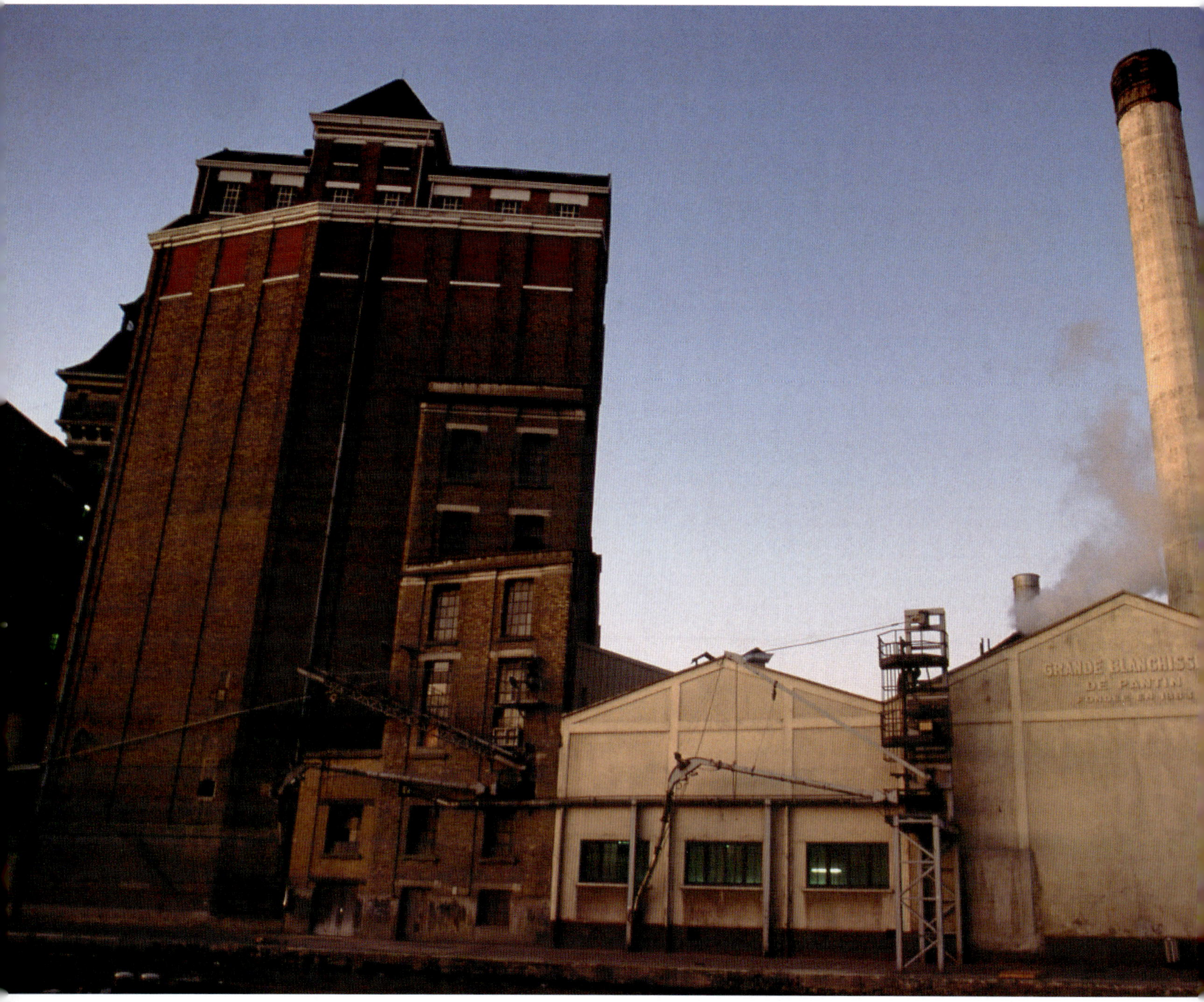
GRANDE BLANCHISS
DE PANTIN

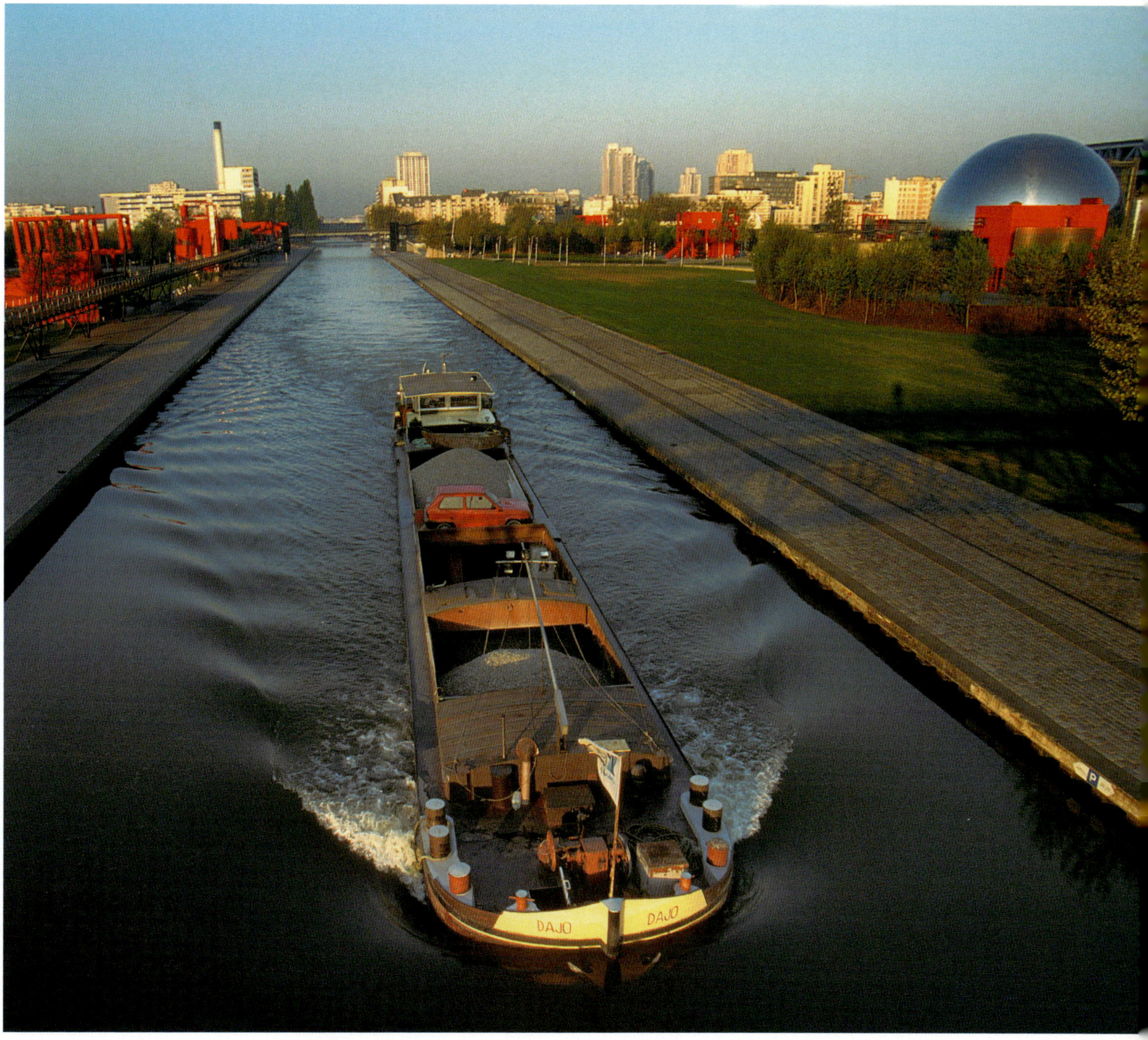

Le canal de l'Ourcq

PAGE DE GAUCHE :
Blanchisserie industrielle au bord du canal de l'Ourcq.

CI-DESSUS :
Le canal de l'Ourcq traversant le parc de la Villette.
A l'arrière-plan, la cité des Sciences et de l'Industrie.

Construit à partir de Paris, de l'aval vers l'amont, afin d'assurer le ravitaillement en eau de la capitale et de permettre une navigation de fret, le canal de l'Ourcq s'étend sur 110 kilomètres de voies d'eau et comporte dix écluses. Alimenté, entre autres, par les eaux de l'Ourcq, de la Marne et de la Beuvronne, il est fortement marqué par un environnement industriel : le pont métallique tournant, les anciennes minoteries de Pantin, les nombreux ports de fret qui le jalonnent témoignent de la technologie du XIXe siècle. Aujourd'hui, il n'y a plus de navigation commerciale sur cette voie, mais le canal est toujours utilisé pour une navigation de plaisance.

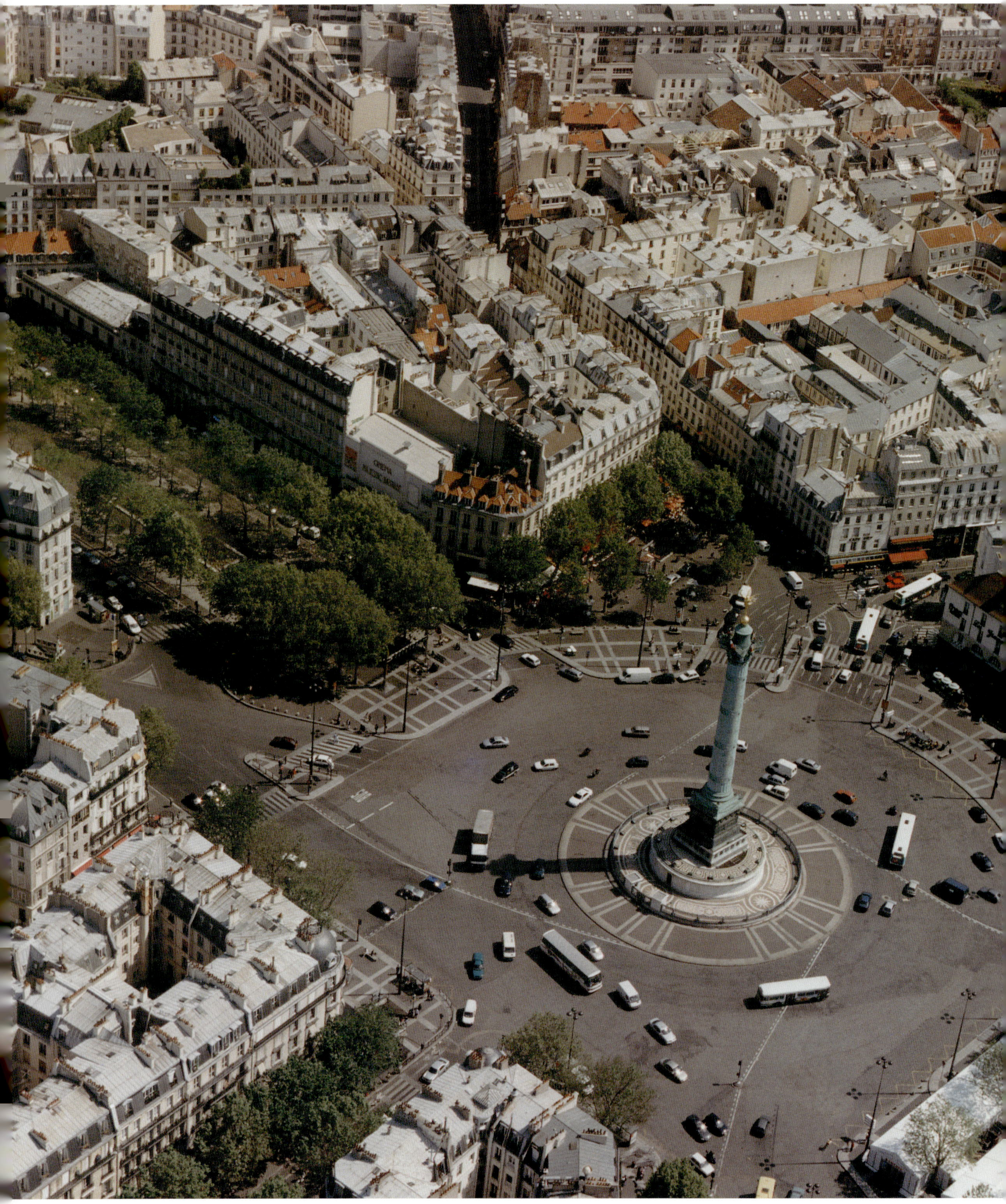

CHAPITRE 10

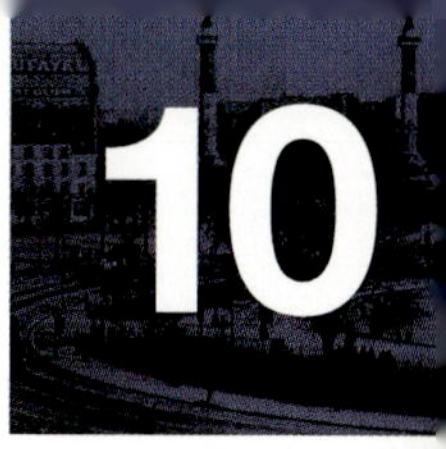

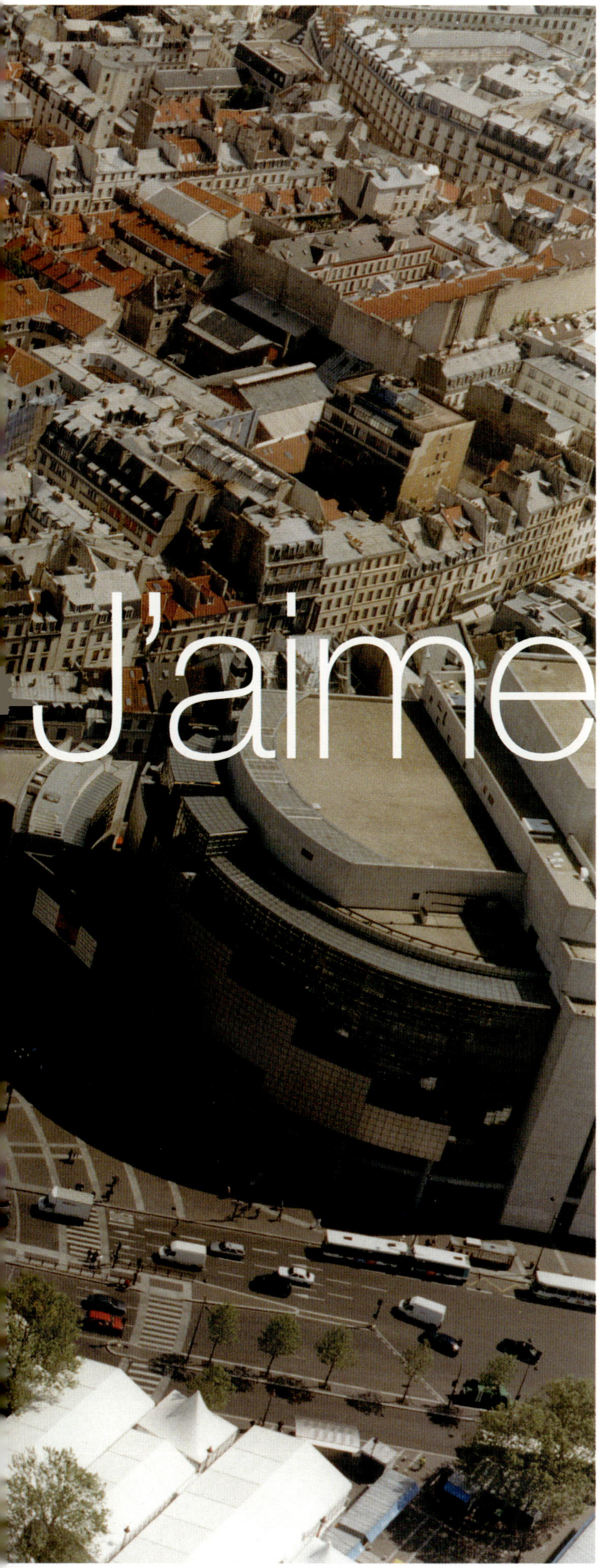

J'aime Paris

La Bastille, Bercy, Tolbiac…

Dans un passé encore récent, l'est de Paris, réputé pour son histoire révolutionnaire et pour le talent des artisans du faubourg Saint-Antoine, l'était aussi pour la vétusté et la modicité de son habitat à caractère populaire. Mais avec les années 1980, ces quartiers se sont découvert une vocation pour la mode et l'actualité. Largement rénovés, dotés d'édifices d'une éblouissante modernité, leur métamorphose est complète.

Désormais occupé par l'avant-garde créative, les agences de publicité et les galeries d'art, l'est de la capitale attire également la foule des noctambules : ses bars à cocktails, à tapas ou à sushis attirent les promeneurs en quête de sorties et d'originalité. Restaurants, cinémas, salles de concert, cafés branchés alternent au long des rues de Lappe ou de la Roquette… Il fait bon déambuler dans ces lieux consacrés aux divertissements nocturnes.

Symbole de ce renouveau, l'opéra Bastille allie une technologie dernier cri à la démocratisation de l'art lyrique. Chef-d'œuvre de l'architecte Carlos Ott, sa façade curviligne et transparente illumine la place de la Bastille, monument phare signalant à tout un chacun le triomphe du renouveau dans l'est parisien.

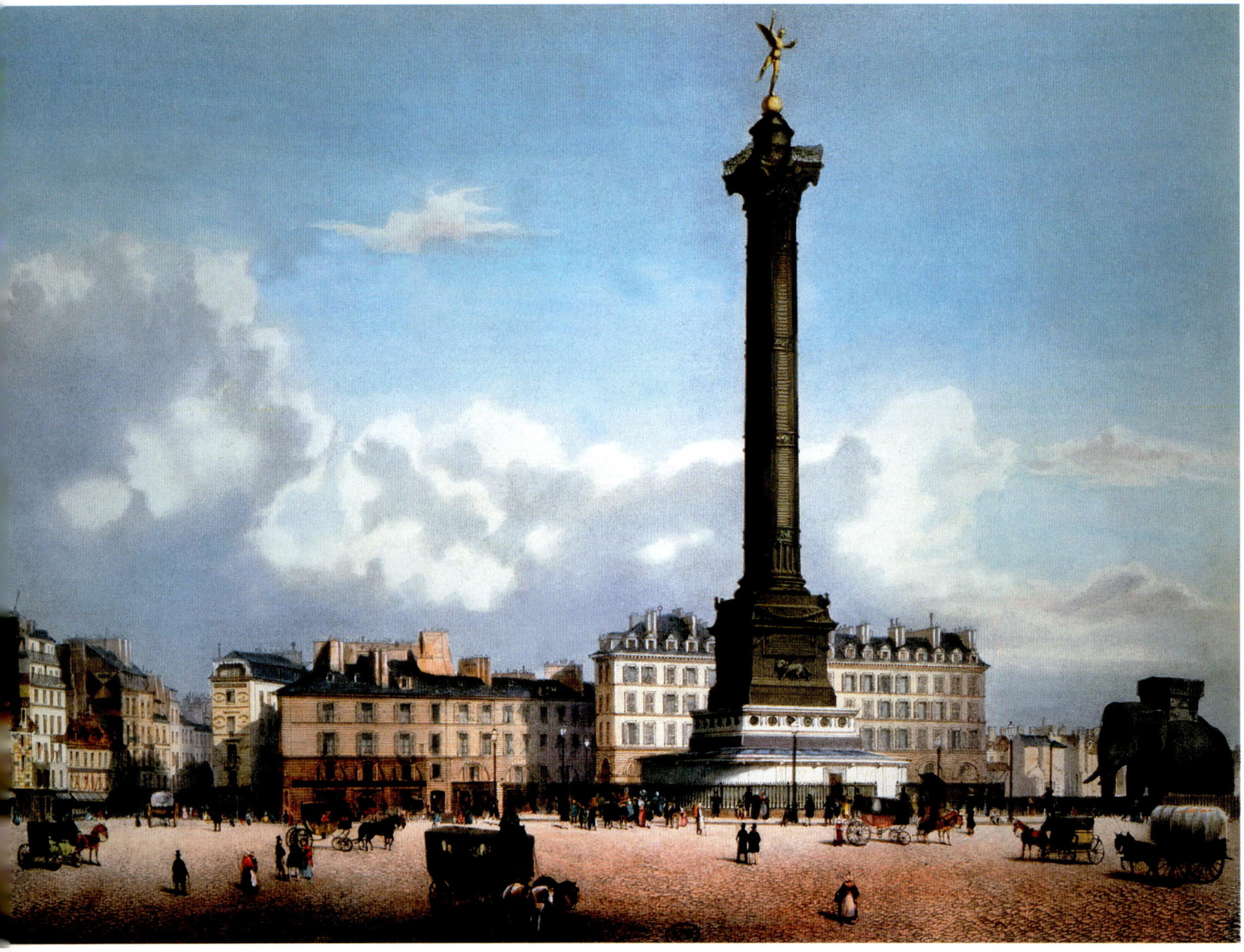

Construite de 1370 à 1382, la forteresse de la Bastille abandonne sous Richelieu sa vocation militaire et devient prison pour les « gens de qualité ». Le symbole honni de l'arbitraire royal en matière de délit d'opinion, la citadelle est prise d'assaut par les Parisiens le 14 juillet 1789. Elle est démolie dans les jours qui suivent, et ses pierres servent à bâtir le pont de la Concorde. En souvenir de la révolution de juillet 1830 qui l'amène au pouvoir, Louis-Philippe fait ériger en 1840 sur ce même site la colonne de Juillet, surmontée du Génie de la Liberté, qui tient d'une main une chaîne brisée et de l'autre le flambeau de la civilisation.

Créée sur l'emplacement de la forteresse, la place de la Bastille occupe aujourd'hui un site essentiel, à la jonction des boulevards Richard-Lenoir, Beaumarchais, Henri-IV, Bourdon et de la Bastille, ainsi que des rues de la Bastille, Saint-Antoine, de Lyon, de Charenton, du Faubourg-Saint-Antoine et de la Roquette. Symbole de contestation populaire et nœud urbain majeur, la place de la Bastille accueille, outre le grand bal populaire du 14 juillet, le défilé du 1er mai, ainsi que la plupart des grandes manifestations.

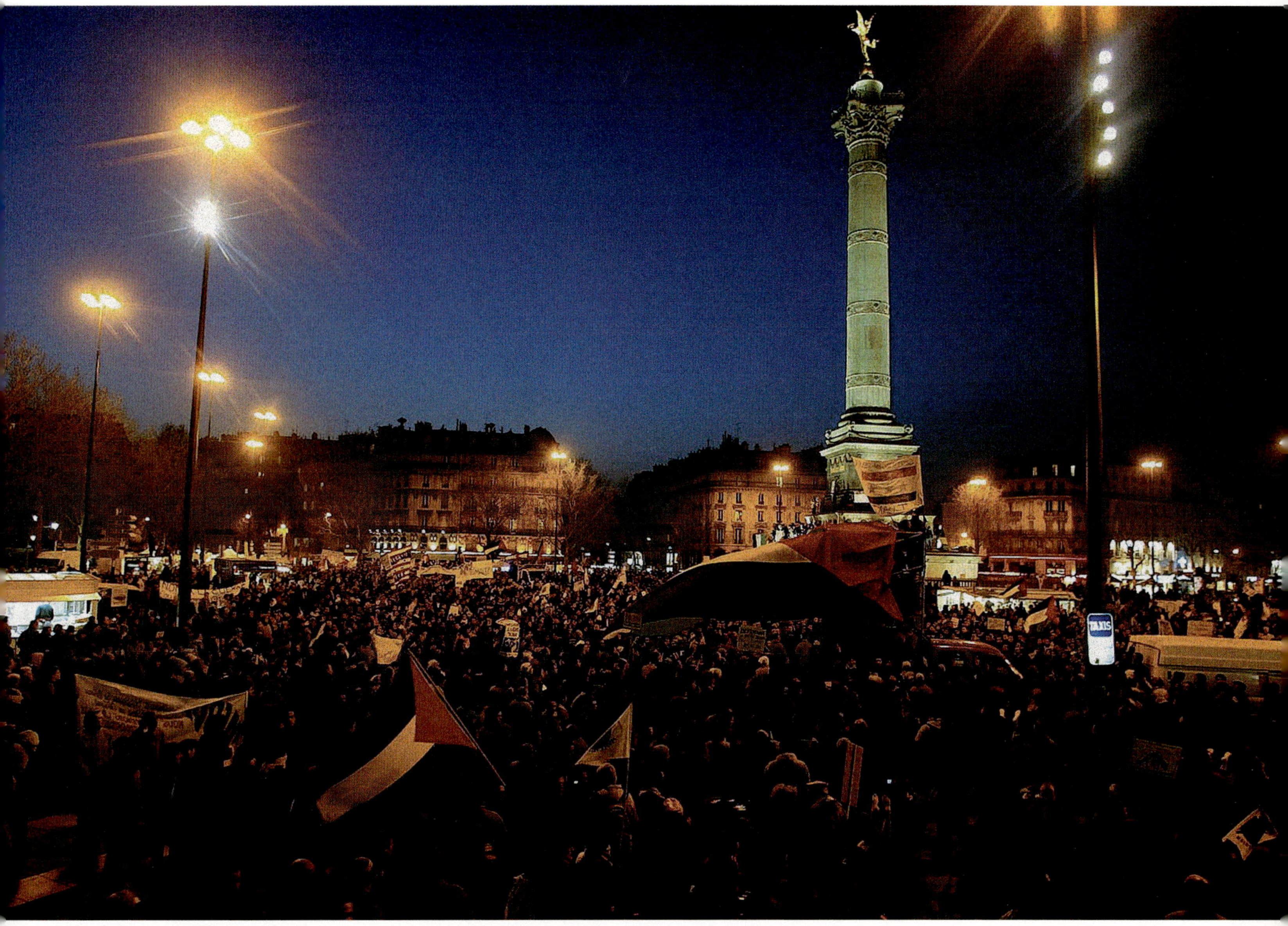

La place de la Bastille et son quartier

PAGE DE GAUCHE :
La place de la Bastille : la colonne de Juillet et l'éléphant en plâtre, vers 1840.

CI-DESSUS :
Manifestation place de la Bastille.

CI-DESSOUS, DE GAUCHE À DROITE :
La rue Saint-Antoine.
Entrée du métro, place de la Bastille, dessinée par Hector Guimard et démolie en 1957.
Ancienne boucherie édifiée par les religieuses de l'abbaye royale Saint-Antoine, rue du Faubourg-Saint-Antoine.

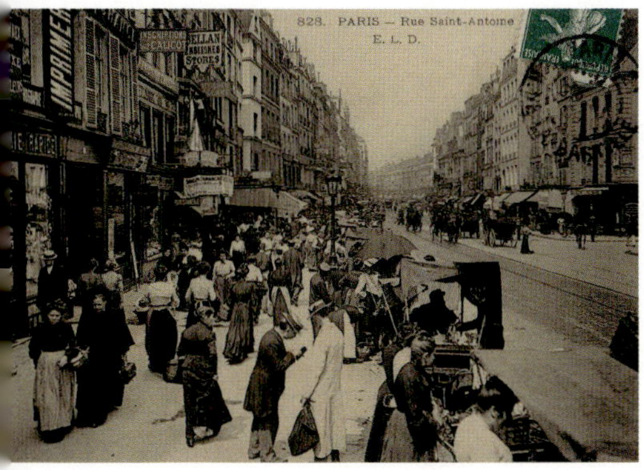

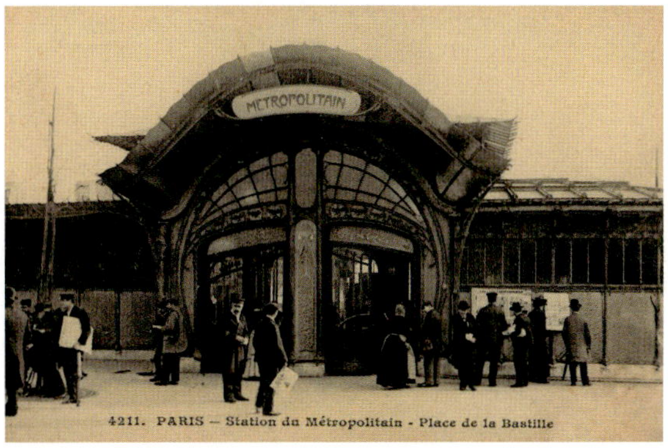

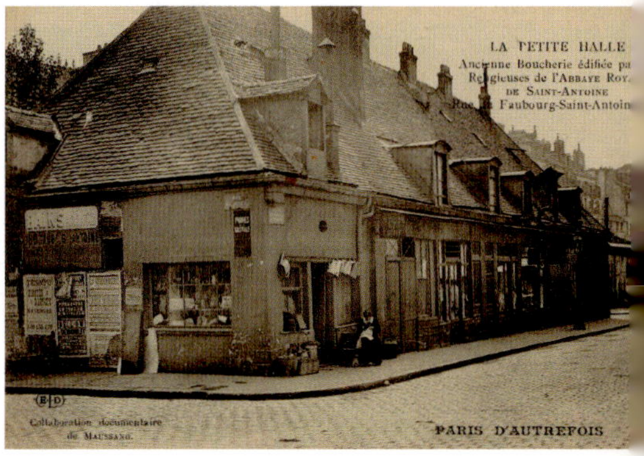

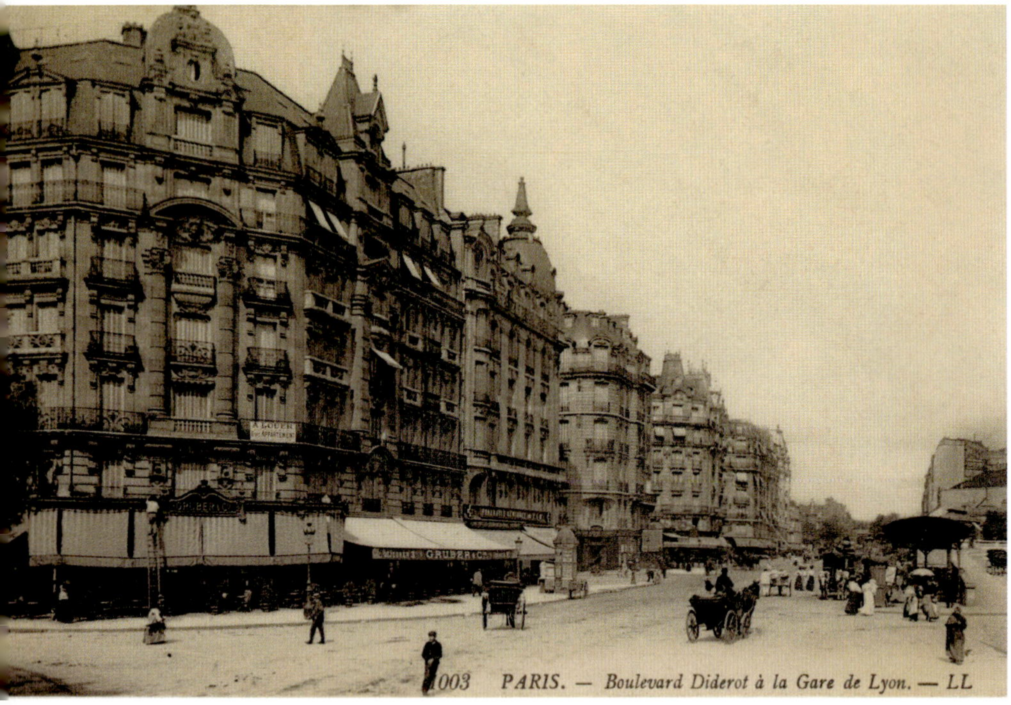

Dominée par son beffroi d'une hauteur de 67 mètres, la gare de Lyon, édifiée en 1852, est reconstruite dans le style académique à l'occasion de l'Exposition universelle de 1900. Réaménagée et agrandie à plusieurs reprises pour répondre aux besoins croissants de la circulation, la gare actuelle a néanmoins conservé sa façade début du siècle, désormais protégée par les Monuments historiques : outre les statues de Paris et de Marseille, des jeunes femmes dénudées, allégories de la Navigation, de la Vapeur, de l'Électricité et de la Mécanique, y exaltent les valeurs du progrès et la grandeur de l'industrie française.

Première gare à avoir accueilli le TGV, la gare de Lyon centralise de nos jours une intense circulation en direction de la banlieue et des villes du sud-est de la France.

La gare de Lyon

PAGE DE GAUCHE :
Le boulevard Diderot à la gare de Lyon.

CI-DESSOUS :
La nouvelle gare de Lyon à Paris, mars 1902.

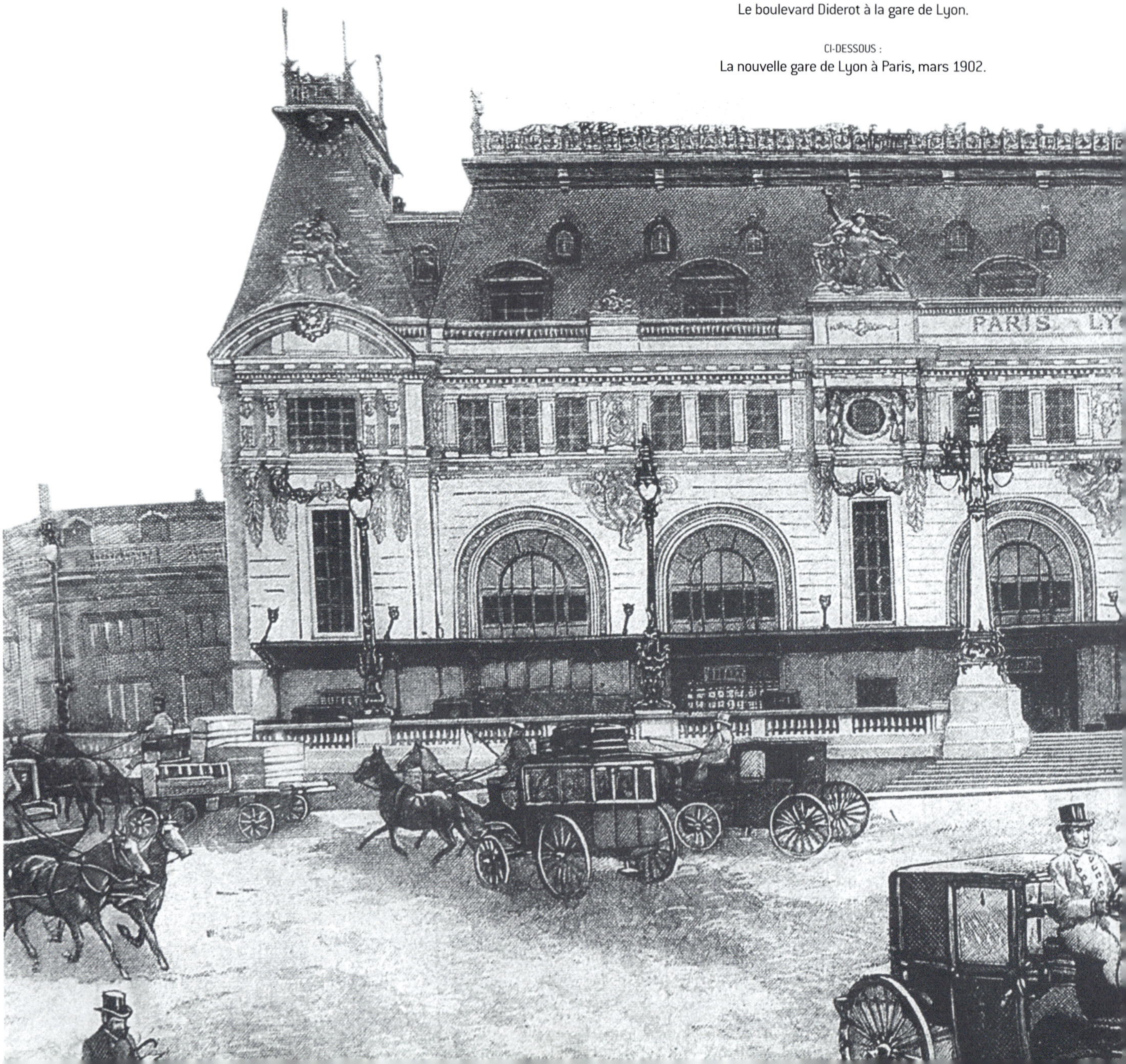

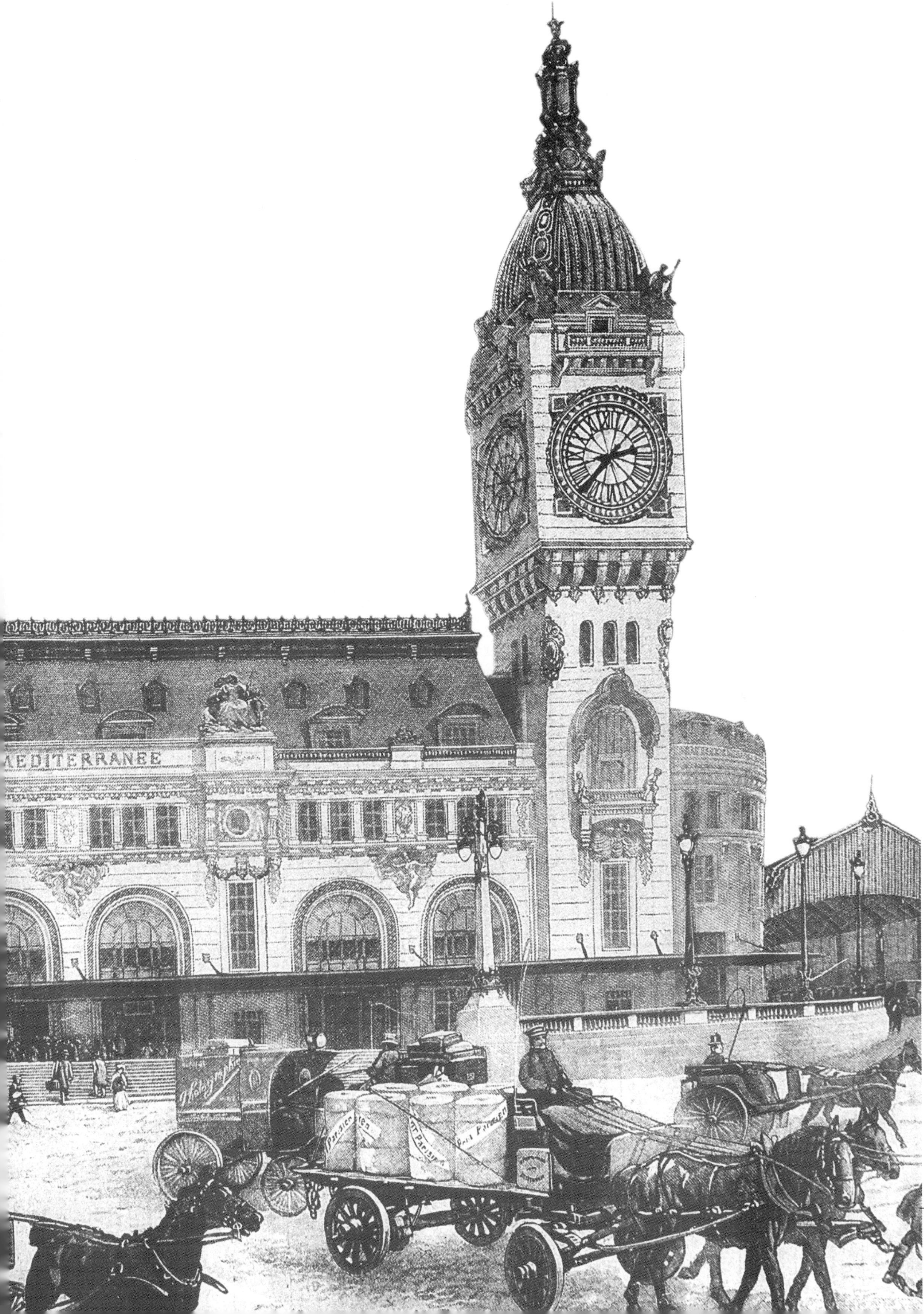
MEDITERRANEE

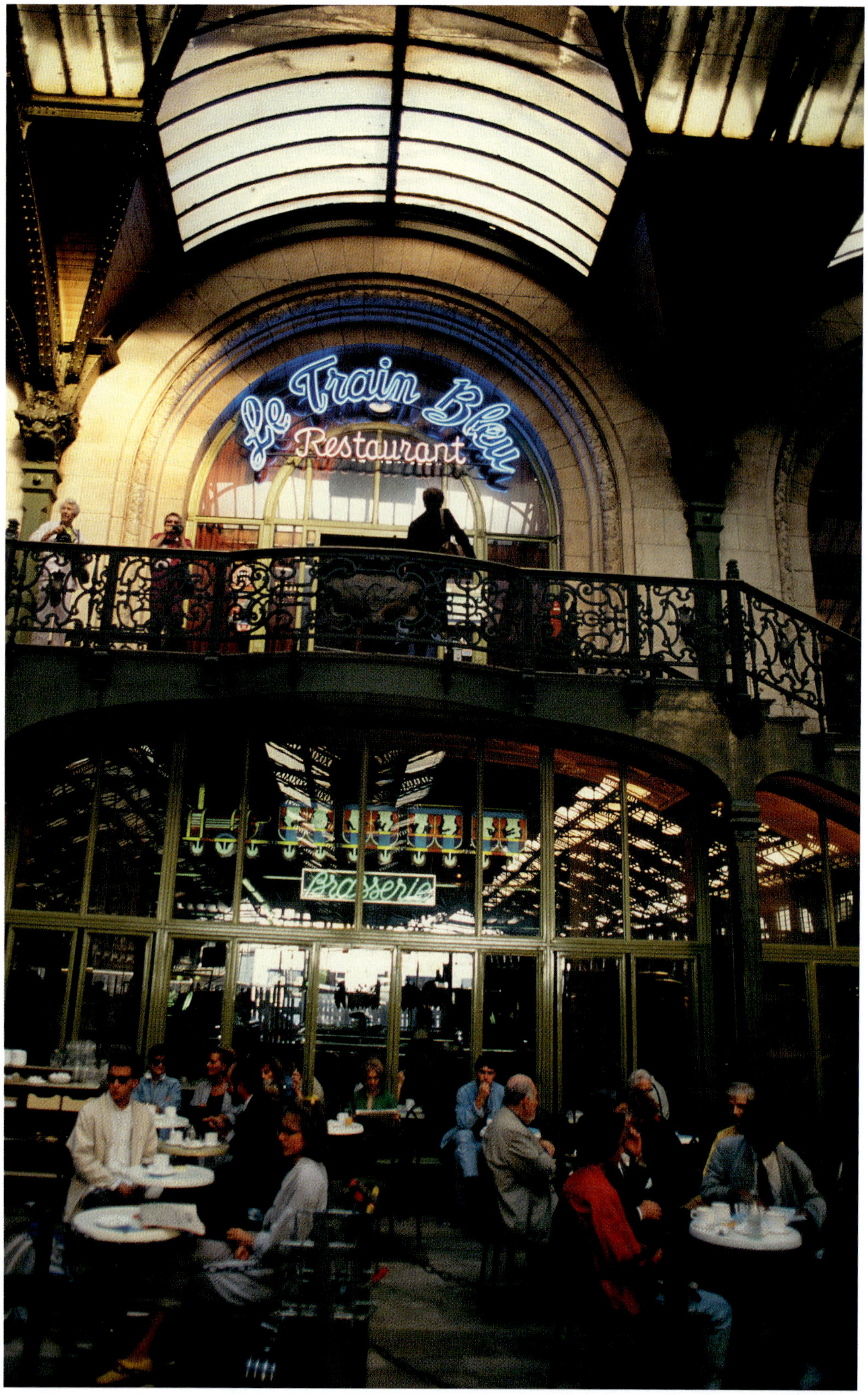

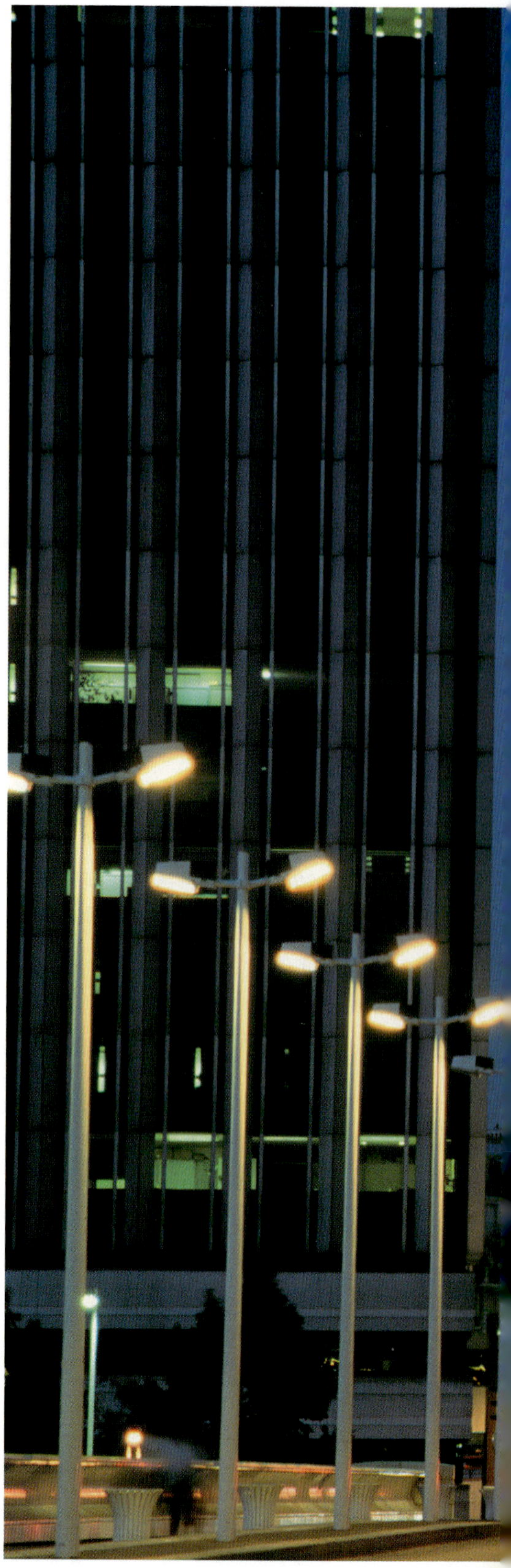

La gare de Lyon

PAGE DE DROITE :
Le pont Charles-de-Gaulle et la gare de Lyon.

CI-DESSUS :
Le restaurant Le Train bleu dans la gare de Lyon.

Au premier étage de la gare de Lyon, le Train Bleu a conservé son décor luxueux de 1901. Le buffet de la gare de Lyon fut ainsi baptisé en 1963 en hommage au célèbre Paris-Vintimille. Classé monument historique en 1972, ce restaurant accueille les voyageurs dans un cadre fastueux, où abondent dorures, lustres en cristal, stucs et boiseries peintes. Le décor évoque les grandes villes autrefois desservies par le Paris-Lyon-Marseille. À lui seul, ce restaurant constitue déjà la plus attrayante des invitations au voyage.

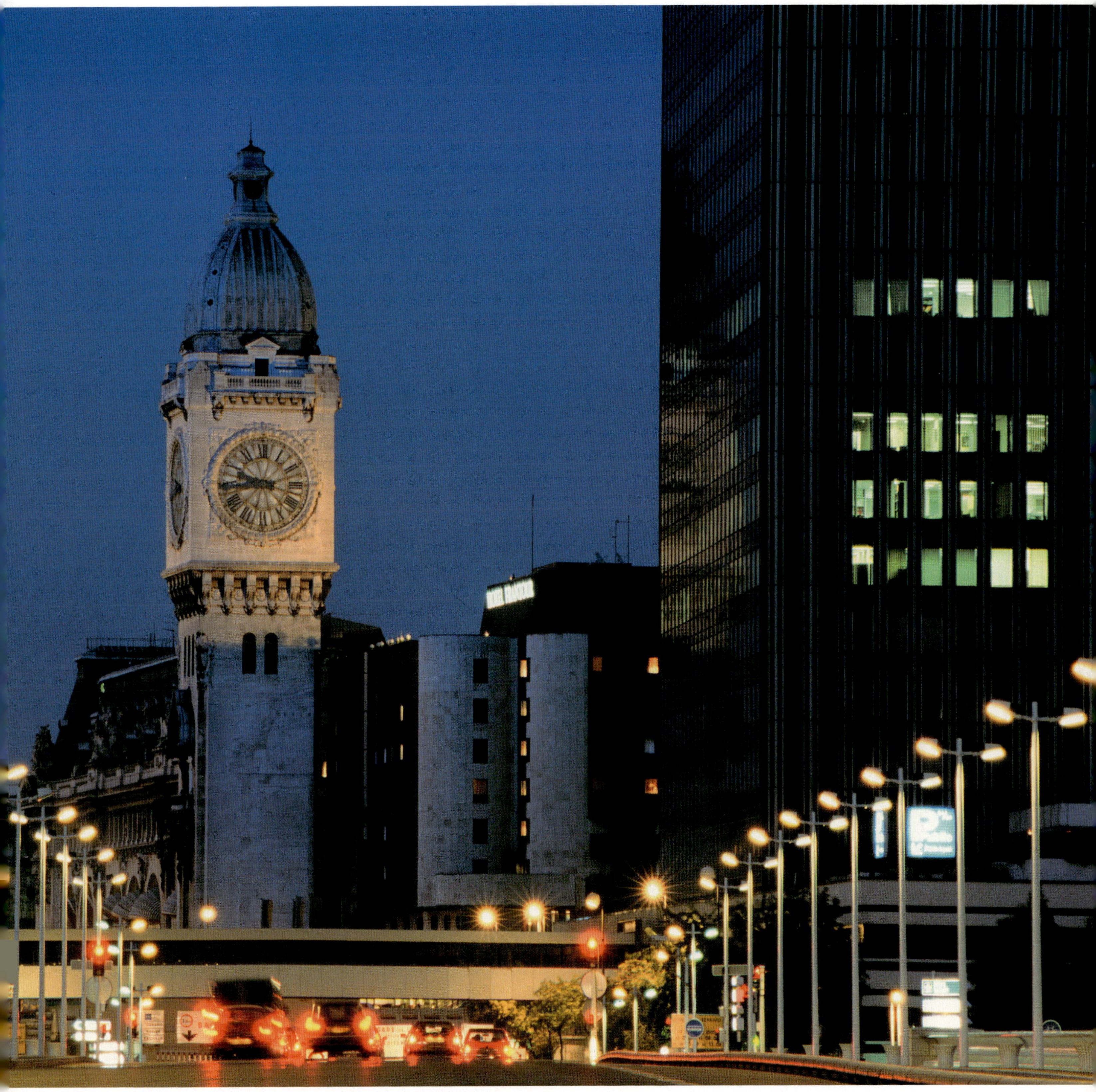

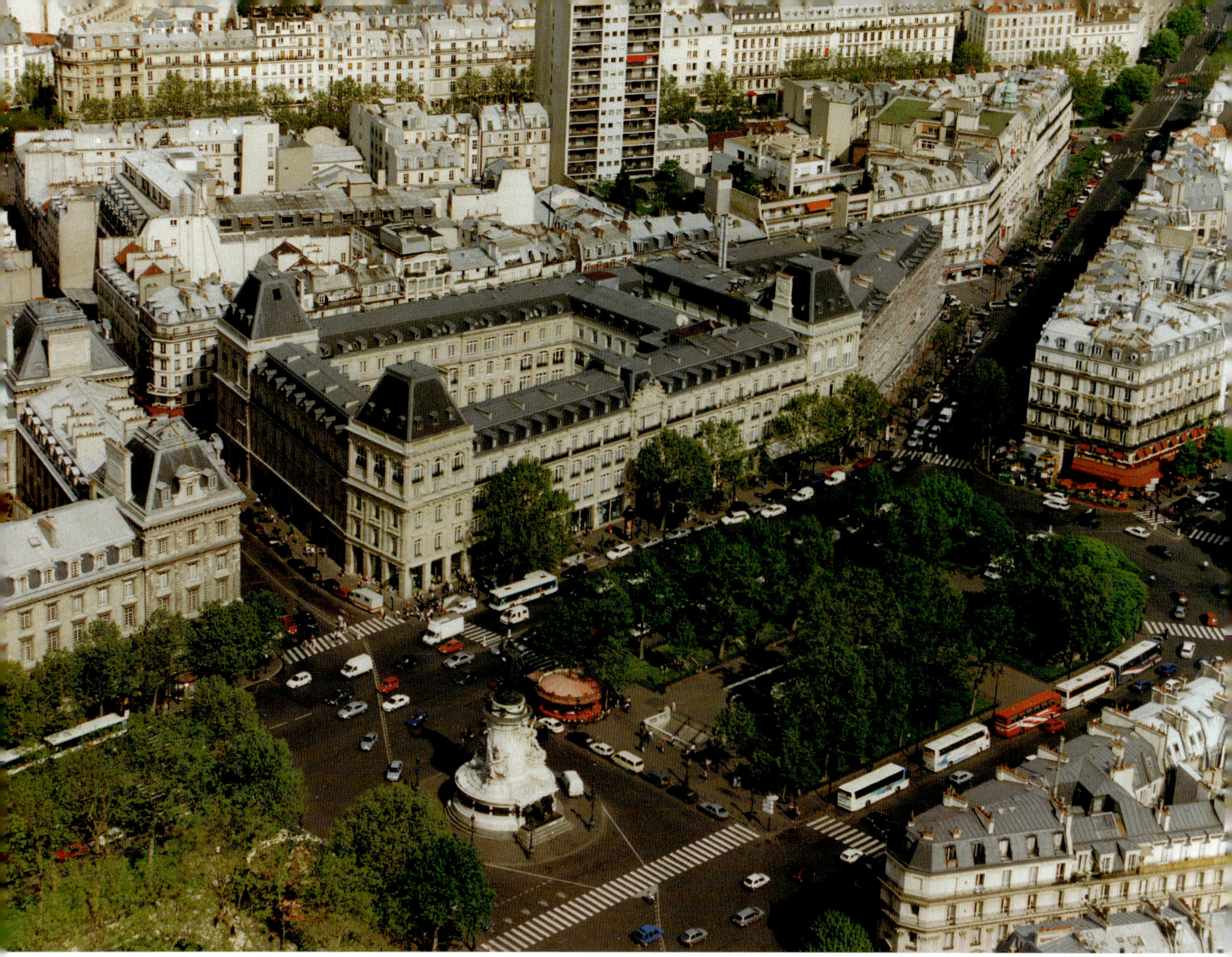

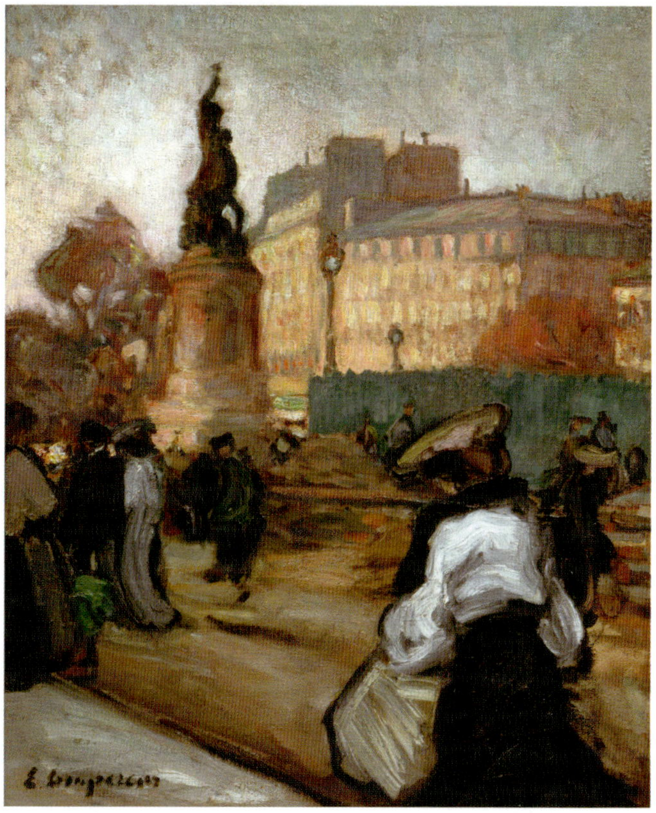

Haute de 9 mètres, la statue en bronze domine la vaste place de la République. Vêtue d'une toge à l'antique qui laisse apparaître un sein dénudé et coiffée d'un bonnet phrygien, elle élève de la main droite un rameau d'olivier, symbole de paix, tandis que son bras gauche tient les Tables de la Loi.
Trois grandes statues de pierre ornent le piédestal sur lequel elle est juchée : la Liberté brandissant un flambeau, l'Égalité tenant un drapeau tricolore, et la Fraternité entourée d'enfants en train de lire... Inaugurée le 14 juillet 1883, cette sculpture des frères Morice incarne avec énergie les valeurs républicaines, sur cette place vouée aux grands rassemblements populaires.

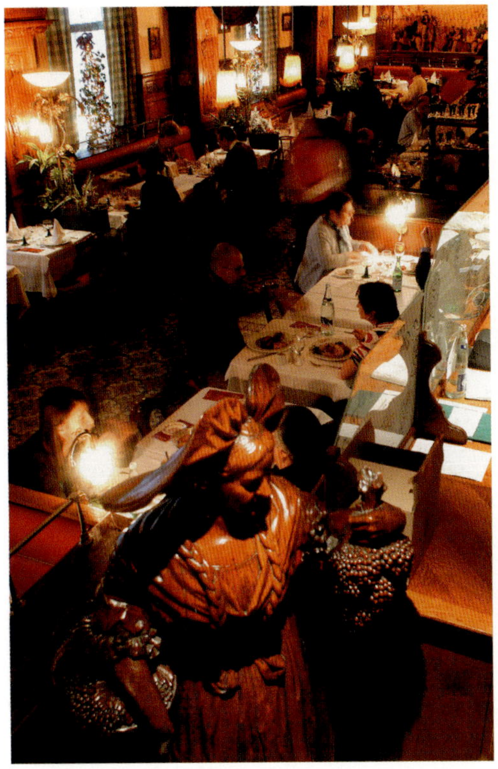

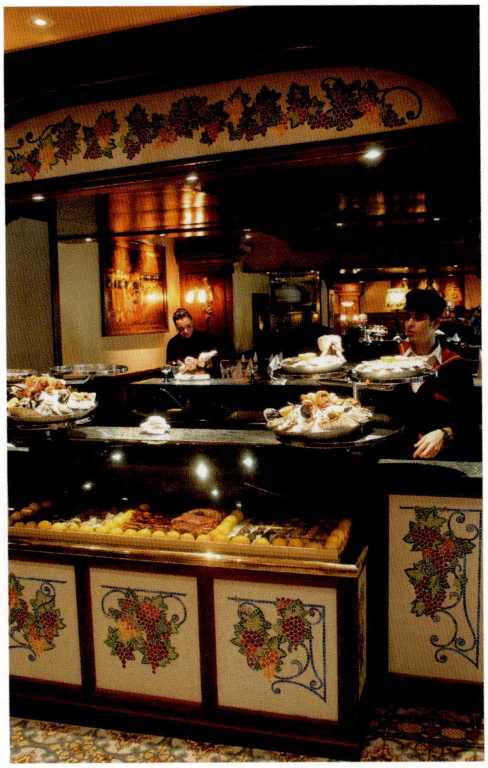

La place de la République

PAGE DE GAUCHE, DE HAUT EN BAS :
Vue aérienne de la place
de la République.
Place de la République, XIXe siècle,
Edmond Lempereur.

CI-CONTRE :
La brasserie Chez Jenny.

CI-DESSOUS :
La fête de la musique.

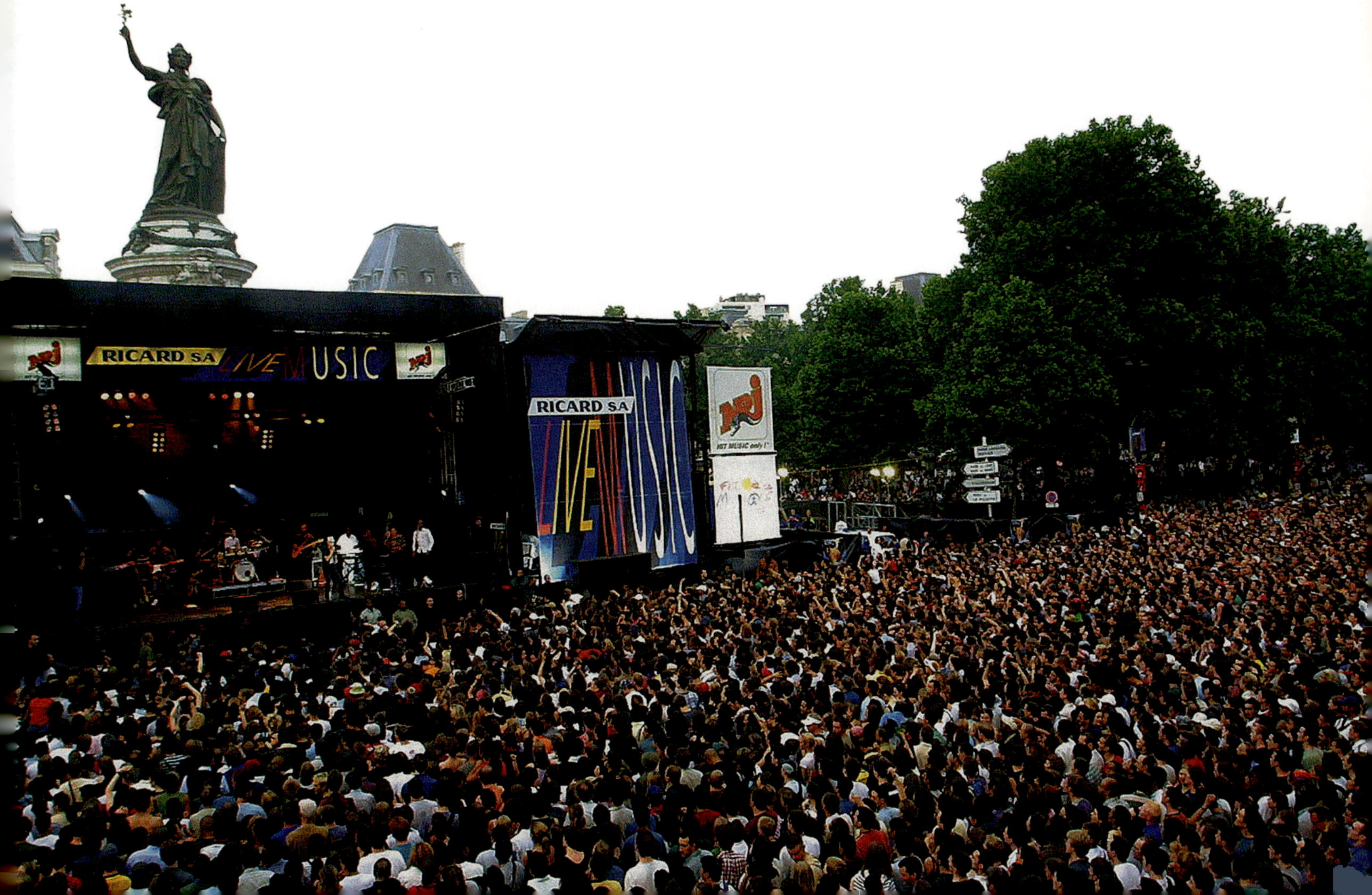

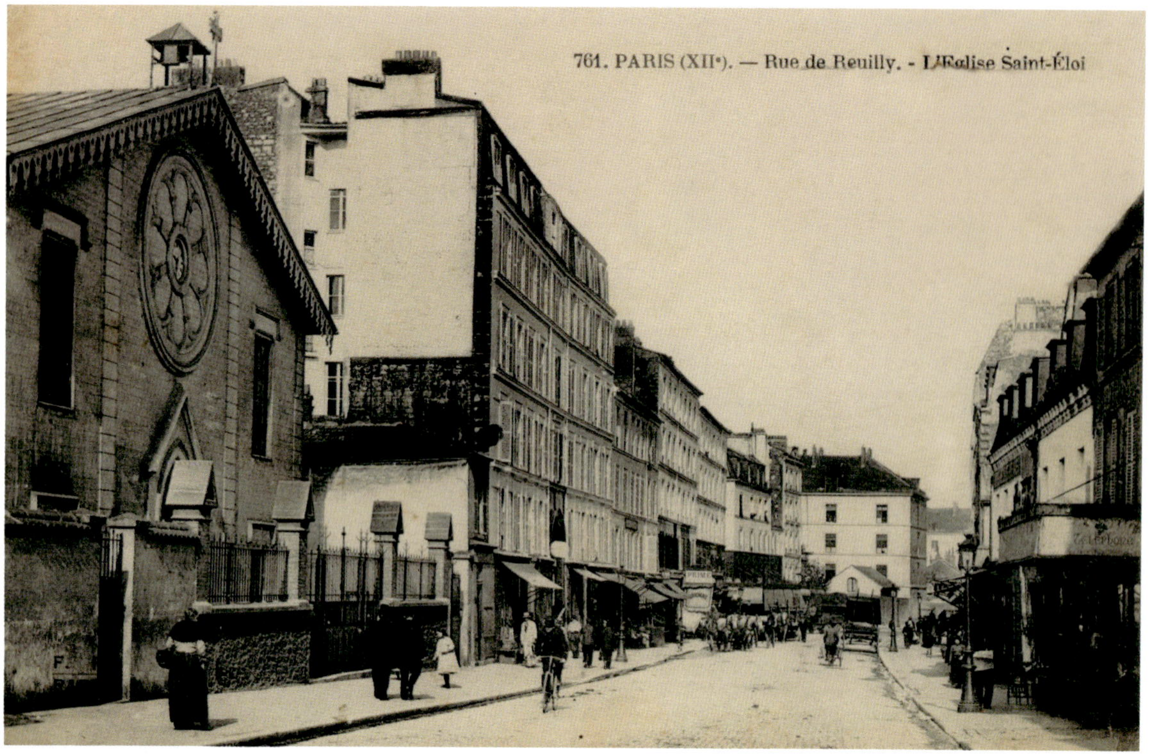

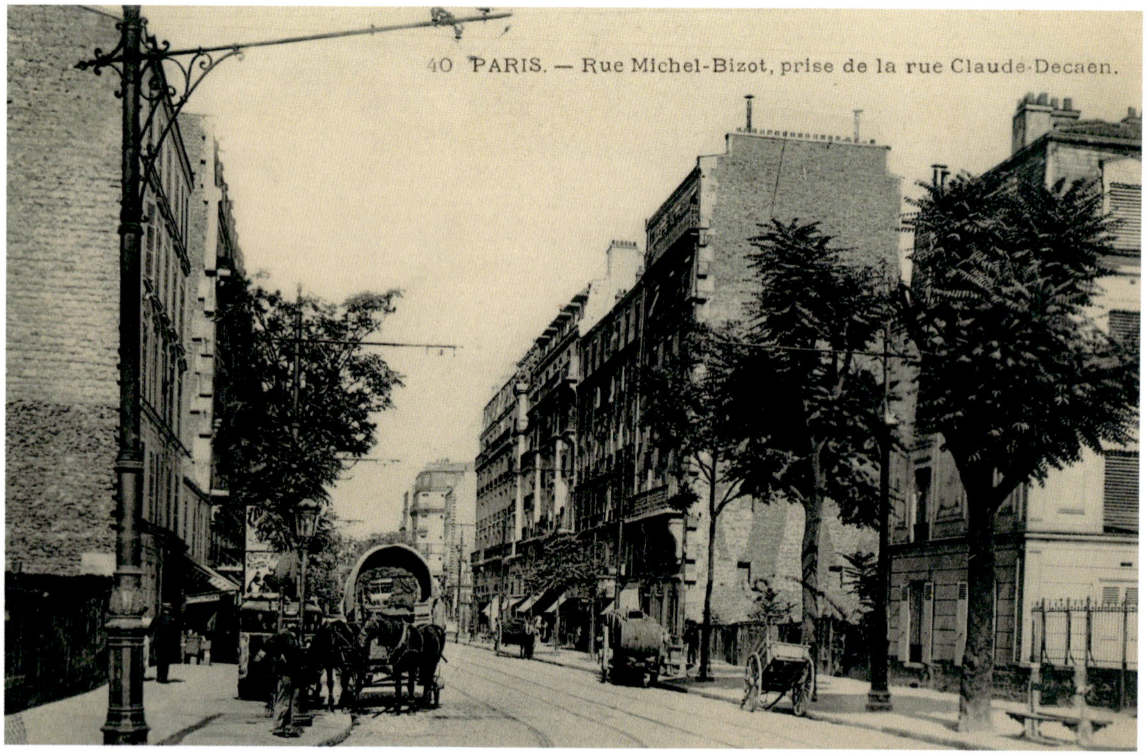

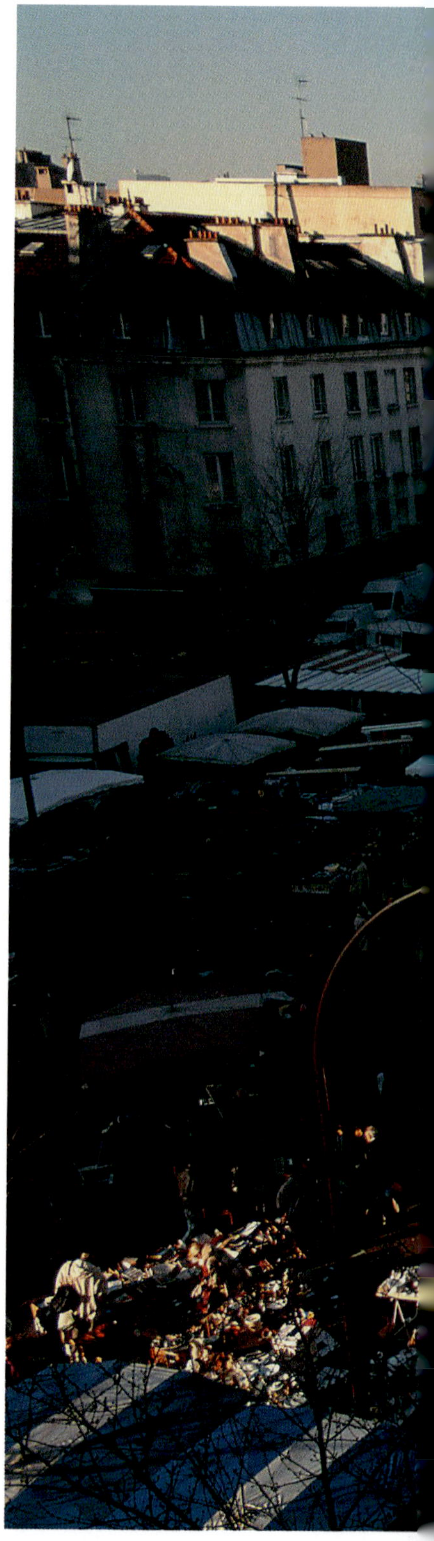

Dès 1776, la vocation commerçante du quartier s'affirme, avec la création du marché Beauvau-Saint-André. Détruit lors des émeutes de juillet 1789, reconstruit en 1843, il prend alors le nom de la chancelière d'Aligre, l'une des fondatrices de l'hospice des Enfants-Trouvés. Disposés en allées rectilignes, les commerces d'alimentation occupent l'intérieur, tandis qu'à l'extérieur, brocanteurs et fripiers proposent une marchandise abondante et variée à des prix imbattables... Fier de sa clientèle venue du monde entier, le marché d'Aligre s'enorgueillit tout autant de son caractère populaire, source de sa richesse et de sa diversité.

Le marché d'Aligre

CI-DESSUS, DE HAUT EN BAS :
La rue de Reuilly et l'église Saint-Eloi.
La rue Michel-Bizot, prise de la rue Claude-Decaen.

PAGE DE DROITE :
Le marché d'Aligre.

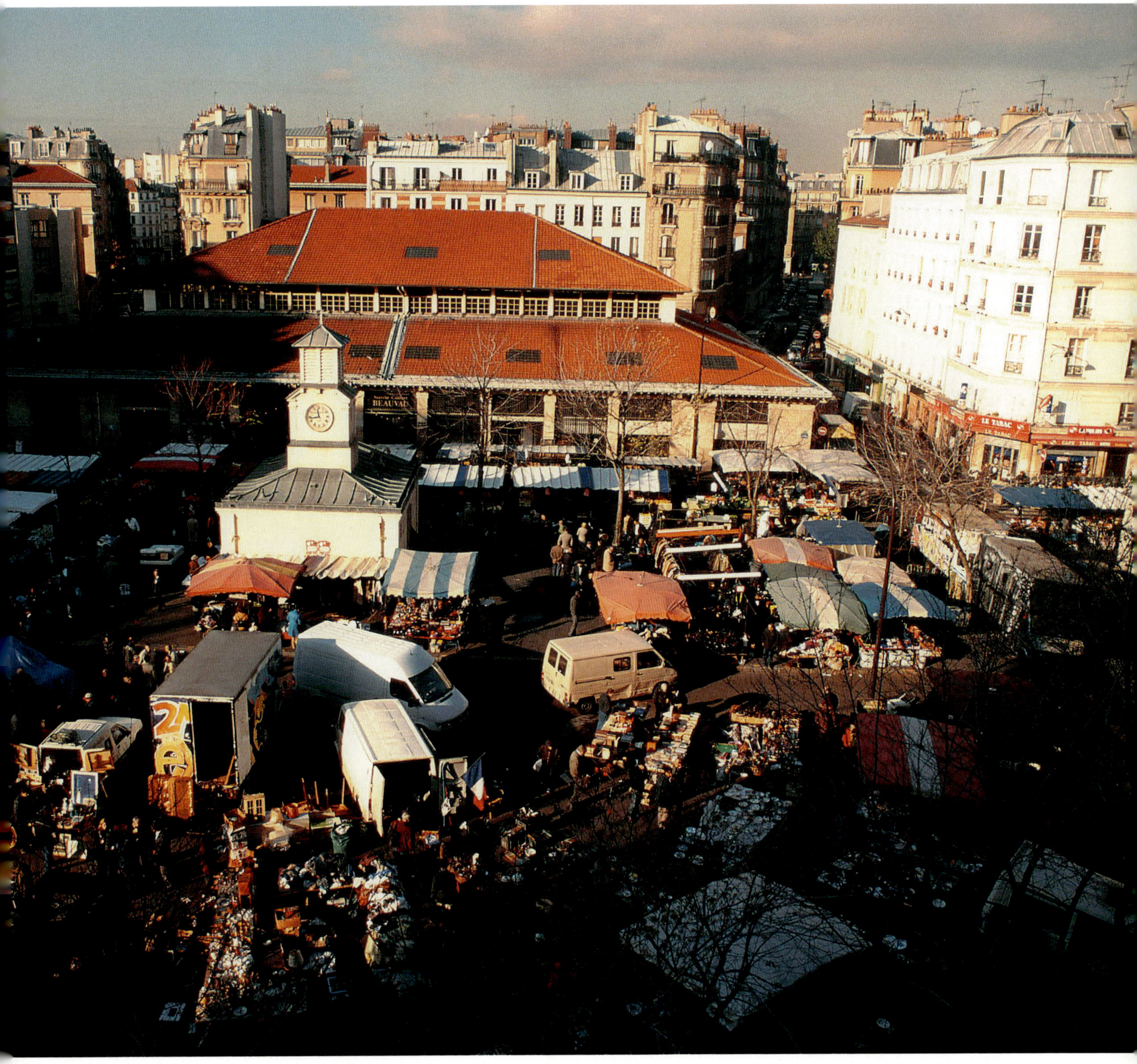
LE TABAC

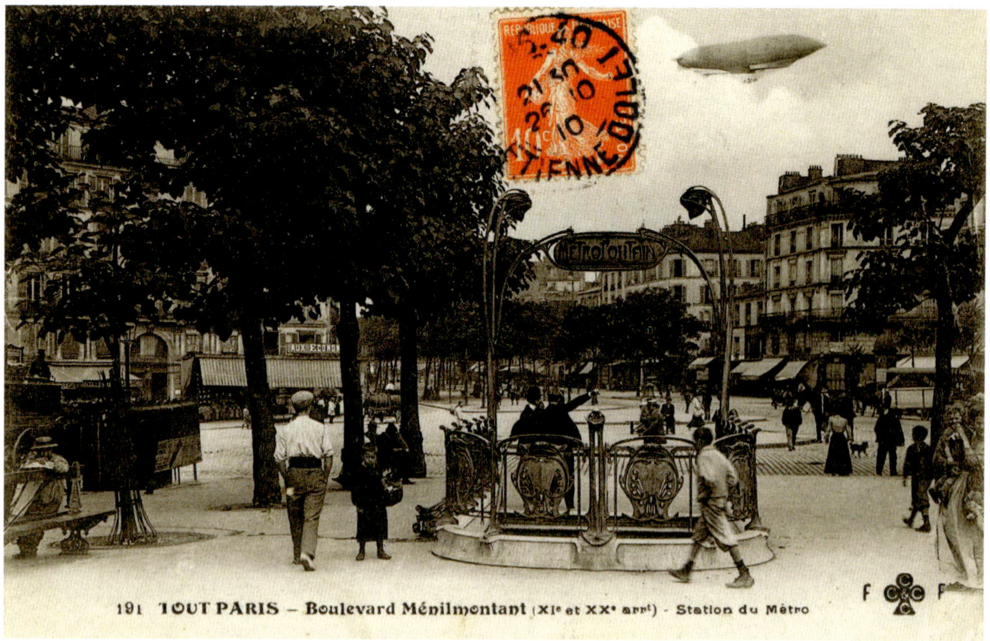

Inauguré le 21 mai 1804 pour abriter les sépultures des Parisiens de la rive droite, le cimetière du Père-Lachaise connaît d'abord un certain échec. Son éloignement le rend indésirable, et de ce fait, huit ans après son ouverture, le cimetière, boudé des Parisiens, n'accueille que 833 tombeaux. L'inhumation de célébrités vient à bout de cette répugnance : à partir du transfert en 1817 des restes d'Héloïse et Abélard, ainsi que de ceux – prétendument – de Molière et de La Fontaine, l'aversion fait place à l'engouement. Dès lors, anonymes et personnalités ont à cœur d'y établir leur dernière demeure. En 1830, on dénombre 33 000 tombes. D'une envergure de 17 hectares à l'ouverture, le cimetière fait l'objet de cinq agrandissements successifs entre 1824 et 1850. Aujourd'hui encore, les vallonnements de ce terrain ombragé de tilleuls et de châtaigners confèrent une allure élégante à ce parc dévolu au repos éternel.

CI-DESSUS :
Station de métro sur
le boulevard Ménilmontant.

CI-DESSOUS :
La place de la Nation.

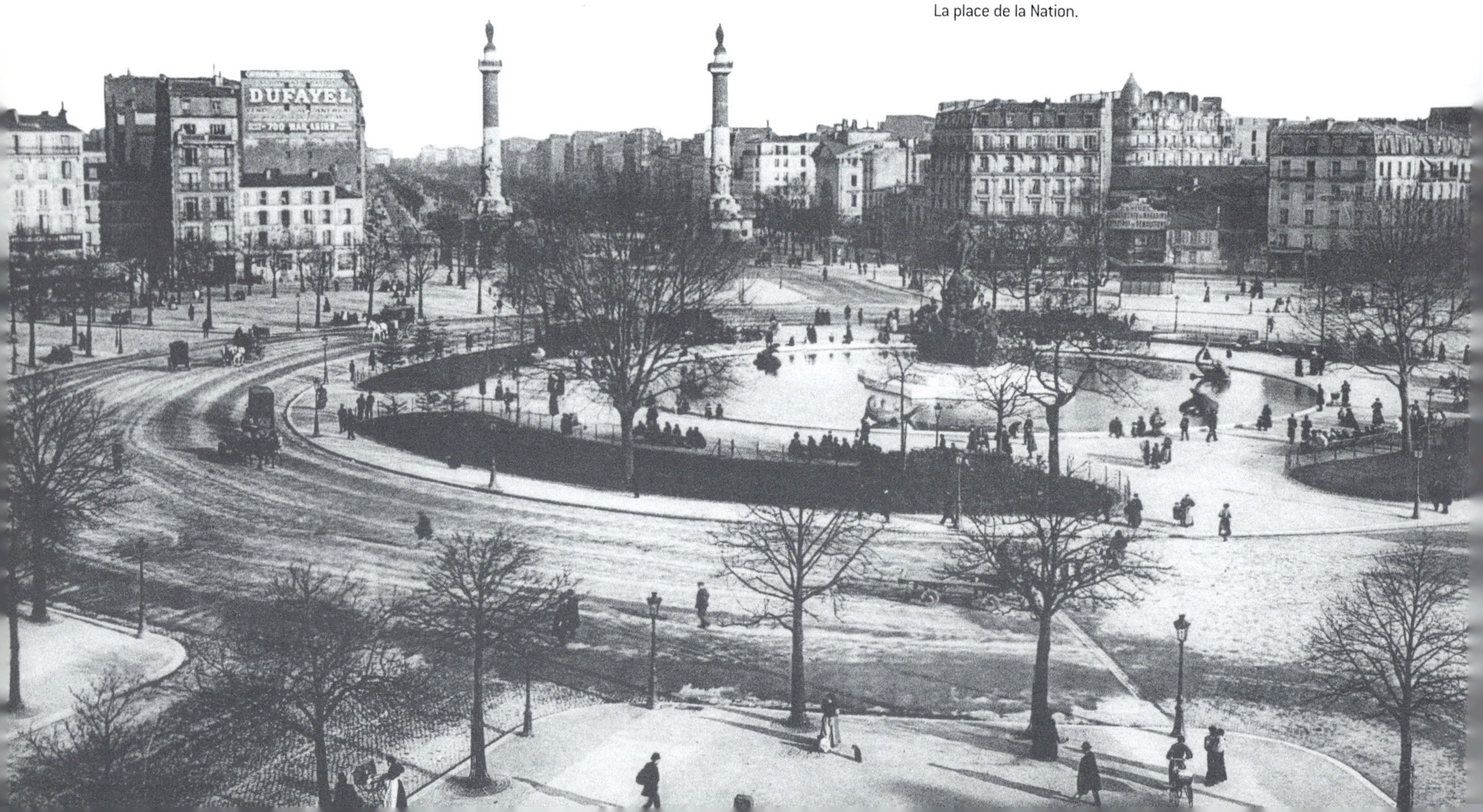

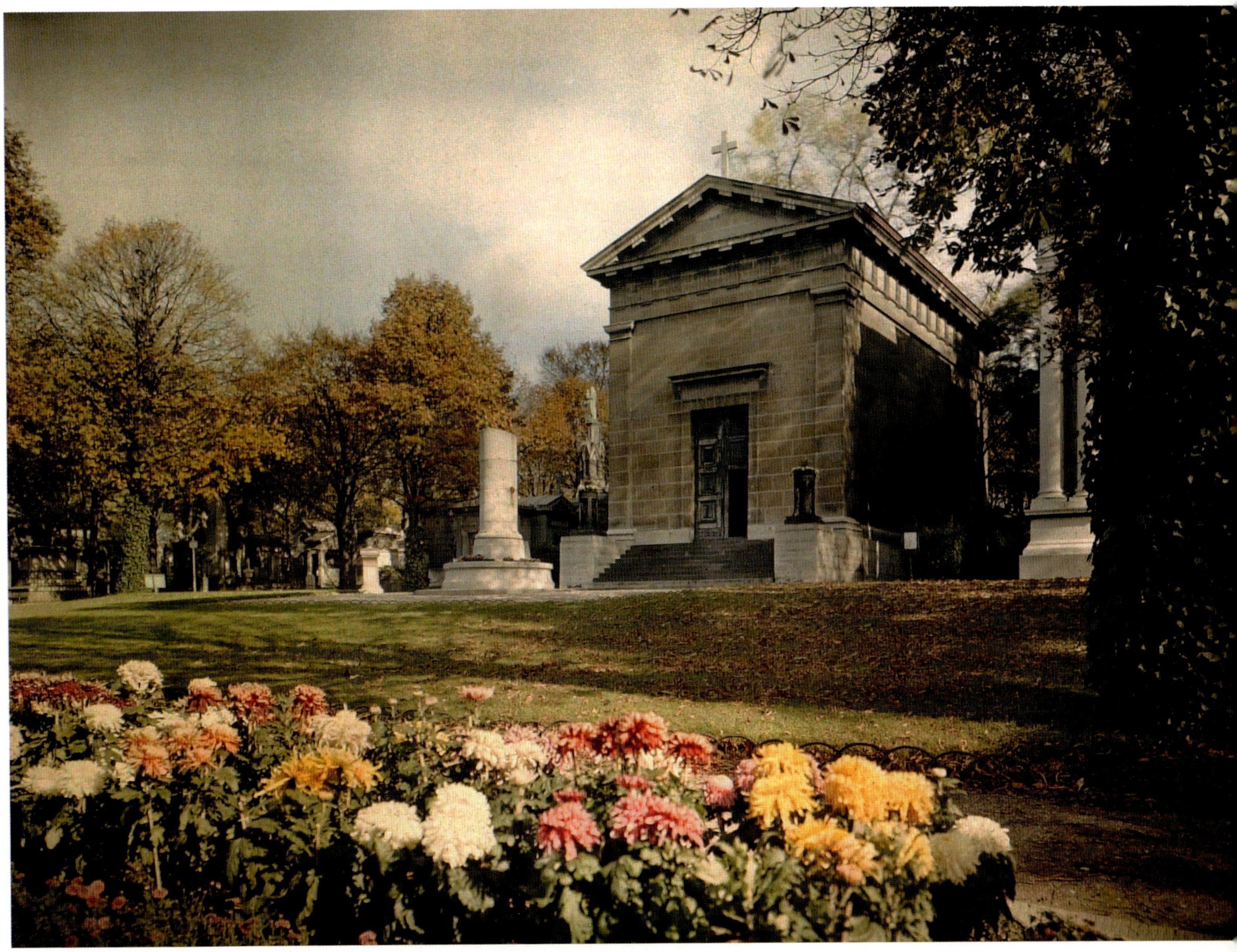

Le cimetière du Père-Lachaise

CI-DESSUS :
Cimetière du Père-Lachaise : la chapelle, 1937.

CI-DESSOUS :
Vues du cimetière du Père-Lachaise.

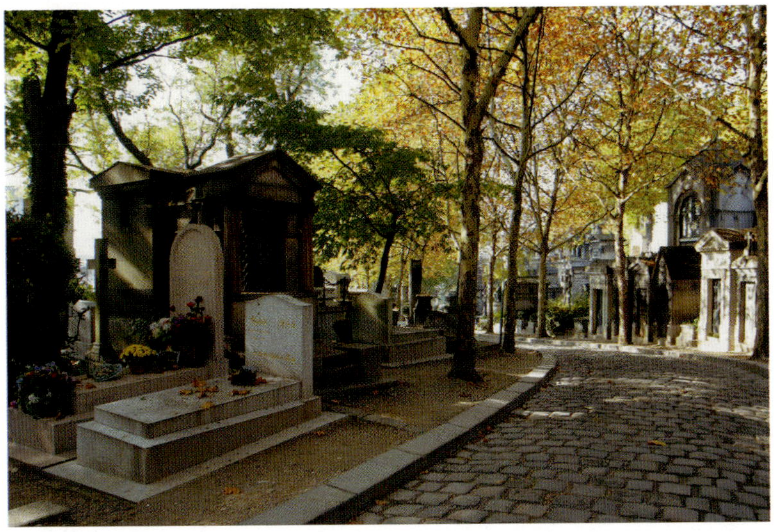

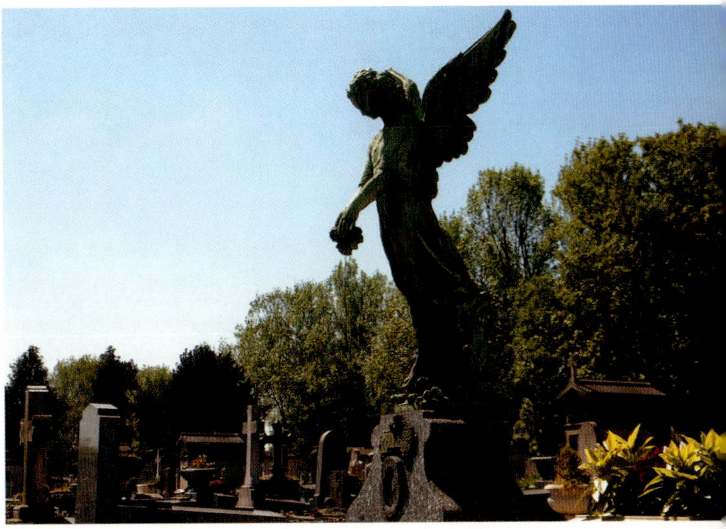

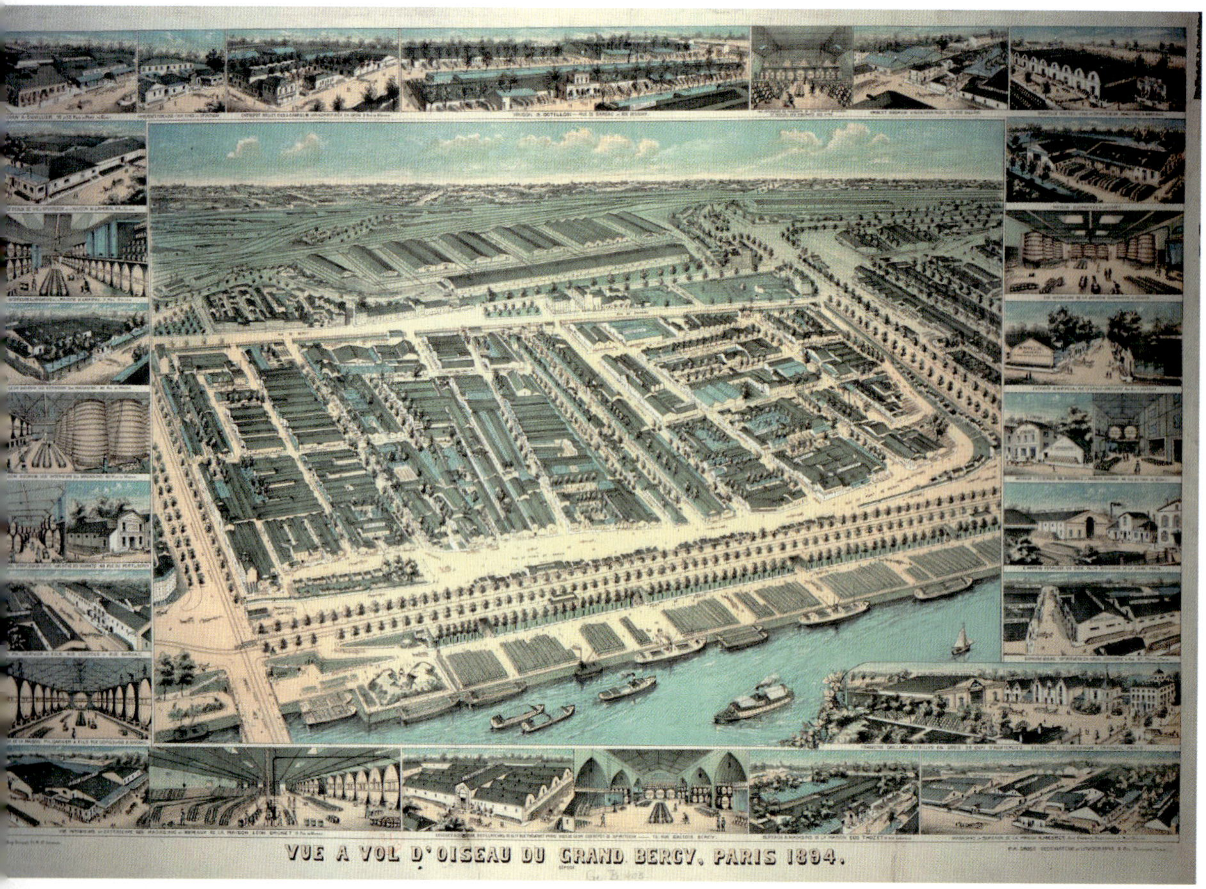

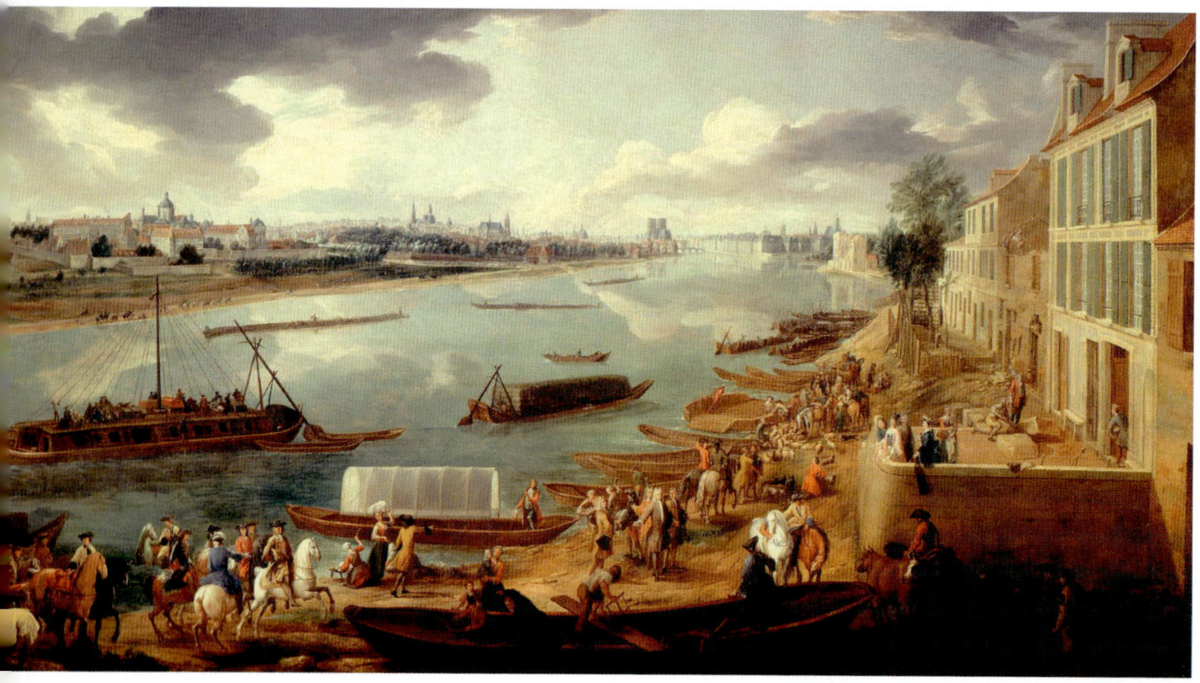

Bercy

À GAUCHE, DE HAUT EN BAS :
Vue à vol d'oiseau
du Grand Bercy, 1894, Gross.
Paris vue du quai de la Rapée, 1716,
Pierre-Denis Martin.

Occupé de 1860 à 1970 par les entrepôts de vin des halles de Bercy, le quartier a connu ces dernières années un complet bouleversement, et ne conserve que quelques rares vestiges de cette période. Les anciens chais ont été massivement arasés par l'aménagement du nouveau quartier, qui participe au rééquilibrage de Paris vers l'est. Le nouveau Bercy, résolument tourné vers le XXIe siècle, laisse peu de place au passé.

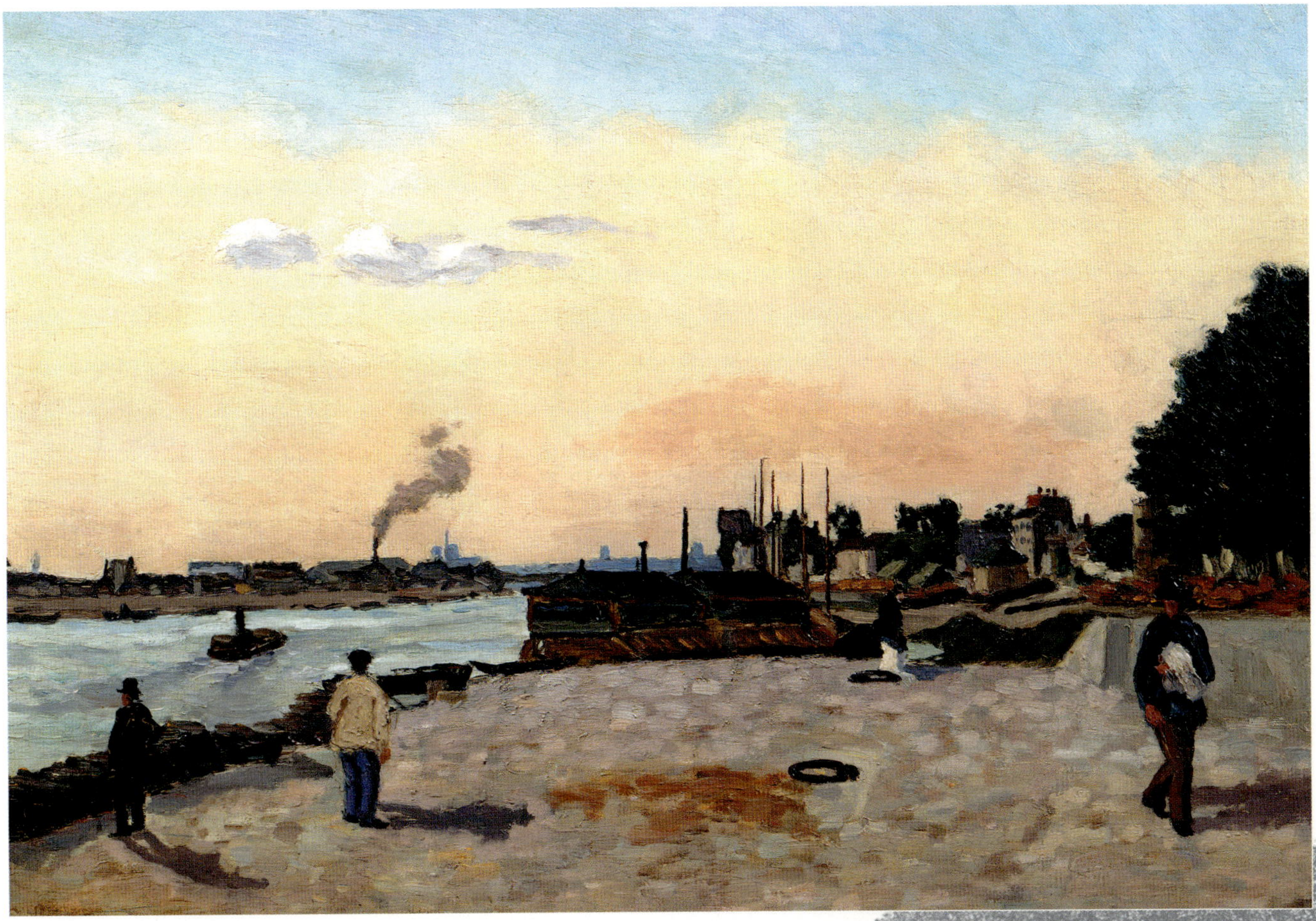

CI-DESSUS :
Le quai de Bercy vers 1874, Armand Guillaumin.

CI-DESSOUS :
Halles aux vins, rue du Port-de-Berey.

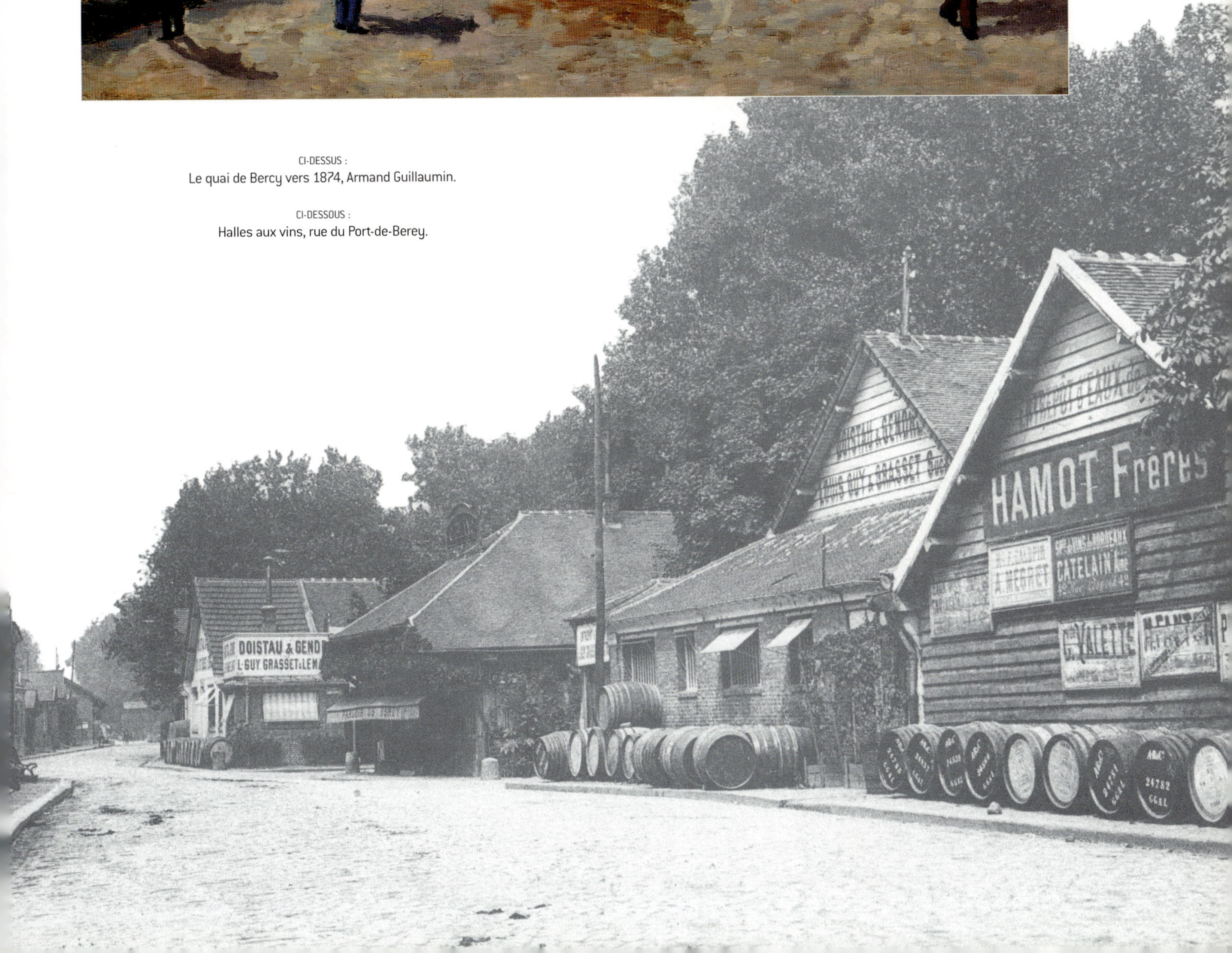

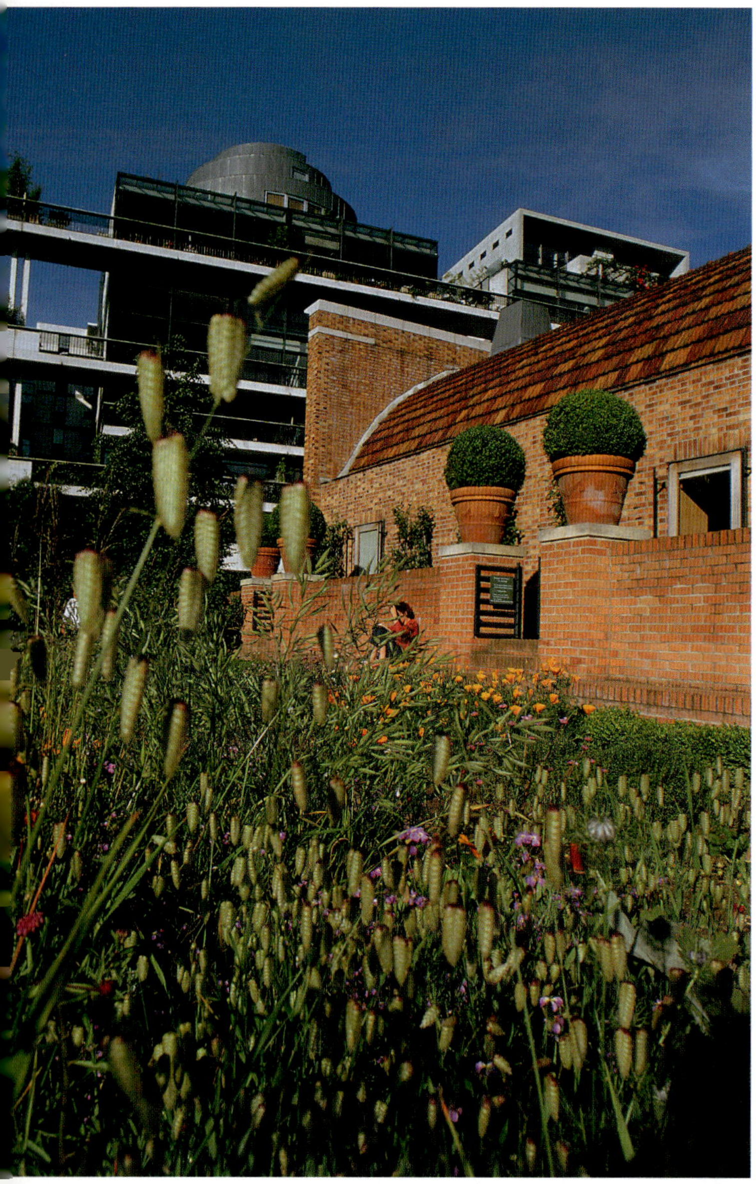

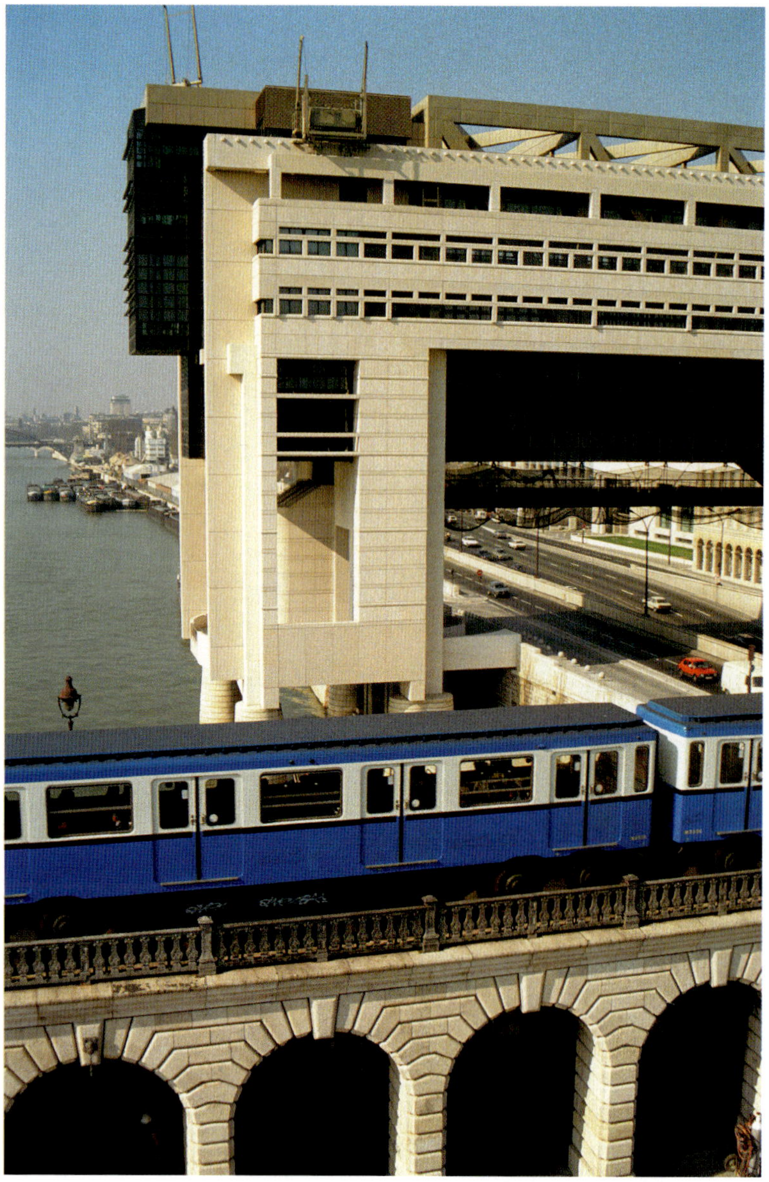

Dédié à l'innovation en matière d'architecture, le nouveau Bercy se compose de géants. Le ministère de l'Économie et des Finances, conçu comme un pont dont la première pile plongerait dans la Seine, constitue une porte monumentale à l'est de Paris. Le parc de Bercy est bordé d'un côté par le gigantesque Palais Omnisports, de l'autre par les environs de l'immense Bercy-Expo.

En outre, la réalisation audacieuse signée par l'architecte Dominique Perrault – la Bibliothèque nationale de France – occupe le site des anciens entrepôts, le long de la Seine. Ses quatre tours de verre en forme de livres ouverts enserrent un jardin planté d'espèces rares et renferment plusieurs millions de livres anciens et récents, même si plusieurs départements comme ceux des Manuscrits ou des Estampes sont restés sur l'ancien site de la Bibliothèque Nationale rue de Richelieu. Lieu de recherche, d'exposition et de conférences, chef-d'œuvre architectural renfermant des trésors littéraires, la Grande Bibliothèque fait coïncider à Bercy l'histoire de la société française et le Paris de demain.

Le nouveau Bercy

CI-DESSUS, DE GAUCHE À DROITE :
Le parc de Bercy.
Le ministère de l'Économie, des Finances et de l'Industrie à Bercy.

PAGE DE DROITE :
Vue aérienne de la Bibliothèque nationale de France, quai François-Mauriac.

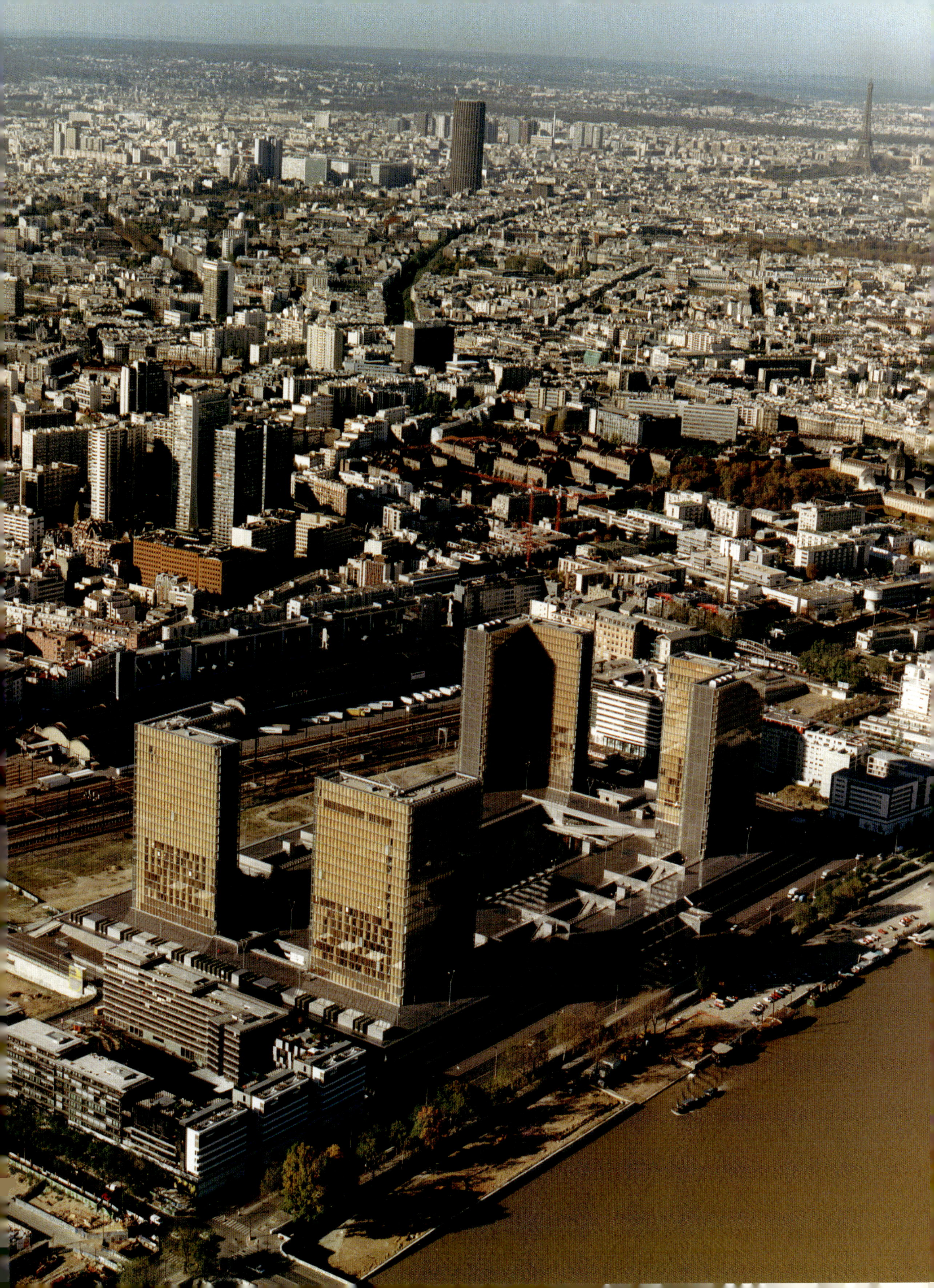

J'aime**Paris**

CONCEPTION GRAPHIQUE
Nuit de Chine - François Plassat, avec Jean-François Laidi et la collaboration de Christian Noaille et Andrée Lebrun

DOCUMENTATION ET ICONOGRAPHIE
Photos 12 : Claudine Zuzinec et Marie-Astrid Ciran

CRÉDITS ICONOGRAPHIQUES

Couverture : J.P Lescourret / Hoa Qui / Explorer (recto)
Jean-Louis Schmidt ; Scott Doug / Hoa Qui / AGE ; Jean-Luc Manaud / Hoa Qui ; O. Jardon / Hoa Qui ; Hachedé / Photo12.com ;
Jean-François Tripelon / Marie-José Jarry / Hoa Qui ; Carlos Freire / Photo12.com (verso) - Marc Sayag / Photo12.com (tranche)
Faux-titre : ARJ / Photo12.com - p. 4 : Jean-François Laidi / Nuit de Chine – p. 5 : 1Clic / Photo12.com - p. 6, 9, 11 : Jean-François Laidi / Nuit de Chine

CHAPITRE I : p. 12 : Jean-Louis Schmidt - p. 14 : Société Française de Photographie / Photo12.com - p.15 : ARJ / Photo12.com ; Julien Le Cordier / Hoa Qui - p.16 : ARJ / Photo12.com - p.17 : Jean-Louis Schmidt ; D. Derambur / Hoa Qui ; Yves Le Rak / Hoa Qui - p. 18 : Société Française de Photographie / Photo12.com - p.19 : Guy Aguiraud / Photo12.com ; ARJ / Photo12.com - p.20 : ARJ / Photo12.com ; Hervé Champollion / Hoa Qui / Top ; 1Clic / Photo12.com ; Marie-José Jarry - Jean-François Tripelon / Hoa-Qui / Top ; Anne Joudiou / Photo12.com - p.21 : Jean-Louis Schmidt - p.22 : ARJ / Photo12.com ; Photosvintages / Photo12.com - p.23 : Jean-Louis Schmidt ; Patrick Escudero / Hoa Qui ; 1Clic / Photo12.com ; Hervé Champollion / Hoa Qui / Top - p.24 : Philippe de Poulpiquet /Le Parisien - p.25 : Patrick Escudero / Hoa Qui - p. 26 : Julien Le Cordier / Hoa Qui ; Jean-François Tripelon / Marie-José Jarry / Hoa Qui / Top ; Julien Le Cordier / Hoa Qui - p.27 : Patrick Escudero / Hoa Qui ; Julien Le Cordier / Hoa Qui ; J.P Lescourret / Hoa Qui / Explorer.

CHAPITRE II : p.28 : Jean-Louis Schmidt - p.30-31 : Alfred Wolf / Hoa Qui ; ARJ / Photo12.com - p.32 : Société Française de Photographie / Photo12.com ; Hachedé / Photo12.com - p.33 : Jean-François Tripelon / Marie-José Jarry / Hoa Qui / Top - p.34 : Jean-Louis Schmidt ; ARJ / Photo12.com ; Julien Le Cordier / Hoa Qui - p.35 : Olivier Corsan / Le Parisien ; Jean-Louis Schmidt - p.36 : ARJ / Photo12.com - p.37 : Hachedé / Photo12.com ; ARJ / Photo12.com - p.38 : ARJ / Photo12.com - p.39 : Jean-Louis Schmidt - p.40 : Photosvintages / Photo12.com ; 1Clic / Photo12.com ; Hachedé / Photo12.com - p.41 : Walter Bibikow / Hoa-Qui / Age Fotostock - p.42 : Jean-François Tripelon / Marie-José Jarry / Hoa Qui / Top ; Angelo Cavalli / Hoa-Qui AGE Fotostock - p.43 : Doug Scott / Hoa-Qui / AGE Fotostock - p.44 : Anne Joudiou / Photo12.com ; Scott Doug / Hoa Qui - p.45 : Serge Sautereau / Photo12.com - p.46 : Carlos Freire / Photo12.com ; ARJ / Photo12.com - p.47 : Jean-Louis Schmidt ; Stéphane Pons / Photo12.com ; Pascal Hinous / Hoa-Qui / Top - p.48 : Hachedé / Photo12.com - p.49 : Julien Le Cordier / Hoa-Qui ; Bertrand Machet / Hoa-Qui.

CHAPITRE III : p.50 :Jean-Louis Schmidt - p.52 : Jean-Louis Schmidt ;. ARJ / Photo12.com - p.53 : Philippe Lenglin / Le Parisien ; Jean-Luc Manaud / Hoa Qui ; ARJ / Photo12.com - p.54 : Coll-DITE-USIS / Photo12.com ; Compagnie 12 / Photo12.com ; Guy Aguiraud / Photo12.com - p.55 : Jean-Luc Manaud / Hoa Qui ; ARJ / Photo12.com ; Photo12.com - p.56 : Matthieu de Martignac / Le Parisien - p. 57 : Hervé Champollion / Hoa Qui / Top ; Jean-François Tripelon / Marie-José Jarry / Hoa Qui / Top - p.58 : Matthieu de Martignac / Le Parisien ; 1Clic / Photo12.com - p.59 : Société Française de Photographie / Photo12.com ; 1Clic / Photo12.com ; Aurélie Audureau / Le Parisien - p.60-61 : ARJ / Photo12.com ; 1Clic / Photo12.com ; Société Française de Photographie / Photo12.com - p.62: Jean-François Tripelon / Marie-José Jarry / Hoa Qui / Top ; Andy Lecoq / Le Parisien - p.63 : Jean-François Tripelon / Marie-José Jarry / Hoa Qui / Top - p.64 : Marc Sayag / Photo12.com - p.65 : 1Clic / Photo12.com ; Société Française de Photographie / Photo12.com - p.66 : ARJ / Photo12.com ; Alain Auboiroux / Le Parisien - p.67 : ARJ / Photo12.com - p.68 : Oasis / Photo12.com ; Photo12.com ; Matthieu de Martignac / Le Parisien - p.69 : Delphine Goldsztejn / Le Parisien.

CHAPITRE IV : p.70 : Jean-Louis Schmidt - p.72 : Philippe de Poulpiquet / Le Parisien ; Société Française de Photographie / Photo12.com ; Francis Latreille / Photo12.com - p.73 : Jean-Louis Schmidt - p.74 : Jean-Louis Schmidt ; ARJ / Photo12.com ; Aurélie Audureau / Le Parisien - p.75-76: ARJ / Photo12.com - p.77 : Yves Nicolas / Le Parisien ; Gilles Rigoulet / Hoa Qui ; Hervé Champollion / Hoa Qui / Top ; Société Française de Photographie / Photo12.com - p.78 : ARJ / Photo12.com ; Société Française de Photographie / Photo12.com - p.79 : Aurélie Audureau / Le Parisien ; Marc Sayag / Photo12.com ; Buss Wojtek / Hoa Qui - p.80 : ARJ / Photo12.com ; Hachedé / Photo12.com - p.81 : Benoît Tessier / Le Parisien - p.82 : Pierre-Jean Chalençon / Photo12.com - p.83 : Photo12.com ; Marc Sayag / Photo12.com ; Société Française de Photographie / Photo12.com - p.84 : ARJ / Photo12.com - p.85 : Jean-Louis Schmidt ; 1Clic / Photo12.com - p.86 : 1Clic / Photo12.com - p.87 : Hervé Champollion / Hoa Qui / Top.

CHAPITRE V : p.88 : Jean-Louis Schmidt - p.90 : ARJ / Photo12.com ; Guy Gios / Le Parisien - p.91 : 1Clic / Photo12.com ; Jean-François Jarry – Marie José Tripelon / Hoa Qui / Top - p.92 : Wojtek Buss / Hoa Qui ; Oasis / Photo12.com ; Jean-Louis Schmidt - p.93 : Wojtek Buss / Hoa-Qui ; Thomas Dupaigne / Hoa-Qui / Grandeur nature - p.94 : Jean-François Tripelon / Marie-José Jarry / Hoa-Qui / Top ; Julien Le Cordier / Hoa-Qui ; 1Clic / Photo12.com - p.95 : Francis Jalain / Hoa-Qui -p.96 : Jean-Louis Schmidt ; Guy Aguiraud / Photo12.com - p.97 : Jean-François Laidi / Nuit de Chine ; Jean-Denis Joubert / Hoa-Qui - p.98 : 1Clic / Photo12.com ; Yves Le Rak / Hoa-Qui - p.99 : Jean-Louis Schmidt ; 1Clic / Photo12.com - p.100 : Jean-Louis Schmidt - p.101 : Jean-François Tripelon - Marie-José Jarry / Hoa-Qui / Top - p.102 : Jean-Louis Schmidt ; Francis Jalain / Hoa-Qui ; Julien Le Cordier / Hoa-Qui ; Francis Jalain / Hoa-Qui ; Hervé Champollion / Hoa-Qui / Top ; Jean-François Tripelon - Marie-José Jarry / Hoa-Qui / Top ; Julien Le Cordier / Hoa-Qui - p.103 : Bertrand Machet / Hoa-Qui ; Oasis / Photo12.com - p.104 : Ludovic Maisant / Photo12.com - p.105 : Jean-Louis Schmidt ; Oasis / Photo12.com.

CHAPITRE VI : p.106 : Jean-Louis Schmidt - p.108 : Morand - Grahame / Hoa Qui - p.109 : 1Clic / Photo12.com ; Hervé Champollion / Hoa Qui / Top - p.110: 1Clic / Photo12.com ; ARJ / Photo12.com; Jean-François Tripelon - Marie-José Jarry / Hoa Qui ; Hervé Champollion / Hoa Qui - p.111 : Société Française de photographie / Photo12.com ; 1Clic / Photo12.com - p.112 : Hachedé / Photo12.com - p.113 : Photosvintages / Photo12.com ; Hervé Champollion / Hoa Qui ; Julien Le Cordier / Hoa Qui - p.114 : Julien Le Cordier / Hoa Qui - p.115 : Jean-Louis Schmidt - p.116 : Jean-Louis Schmidt ; Hervé Champollion / Hoa Qui - p.117 : 1Clic / Photo12.com.

CHAPITRE VII : p. 118 : Jean-Louis Schmidt - p.120 : Hachedé / Photo12.com ; ARJ / Photo12.com - p. 121 : ARJ / Photo12.com - p.122 : Société Française de photographie / Photo12.com - p.123 : Jean-Louis Schmidt - p.124 : Y.Nicolas / Le Parisien ; Collection Cinéma / Photo12.com ; Alain Auboiroux / Le Parisien - p.125 : Frédéric Dugit / Le Parisien - p.126 : Anne Joudiou / Photo12.com - p.127 : Hervé Champollion / Hoa Qui / Top - p.128 : Hervé Champollion / Hoa Qui / Top ; Matthieu de Martignac / Le Parisien - p.129 : Philippe Lavieille / Le Parisien ; Franck Chavel / Hoa Qui.

CHAPITRE VIII : p.130 : Jean-Louis Schmidt - p132 :Jean-Louis Schmidt ; ARJ / Photo12.com - p.133 : Oasis / Photo12.com - p.134 : Olivier Corsan / Le Parisien ; Catherine Bibollet / Hoa Qui / Top ; Hervé Champollion / Hoa Qui / Top - p.135 : Société Française de Photographie / Photo12.com - p.136 : Oasis / Photo12.com ; 1Clic / Photo12.com - p.137 : E.Forestier / France Galop - p.138 : Jean-Baptiste Quentin / Le Parisien ; Société Française de Photographie / Photo12.com - p.139 : Alfred Wolf / Hoa Qui ; Matthieu de Martignac / Le Parisien ; Jean-Baptiste Quentin / Le Parisien ; Delphine Goldsztejn / Le Parisien.

CHAPITRE IX : p.140 : Jean-Louis Schmidt - p.142 : ARJ / Photo12.com - p.143 : ARJ / Photo12.com ; Jean-François Tripelon - Marie-José Jarry / Hoa-Qui /Top ; Gonzalo Azumendi / Hoa Qui / AGE Fotostock - p.144 : ARJ / Photo12.com - p.145 : Jean-Louis Schmidt - p.146: Marc Sayag / photo12.com - p.147 : Bruno Perousse / Hoa Qui / AGE Fotostock ; Gonzalo Azumendi / Hoa Qui / AGE Fotostock - p.148 : Collection Cinéma / Photo12.com ; Marc Sayag / Photo12.com - p.149 : Russel Kord / Hoa Qui / AGE Fotostock - p.150 : ARJ / Photo12.com - p.151 : Jean-Louis Schmidt ; Jean-François Tripelon - Marie-José Jarry / Hoa-Qui / Top - p.152: Jean-François Tripelon - Marie-José Jarry / Hoa Qui / Top ; Gonzalo Azumendi / Hoa Qui / AGE Fotostock - p.153 : ARJ / Photo12.com ; 1Clic / Photo12.com - p.154 : Collection Cinéma / Photo12.com ; ARJ / Photo12.com - p.155 : Jean-François Tripelon - Marie-José Jarry / Hoa-Qui / Top ; O. Jardon / Hoa Qui. - p.156 : Stéphane Pons / Photo12.com - p.157 : p.157 : Joël du Cange / Hoa Qui / Top.

CHAPITRE X : p.158 : Jean-Louis Schmidt - p.160 : ARJ / Photo12.com - p.161 : Frédéric Dugit / Le Parisien ; 1Clic / Photos12.com - p.162-163 : 1Clic / Photos12.com ; Hachedé / Photo12.com - p.164 : Julien Le Cordier / Hoa Qui - p.165 : Fred Thomas / Hoa Qui - p.166 : Jean-Louis Schmidt ; ARJ / Photo12.com - p.167 : Maurice Rougemont / Hoa Qui / Top ; Philippe de Poulpiquet / Le Parisien - p.168 : 1Clic / Photos12.com - p.169 : Hervé Champollion / Hoa Qui / Top - p.170 : 1Clic / Photos12.com - p.171 : Société Française de Photographie / Photo12.com ; Aurélie Audureau / Le Parisien ; Delphine Goldsztejn / Le Parisien - p.172 : ARJ / Photo12.com - p.173 : ARJ / Photo12.com ; 1Clic / Photos12.com - p.174 : Jean-François Tripelon - Marie-José Jarry / Hoa-Qui / Top ; Doug Scott / Hoa Qui / AGE Fotostock - p.175 : Jean-Louis Schmidt.

- p. 176 : ARJ / Photo12.com

ISBN: 978 290 3866815

Achevé d'imprimer 00 00 2004

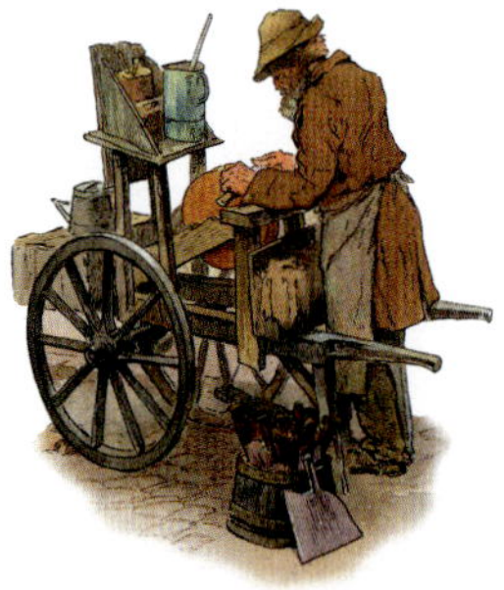